Aligbe
Einstellungs- und Eignungsuntersuchungen

D1723024

# Einstellungs- und Eignungsuntersuchungen

Von

Patrick Aligbe, LL.M. (Medizinrecht)

Teamleiter
B·A·D Gesundheitsvorsorge und Sicherheitstechnik GmbH, München

2021

C.H.BECK

www.beck.de

ISBN 978 3 406 75459 3

© 2021 Verlag C.H. Beck oHG
Wilhelmstraße 9, 80801 München

Druck: Druckerei C.H. Beck, Nördlingen
(Adresse wie Verlag)

Satz: Textservice Zink, 74869 Schwarzach

Umschlaggestaltung: Maria Seidel, atelier-seidel.de

chbeck.de/nachhaltig

Gedruckt auf säurefreiem, alterungsbeständigem Papier
(hergestellt aus chlorfrei gebleichtem Zellstoff)

# Vorwort zur 2. Auflage

Die oft ersehnte obergerichtliche Rechtsprechung zu routinemäßen Eignungsuntersuchungen lässt leider immer noch auf sich warten. Mittlerweile (und damit 5 Jahre nach der 1. Auflage) hat sich aber in der Rechtsliteratur die Meinung verfestigt, dass unter gewissen Voraussetzungen routinemäßige Eignungsuntersuchungen rechtmäßig sein können.

Anpassungen waren aber auf jeden Fall erforderlich in Bezug auf die Datenschutzgrundverordnung und auch in Bezug auf das Mutterschutzgesetz. So wurden generell die Rechtsvorschriften an die aktuelle Rechtssituation angepasst.

Einstellungs- und Eignungsuntersuchungen bilden nach wie vor einen festen Bestandteil der Tätigkeiten eines Arbeitsmediziners und sind auch aus Sicht der Arbeitgeber und Personalverantwortlichen weiterhin ein präsentes Thema. Mehr denn je ist es erforderlich, sich mit den rechtlichen Grundlagen dieser aus Sicht der Beschäftigten tiefgreifenden Maßnahmen zu befassen, da sich das Bewusstsein für rechtskonformes Handeln mehr und mehr durchsetzt. Auch ist zu vermerken, dass vermehrt Beschäftigte Streitigkeiten in Bezug auf Rechte und Pflichten auch gerichtlich überprüfen lassen.

Das vorliegende Werk soll weiterhin die von Einstellungs- und Eignungsuntersuchungen betroffenen Personen in ihrer täglichen Arbeit unterstützen und durch den „Dschungel" der rechtlichen Hintergründe führen.

Neu eingeführt wurden die Vorschriften des „Masernschutzgesetzes" in Bezug auf den Nachweis einer ausreichenden Immunität in bestimmten Einrichtungen. Ebenso wurde ergänzt, unter welchen Voraussetzungen der Impf- und Serostatus von Beschäftigten in bestimmten medizinischen Einrichtungen durch den Arbeitgeber erhoben werden darf.

Anregungen zu diesem Buch dürfen gerne an: arbeitsschutz@sicherheitsrecht-bayern.de gesandt werden.

München, im September 2020                    *Patrick Aligbe*

# Inhaltsverzeichnis

# Abkürzungsverzeichnis

aA .............. Anderer Ansicht
AAG ............ Gesetz über den Ausgleich der Arbeitgeberaufwendungen
für Entgeltfortzahlung
Abs. ............. Absatz
AGG ............ Allgemeines Gleichbehandlungsgesetz
AMG ........... Arzneimittelgesetz
ArbGG ......... Arbeitsgerichtsgesetz
ArbMedVV ....... Verordnung zur arbeitsmedizinischen Vorsorge
ArbSchG ........ Gesetz über die Durchführung von Maßnahmen des Arbeits-
schutzes zur Verbesserung der Sicherheit und des Gesund-
heitsschutzes der Beschäftigten bei der Arbeit (Arbeitsschutz-
gesetz)
ASiG ........... Gesetz über Betriebsärzte, Sicherheitsingenieure und andere
Fachkräfte für Arbeitssicherheit
AsylVfG ........ Asylverfahrensgesetz
AufenthG ....... Gesetz über den Aufenthalt, die Erwerbstätigkeit und die Inte-
gration von Ausländern im Bundesgebiet (Aufenthaltsgesetz)

BAG ........... Bundesarbeitsgericht
BÄO ........... Bundesärzteordnung
BayBG ..... ... Bayerisches Beamtengesetz
BDSG .......... Bundesdatenschutzgesetz
BeamtStG ....... Gesetz zur Regelung des Statusrechtes der Beamtinnen und
Beamten in den Ländern (Beamtenstatusgesetz)
BetrSichV ....... Verordnung über Sicherheit und Gesundheitsschutz bei der
Bereitstellung von Arbeitsmitteln und deren Benutzung bei
der Arbeit, über Sicherheit beim Betrieb überwachungsbe-
dürftiger Anlagen und über die Organisation des betrieblichen
Arbeitsschutzes (Betriebssicherheitsverordnung)
BetrVG ......... Betriebsverfassungsgesetz
BGB ........... Bürgerliches Gesetzbuch
BGG ........... Gesetz zur Gleichstellung behinderter Menschen (Behinder-
tengleichstellungsgesetz)
BGleiG ......... Gesetz zur Gleichstellung von Frauen und Männern in
der Bundesverwaltung und in den Gerichten des Bundes
(Bundesgleichstellungsgesetz)
BKV ........... Berufskrankheiten-Verordnung
BR-Drs. ......... Bundesrats-Drucksache
BT-Drs. ......... Bundestags-Drucksache
BtMG .......... Betäubungsmittelgesetz
BVerfGG ........ Gesetz über das Bundesverfassungsgericht (Bundesverfas-
sungsgerichtsgesetz)

DruckLV ........ Verordnung über Arbeiten in Druckluft (Druckluftverordnung)
DSGVO ......... Datenschutzgrundverordnung

EFZG ............ Gesetz über die Zahlung des Arbeitsentgelts an Feiertagen und im Krankheitsfall (Entgeltfortzahlungsgesetz)

Erwgr ............ Erwägungsgrund

FeV ............. Verordnung über die Zulassung von Personen zum Straßenverkehr (Fahrerlaubnisverordnung)

GefStoffV ........ Verordnung zum Schutz vor Gefahrstoffen (Gefahrstoffverordnung – GefStoffV)

GenDG ........... Gendiagnostikgesetz

GesBergV ........ Bergverordnung zum gesundheitlichen Schutz der Beschäftigten (Gesundheitsschutz-Bergverordnung)

GewO ........... Gewerbeordnung

HeilPraktG ....... Gesetz über die berufsmäßige Ausübung der Heilkunde ohne Bestallung (Heilpraktikergesetz)

IfSG ............ Gesetz zur Verhütung und Bekämpfung von Infektionskrankheiten beim Menschen (Infektionsschutzgesetz)

JArbSchG ........ Gesetz zum Schutz der arbeitenden Jugend (Jugendarbeitsschutzgesetz)

JArbSchUV ....... Verordnung über die ärztlichen Untersuchungen nach dem Jugendarbeitsschutzgesetz (Jugendarbeitsschutzuntersuchungsverordnung)

KindArbSchV ..... Verordnung über den Kinderarbeitsschutz (Kinderarbeitsschutzverordnung)

KrPflG ........... Gesetz über die Berufe in der Krankenpflege (Krankenpflegegesetz)

KSchG .......... Kündigungsschutzgesetz

LasthandhabV ..... Verordnung über Sicherheit und Gesundheitsschutz bei der manuellen Handhabung von Lasten bei der Arbeit (Lastenhandhabungsverordnung)

MBO-Ä .......... Deutsche Ärztinnen und Ärzte-(Muster-)Berufsordnung

MuScharbV ....... Verordnung zum Schutz der Mütter am Arbeitsplatz

MuSchG ......... Gesetz zum Schutz der erwerbstätigen Mutter (Mutterschutzgesetz)

NachwG ......... Gesetz über den Nachweis der für ein Arbeitsverhältnis geltenden Bedingungen (Nachweisgesetz)

NotSanG ......... Gesetz über den Beruf der Notfallsanitäterin und des Notfallsanitäters (Notfallsanitätergesetz)

OWiG ........... Gesetz über Ordnungswidrigkeiten

SeeArbG ......... Seearbeitsgesetz

SG ............. Gesetz über die Rechtsstellung der Soldaten (Soldatengesetz)

SGB IX ......... Sozialgesetzbuch Neuntes Buch (IX) – Rehabilitation und Teilhabe behinderter Menschen (Artikel 1 des Gesetzes v. 19.06.2001, BGBl. I S. 1046)

XVIII

SGB VII ......... Siebtes Buch Sozialgesetzbuch – Gesetzliche Unfallversicherung
SGleiG ......... Soldatinnen- und Soldatengleichstellungsgesetz
SPA. ........... Schnellbrief für Personalwirtschaft und Arbeitsrecht (Zeitschrift)
StGB ........... Strafgesetzbuch
StPO ........... Strafprozessordnung
StrlSchV ........ Verordnung über den Schutz vor Schäden durch ionisierende Strahlen (Strahlenschutzverordnung)
StVG ........... Straßenverkehrsgesetz
StVZO .......... Straßenverkehrs-Zulassungs-Ordnung

TfV ............ Verordnung über die Erteilung der Fahrberechtigung an Triebfahrzeugführer sowie die Anerkennung von Personen und Stellen für Ausbildung und Prüfung (Triebfahrzeugführerscheinverordnung)
TVG ........... Tarifvertragsgesetz
TzBfG .......... Gesetz über Teilzeitarbeit und befristete Arbeitsverträge (Teilzeit- und Befristungsgesetz)
TzBfG .......... Gesetz über Teilzeitarbeit und befristete Arbeitsverträge (Teilzeit- und Befristungsgesetz)

UVV ........... Unfallverhütungsvorschrift

VwVfG ......... Verwaltungsverfahrensgesetz

ZPO ........... Zivilprozessordnung

# Literaturverzeichnis

*Aligbe/Bartmann* . . . . . . . . . . Atemschutz- und Tauchtauglichkeit in der Feuerwehr, ASU 11/2014

*Aligbe* . . . . . . . . . . . . . . . . Beschäftigungsverbote für werdende Mütter, ArbR 2013, 151–154

*Aligbe* . . . . . . . . . . . . . . . . Die Krankmeldung im Arbeitsverhältnis, ArbR 2013, 282–284

*Aligbe* Arbeitsmedizinische
   Vorsorge-HdB . . . . . . . . *Aligbe,* Rechtshandbuch Arbeitsmedizinische Vorsorge, 2019

APS/*Bearbeiter* . . . . . . . . . . . *Ascheid/Preis/Schmid*, Kündigungsrecht, 4. Auflage, 2012

*Bayerisches Staatsministerium
   für Arbeit und Soziales,
   Familie und Integration* . . Arbeitsmedizinische Vorsorge – Mutterschutz – Jugendarbeitsschutz, Empfehlungen für Arbeitgeber – Betriebsärzte – Beschäftigte

*Beck,* „Fragerecht" und
   „Recht zur Lüge" . . . . . . . *Beck,* „Fragerecht" und „Recht zur Lüge", Allgemeine Grundsätze und bereichsspezifische Besonderheiten der Anfechtbarkeit nach § 132 Abs. 1 Alt. 1 BGB bei einer Befragung des Täuschenden, 2004

BeckOK ArbSchR/*Bearbeiter* *Schwab/Weber/Winkelmüller* (Hrsg.), BeckOK Arbeitsschutzrecht

BeckOK InfSchR/*Bearbeiter* *Eckhart/Winkelmüller* (Hrsg.), BeckOK Infektionsschutzrecht

*Beckschulze* . . . . . . . . . . . . . Die arbeitsmedizinische Untersuchung – Vorsorge oder Eignung?, BB 2014, 1013–1019 und 1077–1085

*Behrens* . . . . . . . . . . . . . . . . Eignungsuntersuchungen und Datenschutz, NZA 2014, 401–408

*Behrens* . . . . . . . . . . . . . . . . Rechtsgrundlagen für routinemäßige Eignungsuntersuchungen, SPA 20/2014, 157–159

*Bengelsdorf* . . . . . . . . . . . . . Illegale Drogen im Betrieb, NZA-RR 2004, 113
Brose/Weth/Volk/
   *Bearbeiter* . . . . . . . . . . . *Brose/Weth/Volk*, Mutterschutzgesetz Bundeselterngeld- und Elternzeitgesetz 9. Auflage, 2020

*Burger* Beschäftigtendaten . . *Burger,* Der Schutz gesundheitsbezogener Beschäftigtendaten, 2013

*Däubler/Klebe/Wedde/
   Weichert/Sommer* . . . . . . . *Däubler/Klebe/Wedde/Weichert/Sommer,* EU-DSGVO und BDSG, 2. Auflage, 2020

*DGUV* . . . . . . . . . . . . . . . . . DGUV Grundsätze für arbeitsmedizinische Vorsorgeuntersuchungen – Arbeitsmedizinische Vorsorge, 6. Auflage, 2014

*Diller/Powietzka* . . . . . . . . . Drogenscreenings und Arbeitsrecht, NZA 2001, 1227
ErfK/*Bearbeiter* . . . . . . . . . Erfurter Kommentar zum Arbeitsrecht, 20. Auflage, 2020

*Fischer* StGB . . . . . . . . . . . *Fischer,* Strafgesetzbuch, 67. Auflage, 2020

*Fitting* BetrVG . . . . . . . . . .  *Fitting/Engels/Schmidt/Trebinger/Linsenmaier*, Betriebsverfassungsgesetz, Handkommentar, 30. Auflage, 2020

*Forgó/Helfrich/Schneider*
 Betr. Datenschutz-HdB . .  *Forgó/Helfrich/Schneider*, Betrieblicher Datenschutz, 3. Auflage, 2019

*Fries/Wilkes/Lössl*,
 Fahreignung . . . . . . . . . .  *Fries/Wilkes/Lössl*, Fahreignung bei Krankheit, Verletzung Alter, Medikamenten, Alkohol oder Drogen, 2. Auflage, 2008

*Fuhlrott/Hoppe* . . . . . . . . . .  Einstellungsuntersuchungen und Gentests von Bewerbern, ArbRAktuell 2010, 183

*Gamillscheg* Grundrechte . .  *Gamillscheg*, Die Grundrechte im Arbeitsrecht, 1989

*Gola/Wronka* Arbeitnehmer-
 datenschutz-HdB . . . . . . .  *Gola/Wronka*, Handbuch Arbeitnehmerdatenschutz – Rechtsfragen und Handlungshilfen, 6. Auflage 2013

*Greger/Zwickel* . . . . . . . . . .  *Greger/Zwickel*, Haftungsrecht des Straßenverkehrs, Handbuch und Kommentar, 5. Auflage 2014

*Hentschel/König/Dauer* . . . .  *Hentschel/König/Dauer*, Straßenverkehrsrecht, 45. Auflage 2019

HK-ArbSchR/*Bearbeiter* . . .  *Kohte/Faber/Feldhoff*, Gesamtes Arbeitsschutzrecht, Handkommentar, 2. Auflage, 2018

*Keller* . . . . . . . . . . . . . . . . .  Die ärztliche Untersuchung des Arbeitnehmers im Rahmen des Arbeitsverhältnisses, NZA 1998, 561

*Kleinebrink* . . . . . . . . . . . . .  Bedeutung von Gesundheitsuntersuchungen für Arbeitgeber nach neuem Recht, DB 2014, 776–780

*Klement*, Zulässigkeit medizini-
 scher Datenerhebungen . .  *Klement*, Zulässigkeit medizinischer Datenerhebungen vor und zu Beginn von Arbeitsverhältnissen, 2011

*Kollmer/Klindt/Schucht* . . . .  *Kollmer/Klindt/Schucht*, Arbeitsschutzgesetz Kommentar, 3. Auflage, 2016

*Lakies* JarbSchG . . . . . . . . .  *Lakies*, Jugendarbeitsschutzgesetz, Basiskommentar, 8. Auflage, 2018

*Laufs/Kern/Rehborn*
 ArztR-HdB . . . . . . . . . . .  *Laufs/Kern/Rehborn*, Handbuch des Arztrechts, 5. Auflage, 2019

*Lepke* Kündigung bei
 Krankheit . . . . . . . . . . . . .  *Lepke*, Kündigung bei Krankheit, 16. Auflage, 2018

MüKoStGB/*Bearbeiter* . . . .  *Joecks/Miebach,* Münchener Kommentar zum Strafgesetzbuch, 4. Auflage, 2020

*Meinel/Heyn/Herms*
 TzBfG . . . . . . . . . . . . . .  *Meinel/Heyn/Herms,* Teilzeit- und Befristungsgesetz: TzBfG, 5. Auflage, 2015

*Michael/Morlok* GrundR . . .  *Michael/Morlok*, Grundrechte, 7. Auflage, 2019

NK-BDSG/*Bearbeiter* . . . . .  *Simitis*, Bundesdatenschutzgesetz, 8. Auflage, 2014

*Nöthlichs* Arbeitsschutz und
 Arbeitssicherheit . . . . . . .  *Nöthlichs*, Arbeitsschutz und Arbeitssicherheit, 39. Auflage 2019

*Notz* Zulässigkeit und
 Grenzen . . . . . . . . . . . . .  *Notz*, Zulässigkeit und Grenzen ärztlicher Untersuchungen von Arbeitnehmern, 1991

*Oberthür/Seitz* Betriebs-
  vereinbarungen . . . . . . . .     Betriebsvereinbarungen, Handbuch, 2. Auflage, 2016
*Rogosch* Die Einwilligung
  im Datenschutzrecht   . . . .    *Rogosch,* Die Einwilligung im Datenschutzrecht,
                                   2013
*Roos/Bieresborn* . . . . . . . . . .    *Roos/Bieresborn*, Mutterschutzgesetz einschließlich
                                   Elterngeld und Elternzeit – BEEG, Kommentar,
                                   2. Auflage, 2019
*v. Stein/Rothe/Schlegel* Gesund-
  heitsmanagement   . . . . . .    *v. Stein/Rothe/Schlegel,* Gesundheitsmanagement und
                                   Krankheit im Arbeitsverhältnis, 1. Auflage, 2014
*Thüsing* Diskriminierungs-
  schutz . . . . . . . . . . . . . .    *Thüsing*, Arbeitsrechtlicher Diskriminierungsschutz,
                                   2. Auflage, 2013
*Voll* Die Einwilligung im
  Arztrecht   . . . . . . . . . . . .    *Voll*, Die Einwilligung im Arztrecht, 1996
*Wendeling-Schröder/Stein*   . .    *Wendeling-Schröder/Stein*, Allgemeines Gleichbe-
                                   handlungsgesetz, 2008
*Weth/Herberger/Wächter/*
  *Sorge* Arbeitnehmerdaten-
  schutz-HdB/*Bearbeiter*   . .    *Weth/Herberger/Wächter/Sorge,* Daten- und Persön-
                                   lichkeitsschutz im Arbeitsverhältnis, 2. Auflage, 2019

# A. Grundrechtsrelevanz

## I. Grundrechte

Ärztliche Einstellungs- und Eignungsuntersuchungen unterliegen im **1** Gegensatz zu bloßen mündlichen Fragen durch den Arbeitgeber im Arbeitsverhältnis speziellen Besonderheiten. Hierbei handelt es sich in der Regel um Umstände, bei denen der Arbeitgeber der Eigenwahrnehmung der Beschäftigten nur bedingt traut.

Weiter zielen Einstellungs- und Eignungsuntersuchungen auch darauf **2** ab, gesundheitliche Defizite aufzudecken, welche der Beschäftigte selber nicht kennt bzw. deren Auswirkungen er aufgrund mangelnden Fachverstandes oder aufgrund mangelnder Eigenuntersuchungsmöglichkeiten nicht erkennen kann.

Weiterhin stehen hier widerstreitende Interessen mit teilweise gänzlich **3** gegensätzlichen Positionen im Raum. Der Beschäftigte möchte möglichst wenige Daten über seinen gesundheitlichen Zustand herausgeben, während der Arbeitgeber regelmäßig daran interessiert ist, möglichst genaue und umfangreiche Gesundheitsdaten der Beschäftigten zu erlangen. Erschwert wird dies auch durch den Umstand, dass gerade ärztliche Untersuchungen in die Intimsphäre der untersuchten Person eingreifen. Gerade bei „Arztbesuchen" werden dem Arzt oft Sachen anvertraut, die man im sozialen Umfeld gar nicht, oder nur einem bestimmten Personenkreis anvertrauen würde.

Auf der anderen Seite stehen die Interessen des Arbeitgebers, nur solche **4** Personen zu beschäftigen, die auch in gesundheitlicher Hinsicht die ihnen übertragenen Aufgaben erfüllen können. Und natürlich hat ein Arbeitgeber auch ein Interesse daran, dass es in seinem Betrieb/Unternehmen möglichst zu keinen Arbeitsunfällen kommt. Letztendlich zwingen ihn auch einige Rechtsvorschriften, bestimmte Befähigungen seiner Beschäftigten zu berücksichtigen.

---

**Leitsatz:**
Mit der Eingehung eines Beschäftigtenverhältnisses (zB durch Arbeitsvertrag oder öffentlich-rechtliches Dienstverhältnis) verlieren die verfassungsrechtlich geschützten Freiheitsrechte nicht ihre Bedeutung.

---

In Betrachtung der unterschiedlichen Interessen wird auch deutlich, **5** dass hier verfassungsrechtlich garantierte Grundrechtspositionen mit betroffen sind, da sowohl der Arbeitgeber als auch die Beschäftigten Grundrechtsträger sind.

### 1. Die Wirkung der Grundrechte

**6**  Grundsätzlich handelt es sich bei den Grundrechten um **Abwehrrechte** gegen den Staat. Sie schützen folglich den Bürger vor unangemessenen An- und Eingriffen durch staatliche Organe. Als solche entfalten sie unmittelbar in der Regel nur eine Rechtsbeziehung zwischen Bürger und Staat, so dass die Grundrechte zB im Verhältnis Arbeitgeber-Beschäftigter vom Grundsatz her erstmal keine Anwendung finden.[1] Die Grundrechte binden Gesetzgebung (Legislative), vollziehende Gewalt (Exekutive) und Rechtsprechung (Judikative) als **unmittelbar geltendes Recht** (Art. 1 Abs. 3 GG).

> **Leitsatz:**
> Die Grundrechte gelten grundsätzlich nur im Verhältnis Staat-Bürger.

**7**  Allerdings handelt es sich bei den Grundrechten auch um Wertentscheidungen, die sowohl das Staatsgebilde als auch das Miteinander der Bürger prägen und bestimmen. Hier muss auch berücksichtigt werden, dass Gerichte bei Rechtsstreitigkeiten unter den Bürgern (zB zwischen Arbeitgebern und Beschäftigten) in ihren Entscheidungen als „Judikative" wiederum unmittelbar an die Grundrechte gebunden sind, da sie hier dem Bürger als „Staat" gegenübertreten (§ 1 Abs. 3 GG). Gerade unbestimmte Rechtsbegriffe (zB das Gebot von „Treu und Glauben" nach § 242 BGB) müssen somit im Lichte der geltenden und gestaltenden Grundrechte betrachtet werden. Die Grundrechte wirken also durch das Medium der Vorschriften, die das jeweilige Rechtsgebiet (zB Arbeitsrecht) unmittelbar beherrschen.[2]

**8**  Gerade im Arbeitsrecht hat es seit Bestehen der BRD Tradition, dass arbeitsgerichtliche Entscheidungen eine starke Orientierung an den Grundrechten enthalten. Das „Arbeitsrecht" gilt als das „grundrechtsfreundlichste" aller Zivilgerichtsbarkeiten.[3] Insofern entfalten die Grundrechte auch mittelbare Wirkung, indem sie zB in das Arbeitsrecht über die Rechtsprechung hineinwirken. Die Rechtsprechung übernimmt die Wirkungsweise der Grundrechte teilweise auch direkt in den Privatrechtsverkehr.[4]

> **Leitsatz:**
> Grundrechte haben aber auch eine „mittelbare" Wirkung und haben somit Einfluss auf das Verhalten der Bürger untereinander (zB zwischen Arbeitgeber und Beschäftigten).

---

[1] Ausnahmen sind Grundrechte mit unmittelbarer Drittwirkung, wie zB Art. 9 Abs. 3 S. 2 GG (Koalitionsfreiheit).

[2] BVerfG 23.10.2006 – 1 BvR 2027/02.

[3] Vgl. *Gamillscheg* Grundrechte 16.

[4] Vgl. zB BVerfG 17.7.2013 – 1 BvR 3167/08; BAG 27.3.2003 – 2 AZR 51/02 in Bezug auf das „allgemeine Persönlichkeitsrecht".

Der Arbeitgeber ist somit gehalten, bei seinen unternehmerischen Ent- **9** scheidungen auch die Grundrechtspositionen seiner Beschäftigten zu berücksichtigen. Auf der anderen Seite muss der Beschäftigte aber auch eine Einschränkung seiner Grundrechtspositionen dann hinnehmen, wenn für bestimmte Lebenssachverhalte die Grundrechte des Arbeitgebers von der Interessenlage (nach sorgfältiger Abwägung) überwiegen. Arbeitgeber und Betriebsrat sind ausdrücklich verpflichtet, die im Betrieb beschäftigten Personen nach diesen rechtlichen Grundsätzen zu behandeln und insbesondere die freie Entfaltung der Persönlichkeit zu schützen und zu fördern (§ 75 BetrVG). Im Ergebnis ist bei ärztlichen Eignungs- und Einstellungsuntersuchungen immer ein besonderes Augenmerk auf den **Verhältnismäßigkeitsgrundsatz** zu legen, diesbezügliche ausführliche Erläuterungen sind unter → Rn. 54 ff. zu finden.

Nachfolgend soll kurz auf die relevanten Grundrechte eingegangen wer- **10** den. Eine eingehende Erörterung der Themen würde den Rahmen dieses Buches sprengen und auch in Anbetracht der Thematik (Einstellungs- und Eignungsuntersuchungen) hier verfehlt erscheinen. An dieser Thematik Interessierte dürfen daher zum eingehenden Studium auf die entsprechenden Schriften zum Staats- und Verfassungsrecht verwiesen werden.

## 2. Grundrecht auf Berufsfreiheit

Nach Art. 12 GG haben alle Deutschen das Recht, Beruf, Arbeitsplatz **11** und Ausbildungsstätte frei zu wählen. Bei Art. 12 GG handelt es sich um ein sog. „Deutschengrundrecht". Ausländer und Staatenlose sind hinsichtlich ihrer Berufsbetätigung durch Art. 2 Abs. 1 GG geschützt. Die diesbezügliche Rechtsstellung von EU-Bürgern richtet sich nach Maßgabe des Gemeinschaftsrechts.

Art. 12 GG hat aber auch eine starke inhaltliche Dimension und schützt **12** die Berufsausübung auch im weiteren Sinne. Geschützt von der „Berufsfreiheit" ist auch die sog. **„Privatautonomie"**, also das Recht, auch arbeitsrechtliche Verträge so zu gestalten, wie man es will und Verträge grundsätzlich auch nur mit den Personen abzuschließen, mit denen man es möchte. Weiterhin umfasst Art 12 GG auch das Interesse des Arbeitgebers, Informationen darüber einzuholen, ob bei Beschäftigten lediglich eine kurzfriste Arbeitsunfähigkeit (zB grippaler Infekt) vorliegt, oder ob sie gar nicht mehr in der Lage sind, die ihnen übertragenen Aufgaben zu erfüllen.[1] Vom Grundsatz her kann der Arbeitgeber somit selber über die Personalstruktur und -zusammensetzung frei bestimmen. Im Rahmen von Einstellungs- und Eignungsuntersuchungen unterliegt das Grundrecht auf Berufsfreiheit faktisch allerdings bestimmten Einschränkungen.

Sofern der Arbeitgeber die Einstellung bzw. die Durchführung be- **13** stimmter Tätigkeiten von einer entsprechenden ärztlichen Eignungsunter-

---

[1] Vgl. auch BAG 6.11.1997 – 2 AZR 801/96.

suchung abhängig macht, so beschränkt dies den Beschäftigten in der **freien Verwertung seiner Arbeitskraft** (welche auch wiederum von der Berufsfreiheit nach Art. 12 GG geschützt ist). Hat dagegen der Arbeitgeber bestimmte Eignungsvorbehalte (zB § 7 ArbSchG) von Rechts wegen zu beachten, bzw. ist die gesundheitliche Unbedenklichkeit Tätigkeitsvoraussetzung für bestimmte Arbeiten (zB nach § 10 Druckluftverordnung), so ist er gehindert, **seine Beschäftigten entsprechend seinen unternehmerischen Interessen einzusetzen.**[1] In beiden Fallgestaltungen können sich sowohl Arbeitgeber und Beschäftigter auf ihre Grundrechtspositionen berufen, müssen aber gleichwohl akzeptieren, dass es hier nach entsprechender Interessenabwägung zu rechtlich akzeptierten Einschränkungen kommen kann.

**14** Obwohl das Grundrecht auf Berufsfreiheit nach Art. 12 GG auch dem Arbeitgeber weitreichende Kompetenzen lässt und er im Prinzip vollkommen frei in seinen unternehmerischen Entscheidungen ist, bleibt festzustellen, dass sich oft die Grundrechtspositionen der Beschäftigten (zB das allgemeine Persönlichkeitsrecht) **beschränkend auf die tatsächlichen Handlungsmöglichkeiten des Arbeitgebers auswirken.** Während es zB grundsätzlich der unternehmerischen Entscheidungsfreiheit unterliegt, bestimmte Anforderungen an bestimmte Arbeitsplätze zu richten und dies auch durch ärztliche Eignungsuntersuchungen zu überprüfen, so ist die tatsächliche Durchführung derartiger ärztlicher Untersuchungen durch das allgemeine Persönlichkeitsrecht des Beschäftigten begrenzt. Gleiches gilt auch für den Umfang des Untersuchungsergebnisses, welches der Arbeitgeber dann bekommt.

**15** Auch von Art. 12 GG umfasst ist grundsätzlich die unternehmerische Entscheidungsfreiheit, **wie überhaupt zu besetzende Arbeitsplätze von den Anforderungen her beschaffen sein müssen.** Andererseits garantiert Art. 12 GG auch die **freie Wahl der Arbeitsstelle.** Der Grundrechtsschutz entfaltet seine Wirkung diesbezüglich aber lediglich in Bezug auf die Entscheidung für eine konkrete Beschäftigungsmöglichkeit. Geschützt wird folglich der Entschluss des Einzelnen, eine konkrete Tätigkeit in einem selbst gewählten Beruf zu ergreifen.[2] Auch der Entschluss, das Beschäftigungsverhältnis wieder zu beenden, ist als Ausprägung der Privatautonomie von Art. 12 GG umfasst.

**16** Einen Schutz vor privatrechtlichen Dispositionen gewährt das Grundrecht auf Berufsfreiheit dagegen grundsätzlich nicht. Hier ist auch der Grund zu sehen, warum es vom Grundsatz her auch **keinen Rechtanspruch auf Einstellung** gibt.[3] Selbst das AGG enthält zwar Ansprüche auf Entschädigung und Schadensersatz, einen Anspruch auf Beschäftigung

---

[1] Vgl. BAG 15.6.2004 – 9 AZR 483/03.
[2] BAG 2.7.2003 – 7 AZR 612/02.
[3] Sonderfälle können sich aus der sog. beamtenrechtlichen oder arbeitsrechtlichen „Konkurrentenklage" ergeben. Zur „arbeitsrechtlichen" Konkurrentenklage siehe auch: BAG 2.12.1997 – 9 AZR 455/96.

lässt sich aber selbst bei einer verbotenen Diskriminierung in der Regel nicht ableiten (vgl. § 15 Abs. 6 AGG).

Werden dagegen vom Beschäftigten ärztliche Eignungsuntersuchungen **17** ohne jegliche rechtliche Grundlage abverlangt, so stellt dies eine nicht mehr zu rechtfertigende Beeinträchtigung verfassungsrechtlicher Positionen (Berufsfreiheit nach Art. 12 GG, allgemeines Persönlichkeitsrecht nach Art. 2 Abs. 1 iVm Art. 1 Abs. 1 GG) des Beschäftigten dar.

### 3. Allgemeines Persönlichkeitsrecht

Beim „allgemeinen Persönlichkeitsrecht" handelt es sich um Rechts- **18** fortbildung des Bundesverfassungsgerichtes und wird in den Art. 2 Abs. 1 iVm Art. 1 Abs. 1 GG verortet. **Es gibt dem Menschen eine eigene Persönlichkeitssphäre,** in der er vom Grundsatz her so leben kann, wie es ihm beliebt. Er darf so sein, wie er will und muss sich dafür (auch in gesundheitlicher Hinsicht) nicht rechtfertigen. Weiterhin gibt das allgemeine Persönlichkeitsrecht den Menschen einen Privat- und Intimbereich, in dem er unbeobachtet und ohne Angst vor Sanktionen verkehren und handeln kann.[1]

Der Mensch darf also so sein, wie er ist und braucht sich nicht verstel- **19** len. Insbesondere ist es ihm selbst überlassen, **ob er von bestimmten gesundheitlichen Dispositionen wissen will** und mit wem er sie teilt. Er kann vom Grundsatz her nicht gezwungen werden, gesundheitliche Aspekte (zumal dann, wenn sie für andere nicht ersichtlich sind) preisgeben zu müssen.

**Eine ärztliche Untersuchung des Beschäftigen stellt regelmäßig ei- 20 nen Eingriff in seine Intimsphäre dar,** welche durch das allgemeine Persönlichkeitsrecht (Art. 2 Abs. 1 iVm Art. 1 Abs. 1 GG) geschützt ist.[2] Insbesondere schützt das allgemeine Persönlichkeitsrecht vor der Erhebung und Weitergabe von Befunden über den Gesundheitszustand, die seelische Verfassung und den Charakter.[3] Eine ärztliche Untersuchung kann Angelegenheiten umfassen, die wegen ihres Informationsgehaltes als „privat" eingestuft werden, weil ihre öffentliche Erörterung oder Zurschaustellung als unschicklich gilt, das Bekanntwerden als peinlich empfunden wird oder nachteilige Reaktionen der Umwelt auslöst.[4]

Je tiefer die ärztliche Untersuchung in die Intimsphäre des Beschäftig- **21** ten eingreift, desto gewichtiger müssen auch die berechtigten Interessen des Arbeitgebers sein. Insofern ist folglich auch relevant, ob es sich bei der ärztlichen Untersuchung zB um eine bloße fachkundige Anamnese („Befragung"), um ein Abtasten des Körpers oder um eine Blutentnahme han-

---

[1] Vgl. BVerfG 26.4.1994 – 1 BvR 1689/88, BVerfGE 90, 255 (260).
[2] BAG 12.8.1999 – 2 AZR 55/99.
[3] BVerfG 24.6.1993 – 1 BvR 689/92.
[4] Vgl. zu „Taschenkontrollen": BAG 15.4.2014 – 1 ABR 2/13.

delt. Dieser Aspekt ist zwingend bei der Verhältnismäßigkeitsprüfung (→ Rn. 54 ff.) zu beachten.

22    Aus dem allgemeinen Persönlichkeitsrecht folgt aber auch, dass sich nach einer ärztlichen Eignungsuntersuchung die Mitteilungen an den Arbeitgeber lediglich darauf beschränken dürfen, ob eine Eignung für bestimmte Tätigkeiten gegeben ist. Bezüglich der der Untersuchung zugrundeliegenden Daten (Befunde etc.) kann der Arbeitgeber kein berechtigtes Interesse geltend machen, da sie keine Bedeutung für das Beschäftigungsverhältnis haben und somit auch nicht erforderlich sind. Dies gilt unabhängig davon, ob das „Ergebnis" der ärztlichen Eignungsuntersuchung (zB „geeignet") unmittelbar durch den Arzt an den Arbeitgeber geht (mit Einwilligung des Beschäftigten), oder der Beschäftigte selber eine entsprechende ärztliche Eignungsbescheinigung dem Arbeitgeber übergibt.

23    Im Ergebnis gilt das allgemeine Persönlichkeitsrecht nach Art. 2 Abs. 1 iVm Art. 1 Abs. 1 GG somit nicht schrankenlos. Einschränkungen muss der Beschäftigte allerdings dann hinnehmen, wenn dies im überwiegenden Interesse der Allgemeinheit unter **strikter Wahrung der Verhältnismäßigkeit** geboten ist.[1] Verkennt allerdings ein Gericht, welches eine privatrechtliche Streitigkeit (zB Streit zwischen Beschäftigten und Arbeitgeber) entscheidet, in grundsätzlicher Weise den Schutzgehalt des allgemeinen Persönlichkeitsrechts, verletzt es durch sein Urteil das Grundrecht des Bürgers in seiner Funktion als Schutznorm.[2]

24    Auch Art. 8 der Europäischen Menschenrechtskonvention (EMRK) umfasst insbesondere **das Recht einer Person, ihren Gesundheitszustand geheim zu halten.**[3]

25    Das allgemeine Persönlichkeitsrecht ist auch einfach- und untergesetzlich in Form der ärztlichen Schweigepflicht kodifiziert.[4] Die Achtung der Privatsphäre gebietet es nämlich auch, dass jedermann sich ohne Furcht vor Ausforschung zu einem Arzt begeben kann.[5]

26    Letztendlich gebietet es das allgemeine Persönlichkeitsrecht nach Art. 2 Abs. 1 iVm Art. 1 Abs. 1 GG auch, dass diagnostische, vorbeugende und heilende ärztliche Eingriffe grundsätzlich **immer einer Einwilligung** der durch die Untersuchung betroffenen Person bedürfen.[6]

## 4. Recht auf informationelle Selbstbestimmung

27    Bei dem „**Recht auf informationelle Selbstbestimmung**" nach Art. 2 Abs. 1 iVm Art. 1 Abs. 1 GG handelt es sich um einen „Unterfall" des allgemeinen Persönlichkeitsrechtes. Hierbei handelt es sich um eine weitere

---

[1] Vgl. hierzu: BVerfG 8.3.1972 – 2 BvR 28/71.
[2] BVerfG 17.7.2013 – 1 BvR 3167/08.
[3] EuGH 5.10.1994 – C-404/92 P.
[4] Vgl. § 9 BO Ärzte Bayern, § 203 StGB.
[5] Vgl. auch BVerfG 8.3.1972 – 2 BvR 28/71.
[6] *Laufs/Kern/Rehborn* ArztR-HdB 709.

Konkretisierung der Persönlichkeitsentfaltung nach Art. 2 Abs. 1 GG und bezieht sich auf **den Umgang mit personenbezogenen Daten**. Es schützt somit die Verwendungsautonomie über persönliche Daten.[1]

Im Recht auf informationelle Selbstbestimmung findet auch das Daten-   **28** schutzrecht seine verfassungsrechtliche Grundlage und Erforderlichkeit. Einem Menschen steht es vom Grundsatz her frei, über seine personenbezogenen Daten frei zu bestimmen. Dies umfasst zB auch den Umstand, wem er was mitteilen will und was mit seinen Daten geschehen soll. **Bei ärztlichen Untersuchungen ist somit das Recht auf informationelle Selbstbestimmung ebenfalls betroffen.**

Konkretisiert wird dieses Grundrecht durch die Datenschutzgesetze   **29** (Bundesdatenschutzgesetz bzw. die Datenschutzgesetze der Länder) und viele bereichsspezifische Rechtsvorschriften. Beim Datenschutzrecht handelt es sich um ein sog. „**Verbot mit Erlaubnisvorbehalt**". Dies bedeutet, dass vom Grundsatz her der Umgang mit fremden Daten verboten ist. Die Verarbeitung personenbezogener Daten ist nur dann zulässig, wenn dies durch eine Rechtsvorschrift erlaubt ist oder aber die betroffene Person in die Verarbeitung eingewilligt hat (vgl. Art. 5, 6 DSGVO).

## 5. Recht auf körperliche Unversehrtheit

Jeder Mensch hat das Recht auf körperliche Unversehrtheit (Art. 2   **30** Abs. 2 S. 1 GG). **Dieses Grundrecht schützt den Menschen in seiner körperlichen Integrität**. Gemeint ist hier das Menschsein im biologisch-physiologischen Sinn.[2]

Erfasst hiervon sind nicht nur schwerwiegende Eingriffe in die Gesund-   **31** heit des Menschen. Erfasst ist vielmehr der Umstand, der er biologisch-physiologisch so bleiben kann, wie er ist und niemand vom Grundsatz her das Recht hat, zB durch eine Blutentnahme die körperliche Integrität (durch den Nadelstich durch die Haut) zu verletzen.

---

**Leitsatz:**
Ärztliche Maßnahmen wie Blutentnahmen, Röntgenaufnahmen oder Impfungen stellen regelmäßig einen Eingriff in das Recht auf körperliche Unversehrtheit dar.

---

Ist die ärztliche Einstellungs- bzw. Eignungsuntersuchung folglich mit   **32** Maßnahmen verbunden, welche die körperliche Integrität verletzen (zB **Blutentnahmen**), so liegt ein Eingriff in das Grundrecht auf körperliche Unversehrtheit nach Art. 2 Abs. 2 S. 1 GG vor, den der Beschäftigte regelmäßig nicht zu dulden verpflichtet ist.[3]

---

[1] Vgl. *Michael/Morlok* GrundR 219.
[2] Vgl. BVerfG 14.1.1981 – 1 BvR 612/72, BVerfGE 56, 54 (74).
[3] Vgl. BAG 12.8.1999 – 2 AZR 55/99.

### 6. Selbstbestimmungsrecht

**32a** Eines der wesentlichsten Grundrechte in Bezug auf ärztliche Einstellungs- und Eignungsuntersuchungen stellt in der heutigen Zeit allerdings das Selbstbestimmungsrecht des Beschäftigten dar (Art. 2 Abs. 1, Abs. 2 S. 1, Art. 1 Abs. 1 GG). Herrschte (gerade in der Arbeitsmedizin) für längere Zeit seitens der Ärzte eher eine paternalistische Einstellung gegenüber den untersuchten Personen, so ist heutzutage anzumerken, dass es eine oberste ärztliche Maxime darstellt, dass der Arzt das Selbstbestimmungsrecht der zu untersuchenden Personen achten muss (vgl. auch den Leitspruch: „Salus et voluntas aegroti suprema lex").

**32b** Das Selbstbestimmungsrecht sichert dem Beschäftigten in Bezug auf medizinische Maßnahmen, dass er selbst über ärztliche Maßnahmen an seinem Körper entscheiden kann. Jeder hat vom Grundsatz her das Recht, medizinische Maßnahmen für sich selber abzulehnen, auch dann, wenn diese nach dem Stand der Medizin als erforderlich anzusehen sind. Insofern hat jeder auch das Recht, medizinisch unvernünftige Entscheidungen zu treffen. Als Ausdruck des Selbstbestimmungsrechts ist weiterhin zu sehen, dass der Arzt vor Durchführung einer medizinischen Maßnahme verpflichtet ist, die Einwilligung der betroffenen Person einzuholen (vgl. § 630d Abs. 1 S. 1 BGB, § 8 BO Ärzte Bayerns). Eine Missachtung des Selbstbestimmungsrechts stellt weiterhin regelmäßig eine Körperverletzung iSv § 223 StGB, § 823 Abs. 1 BGB dar.

**32c** Im Verhältnis zum Arzt ist der Beschäftigte folglich vom Grundsatz her immer berechtigt, ärztliche Untersuchungen abzulehnen. Dies resultiert im Wesentlichen aus dem Umstand, dass es in Bezug auf ärztliche Eignungsuntersuchungen im Kontext eines Beschäftigungsverhältnisses an einer staatlichen Duldungspflicht für ärztliche Untersuchungen fehlt[1]. Während folglich im Kern das Selbstbestimmungsrecht des Beschäftigten gewahrt bleibt, so können sich allerdings mittelbar durchaus arbeits- bzw. dienstrechtliche Folgen für ihn ergeben. Dies resultiert aus dem Umstand, dass bei rechtmäßigen Eignungsuntersuchungen eine arbeits- bzw. dienstrechtliche Verpflichtung bestehen kann, eine entsprechende Eignungsbescheinigung vorzulegen. Hier kann dann folglich der Beschäftigte zwar nicht gezwungen werden, an der ärztlichen Eignungsuntersuchung teilzunehmen, muss aber dann ggf. mit arbeits- bzw. dienstrechtlichen Konsequenzen rechnen.

---

[1] Eine Ausnahme bildet hier die ärztliche Überwachung nach §§ 77, 81 StrlSchV. Diesbezüglich besteht eine Duldungsverpflichtung (§ 176 Abs. 1 StrlSchV). Die hierfür erforderliche Zitierklausel findet sich in § 79 Abs. 5 StrlSchG.

## II. Bestimmung des Anforderungsprofils und Einstellungsentscheidung durch den Arbeitgeber

### 1. Anforderungsprofil

Die datenschutzrechtliche Relevanz von Eignungsuntersuchungen 33 kommt dann erst richtig zum Tragen, wenn der Arbeitgeber bereits mit Daten bestimmbarer Personen umgeht. Fraglich bleibt, ob der Arbeitgeber bereits dann bestimmten Regeln unterliegt, wenn er für eine bestimmte Stelle/einen bestimmten Arbeitsplatz ein Anforderungsprofil festlegt. Vereinfacht ausgedrückt geht es um die Fragestellung, ob der Arbeitgeber frei in seiner Entscheidung ist, wenn er definiert, welche gesundheitlichen Eigenschaften er für einen bestimmten Arbeitsplatz wünscht. Ganz ohne Regulativ würde dies nämlich bedeuten, dass er hier auch Eigenschaften festlegen könnte, welche keinen Bezug zur konkreten Tätigkeit aufweisen.

So kommen auch bei der Bestimmung des Anforderungsprofiles für be- 34 stimmte Stellen die umschriebenen Interessenkonflikte zwischen Arbeitgeber und Beschäftigten zum Tragen. Zugunsten des Arbeitgebers muss hier berücksichtigt werden, dass er selber immer persönlich-subjektive Vorstellungen bei entsprechenden Stellenbesetzungen haben wird. Auch ist allgemein bekannt, dass selbst Stellenbeschreibungen in Inseraten etc. auch Punkte aufweisen, die zwar gewünscht werden, aber nicht zwingend Einstellungsvoraussetzung sein müssen. Jede Vorstellung eines Arbeitgebers in Bezug auf einen Arbeitsplatz einem Regulativ zu unterlegen, wäre in der realen Welt auch gar nicht umsetzbar.

Im Prinzip wird man daher feststellen müssen, dass ein Arbeitgeber 35 vom Grundsatz her **völlig frei ist, welche Anforderungen er an einen Arbeitsplatz stellen will.**[1] Dies ist Ausfluss der verfassungsrechtlich verankerten Berufsfreiheit (Art. 12 GG). Auch unterliegt dieses Stadium in der Stellenbesetzung auch noch nicht der Zustimmung des Betriebsrates, da es sich hierbei noch nicht um Auswahlrichtlinien im Sinne von § 95 Abs. 1 BetrVG handelt.[2] Auswahlrichtlinien nach dem Personalvertretungsrecht haben den Sinn festzulegen, unter welchen Voraussetzungen insbesondere Einstellungen und Versetzungen (aber auch Kündigungen) erfolgen sollen, um die jeweilige Personalentscheidung zu versachlichen und für die Beschäftigten insofern durchschaubar zu machen.[3] Dieses konkrete Stadium ist aber bei der bloßen Abstrakten Festlegung von Anforderungsprofilen noch nicht erreicht.

---

[1] Einschränkend: *Klement* Zulässigkeit medizinischer Datenerhebungen 22 ff.
[2] BAG 31.5.1983 – 1 ABR 6/80.
[3] BAG 31.5.1983 – 1 ABR 6/80.

**36** | Leitsatz:
In der Festlegung des Anforderungsprofils ist der Arbeitgeber grundsätzlich vollkommen frei.

**37** Hierbei ist auch unbeachtlich, ob die im Anforderungsprofil benannten Voraussetzungen auch in objektiver Hinsicht Voraussetzung dafür sind, ob die Aufgaben der Stelle erfüllt werden. Das Anforderungsprofil selber darf grundsätzlich darüber hinausgehen oder auch dahinter zurückbleiben.[1] Im Ergebnis ist allerdings dennoch sinnvoll, nur die Aspekte einem Anforderungsprofil zugrunde zu legen, **welche rechtlich einer diesbezüglichen Fragestellung auch zugänglich sind.**

**38** Eine Einschränkung ergibt sich aber hier aus dem **Allgemeinen Gleichbehandlungsgesetz** (AGG, → Rn. 762 ff.). Dem Arbeitgeber ist es hier auch bereits bei der Festlegung des Anforderungsprofils nicht gestattet, die in § 1 AGG benannten Diskriminierungsmerkmale (fallbezogen: Geschlecht und Behinderung) als Auswahlkriterien heranzuziehen.

Leitsatz:
Lediglich das Allgemeine Gleichbehandlungsgesetz hat der Arbeitgeber bei der Festlegung des Anforderungsprofils zu berücksichtigen.

**39** Zwar wird sich die Festlegung eines reinen Anforderungsprofils in der Regel in Handlungen erschöpfen, welche für das AGG unmittelbar noch gar nicht greifbar sind. Die Festlegung des Anforderungsprofils kann sich somit gewissermaßen auch lediglich im Kopf des Arbeitgebers abspielen. Beschließt der Arbeitgeber allerdings das Anforderungsprofil tatsächlich durchzusetzen, so muss dies durch irgendwelche Handlungen erfolgen (zB Stellenausschreibung, Ablehnung von Bewerbern mit entsprechenden Merkmalen etc.). Spätestens hier greift auch das AGG. Kann der abgelehnte Bewerber oder der benachteiligte Beschäftigte entsprechende Indizien vorbringen, so trägt der Arbeitgeber die Beweislast, dass kein Verstoß gegen die Bestimmungen des AGG vorgelegen hat (§ 22 AGG).

**40** In Bezug auf Stellenausschreibungen ist explizit festgelegt, dass diese nicht unter Verstoß gegen das Allgemeine Gleichbehandlungsgesetz ausgeschrieben werden dürfen (§ 11 AGG).

**41** Die freie Bestimmung des Anforderungsprofils durch den Arbeitgeber bedeutet allerdings nicht, dass ein Arbeitgeber bei der konkreten Besetzung einer Stelle sich von Willkür leiten lassen kann. Spätestens auf der Ebene der Erhebung der Daten des Beschäftigten/Bewerbers greifen wieder die staatlichen Regularien, welche vor Diskriminierung schützen sollen (vgl. zB das Allgemeine Gleichbehandlungsgesetz – AGG).

---

[1] BAG 31.5.1983 – 1 ABR 6/80.

Der Grundsatz, dass der Arbeitgeber frei in der bloßen Festlegung eines **42** Anforderungsprofils ist, bedeutet ferner nicht, dass es ihm auch freisteht, sämtliche diesbezüglichen Daten bei den Bewerbern/Beschäftigten zu erheben. Möchte der Arbeitgeber für eine bestimmte Stelle nur Personen mit bestimmten gesundheitlichen Eigenschaften, **so kann es zu Konstellationen kommen, in denen er dies zwar festlegen kann, es ihm aber verwehrt ist, berechtigt die entsprechenden Daten bei den betroffenen Personen zu erheben.** Die Frage, ob eine Einstellungs- bzw. diesbezügliche Eignungsuntersuchung rechtmäßig ist, ist nach den allgemeinen Grundsätzen zu entscheiden.

---

**Leitsatz:**
Die Berechtigung, ein entsprechendes Anforderungsprofil festzulegen berechtigt nicht automatisch auch dazu, die entsprechenden Daten bei den Bewerbern/Beschäftigten zu erheben. Die Datenerhebung (auch in Form der Einstellungs- bzw. Eignungsuntersuchung) ist nach den entsprechenden Rechtsvorschriften zu beurteilen.

---

**Beispiel:**
A möchte eine Stelle in der Sachbearbeitung (reine Bürotätigkeiten) besetzen. Er möchte, dass der Stelleninhaber/die Stelleninhaberin auch sehr schwere Lasten heben kann. Hierzu gibt es aber keinen sachlichen Grund. Er ist einfach der Meinung, dass Personen, welche schwere Lasten tragen können, die besseren Sachbearbeiter seien.
Die Festlegung eines derartigen Anforderungsprofils ist durch die unternehmerische Entscheidungsfreiheit (Bestandteil des Art. 12 GG) gedeckt.
In tatsächlicher Hinsicht ist es ihm aber rechtlich verwehrt, diesen Aspekt bei der Einstellung zu fragen bzw. durch Einstellungsuntersuchung feststellen zu lassen, da es in Bezug zu dieser Fragestellung keinen Tätigkeitsbezug gibt. Hier dürfte ihn der Stellenbewerber auch anlügen, ohne dass der Arbeitsvertrag anfechtbar wäre.

## 2. Auswahlrichtlinien

Vom reinen Anforderungsprofil rechtlich zu unterscheiden sind die be- **43** triebsverfassungsrechtlichen Auswahlrichtlinien im Sinne von § 95 BetrVG. **Bei den Auswahlrichtlinien handelt es sich um Richtlinien über die personelle Auswahl bei Einstellungen, Versetzungen, Umgruppierungen und Kündigungen** (§ 95 Abs. 1 S. 1 BetrVG). Sie bedürfen uneingeschränkt der Zustimmung des Betriebsrates. Können sich Arbeitgeber und Betriebsrat über Auswahlrichtlinien nicht einigen, so entscheidet auf Antrag des Arbeitgebers die Einigungsstelle (§ 95 Abs. 1 S. 2 BetrVG).

**44**    Von dem Anforderungsprofil unterscheidet sich die Auswahlrichtlinie insofern, als dass sie nicht direkt die Anforderungen an einen konkreten Arbeitsplatz definieren, sondern vielmehr festlegen, **aufgrund welcher Kriterien** die auf den Arbeitsplatz passenden Bewerber/Beschäftigte dann in tatsächlicher Hinsicht auszuwählen sind. Je nach Ausgestaltung können sie aber auch deckungsgleich sein. Dies ist dann der Fall, wenn die im Anforderungsprofil festgelegten persönlichen und fachlichen Voraussetzungen auch Gegenstand der Auswahlrichtlinien sind. Allerdings können Auswahlrichtlinien die persönlichen und fachlichen Voraussetzungen auch anders definieren (zB Berücksichtigung persönlicher und sozialer Umstände, Behinderteneigenschaft etc.[1]).

> **Leitsatz:**
> Auswahlrichtlinien sind Grundsätze, die zu berücksichtigen sind, wenn bei beabsichtigten personellen Einzelmaßnahmen (zB Einstellung) mehrere Personen (zB Beschäftigte/Bewerber) in Betracht kommen und zu entscheiden ist, gegenüber wem sie vorgenommen werden sollen.[2]

**45**    Im Wesentlichen dienen die unter das Mitbestimmungsrecht des Betriebsrates fallenden Auswahlrichtlinien einer Versachlichung von entsprechenden einzelpersonellen Maßnahmen (zB einer Einstellung oder Versetzung).

**46**    Ist im Ergebnis also eine Einstellung oder Versetzung zwingend immer mit einer entsprechenden „Einstellungsuntersuchung" (hierzu ausführlich → Rn. 82 ff.) verknüpft, so handelt es sich um eine Auswahlrichtlinie nach dem Betriebsverfassungsrecht, welche ohne Zustimmung des Betriebsrates nicht erlassen werden kann. In Betrieben mit mehr als 500 Arbeitnehmern hat der Betriebsrat in Bezug auf die Festlegung von Auswahlrichtlinien auch ein **Initiativrecht** (§ 95 Abs. 2 BetrVG). In diesen Betrieben kann er folglich auch aktiv verlangen, dass entsprechende Auswahlrichtlinien erlassen werden. Kommt hier eine Einigung nicht zustande, so entscheidet auch hier die Einigungsstelle (§ 95 Abs. 2 S. 2 BetrVG).

> **Leitsatz:**
> Ist eine Einstellungsuntersuchung Voraussetzung für eine bestimmte Stelle, so handelt es sich um eine zustimmungsbedürftige Auswahlrichtlinie nach dem Betriebsverfassungsgesetz. Der Betriebsrat hat hierzu immer seine Zustimmung zu erteilen.

---

[1] Vgl. hierzu: BAG 31.5.1983 – 1 ABR 6/80.
[2] Vgl. BAG 26.7.2005 – 1 ABR 29/04.

Die Zustimmung des Betriebsrates nach § 95 BetrVG umfasst nicht **47** nur den Umstand einer Einstellungsuntersuchung an sich. Vielmehr unterliegt der Zustimmung auch die Festlegung des Untersuchungsumfangs. Sollen zB auch entsprechende Screenings auf Alkohol und Drogen erfolgen, so ist dies Teil einer zustimmungsbedürftigen Auswahlrichtlinie.[1]

**Ärztliche Anamnesebögen unterfallen dagegen nicht dem Rege-** **48** **lungsgegenstand „Auswahlrichtlinie".** Auch wenn diese auf den jeweiligen Betrieb/das Unternehmen zugeschnitten und in Bezug auf bestimmte Tätigkeiten **vereinheitlicht** sind, handelt es sich hierbei um medizinische Angaben, welche beim Arzt verbleiben und schon von Rechts wegen („Schweigepflicht", hierzu → Rn. 689 ff.) nicht in den Herrschaftsbereich des Arbeitgebers gehören. Es handelt sich somit um ärztliche Unterlagen, welche bezüglich der Dokumentation und Aufbewahrung arzt- bzw. standesrechtlichen Vorschriften unterfallen (zB § 10 Berufsordnung für die Ärzte Bayerns; § 630 f. BGB). Der Arzt ist regelmäßig verpflichtet, eine entsprechende Anamnese durchzuführen.

---

**Leitsatz:**
Ärztliche Anamnesebögen sind keine Auswahlrichtlinien nach dem BetrVG und unterfallen somit auch nicht der Zustimmung des Betriebsrates.

---

Die Anamnese gehört zu den typischen Pflichten des Arztes.[2] Insbeson- **49** dere ist der Arzt verpflichtet, im Rahmen seiner erforderlichen Dokumentation auch die Anamnese mit einfließen zu lassen.[3] Vor diesem Hintergrund kann ein standardisierter (die Fragen sind hier durch den Arzt festzulegen!) Anamnesebogen dazu dienen, bereits im Vorfeld bestimmte Fragestellungen zu klären. Anamnesebögen zum Ankreuzen können aber nur eine Ergänzung zu der durch den Arzt vorzunehmenden Anamnese darstellen. Aus einer unzureichenden Anamnese (nur Ankreuzen von Fragen und keine Schilderung bestimmter Beschwerden) können sich arzthaftungsrechtlich relevante „Behandlungsfehler" ergeben.[4] Aus berufsrechtlichen Gründen ist es dem Arzt weiterhin auch verwehrt, in Bezug auf die Anamnese Weisungen zB seitens eines Betriebsrates bzw. Arbeitgebers des Beschäftigten entgegenzunehmen (vgl. § 1 Abs. 2 BÄO, § 2 Abs. 4 BO Ärzte Bayern).

---

[1] LAG Baden-Württemberg 13.12.2002 – 16 TaBV 4/02.
[2] Siehe auch *Laufs/Kern/Rehborn* ArztR-HdB 651 ff.
[3] Zu den rechtlichen Pflichten der ärztlichen Dokumentation: *Laufs/Kern/Rehborn* ArztR-HdB § 55.
[4] OLG Koblenz VersR 1992, 359 (360).

### 3. Einstellungsentscheidung

**50**   **Auch die Einstellungsentscheidung unterliegt vom Grundsatz her der freien Entscheidung des Arbeitgebers,** was ihm auch grundsätzlich durch die Verfassung (Art. 12 GG) gewährleistet ist. Auch diese Entscheidung muss grundsätzlich nicht begründet werden. Ebenso wenig muss sie sich an vernünftigen Überlegungen orientieren. Sofern also seine Einstellungskriterien die Mitwirkungsrechte der Personalvertretungen nicht berühren und auch keine Benachteiligung nach dem AGG darstellen, so kann sich der Arbeitgeber grundsätzlich vollkommen frei entscheiden, wen er für eine Stelle nehmen will.[1]

**51**   Im Ergebnis bleibt folglich festzustellen, dass er (sofern keine der in § 1 AGG benannten Diskriminierungsmerkmale oder Mitwirkungsrechte des Betriebsrates/Personalrates betroffen sind) frei in der Entscheidung ist, welche Person er einstellt. Der Arbeitgeber muss seine diesbezüglichen Entscheidungen nicht begründen. **Ebenso wenig müssen die Gründe der Entscheidung plausibel oder vernünftig sein.**[2]

**52**   Dies gilt uneingeschränkt auch für den Fall, dass er eine bestimmte Person wegen einer Erkrankung nicht in seinem Unternehmen haben will. So lange hier der Grad der „Behinderung" im Sinne des AGG nicht erreicht ist (→ Rn. 785), ist dies (auch wenn dies allgemein als verwerflich anzusehen ist) von seiner Berufsausübungsfreiheit (Art. 12 GG) gedeckt. Die rechtliche Fragestellung, ob er in seiner Entscheidung, jemanden einzustellen frei ist, ist von der Frage zu unterscheiden, wie er an bestimmte Informationen (zB über den Gesundheitszustand) herankommt. So kann es durchaus sein, dass er eine Person wegen einer ihm bekannten Erkrankung ablehnen darf, diese Person im Einstellungsverfahren aber danach nicht fragen darf.

**53**   Allerdings ergibt sich auch bei einem Verstoß gegen das AGG kein Anrecht auf Einstellung (§ 15 Abs. 6 AGG). Lehnt folglich ein Arbeitgeber zB einen Bewerber ab, da er keine Menschen mit Behinderung in seinen Betrieb haben möchte, so vermag dies entsprechende Entschädigungs- und Schadensersatzansprüche nach § 15 AGG begründen, ein Rechtsanspruch auf Einstellung erwächst allerdings hieraus in aller Regel nicht. Gleiches gilt auch für den beruflichen Aufstieg. Hier ist allerdings zu prüfen, inwieweit andere Rechtsgründe einen Anspruch auf eine bestimmte Stelle ggf. begründen können.

---

**Leitsatz:**
Aus Verstößen gegen das AGG ergibt sich allerdings für die betroffene Person in der Regel kein Anspruch auf Einstellung.

---

[1] Im öffentlichen Dienst gibt es allerdings in bestimmten Fallkonstellationen die sog. „Konkurrentenklage".

[2] v. Stein/Rothe/Schlegel Gesundheitsmanagement/*Krieger* Kap. 1 § 1 Rn. 2.

## III. Verhältnismäßigkeit der Untersuchungen

Wie bereits erwähnt, stellen Eignungsuntersuchungen (insbesondere, 54 wenn sie mit einer Blutentnahme verbunden sind) einen Eingriff in das durch Art. 2 Abs. 2 iVm Art. 1 Abs. 1 GG verbürgte allgemeine Persönlichkeitsrecht des Beschäftigten dar (→ auch Rn. 18 ff.). Während der Beschäftigte/Bewerber bei unrechtmäßigen Fragen seitens des Arbeitgebers das Recht hat, diese Fragen wahrheitswidrig zu beantworten,[1] ist ihm die Wahrnehmung dieses Rechts bei ärztlichen Eignungsuntersuchungen aufgrund ihres objektiven Charakters nur sehr eingeschränkt möglich. „Erforderlich" im Sinne § 26 BDSG kann eine ärztliche Untersuchung nur dann sein, wenn sie dem **Grundsatz der Verhältnismäßigkeit** (abgeleitet aus Art. 20 Abs. 3 GG und den Grundrechten) entspricht.[2]

Das allgemeine Persönlichkeitsrecht wird in den Schranken der verfas- 55 sungsmäßigen Ordnung garantiert. Sofern in dieses Recht eingegriffen wird (wie zB durch eine ärztliche Untersuchung), ist dies folglich nur dann rechtmäßig, wenn neben dem Vorliegen eines rechtlichen Grundes auch die **Verhältnismäßigkeit** gewahrt bleibt.[3]

Die Verhältnismäßigkeitsprufung bei ärztlichen Einstellungsuntersu- 56 chungen fordert allgemeinen Rechtsgedanken folgend die Einzelprüfung der Faktoren **Geeignetheit, Erforderlichkeit und Angemessenheit**, wobei jeweils alle Faktoren am Ende zusammen vorliegen müssen.

Die Wahrung der Verhältnismäßigkeit stellt eine unabdingbare Grenze 57 dar. Sofern diese nicht mehr gewahrt ist, ist es dem Arzt verwehrt, ohne jede Einschränkung Untersuchungen vorzunehmen, die er oder der Arbeitgeber für sachdienlich erachten.[4] Bei Eingriffen in die Integrität des Körpers (zB Blutentnahmen) kann Abwägungsergebnis folglich auch sein, dass das Interesse des Arbeitgebers nur deshalb zurücktreten muss, weil der Eingriff selber in unangemessenen Verhältnis zu der ansonsten anerkennungswürdigen Interessenlage des Arbeitgebers steht.

Eingriffe in das allgemeine Persönlichkeitsrecht nach Art. 2 Abs. 1 iVm 58 Art. 1 Abs. 1 GG muss ein Beschäftigter folglich nur dann hinnehmen, wenn ein überwiegendes Interesse eines anderen hierzu vorliegt und der Eingriff (zB in Form der ärztlichen Eignungsuntersuchung) unter **strikter Wahrung der Verhältnismäßigkeit** erfolgt.[5] Im Rahmen der Verhältnismäßigkeitserwägungen in Bezug auf ärztliche Untersuchungen darf auch nicht unberücksichtigt bleiben, dass diese im Gegensatz zu reinen Fragen wesentlich genauer über gesundheitliche Umstände Rückschlüsse zulassen. Auch solche, welche dem Beschäftigten/Bewerber selber noch gar nicht bewusst sind.

---

[1] Zum „Recht auf Lüge": *Beck* „Fragerecht" und „Recht zur Lüge".
[2] BAG 20.6.2013 – 2 AZR 546/12.
[3] Vgl. BAG 15.4.2014 – 1 ABR 2/13.
[4] Vgl. auch BAG 12.8.1999 – 2 AZR 55/99.
[5] Vgl. hierzu auch BVerfG 8.3.1972 – 2 BvR 28/71.

**59**     Die Verhältnismäßigkeitsprüfung setzt allerdings immer schon voraus, dass das zugrunde liegende Untersuchungsbegehren an sich rechtmäßig ist. Sofern allerdings rechtliche definierte Eignungsuntersuchung bereits bestimmte Untersuchungsparameter definieren (zB Audiogramm nach Nr. 1.3 Anlage 4 TfV), so bedarf es einer weiteren Verhältnismäßigkeitsprüfung in aller Regel nicht mehr.

## 1. Geeignetheit

**60**     Ärztliche Untersuchungen sind dann geeignet, wenn sie den erstrebten Erfolg (Überprüfung der Eignung) zumindest **fördern** können. In diesem Prüfschritt ist streng genommen auch gar nicht gefordert, dass der Erfolg auch tatsächlich erreicht wird. Eine ärztliche Untersuchung ist folglich auch dann geeignet, wenn mit ihrer Hilfe der gewünschte Erfolg (nämlich die Feststellung der Eignung für die konkrete Tätigkeit) gefördert werden kann, wobei die Möglichkeit der Zweckerreichung hier genügt.[1] Kann eine ärztliche Untersuchung folglich das erstrebte Ziel der Eignungsfeststellung überhaupt nicht erreichen, so ist diese durch den Arbeitgeber veranlasste Untersuchung stets unverhältnismäßig und damit auch rechtswidrig.

## 2. Erforderlichkeit

**61**     Eine ärztliche Untersuchung ist dann erforderlich, wenn ihr Verzicht nicht sinnvoll oder unzumutbar wäre und kein milderes und gleich wirksames Mittel zur Verfügung steht, die gesundheitliche Eignung des Beschäftigten festzustellen. Hier muss also geprüft werden, ob der Arbeitgeber die Eignung des Beschäftigten nicht auch mit anderen Mitteln als die Veranlassung einer ärztlichen Untersuchung wirksam überprüfen kann. Hier ist in erster Linie auch an eine bloße Befragung des Beschäftigten/Bewerbers (zB mittels Fragebogen) zu denken.

**62**     Dem ist allerdings entgegenzuhalten, dass es hier durchaus auch um Gesundheitsaspekte gehen kann, die dem Beschäftigten selber gar nicht bewusst sind. Diese Fragestellungen lassen sich also auch beim ehrlichen Beschäftigten nicht erfolgreich erheben. Weiterhin kann es hier auch sein, dass der Beschäftigte zwar eine gesundheitliche Beeinträchtigung kennt, sich aber in Ermangelung ärztlicher Fachkunde des Bezuges zu seiner von ihm durchgeführten/geplanten Tätigkeit gar nicht bewusst ist. Die Erforderlichkeit ist allerdings nicht nur in Bezug auf die Fragestellung relevant, ob Untersuchungen auch durch bloße Befragungen (zB mittels Gesundheitsfragebogen) gleich wirksam ersetzt werden können. **Die Erforderlichkeit muss auch dann geprüft werden, wenn verschiedene Untersuchungsmethoden zur Verfügung stehen.** Hier ist dann jeweils die

---

[1] Vgl. auch Begriff „Geeignetheit" in BVerfG 28.3.2006 – 1 BvR 1054/01, BVerfGE 115, 276 (308).

mildeste (mit gleicher Wirkung) zu nehmen. Lässt sich folglich zB eine bestimmte gesundheitliche Eigenschaft gleich wirksam und zuverlässig sowohl durch Blutentnahme als auch durch einen Urintest bestimmen, so muss in diesen Fällen der Urintest als mildere Maßnahme als Untersuchungsmethode herangezogen werden. Erforderlich können allerdings nur diejenigen Untersuchungen sein, **welche einer (arbeits-) medizinischen Beurteilung in Bezug auf die Eignungsbestimmungen überhaupt zugänglich sind.**

## 3. Angemessenheit

Letztendlich muss die ärztliche Untersuchung auch angemessen[1] sein. **63** Eine Untersuchung ist dann angemessen, wenn der Nachteil für den Beschäftigten (Preisgabe seiner Gesundheitsdaten) zu dem angestrebten Zweck (Prüfung der Eignung durch den Arbeitgeber) in keinem unvernünftigen Verhältnis zueinander stehen. **Je gravierender der Eingriff ist, desto gewichtiger muss auch das Ziel der Eignungsprüfung sein.** Hier ist dann auch zu unterscheiden, ob es sich um eine bloße ärztliche Befragung handelt oder auch um körperliche und klinische Untersuchungen.

Je schwerwiegender der Eingriff in das allgemeine Persönlichkeitsrecht **64** des Beschäftigten ist, desto gewichtiger muss also auch das Interesse des Arbeitgebers sein, die entsprechenden Eignungsaspekte abklären zu lassen.

Im Rahmen der Angemessenheit ist zugunsten des Beschäftigten/Bewerbers zu berücksichtigen, dass die **rein abstrakte Gefahr krankheitsbedingter Arbeitsunfähigkeit** zulasten des Arbeitgebers geht (vgl. auch Rechtsgedanke aus § 3 EFZG) und somit nicht Gegenstand einer ärztlichen Einstellungs- und Eignungsuntersuchung sein kann. Je allgemeiner das Untersuchungsanliegen, je mehr wird im Rahmen der Angemessenheitsprüfung das Arbeitgeberinteresse zurücktreten müssen. Mit der Angemessenheit nicht zu vereinbaren sind ferner Untersuchungen, welche ein hohes Gesundheitsrisiko für den Bewerber/Beschäftigten enthalten. Letztlich werden auch solche Untersuchungen die Angemessenheitsprüfung nicht bestehen, welche sich nur durch besonders invasive Maßnahmen durchführen lassen (zB Entnahme von Rückenmarksflüssigkeit).

Die Angemessenheitsprüfung führt auch dann zu einem für den Arbeit- **66** geber negativen Ergebnis, wenn er mittels der ärztlichen Untersuchungen objektive Mängel im Arbeitsschutz zu vermeiden versucht. Nach § 4 Nr. 5 ArbSchG muss ein Arbeitgeber zuerst alle möglichen und zumutbaren technischen und organisatorischen Maßnahmen treffen. Es ist ihm folglich zB verwehrt, auf lärmmindernde Gestaltung der Arbeitsplätze nach § 7 Abs. 2 Nr. 3 LärmVibrationsArbSchV zu verzichten und stattdessen nur

---

[1] Hierbei handelt es sich um die Verhältnismäßigkeit im engeren Sinne.

solche Personen zu beschäftigten, die nachweislich einer ärztlichen Untersuchung über ein überdurchschnittliches Hörvermögen verfügen.

## 4. Blutentnahme

**67**    Einer besonderen Würdigung müssen sich im Rahmen von Eignungsuntersuchungen (einschl. Einstellungsuntersuchungen) durchgeführte Blutentnahmen unterziehen. Diese sind in zweifacher Hinsicht problematisch. Zum einen stellen sie tatbestandlich nach obergerichtlicher Rechtsprechung immer eine Körperverletzung dar, die nur durch die Einwilligung des Beschäftigten/Bewerbers gerechtfertigt werden kann. Ferner kann der Akt der eigentlichen Blutentnahme für den Beschäftigten/Bewerber mit Schmerzen verbunden sein. Zweitens können aus dem gewonnenen Blut Erkenntnisse gewonnen werden, die ein Beschäftigter/Bewerber entweder selber gar nicht wissen will („Recht auf Nichtwissen[1]") oder aber dem sozialen Umfeld nicht offenbaren mag. Da es bei der Erkenntnisgewinnung durch Blutentnahmen in aller Regel an verlässlichen Alternativen fehlt, ist im Rahmen der oben umschriebenen Verhältnismäßigkeitsprüfung der Aspekt der „Angemessenheit" hier einer intensiveren Prüfung zu unterziehen.

> **Leitsatz:**
> Die Durchführung von Blutentnahmen im Rahmen von Eignungsuntersuchungen (einschl. Einstellungsuntersuchungen) bedarf einer besonderen Abwägung der widerstreitenden Interessen.

**68**    Bei einer Blutentnahme handelt es sich in aller Regel um einen recht „gravierenden Eingriff" in die Rechte des Beschäftigten/Bewerbers (Allgemeines Persönlichkeitsrecht nach Art. 2 Abs. 1 iVm Art. 1 Abs. 1 GG, Recht auf körperliche Unversehrtheit nach Art. 2 Abs. 2 S. 1 GG). Er muss hier (anders als zB bei einer bloßen Befragung durch den Arzt bzw. einer bloßen Duldung einer Inaugenscheinnahme) ggf. auch Schmerzen durch den Stich der Nadel erdulden.

**69**    Aus Sicht des Arbeitgebers wiederum bedeutet dies, dass seine Interessen (Eignungsfeststellung) nur dann bedeutsam sein können, wenn sie diese nicht unwesentlichen Interessen des Beschäftigten/Bewerbers überwiegen. Im Ergebnis kann somit eine Blutentnahme bei Eignungsuntersuchungen (einschl. Einstellungsuntersuchungen) nur dann gerechtfertigt sein, **wenn die Eigenarten der durchzuführenden Tätigkeiten dies erforderlich machen.**

---

[1] Auch abzuleiten aus dem allgemeinen Persönlichkeitsrecht nach Art. 2 Abs. 1 iVm Art. 1 Abs. 1 GG.

Diese Abwägungsfrage wird in aller Regel ergeben, dass Blutentnah- **70** men im Rahmen von Eignungsuntersuchungen nur dann gerechtfertigt sind, wenn es sich um sensible Bereiche im Arbeitsleben handelt (zB Umgang mit explosiven Chemikalien oder Ansteckungsgefahr für Patienten). Im Wesentlichen ist eine Blutentnahme folglich nur dann gerechtfertigt, wenn es der durch den Beschäftigten ausgeübten Tätigkeit immanent ist, **dass sich hieraus auch Gefährdungen für Leben oder Gesundheit von Arbeitskollegen oder Dritten ergeben können.** Auch Aspekte der Eigengefährdung (→ Rn. 105 ff.) können eine Rolle spielen.

Weiterhin ist zur Wahrung des Verhältnismäßigkeitsgrundsatzes zwin- **71** gend erforderlich, dass sich aus den gewonnenen Blutwerten auch tatsächlich Rückschlüsse ziehen lassen, die auch entsprechende Relevanz für die konkrete Tätigkeit des Beschäftigten besitzen. **Insofern es bei Bürosachbearbeitern in aller Regel unzulässig, zB im Rahmen von Einstellungsuntersuchungen hier Blutentnahmen durchzuführen.** Aus derartigen Untersuchungen lassen sich nämlich regelmäßig keine Rückschlüsse auf die Eignung für die konkrete Tätigkeit (Sachbearbeitung im Büro) ziehen. Ferner muss auch im Rahmen der „Erforderlichkeit" überprüft werden, ob sich die Blutentnahme nicht durch gleich wirksame, aber mildere Mittel (zB Urintest) ersetzen lassen kann. Wird rechtmäßig Blut abgenommen, so darf sich die Untersuchung des Blutes nur auf die Merkmale erstrecken, welche Relevanz für die konkrete Tätigkeit haben.[1]

## IV. Die Bestimmung des Arztes bei Eignungsuntersuchungen (Arztwahl)

Neben der Frage der Rechtmäßigkeit der zu erfolgenden Eignungsun- **72** tersuchungen **stellt sich weiterhin die Frage, wem das Recht zusteht, den die Untersuchung durchführenden Arzt auszuwählen.** Grundsätzlich umfasst das allgemeine Persönlichkeitsrecht des Beschäftigten und sein Selbstbestimmungsrecht (beides Art. 2 Abs. 1 iVm Art. 1 Abs. 1 GG) auch das Recht auf freie Arztwahl.[2] Unter bestimmten Voraussetzungen kann es aber auch interessengerecht sein, dass der Arbeitgeber den Arzt für Eignungsuntersuchungen festlegt. Hierbei ist es ihm aber von Rechts wegen verwehrt, willkürliche Maßstäbe anzusetzen. Entscheidungsgrenzen für den Arbeitgeber ergeben sich zum einem aus dem **„billigen Ermessen"**, weiterhin hat er vorgebrachte **„begründete Bedenken"** seitens des Beschäftigten zu berücksichtigen.

---

[1] Vgl. auch *Fuhlrott/Hoppe* ArbRAktuell 2010, 183.
[2] BVerfG 23.7.1963 – 1 BvL 1/61, 1 BvL 4/61, BVerfGE 16, 286 (303 f.).

> **Leitsatz:**
> Werden die Grundsätze des „billigen Ermessens" gewahrt, so ist die Arztwahl für Einstellungs- und Eignungsuntersuchungen grundsätzlich dem Arbeitgeber zuzugestehen.

## 1. Billiges Ermessen

**73**  Bestimmt der Arbeitgeber den Arzt, welcher die Eignungsuntersuchungen durchführen soll, so ist er nicht völlig frei in seiner Entscheidung. Vielmehr hat sich diese Auswahl an den Grundsätzen des billigen Ermessens im Sinne von § 315 Abs. 1 BGB zu orientieren,[1] da es sich dann um eine einseitige Leistungsbestimmung handelt. Durch den zu fordernden engen Bezug der zu überprüfenden Gesundheitsaspekte zu der konkret durchzuführenden Tätigkeit (**Grundsatz der Arbeitsplatzbezogenheit**) sollte im Rahmen des billigen Ermessens hier ein Arzt mit der Gebietsbezeichnung „Arbeitsmedizin" (= Facharzt für Arbeitsmedizin) oder ein Arzt mit der Zusatzbezeichnung „Betriebsmedizin" gewählt werden. Dieses präventivmedizinische Fach berücksichtigt ua explizit die Wechselwirkungen zwischen Arbeit und Beruf.[2] Wird die Eignungsuntersuchung im Rahmen einer Arbeitsschutzmaßnahme nach dem ArbSchG durchgeführt (→ Rn. 494 ff.), so muss der Arbeitgeber den Stand der Arbeitsmedizin beachten (§ 4 Nr. 3 ArbSchG). Grundsätzlich hat der Arbeitgeber drei Möglichkeiten, einen entsprechenden Arzt mit Eignungsuntersuchungen zu beauftragen:[3]

– Verpflichtung eines freiberuflichen Arztes
– Verpflichtung eines überbetrieblichen Dienstes
– Anstellung eines Arztes

**74**  Weiterhin sind natürlich auch Mischformen möglich. So kann es auch aufgrund des in § 3 Abs. 3 S. 2 ArbMedVV enthaltenen Trennungsgebotes von Vorsorgemaßnahmen nach der ArbMedVV und Eignungsuntersuchungen (→ Rn. 636 ff.) geboten sein, sich für die unterschiedlichen Untersuchungen/Vorsorgemaßnahmen auch unterschiedlicher Ärzte zu bedienen.

**75**  Somit ist es für die Arztwahl des Arbeitgebers auch grundsätzlich rechtlich unproblematisch, wenn der durch den Arbeitgeber bestimmte Arzt bei dem Arbeitgeber auch angestellt ist.[4] Wird bei einem beim Arbeitgeber angestellten Arzt eingewandt, dieser stehe zu sehr in Abhängigkeit des Arbeitgebers, so darf hier bei der Interessenabwägung auch nicht unberück-

---

[1] *Kleinebrink* DB 2014, 776–780; BAG 27.9.2012 – 2 AZR 811/11.
[2] Vgl. zB Nr. 4 der Weiterbildungsordnung für die Ärzte Bayerns vom 24.4.2004 in der Fassung der Beschlüsse vom 12.10.2013.
[3] Vgl. auch *Aligbe* Arbeitsmedizinische Vorsorge-HdB 418.
[4] BAG 27.9.2012 – 2 AZR 811/11.

sichtigt bleiben, dass bei einem nicht beim Arbeitgeber angestellten Arzt, der einen nicht unwesentlichen Teil seiner Einkünfte aus der Durchführung von Eignungsuntersuchungen erzielt, die wirtschaftliche Abhängigkeit vom Arbeitgeber größer sein kann als bei einem angestellten (bzw. verbeamteten) Arzt mit entsprechendem Kündigungsschutz.[1] Ferner bestehen auch keine Einwände, wenn der Arbeitgeber den Betriebsarzt auch als zuständigen Arzt für Eignungsuntersuchungen benennt. Auch § 3 Abs. 1 Nr. 2 ASiG steht dem nicht entgegen, sofern es sich um Eignungsuntersuchungen handelt, welche einen konkreten Bezug zum Arbeitsschutz aufweisen (zB im Rahmen von Eignungsvorbehalten).

Weiterhin darf in die Interessenabwägung zugunsten des Auswahlrechtes des Arztes auch eingebracht werden, dass es sich bei dem Arztberuf um einen verkammerten freien Beruf handelt (vgl. § 1 Abs. 2 BÄO). Ein Arzt unterliegt bei Ausübung seiner Tätigkeiten bestimmten Regularien, deren Missachtung seitens der Ärztekammern entsprechend geahndet werden kann (zB §§ 5, 6 Bundesärzteordnung). So ist der Arzt (sowohl bei Festanstellung oder als freiberuflicher Arzt oder als Arzt eines überbetrieblichen Dienstes) verpflichtet, seinen Beruf nach seinem Gewissen, den Geboten der ärztlichen Ethik und der Menschlichkeit auszuüben. Es ist ihm verboten, Grundsätze anzuerkennen und Vorschriften und Anweisungen zu beachten, die mit seiner Aufgabe nicht vereinbar sind und deren Befolgung er nicht verantworten kann (vgl. § 2 Abs. 1 BO Ärzte Bayerns)**. Insbesondere ist es ihm ausdrücklich verboten, hinsichtlich seiner ärztlichen Entscheidungen Weisungen von Nichtärzten entgegenzunehmen** (vgl. § 2 Abs. 4 BO Ärzte Bayerns).

**76**

Mit den Grundsätzen des „billigen Ermessens" im Sinne von § 315 Abs. 1 BGB ist allerdings nicht zu vereinbaren, dass der Arbeitgeber selber (bzw. eine Person mit Arbeitgeberfunktion) die Eignungsuntersuchungen (Einstellungsuntersuchung) durchführt. Dies gilt auch dann, wenn der Arbeitgeber als Arzt über die entsprechenden Fachqualifikationen (zB Arzt mit der Gebietsbezeichnung „Arbeitsmedizin") verfügt. Dies würde das allgemeine Persönlichkeitsrecht (Art. 2 Abs. 1 iVm Art. 1 Abs. 1 GG) des Beschäftigten unangemessen und in unverhältnismäßiger Weise beeinträchtigen. In der ärztlichen Anamnese werden sehr sensible Daten erhoben, welche der Arbeitgeber nicht zur Durchführung der vertraglich vereinbarten/durch Dienstrecht zugewiesenen Tätigkeiten benötigt. Daher gilt auch bei Eignungsuntersuchungen folglich ein **„Arbeitgeberverbot"**, welches dem Arbeitgeber verbietet, in eigener Person Eignungsuntersuchungen bei seinen Beschäftigten durchzuführen.[2] Gleiches gilt für Personen mit Arbeitgeberfunktionen.

**77**

Wurde im berechtigten rechtlichen Ausmaß ein Arzt für ärztliche Eignungsuntersuchungen bestimmt (zB durch Arbeitsvertrag, Betriebsverein-

**78**

---

[1] BAG 7.11.2002 – 2 AZR 475/01.
[2] Vgl. im Bereich der arbeitsmedizinischen Vorsorge § 7 Abs. 1 S. 2 ArbMedVV.

barung oder Tarifvertrag), so muss der Arbeitgeber die Bescheinigungen anderer (vom Beschäftigten eigenwillig bestimmter) Ärzte für seine personellen Entscheidungen nicht anerkennen.[1]

**Leitsatz:**
Wurde rechtmäßig ein Arzt für Einstellungs- und Eignungsuntersuchungen durch den Arbeitgeber bestimmt, so muss der Arbeitgeber die Bescheinigungen anderer Ärzte nicht anerkennen.

79    Aufgrund des im Arbeitsrecht gültigen „Günstigkeitsprinzips" kann der Arbeitgeber aber auch trotz gegenteiliger Regelungen zB in Tarifverträgen oder Betriebsvereinbarungen die Beurteilungen von Ärzten anerkennen, welche der Beschäftigte frei gewählt hat.

### 2. Begründete Bedenken seitens des Beschäftigten

80    In bestimmten Fallkonstellationen kann der Beschäftigte begründete Bedenken gegen den vom Arbeitgeber ausgesuchten Arzt vorbringen. Die hier durch den Beschäftigten vorgetragenen Einwände müssen allerdings nachvollziehbar und dürfen nicht völlig aus der Luft gegriffen sein. Insbesondere können sich derartige Bedenken aus der mangelnden Fachkunde des Arztes oder der Unvoreingenommenheit des Arztes ergeben.[2] Dies ist zB der Fall, wenn der Beschäftigte aufgrund der spezifischen Fragestellung der Eignungsuntersuchung die Fachkunde des durch den Arbeitgeber beauftragten Arztes in Frage stellt und die Durchführung und Begutachtung durch einen Arzt mit arbeitsmedizinischer Fachkunde fordert.[3] Konnten die Bedenken seitens des Beschäftigten ausreichend dargelegt werden, so entspricht es dem billigen Ermessen, dass der Arbeitgeber einen anderen Arzt mit der Durchführung der Eignungsuntersuchung beauftragt bzw. es dem Beschäftigten ermöglicht, selber einen für die entsprechende Art der Einstellungsuntersuchung fachkundigen Arzt auszuwählen.

### 3. Fazit

81    Unter Berücksichtigung der bereits erwähnten Aspekte ist es folglich als interessengerecht anzusehen, das Bestimmungsrecht über die Arztwahl dem Arbeitgeber einzuräumen.[4] Dieser darf in dem umschriebenen Rahmen festlegen, welcher Arzt durch die Beschäftigten zur Durchführung der geforderten Eignungsuntersuchungen aufzusuchen ist. In dieser Inter-

---

[1] Vgl. BAG 15.7.1993 – 6 AZR 512/92.
[2] Vgl. BAG 27.9.2012 – 2 AZR 811/11.
[3] Vgl. BAG 7.11.2002 – 2 AZR 475/01.
[4] BAG 27.9.2012 – 2 AZR 811/11.

essenabwägung muss auch zugunsten des Arbeitgebers einfließen, dass dieser ein berechtigtes, billigenswertes und schutzwürdiges Interesse an Eignungsuntersuchungen mit gleichen Untersuchungsstandards hat. Letzteres lässt sich am besten durch einen immer gleichbleibenden Arzt gewährleisten.[1] Hier liegt dann zwar eine Einschränkung des aus Art. 2 Abs. 1, Art. 1 Abs. 1 GG herzuleitenden Anspruchs auf freie Arztwahl[2] vor, welche aber verfassungsgemäß und damit nicht zu beanstanden ist.[3] Sofern im Bereich der arbeitsmedizinischen Vorsorge nach der ArbMedVV eine entsprechende Arztwahl besteht,[4] so ist dies als nicht widersprüchlich anzusehen. Die ärztlichen Vorsorgemaßnahmen nach der ArbMedVV dienen im Wesentlichen unmittelbar dem Beschäftigten selber. Im Rahmen dieser Vorsorgemaßnahen steht es ihm selbst bei der Pflichtvorsorge (welche gem. § 4 Abs. 2 ArbMedVV eine Tätigkeitsvoraussetzung ist) frei, körperliche und klinische Untersuchungen abzulehnen (§ 2 Abs. 1 Nr. 3 ArbMedVV). Diese Optionen bestehen bei Eignungsuntersuchungen nicht. Zur freien Arztwahl bei Untersuchungen nach dem JArbSchG → Rn. 426.

---

[1] Bei überbetrieblichen Diensten mit ständig wechselnden Ärzten gerät allerdings diese Argumentation an ihre Grenzen.

[2] BVerfG 23.7.1963 – 1 BvL 1/61, 1 BvL 4/61, BVerfGE 16, 286 (303 f.).

[3] Vgl. BAG 14.11.1989 – 1 ABR 82/88.

[4] *Aligbe* Arbeitsmedizinische Vorsorge-HdB 81 f.

# B. Allgemeine Einstellungsuntersuchungen

## I. Einstellungsuntersuchungen

**82**   Regelmäßig ist ein Arbeitgeber daran interessiert, nur solche Mitarbeiter zu beschäftigten, die auch in gesundheitlicher Hinsicht den Anforderungen an die konkrete Tätigkeit genügen. Ein gesteigertes Interesse ist hier dem Arbeitgeber auch deswegen zuzugestehen, als dass er bei einem Arbeitsvertrag iSv § 611a BGB mit dem Arbeitnehmer ein **Dauerschuldverhältnis** eingeht, welches sich ja nicht in einem einmaligen Erfüllungshandeln erschöpft, sondern in der Regel vielmehr darauf ausgelegt ist, teils über viele Jahre fortlaufende Verpflichtungen (Dienstleistungen gegen Arbeitsentgelt) zu manifestieren. Gleiches gilt in abgewandelter Form auch für Beamte (→ Rn. 935 ff.).

**83**   Weiterhin obliegen den mit einem Arbeitsvertrag verbundenen Verpflichtungen auch viele soziale Komponenten, welche den Besonderheiten gerecht werden sollen, die mit einer dauerhaften Überlassung der eigenen menschlichen Arbeitshandlung verbunden sind. Spätestens nach sechs Monaten bestehenden Arbeitsverhältnisses greifen zB grundsätzlich die besonderen Regelungen des Kündigungsschutzgesetzes (KSchG) und verhindern eine schnelle und unkomplizierte Entlassung. Weiterhin ist der Arbeitgeber auch verpflichtet, an Feiertagen und im Krankheitsfall (hier bei bestehender Arbeitsunfähigkeit) unter bestimmten Voraussetzungen das Arbeitsentgelt weiter zu zahlen (siehe zB Bestimmungen des Entgeltfortzahlungsgesetzes – EFZG). Ferner bestehen noch weitere Verpflichtungen, zB nach dem Bundesurlaubsgesetz oder die Regelungen bei Eintritt einer Schwangerschaft nach dem Mutterschutzrecht.

---

**Leitsatz:**

Dem Arbeitgeber obliegen im Beschäftigungsverhältnis zahlreiche Verpflichtungen (zB Urlaub, Entgeltfortzahlung im Krankheitsfall, Einhaltung des Kündigungsschutzes etc.).

Hieraus lässt sich ein berechtigtes Interesse ableiten, sich vom Grundsatz her gesunde Mitarbeiter auszusuchen.

---

**84**   Hier darf auch nicht unberücksichtigt bleiben, dass der Arbeitgeber vom Grundsatz her Einschränkungen unterliegt, möchte er sich von kranken Beschäftigten wieder trennen. Das Sozialstaatsprinzip (vgl. Art. 20 Abs. 1, 28 Abs. 1 GG) schützt hier durch das Kündigungsrecht die Beschäftigten in einem gewissem Ausmaße. Wird man folglich unter Berücksichtigung dieser gewichtigen Umstände zugestehen müssen, dass sich ein

Arbeitgeber seine Mitarbeiter dementsprechend aussuchen kann, so dürfen auf der anderen Seite die Interessen der Beschäftigten hier nicht unberücksichtigt bleiben.

Das schon aus der Verfassung heraus gesicherte allgemeine Persönlichkeitsrecht (Art. 2 Abs. 1 iVm Art. 1 Abs. 1 GG) sichert dem Beschäftigten schon zu, nicht alles von sich preisgeben zu müssen. Hier besteht regelmäßig auch ein Interesse, dem Arbeitgeber eben nicht über sämtliche bestehenden Erkrankungen und gesundheitliche Beeinträchtigungen zu informieren. Oft handelt es sich bei den gesundheitlichen Fragestellungen auch um solche, die man normalerweise nur mit einem sehr eingeschränkten Personenkreis bzw. nur mit einem Arzt teilt. Um beiden Interessen (Arbeitgeber und Beschäftigten/Bewerber) hier gerecht zu werden, sind diese teilweise gegenläufigen Belange gegeneinander abzuwägen. Schon früh wurde deshalb auch durch das Bundesarbeitsgericht festgestellt, **dass ein Arbeitgeber auch im Bewerbungsverfahren nicht alles fragen darf und somit ein eingeschränktes Fragerecht hat.**[1] Fragt der Arbeitgeber nach gesundheitlichen Aspekten, so muss rechtlich sein Interesse objektiv so stark sein, dass es hinter das Interesse des Beschäftigten am Schutz seiner Persönlichkeitsrechte und der Unverletzbarkeit seiner Individualsphäre zurücktreten muss.[2] **85**

Das allgemeine Persönlichkeitsrecht des Beschäftigten bzw. Bewerbers und der Grundsatz von Treu und Glauben (§ 242 BGB) lassen folglich nur solche Gesundheitsfragen des Arbeitgebers zu, die eine hinreichende Bedeutung **für den Bestand bzw. Fortbestand des Arbeitsverhältnisses** haben.[3] Hieraus lässt sich ein **„Grundsatz der Arbeitsplatzbezogenheit"** ableiten. In Bezug auf Merkmale, welche im Allgemeinen Gleichbehandlungsgesetz aufgeführt sind (zB „Behinderung" oder „Schwangerschaft") ist die Interessenabwägung im Rahmen der dort geltenden rechtlichen Regelungen vorzunehmen (hierzu auch → Rn. 762 ff.). Generell kann somit festgestellt werden, dass das allgemeine Persönlichkeitsrecht des Beschäftigten/Bewerbers durch das Arbeitsrecht bewusst geschützt wird.[4] **86**

## II. Das „Fragerecht des Arbeitgebers"

Der Arbeitgeber darf die Begründung des Beschäftigungsverhältnisses dann von einer Einstellungsuntersuchung abhängig machen, wenn und soweit die Erfüllung bestimmter gesundheitlicher Voraussetzungen wegen der Art der auszuübenden Tätigkeit oder der Bedingungen ihrer Ausübung eine wesentlich und entscheidende Anforderung zum Zeitpunkt der Ar- **87**

---

[1] Vgl. zB BAG 5.12.1957 – 1 AZR 594/56.
[2] BAG 7.6.1984 – 2 AZR 270/83.
[3] Vgl. allgemein zur Reichweite: BAG 6.7.2000 – 2 AZR 543/99.
[4] Vgl. hierzu auch *Klement* Zulässigkeit medizinischer Datenerhebungen 42.

beitsaufnahme darstellen.[1] Er muss somit an der Klärung bestimmter Gesundheitsfragen ein berechtigtes, billigenswertes und schutzwürdiges Interesse geltend machen können.[2] Dieses Interesse wiederum muss sich unmittelbar aus dem (geplanten) Beschäftigungsverhältnis rechtfertigen.

**88**  Die abzufragenden (und damit durch den Arzt zu klärenden Gesundheitsaspekte) müssen somit auch einen engen und zwingenden Bezug zu der konkret durchzuführenden Tätigkeit haben (**Grundsatz der Arbeitsplatzbezogenheit**). Der bloße allgemeine Gesundheitszustand darf somit dann nicht abgeklärt werden, wenn dieser für die vertraglich übertragenen (oder zu übertragenen) Aufgaben keine Relevanz entfaltet. So kann bei einem Piloten der Aspekt des „allgemeinen Gesundheitszustandes" rechtlich anders zu bewerten sein als bei einem Verwaltungsangestellten. Rechtlich ist hier auch der Umstand relevant, dass eine Erkrankung nicht immer mit einer Arbeitsunfähigkeit gleichzusetzen ist. Im Ergebnis dient die Einstellungsuntersuchung also dazu, die objektiv vorliegenden gesundheitlichen Anforderungen an den Arbeitsplatz mit den individuellen gesundheitlichen Gegebenheiten des Bewerbers/Beschäftigten abzugleichen.

**Fragestellung**

Kann die abzuklärende Erkrankung/gesundheitliche Beeinträchtigung überhaupt Auswirkungen auf die konkret zu übertragenen Tätigkeiten haben?

**89**  So existiert eine Vielzahl von Krankheitsbildern, die keinerlei Einfluss auf die konkrete Arbeitsleistung haben. Auch hier ist selbstverständlich immer darauf abzustellen, welche Leistungen der Beschäftigte **im konkreten Fall** arbeitsvertraglich seinem Arbeitgeber überhaupt schuldet. Unter Krankheit im rechtlichen Sinne ist hier jeder regelwidrige körperliche oder geistige Zustand anzusehen.[3] Von einer Arbeitsunfähigkeit kann allerdings erst dann gesprochen werden, wenn dieser regelwidrige körperliche oder geistige Zustand (Krankheit) dazu führt, dass der Arbeitnehmer außer Stande gesetzt wird, die ihm nach dem Arbeitsvertrag obliegende Arbeit zu verrichten.[4] Von einer krankheitsbedingten Arbeitsunfähigkeit ist auch dann auszugehen, wenn die konkreten Tätigkeiten nur unter der Gefahr fortgesetzt werden können, in absehbar naher Zeit seinen gesundheitlichen Zustand zu verschlimmern.

**90**  **Das „Fragerecht des Arbeitgebers" konkretisiert diesbezüglich folglich die datenschutzrechtlich notwendige „Erforderlichkeit"** und kann auch nicht durch individualrechtliche Vereinbarungen (zB im Arbeitsvertrag) erweitert werden.[5] Eine Überschreitung des Fragerechts des

---

[1] Vgl. auch § 32a Abs. 1 BDSG-E in Drs. 17/4230, 6.
[2] BAG 7.6.1984 – 2 AZR 270/83.
[3] BAG 26.7.1989 – 5 AZR 301/88.
[4] BAG 26.7.1989 – 5 AZR 301/88.
[5] *Burger* Beschäftigtendaten 117.

Arbeitgebers greift unverhältnismäßig in die Rechtspositionen des Beschäftigten ein und ist aufgrund des dann fehlenden berechtigten Interesses auf Arbeitgeberseite nicht „erforderlich". Das allgemeine Persönlichkeitsrecht des Bewerbers/Beschäftigten (Art. 2 Abs. 1 iVm Art. 1 Abs. 1 GG) und der Grundsatz von Treu und Glauben (§ 242 BGB) beschränken die Erkenntnismöglichkeiten des Arbeitgebers in Bezug auf die gesundheitliche Eignung der Bewerber/Beschäftigten auf die Aspekte, welche eine hinreichende Bedeutung für den Bestand bzw. Fortbestand des Beschäftigungsverhältnisses haben.[1] Vom allgemeinen Persönlichkeitsrecht ist auch der Aspekt umfasst, dass grundsätzlich ein Beschäftigter keine Informationen preisgeben muss, die ihn in irgendeiner Weise belasten.[2] Im Wesentlichen beschränkt sich daher das Fragerecht des Arbeitgebers in Gesundheitsfragen auf folgende Punkte:[3]

**Fragerecht des Arbeitgebers in Gesundheitsfragen**
Liegen eine Krankheit bzw. eine Beeinträchtigung des Gesundheitszustandes vor, durch die die **Eignung** für die vorgesehene Tätigkeit auf Dauer oder in periodisch wiederkehrenden Abständen eingeschränkt ist?
Liegen **ansteckende Krankheiten** vor, die zwar nicht die Leistungsfähigkeit beeinträchtigen, jedoch die zukünftigen Kollegen oder Kunden gefährden?
Ist zum Zeitpunkt des Dienstantritts bzw. in absehbarer Zeit mit einer **Arbeitsunfähigkeit** zu rechnen, zB durch eine geplante Operation, eine bewilligte Kur oder auch durch eine zurzeit bestehende akute Erkrankung?

Schwierig kann im Einzelfall die Abgrenzung zwischen einer Krankheit/gesundheitlichen Beeinträchtigung und einer diskriminierungsrechtlich relevanten „Behinderung" im Sinne des § 1 AGG sein (→ Rn. 789). Hier ist auch zu beachten, dass die Regelungen des AGG bereits dann greifen, wenn der Arbeit auch nur annimmt, es würde sich bei einer bestimmten Erkrankung um eine Behinderung handeln (§ 7 Abs. 1 AGG). Weiterhin wird es für einen nichtärztlichen Arbeitgeber in der Regel schwierig sein, genau die Krankheitsbilder zu benennen, welche die Durchführung einer bestimmten Tätigkeit unmöglich machen oder zumindest die ordnungsgemäße Durchführung der Tätigkeit beeinträchtigen. Selbst beim Vorliegen bestimmter Erkrankungsbilder ist für den Arbeitgeber nicht ohne Weiteres erkennbar, ob diese sich konkret auf das durchzuführende Arbeitsverhältnis auswirken. Es empfiehlt sich daher, die gesundheitliche Fragestellung für das Vorstellungsgespräches bzw. **91**

---

[1] BAG 6.7.2000 – 2 AZR 543/99.
[2] BVerfG 8.7.1997 – 1 BvR 2111/94.
[3] Vgl. zB BAG 7.6.1984 – 2 AZR 270/83.

die zu klärende Fragestellung der ärztlichen Untersuchung einigermaßen neutral zu formulieren.

**Praxistipp:**
Abzuklärende gesundheitliche Aspekte im Rahmen von Einstellungsuntersuchungen sollten nach außen hin **neutral** formuliert sein.

**Beispiele:**
– „Im Rahmen der Tätigkeit müssen regelmäßig schwere Lasten bewegt werden[1]"
– „Die Materialprüfung setzt ein gutes Sehvermögen voraus"
– „Im Wachdienst müssen lange Strecken zu Fuß abgelaufen werden"
Im Vorfeld der zu erfolgenden Untersuchungen sollte ein arbeitsmedizinisch fachkundiger Arzt[2] zur Beratung hinzugezogen werden, welche gesundheitlichen Aspekte hier relevant sein können und welche Beeinträchtigungen dazu führen können, dass ein Bewerber/Beschäftigter für die geplante Tätigkeit aus gesundheitlichen Gründen „ungeeignet" ist. Hier ist es wichtig, klare „K.O-Kriterien" festzulegen.

## III. Die ärztliche Untersuchung als „Mittel des Fragerechts"

**92**    In vielen Fällen wird sich ein Arbeitgeber in Bezug auf Gesundheitsfragen nicht allein auf eine bloße Befragung des Bewerbers/Beschäftigten verlassen wollen. Hierzu wird er dann regelmäßig das Mittel der ärztlichen Untersuchung wählen. **Die ärztliche Untersuchung darf dann allerdings nur die Fragen klären, die der Arbeitgeber berechtigterweise an den Beschäftigten/Bewerber stellen darf.** In Bezug auf Blutentnahmen, die in besonderer Weise in die Rechte der Beschäftigten/Bewerber eingreifen, → Rn. 67 ff.

**Leitsatz:**
Die Grenzen des „Fragerechts des Arbeitgebers" werden durch das Mittel der ärztlichen Untersuchung **nicht** erweitert.

**93**    Dem Arbeitgeber ist es dagegen verwehrt, mittels der ärztlichen Untersuchung die Grenzen des ihm zustehenden Fragerechtes zu überschreiten. Er kann somit lediglich die Fragestellungen ärztlich abklären lassen, die er in Bezug auf gesundheitliche Aspekte den Bewerber auch fragen dürfte.

---

[1] v. Stein/Rothe/Schlegel Gesundheitsmanagement/*Krieger* Kap. 1 § 1 Rn. 4.
[2] ZB Arzt mit der Gebietsbezeichnung „Arbeitsmedizin" oder Zusatzbezeichnung „Betriebsmedizin", vgl. auch § 7 Abs. 1 ArbMedVV.

Dem Arzt ist es dann auch verwehrt, derartige unzulässige Fragestellungen durch Untersuchungen abzuklären.[1] Folglich hat auch der Arzt keine weiteren „Ermittlungsrechte" als der Arbeitgeber.

---

**Beispiel:**

Arbeitgeber A lässt bei seinen Staplerfahrern (Versandlager) regelmäßig Eignungsuntersuchungen zur Feststellung der gesundheitlichen Fahreignung (zB Sehvermögen und Hörvermögen) durchführen. Weiterhin hat er den Arzt beauftragt, durch die Erhebung einer Familienanamnese feststellen zu lassen, inwieweit seine Staplerfahrer voraussichtlich das Rentenalter in gesundem Zustand erreichen werden.

Die Beurteilung, ob ein Beschäftigter (außerhalb des Beamtentums) das Rentenalter erreicht, ist nicht mehr vom „Fragerecht des Arbeitgebers" gedeckt und damit für das bestehende Arbeitsverhältnis unzulässig.

---

Die Einhaltung des Rahmens des „Fragerechts des Arbeitgebers" setzt **94** aber auch immer zwingend voraus, dass die ärztliche Untersuchung und die Erkenntnisse, welche daraus zu ziehen sind, in einem engen Zusammenhang mit der durch den Beschäftigten/Bewerber durchzuführenden Tätigkeit stehen **(Grundsatz der Arbeitsplatzbezogenheit)**. Unzulässig sind daher Untersuchungen, die mit der Tätigkeit des Beschäftigten in keinerlei Zusammenhang stehen und somit auch keinerlei Aussagekraft in Bezug auf die konkret zu verrichtende Tätigkeit haben. Ist ein Arbeitsplatzbezug gegeben, so ist weiterhin der Verhältnismäßigkeitsgrundsatz (→ Rn. 54 ff.) unbedingt zu wahren. Dem Arzt ist es somit verwehrt, ohne Berücksichtigung dieser Gesichtspunkte im Rahmen von Einstellungsuntersuchungen alle Untersuchungen vorzunehmen, die er oder der Arbeitgeber für sachdienlich halten.[2]

Allerdings wird man dem untersuchenden Arzt selbstverständlich zuge- **95** stehen müssen, dass er aufgrund seiner Fachkunde im Rahmen von ärztlichen Eignungsuntersuchungen auch gesundheitliche Beeinträchtigungen feststellt, welche in keinem Zusammenhang mit der zugrunde liegenden Tätigkeit des Beschäftigten/Bewerbers stehen. In diesen Fällen muss der Arzt seine Erkenntnisse dem Beschäftigten/Bewerber im Rahmen der therapeutischen Aufklärung mitteilen, für die Entscheidung der Eignung, darf er diese Informationen aber nicht verwerten.[3] Teilweise wird es für den Arzt auch erforderlich sein, in der Anamnese Umstände zu erheben, welche aus Sicht des Arbeitgebers diskriminierungsrechtlich als gänzlich irrelevant zu betrachten sind. Dies ist zB dann der Fall, wenn der Arzt nur deswegen nach dem Bestehen einer Schwangerschaft fragt, damit er be-

---

[1] Vgl. auch LAG Düsseldorf 30.9.1971 – 3 Sa 305/71.
[2] Vgl. auch BAG 12.8.1999 – 2 AZR 55/99.
[3] *Fuhlrott/Hoppe* ArbRAktuell 2010, 183.

stimmte Blut- und Urinwerte richtig zu deuten vermag. Dies ist regelmäßig als unproblematisch zu betrachten, da der Arzt diesbezüglich in vollem Umfang der ärztlichen Schweigepflicht unterliegt.

**Leitsatz:**

Eine Einstellungsuntersuchung soll im Wesentlichen die Frage beantworten, ob der Bewerber/Beschäftigte von seinem Gesundheitszustand her gesehen die vorgeschriebene Tätigkeit verrichten kann und/oder kein Risiko für die Gesundheit und Sicherheit anderer Mitarbeiter oder sich selber darstellt.

**96**  Vom Grundsatz[1] her sind allgemeingehaltene, abstrakte Kriterien ungeeignet, eine Einstellungsuntersuchung zu rechtfertigen. So ist der **Body-Mass-Index (BMI)** außerhalb der Begründung von Beamtenverhältnissen zB für Verwaltungstätigkeiten in aller Regel ungeeignet, einen konkreten Arbeitsplatzbezug herzustellen. Die abstrakten Risiken, die bei einem wesentlich erhöhten BMI bestehen (zB Herz-Kreislauf-Erkrankungen), sind fallbezogen gar keine greifbaren gesundheitlichen Eignungskriterien, welche etwas mit den konkret durchzuführenden Tätigkeiten zu tun haben. Hier fehlt es an einem tatsächlichen Bezug zwischen dem Gesundheitszustand des Beschäftigten/Bewerbers und der geschuldeten Arbeitsleistung.[2] Sollte sich hieraus in der Zukunft im Einzelfall tatsächlich eine Erkrankung ergeben, dann kann der Arbeitgeber mit den Mitteln der krankheitsbedingten Kündigung reagieren.

## IV. Wesentliche und entscheidende Anforderung

**97**  Die abzuklärenden gesundheitlichen Aspekte greifen in aller Regel in das allgemeine Persönlichkeitsrecht (Art. 2 Abs. 1 iVm Art. 1 Abs. 1 GG) des Beschäftigten ein. Dies gilt insbesondere dann, wenn die ärztlichen Eignungsuntersuchungen auch mit einer Blutentnahme verbunden sind. Der Arbeitgeber darf daher solche Daten nur dann erheben, wenn sein Interesse an dem Wissen um diese Umstände das Interesse des Beschäftigten, sich in diesen Dingen nicht offenbaren zu müssen, überwiegt. Der Arbeitgeber muss hier folglich ein berechtigtes, schutzwürdiges und billigenswertes Interesse nachweisen können.[3] Mit diesen Einschränkungen versucht das Bundesarbeitsgericht den Interessenausgleich zwischen Arbeitgeber und Beschäftigten/Bewerber zu lösen.

---

[1] Bei Beamten kann sich die Sachlage aber hier anders darstellen, → Rn. 935.
[2] LAG Rheinland-Pfalz 29.8.2007 – 7 Sa 272/07.
[3] BAG 7.6.1984 – 2 AZR 270/83.

Da ärztliche Untersuchungen einen tieferen Eingriff in das allgemeine    **98**
Persönlichkeitsrecht darstellen als eine bloße Befragung durch den Arbeitgeber, sind Untersuchungen auch strengeren Kriterien zu unterziehen. Im
Wesentlichen muss es sich also bei den durch eine ärztliche Untersuchung
zu klärenden Gesundheitsaspekten um **wesentliche und entscheidende
Anforderungen** an die konkrete Tätigkeit handeln wobei der **Grundsatz
der Arbeitsplatzbezogenheit** hier immer eine entscheidende Rolle spielen muss. Die Gesundheitsaspekte sind folglich immer nur in Bezug auf
eine ganz konkrete Tätigkeit zu beurteilen. Eine reine Zweckmäßigkeit ist
folglich hier nicht ausreichend. Die zu fordernde Interessenabwägung und
der verfassungsrechtlich verankerte Verhältnismäßigkeitsgrundsatz[1] erfordern diese Einschränkung, welche sich auch in einer Entwurfsfassung zu
einem (nicht in Kraft getretenen) Beschäftigtendatenschutz[2] wiederfindet.

Je intensiver die ärztlichen Untersuchungen in die Rechte des Beschäf-    **99**
tigten/Bewerbers eingreifen, desto gewichtiger müssen auch die Argu-
mente dafür sein, dass ein gesundheitlicher Aspekt „entscheidend" und
„wesentlich" ist. In Achtung der entsprechenden Grundrechtspositionen
des Beschäftigten kann es sich folglich nur um solche gesundheitlichen
Aspekte handeln, welche (wenn sie vorliegen bzw. fehlen) ein tatsächli-
ches Hindernis für einen bestimmten Arbeitsplatz darstellen und somit
auch rechtlich das Beschäftigungsverhältnis negativ belasten.

---

**Leitsatz:**
   „**Entscheidend**" ist ein gesundheitlicher Aspekt für die konkrete Tätigkeit dann, wenn diese Tätigkeit ohne diesen Aspekt entweder gar nicht
oder nicht ordnungsgemäß durchgeführt werden kann.[3]
   „**Wesentlich**" ist ein gesundheitlicher Aspekt dann, wenn er für den
konkreten Arbeitsplatz prägend ist.[4] Der gesundheitliche Aspekt darf
nicht nur für unbedeutende, den Arbeitsplatz nicht charakterisierende
Tätigkeiten erforderlich sein.[5]

---

Die Kriterien „entscheidend" und „wesentlich" entstammen den Zuläs-    **100**
sigkeitsmerkmalen aus § 8 Abs. 1 AGG, sind hier aber gleichwohl aus den
oben erwähnten Verhältnismäßigkeitsgründen zu berücksichtigen.[6] Sofern
allerdings der abzuprüfende gesundheitliche Aspekt kein Merkmal des
AGG (zB „Behinderung") darstellt, so ist ein weniger strenger Maßstab in
der Bewertung anzulegen. **Entscheidend ist weiterhin, dass die durchgeführten ärztlichen Untersuchungen überhaupt einer ärztlichen tä-**

---

[1] Abgeleitet aus Art. 20 Abs. 3 GG und den Grundrechten.
[2] BT-Drs. 17/4230, 6.
[3] Vgl. BAG 28.5.2009 – 8 AZR 536/08.
[4] Vgl. *Thüsing* Diskriminierungsschutz 145.
[5] Vgl. BAG 28.5.2009 – 8 AZR 536/08.
[6] Ähnlich auch *Burger* Beschäftigtendaten 138.

**tigkeitsbezogenen Bewertung zugänglich sind.** Konkret bedeutet dies, dass nur solche Untersuchungen zulässig sind, aus denen sich aus (arbeits-) medizinischer Sicht entsprechende Beurteilungen in Bezug auf die konkrete Tätigkeit überhaupt ableiten lassen.

## V. Einschränkung der Eignung für die vorgesehene Tätigkeit

**101**    Zulässig ist folglich die Frage nach bestimmten gesundheitlichen Einschränkungen, welche die Eignung für die vorgesehene Tätigkeit auf Dauer oder in periodisch wiederkehrenden Abständen einschränken. Erlaubt ist hier also auch die Frage anlässlich einer Einstellungsuntersuchung, **ob absehbar ist, dass der Beschäftigte wiederkehrend aus gesundheitlichen Gründen die Eignung für die konkrete Tätigkeit nicht haben wird.**

**102**    Fraglich bleibt hier, was genau unter „Eignung" zu verstehen ist. Die Frage der „Eignung" umfasst den generellen Umstand, ob der Arbeitnehmer die ihm arbeitsvertraglich übertragenen Aufgaben überhaupt erfüllen kann, bzw. so erfüllen kann, wie der Arbeitsvertrag dies auch vorsieht. Hier muss aber berücksichtigt werden, dass ein Arbeitnehmer lediglich Leistungen von mittlerer Art und Güte (vgl. § 243 Abs. 1 BGB) schuldet. **Ein Arbeitnehmer erfüllt dann seine arbeitsvertraglichen Pflichten, wenn er unter angemessener Ausschöpfung seiner persönlichen Leistungsfähigkeit arbeitet.** Für die hier umschriebenen Gesundheitsaspekte ist es allerdings irrelevant, ob hier die fehlende gesundheitliche Eignung zur Gefährdung von Leben oder hohen Sachwerten führt. Maßgeblich ist in der Bewertung allein, ob eventuelle gesundheitliche Beeinträchtigungen dazu führen können, dass die übertragenen Aufgaben nicht oder nicht ordnungsgemäß erfüllt werden können.[1]

**Zulässige Eignungsaspekte bei einer Einstellungsuntersuchung (Beispiele):**
– Fähigkeit, bestimmte Alarmtöne hören zu können
– Farbunterscheidungsvermögen bei Arbeiten in der Elektrik
– Fähigkeit manuell schwere „Lasten" heben, tragen und ziehen zu können (zB Paketdienst, Krankenpflege, Altenpflege)
– Ausreichendes Seh- und Hörvermögen bei Fahrtätigkeiten (zB Führer von Gabelstaplern)
– Freiheit von Schwindel bei Arbeiten mit Absturzgefahr
– Fähigkeit, schweren Atemschutz tragen zu können
– Ausreichendes Sehvermögen bei der zerstörungsfreien Materialprüfung

---

[1] *Burger* Beschäftigtendaten 149.

- Schichttauglichkeit, Nachtdiensttauglichkeit[1]
- Prüfung der gesundheitlichen Eignung, die schon Voraussetzung für eine bestimmte Erlaubnis ist, eine Berufsbezeichnung zu führen (zB § 2 Abs. 1 Nr. 3 NotSanG, § 2 Abs. 1 Nr. 3 KrPflG)
- Untersuchung auf gesundheitliche Aspekte, welche die Fahreignung bei Kraftfahrzeugführern beeinträchtigen (zB bestimmte Herz-Kreislauf-Erkrankungen, Krankheiten des Nervensystems, vgl. auch Anlage 4 FeV)
- Bewerber (Lagerist) gibt von sich aus an, mal eine Verletzung an der Wirbelsäule gehabt zu haben
- Farbunterscheidungsvermögen in Bezug auf Signale

## VI. Eignungsvorbehalte in rechtlichen Vorschriften

Die Eignungsvorbehalte in rechtlichen Vorschriften stellen automatisch **103** eine wesentliche und entscheidende Anforderung an den übertragenen Aufgabenkreis dar, da der Arbeitgeber seine ihm rechtlich zugewiesenen Verpflichtungen verletzt, wenn er diese nicht beachtet. Eignungsvorbehalte liegen dann vor, wenn eine Rechtsvorschrift explizit eine Eignungsprüfung bzw. Befähigungsprüfung verlangt. Die Nichtbeachtung kann zu Regressforderungen seitens des Unfallversicherungsträgers führen (vgl. § 110 SGB VII). Sofern die Eignungsvorbehalte auch gesundheitliche Aspekte betreffen (zB ein bestimmtes Seh- oder Hörvermögen etc.), so hat der Arbeitgeber hier auch ein entsprechendes Fragerecht insofern, als dass er hier durch ärztliche Untersuchung abklären lassen kann, **ob die in den Eignungsvorbehalten erforderlichen Gesundheitsaspekte dauerhaft oder in periodisch wiederkehrenden Abständen eingeschränkt sind.**

---

**Leitsatz:**
Sofern bei den rechtlichen Eignungsvorbehalten auch gesundheitliche Aspekte betroffen sind, so stellen diese regelmäßig eine wesentliche und entscheidende Anforderung an die entsprechende Tätigkeit dar.
Hier ist dann auch eine diesbezügliche Einstellungsuntersuchung berechtigt.

---

Sofern in den entsprechenden Vorschriften von „Eignung"/„Befähi- **104** gung" die Rede ist, so ist allerdings immer im Einzelfall abzuklären, ob hiervon auch gesundheitliche Aspekte betroffen sind. Steht nach diesem Prüfschritt fest, dass im Rahmen der rechtlichen Eignungsvorbehalte auch Gesundheitsaspekte mit zu berücksichtigen sind, so ist ferner noch eine

---

[1] Sofern sich dies (arbeits-)medizinisch überhaupt verlässlich feststellen lässt.

Verhältnismäßigkeitsprüfung vorzunehmen (→ Rn. 54 ff.). Zu den rechtlichen Eignungsvorbehalten/Befähigungsvorbehalten im Einzelnen → Rn. 206 ff.

**Fragestellung bei Eignungsvorbehalten:**
Bestehen rechtliche Eignungsvorbehalte, welche den Arbeitgeber zwingen, auch bestimmte gesundheitliche Aspekte bei der Eignung/Befähigung zu berücksichtigen?

# VII. Eigengefährdung

105    Schwieriger ist die rechtliche Zulässigkeit von ärztlichen Eignungsuntersuchungen dann zu begründen, wenn sich die gesundheitlichen Eignungsaspekte lediglich auf Umstände beziehen, welche sich in einer **Eigengefährdung des Beschäftigten** realisieren. Die notwendigerweise abzuwägenden Interessen liegen hier im Wesentlichen im Dispositionsbereich des Beschäftigten selber. Solange er folglich lediglich sich selber gefährdet, könnte man es folglich auch ihm selber überlassen, ob er dies (sofern ihm die Gefahren bekannt sind) bei Durchführung der ihm übertragenen Tätigkeiten in Kauf nimmt. Insofern kann auch hier die praktische Konkordanz nicht hinreichend zum Tragen kommen.

106    Überzeugend weist *Behrens*[1] aber darauf hin, dass auch der Aspekt der Selbstgefährdung Interessenssphären des Arbeitgebers betreffen kann. Hier sei zB die Verpflichtung erwähnt, grundsätzlich auch im Krankheitsfalle für eine gewisse Zeit das Arbeitsentgelt weiter zu zahlen (§ 3 EFZG) oder gar vorübergehenden Ersatz einstellen zu müssen.

> **Leitsatz:**
> Auch der Aspekt der Eigengefährdung kann vom Grundsatz her in die gesundheitliche Eignung mit aufgenommen werden.

107    Auch sind die im Arbeitsschutzgesetz enthaltenen Regelungen in Bezug auf die Sicherheit und den Gesundheitsschutz nicht auf Drittschutz beschränkt, vielmehr ist auch der konkret handelnde Beschäftigte in den Schutzbereich selber mit eingezogen. Im Rahmen des Arbeitsschutzrechtes muss in Teilbereichen somit der Arbeitgeber auch den uneinsichtigen Beschäftigten gewissermaßen vor sich selber schützen.

108    So muss der Arbeitgeber zB in bestimmten Lärmbereichen dafür Sorge tragen, dass die entsprechende Schutzausrüstung durch die Beschäftigten auch in tatsächlicher Hinsicht verwendet wird (vgl. § 7 Abs. 4 LärmVibra-

---

[1] Siehe hierzu auch: *Behrens* SPA 20/2014, 157–159.

tionsArbSchV). Weiterhin ist es dem Arbeitsschutzrecht auch nicht fremd, dass der Beschäftigte aktiv verpflichtet wird, entsprechende Maßnahmen auch zu seiner eigenen Sicherheit und Gesundheit zu akzeptieren und durchzuführen (vgl. § 15 ArbSchG).

Wesentlich im Arbeitsschutzrecht wirkt auch auf den Arbeitgeber die **109** in § 7 ArbSchG enthaltende Verpflichtung, bei der Übertragung von Aufgaben auf Beschäftigte jeweils immer zu berücksichtigen, ob die Beschäftigten überhaupt befähigt sind, die für die Sicherheit und den Gesundheitsschutz zu beachtenden Bestimmungen und Maßnahmen einzuhalten (hierzu ausführlich → Rn. 210 ff.). Sofern das Fehlen bestimmter gesundheitlicher Eignungsaspekte eine wesentliche und entscheidende Anforderung darstellt, **kann der Eignungsaspekt auch in einer reinen Selbstgefährdung des Beschäftigten liegen.** Dies ist auf alle Fälle dort gerechtfertigt, wo dem Arbeitgeber schon von Rechts wegen eine Verpflichtung obliegt, bestimmte Befähigungsaspekte zu berücksichtigen (zB § 7 ArbSchG).

# VIII. Ansteckende Krankheiten

## 1. Allgemeine Grundlagen

Ferner ist auch die Fragestellung nach ansteckenden Krankheiten zuläs- **110** sig, welche die zukünftigen Kollegen oder auch Personen gefährden, welche erwartbar im Rahmen der Tätigkeit mit dem Beschäftigten in Kontakt kommen können (zB Kunden, Patienten etc.). Dieser Aspekt kann vor allem im medizinischen Bereich von Relevanz sein (zB beim Umgang mit immungeschwächten Personenkreisen). Vom Prinzip her ist diese Fragestellung (bzw. deren Abklärung durch ärztliche Untersuchung) aber auf alle Berufszweige übertragbar, da natürlich auch hier Kollegen, der Arbeitgeber selbst oder zB Kunden angesteckt werden können. Allerdings wird es hier in der Regel schwierig sein festzulegen, welche infektiösen Erkrankungen überhaupt überprüft werden sollen.

Da natürlich auch hier dem allgemeinen Persönlichkeitsrecht (Art. 2 **111** Abs. 1 iVm. Art. 1 Abs. 1 GG) des Beschäftigten ausreichend Rechnung zu tragen ist und dieser nicht nach allen möglichen auf dieser Welt existenten infektiösen Erkrankungen untersucht werden kann, können bei Klärung dieser Fragestellung nur solche Umstände herangezogen werden, die bei vernünftiger, lebensnaher Einschätzung die ernsthafte Besorgnis begründen, dass es zu einer Übertragung bestimmter Krankheiten kommen kann.[1] Nicht ausreichend ist hier die bloße Möglichkeit, der Beschäftigte könne in Zukunft mal kurzfristig an einer ansteckenden Erkrankung (zB

---

[1] Vgl. Abwägungsgedanken bei Drogen- und Alkoholabhängigkeit: BAG 12.8.1999 – 2 AZR 55/99.

„Grippe") erkranken. Diese Art der Krankheiten hat der Arbeitgeber als zu seiner Risikosphäre zugehörig zu tragen.[1]

112    Entscheidend ist hier natürlich auch, auf welchem Übertragungswege die infektiöse Krankheit überhaupt übertragen werden kann und ob hier eine Übertragung aufgrund der konkret durchzuführenden Tätigkeiten des Arbeitnehmers überhaupt erfolgen kann. Können die ansteckenden Erkrankungen zB bei einem normalen sozialen Umgang nicht übertragen werden (zB bei HIV), so ist diese Fragestellung zB bei einem Verwaltungsangestellten ohne Relevanz, so dass diesbezüglich ein Fragerecht nicht besteht und folglich auch kein Recht, hier eine entsprechende ärztliche Untersuchung einzufordern. Zu einem anderen Ergebnis kann man allerdings kommen, wenn zB ein Chirurg eine ansteckende Krankheit hat, welche durch Blutkontakt übertragen werden kann.

113    Das Fragerecht des Arbeitgebers nach bestehenden ansteckenden Krankheiten bezieht sich auch auf Erkrankungen, welche die Fähigkeit zur Leistung der arbeitsvertraglich übertragenen Aufgaben nicht herabsetzen. Dem Beschäftigten ist es hier also weiterhin objektiv möglich, auch die konkreten Arbeitsaufgaben zu erfüllen.[2] Es besteht hier lediglich eine Ansteckungsgefahr für Dritte (zB bei MRSA, Hepatitis und eingeschränkt auch HIV). Entscheidend ist aber immer, ob sich die Ansteckungsgefahr in der konkret durch den Bewerber/Beschäftigten durchgeführten Tätigkeit realisieren kann.

114    Eine Einstellungsuntersuchung in Form der Abklärung infektiöser Erkrankungen kommt auch dort in Betracht, wo der Arbeitgeber besonderen Verpflichtungen unterliegt, welche auch Vorsorge in Bezug auf Hygienebedingungen beinhalten (zB in Form des „Krankenhausvertrages"). So hat zB ein Krankenhausträger alle erforderlichen und zumutbaren technischen und organisatorischen Vorkehrungen zu treffen, um seine Patienten vor Infektionen zu schützen, welche anlässlich des Krankenhaltaufenthaltes entstehen können. Auch das Infektionsschutzgesetz schreibt vor, dass die Leiter bestimmter Einrichtungen (zB Krankenhäuser) verpflichtet sind, wirksame Maßnahmen zu treffen, um nosokomiale Infektionen („Krankenhausinfektionen") zu vermeiden (§ 23 Abs. 3 IfSG). § 23 IfSG stellt zwar keine Rechtsgrundlage für Einstellungsuntersuchungen dar, definiert aber einen besonderen Pflichtenkreis eines Arbeitgebers, den er in Bezug auf bestimmte ansteckende Erkrankungen im Rahmen der von ihm geforderten Einstellungsuntersuchungen einfordern darf und insofern ein berechtigtes Arbeitgeberinteresse hieran gegeben ist.

115    Aber auch hier ist immer auf die konkrete Tätigkeit des Bewerbers/Beschäftigten abzustellen. Berufsgruppen, welche ihre Tätigkeit ohne eine Gefahr der Ansteckung ausüben können, brauchen zB nicht auf bestimmte Infektionserreger untersucht werden. Bei operativ tätigen Personen (Chir-

---

[1] Vgl. auch § 3 EFZG; *Burger* Beschäftigtendaten 151.
[2] Rein arbeitsrechtlich kann aber hier auch von einer „Arbeitsunfähigkeit" ausgegangen werden; vgl. *Lepke* Kündigung bei Krankheit 86 f.

urg, Pflegekräfte im Operationsbereich) kann nach entsprechender Berücksichtigung des konkreten Tätigkeitsprofils dagegen eine Einstellungsuntersuchung auf bestimmte infektiöse Erkrankungen (zB Hepatitis, HIV) gerechtfertigt sein. Weiterhin ist in Bezug auf HIV zu bedenken, dass es sich bei einer entsprechenden Infektion um eine „Behinderung" nach dem AGG handeln kann.[1]

## 2. Exkurs: Datenverarbeitung in Bezug auf den Impf- und Serostatus nach § 23a IfSG

Wie bereits Erwähnung gefunden hat, begründet sich aus der Verhinderungsverpflichtung in Bezug auf nosokomiale Infektionen („Krankenhausinfektionen") ein besonderer Pflichtenkreis, welcher ggf. auch ein berechtigtes Interesse des Arbeitgebers begründen kann festzustellen, inwieweit seine Beschäftigten immun gegenüber bestimmten Infektionserkrankungen sind um daraus wiederum Erkenntnisse darüber abzuleiten, ob hier die Gefahr besteht, dass die Beschäftigten zB Patienten anstecken können. Diesbezüglich findet sich in § 23a IfSG eine spezifische datenschutzrechtliche Vorschrift, welche in Bezug auf Beschäftigungsverhältnisse § 26 BDSG weiter konkretisiert. **115a**

**§ 23a IfSG:**
*„Soweit es zur Erfüllung von Verpflichtungen nach § 23 Absatz 3 in Bezug auf übertragbare Krankheiten erforderlich ist, darf der Arbeitgeber personenbezogene Daten eines Beschäftigten über dessen Impf- und Serostatus verarbeiten, um über die Begründung eines Beschäftigungsverhältnisses oder über die Art und Weise einer Beschäftigung zu entscheiden. Dies gilt nicht in Bezug auf übertragbare Krankheiten, die im Rahmen einer leitliniengerechten Behandlung nach dem Stand der medizinischen Wissenschaft nicht mehr übertragen werden können. Im Übrigen gelten die Bestimmungen des allgemeinen Datenschutzrechts".*

Der Arbeitgeber darf hier folglich entsprechende Daten verarbeiten, um dann darüber zu entscheiden, **ob** und **wie** er Beschäftigte einsetzen wird. § 23a IfSG gilt allerdings nur für die in § 23 Abs. 3 IfSG benannten Einrichtungen. Hierbei handelt es sich um: **115b**

– Krankenhäuser
– Einrichtungen für ambulantes Operieren
– Vorsorge- oder Rehabilitationseinrichtungen, in denen eine den Krankenhäusern vergleichbare medizinische Versorgung erfolgt
– Dialyseeinrichtungen
– Tageskliniken
– Entbindungseinrichtungen

---

[1] Vgl. BAG 19.12.2013 – 6 AZR 190/12.

- Behandlungs- oder Versorgungseinrichtungen, die mit den oben benannten Einrichtungen vergleichbar sind
- Arztpraxen, Zahnarztpraxen
- Praxen sonstiger humanmedizinischer Heilberufe
- Einrichtungen des öffentlichen Gesundheitsdienstes, in denen medizinische Untersuchungen, Präventionsmaßnahmen oder ambulante Behandlung durchgeführt werden
- Ambulante Pflegedienste, die ambulante Intensivpflege in Einrichtungen, Wohngruppen oder sonstigen gemeinschaftlichen Wohnformen erbringen
- Rettungsdienste

**115c**  Andere Einrichtungsarten (wie zB Kindergärten, Schulen, Wohnheime) sind dagegen von § 23a IfSG nicht erfasst.

**115d**  Die Leiter der entsprechenden Einrichtungen sind folglich befugt, Daten über den Sero- und Impfstatus der Beschäftigten zu verarbeiten. Beim **Impfstatus** wird (regelmäßig anhand der Impfdokumentation wie zB dem Impfausweis) eine Betrachtung der durchgeführten (und somit auch dokumentierten) Impfungen vorgenommen. Der **Serostatus** wird hingegen regelmäßig im Rahmen von Blutuntersuchungen erhoben. Bei der Verarbeitung (zB Erhebung) des Impf- bzw. Serostatus wird der Arbeitgeber regelmäßig auf die Hilfe von Ärzten angewiesen sein. Vor diesem Hintergrund ist es auch zulässig, dass ein Arbeitgeber die dem § 23a IfSG immanenten Fragestellungen durch einen Arzt erheben lässt. Sofern hier (zB im Rahmen einer Einstellungsuntersuchung) der Arzt den Impf- bzw. Serostatus erhebt, ist allerdings zu beachten, dass der Arzt hier in Bezug auf das Ergebnis vollumfänglich der ärztlichen Schweigepflicht unterliegt und weiterhin § 23a IfSG auch keine Rechtsvorschrift darstellt, welche dem Arzt die Verarbeitung der entsprechenden Daten erlauben würde. § 23a IfSG richtet sich ausschließlich an den Leiter der Einrichtung. Die Übermittlung des Impf- bzw. Serostatus an den Leiter der Einrichtung seitens des Arztes darf daher nur mit Einwilligung der betroffenen Person iSv Art. 4 Nr. 11 DSGVO erfolgen. Die beste diesbezügliche Variante für den Arzt ist hier allerdings, die entsprechende Bescheinigung der betroffenen Person zur selbständigen Weitergabe an die Einrichtungsleitung mitzugeben.

**115e**  Die Erhebung des Impf- bzw. Serostatus ist weiterhin nur dann rechtmäßig, wenn diese (nach dem Stand der Medizin) auch entsprechende aussagekräftige Ergebnisse in Bezug auf die Entscheidungsfindung liefern können. Sofern (zB bei neuartigen Infektionserkrankungen) keine Aussagen in Bezug auf eine vorhandene Immunität möglich sind, so darf eine entsprechende Datenverarbeitung auch nicht erfolgen. Dies begründet sich aus dem Umstand, dass hier dann auch die in § 23a IfSG notwendige „Erforderlichkeit" nicht gegeben sein kann.

**115f**  Rechtmäßig ist die Datenverarbeitung nur dann, wenn sie dazu dient, über die Begründung eines Beschäftigungsverhältnisses und die Art und

Weise einer Beschäftigung zu entscheiden. Weiterhin muss sie sich auf eine konkrete Tätigkeit beziehen. Rechtswidrig wäre hier, zB alle Beschäftigten des Krankenhauses zu erfassen, ohne die individuellen Tätigkeiten zu berücksichtigen. Entscheidend ist hierbei immer, ob die entsprechende Infektionserkrankung auch in tatsächlicher Hinsicht auf die Patienten übertragen werden kann.

Die Erforderlichkeit der Datenverarbeitung hängt somit insbesondere **115g** von Art und Umfang der Patientenkontakte des Beschäftigten ab. Eine besondere Disposition der Patienten, bspw. eine besondere Empfänglichkeit durch Immunsuppression oder Unreife des Immunsystems bei Frühgeborenen, erfordert dabei ein erhöhtes Schutzniveau. Nicht erforderlich ist die Erhebung, soweit ein Infektionsrisiko durch Beachtung von Maßnahmen der persönlichen Basishygiene sicher beherrschbar ist. In Bezug auf Krankheiten, die leicht durch Tröpfchen übertragen werden, bei denen die klinische Symptomatik nicht immer eindeutig ist oder bei denen Infizierte bereits vor Auftreten der klassischen Symptome infektiös sind – wie Masern, Mumps, Röteln, Varizellen und Pertussis –, ist hingegen das Wissen des Arbeitgebers über das Bestehen eines ausreichenden Impf- oder Immunschutzes erforderlich, um für den Einsatz des Personals Bedingungen zu schaffen, die Infektionsrisiken für vulnerable Patientinnen und Patienten vermeiden.[1] Eine bestehende HIV-Infektion ist zB nur dann von Relevanz, wenn auch in tatsächlicher Hinsicht eine Übertragung des HI-Virus auf Patienten erfolgen kann; dies ist zB regelmäßig bei normalen sozialen Kontakten nicht der Fall, kann aber bei der Durchführung invasiver Maßnahmen (zB Operationen) von Relevanz sein.

## IX. Arbeitsunfähigkeit

Letztlich ist vom „Fragerecht des Arbeitgebers" in Bezug auf gesund- **116** heitliche Belange auch noch erfasst, inwieweit zum Zeitpunkt des Dienstantritts bzw. in absehbarer Zeit mit einer krankheitsbedingten Arbeitsunfähigkeit zu rechnen ist.

Diese berechtigte Fragestellung, welche auch durch eine ärztliche Un- **117** tersuchung geklärt werden darf, berechtigt allerdings den Arbeitgeber nicht, generell nach Erkrankungen und gesundheitlichen Beeinträchtigungen zu fragen. Erkrankungen und gesundheitliche Beeinträchtigungen sind hier nur dann von Relevanz, wenn diese als kausale Ursache die **„Arbeitsunfähigkeit"** zur Folge haben. Letztendlich ist also nur auf diese abzustellen. Liegt eine Arbeitsunfähigkeit vor, so ist die Erkrankung, die ihr zugrunde liegt, nicht gesondert in ihrer Schwere zu würdigen, entscheidend ist allein, dass sie vorliegt und zur Arbeitsunfähigkeit führt.

---

[1] BeckOK InfSchR/*Aligbe* IfSG § 23a Rn. 8.

**118**  Entscheidend ist bei der Beurteilung der Arbeitsunfähigkeit also allein, ob und welche Auswirkungen die Erkrankung bzw. gesundheitliche Beeinträchtigung auf die konkret durchzuführenden Tätigkeiten haben. Hieraus ergibt sich auch schon, dass dies immer unter strenger Bezugnahme der arbeitsrechtlich geschuldeten Leistungen zu erfolgen hat und daher auch bei unterschiedlichen Beschäftigten zu unterschiedlichen Ergebnissen führen kann.

> **Beispiel:**
> A und B leiden momentan an „Heiserkeit". A ist Sängerin, B Kommissionierer. Bei A führt diese Heiserkeit zur „Arbeitsunfähigkeit", bei B dagegen nicht.
> Beide sind in diesem Fallbeispiel „krank", aber nur A ist „arbeitsunfähig".

**119**  Eine **Arbeitsunfähigkeit** im rechtlichen Sinne liegt dann vor, wenn eine Erkrankung vorliegt, die den Beschäftigten daran hindert, seine Tätigkeiten auszuführen, die ihm arbeitsrechtlich/dienstrechtlich übertragen sind. Unter Erkrankung ist hierbei jeder regelwidrige körperliche oder geistige Zustand zu verstehen.[1] In seiner Arbeitsleistung verhindert ist ein Beschäftigter allerdings nicht erst dann, wenn er medizinisch betrachtet zu keinerlei Handlungen mehr in der Lage ist (zB „Koma"). Eine Arbeitsunfähigkeit liegt rechtlich schon dann vor, wenn die zu leistenden Tätigkeiten aus medizinischen Gründen zur Genesung unterlassen werden sollen.

> **Leitsatz:**
> Arbeitsunfähigkeit aufgrund von Erkrankung liegt dann vor, wenn ein Krankheitsgeschehen den Beschäftigten außer Stande setzt, die ihm nach Arbeitsvertrag/Dienstrecht obliegenden Arbeiten zu verrichten oder wenn er die Arbeit nur unter der Gefahr fortsetzen kann, in absehbarer Zeit seinen Zustand zu verschlimmern.[2]

**120**  Von einer „Arbeitsunfähigkeit" kann auch dann gesprochen werden, wenn der Bewerber/Beschäftigte an einer Infektion leidet, die zwar ihn selber nicht unmittelbar beeinträchtigt (zB symptomlose Infektion), hier aber die lebensnahe Gefahr einer Übertragung des Krankheitserregers auf andere besteht.[3] Die rechtliche „Arbeitsunfähigkeit", die den Beschäftigten ja von der Verpflichtung zur Arbeitsleistung suspendiert, greift zu dessen Schutz weiterhin auch schon dann, wenn die Gefahr besteht, dass sich

---

[1] BAG 26.7.1989 – 5 AZR 301/88.
[2] Vgl. auch BAG 26.7.1989 – 5 AZR 301/88.
[3] Vgl. auch *Lepke* Kündigung bei Krankheit 86 f.

sein Gesundheitszustand bei Fortsetzung der Arbeit in absehbarer Zeit verschlimmert.[1]

Arbeitsunfähig ist der Beschäftigte aber auch dann, wenn er lediglich in **121** der Lage ist, einen Teil seiner geschuldeten Arbeitsleistung zu erbringen. Es ist arbeitsrechtlich gleichzusetzen, ob der Beschäftigte durch die Erkrankung ganz oder nur teilweise arbeitsunfähig ist.[2] Auch das Entgeltfortzahlungsgesetz kennt den Begriff der teilweisen Arbeitsunfähigkeit nicht. Im Ergebnis ist also eine die Arbeitsverpflichtung suspendierende Arbeitsunfähigkeit auch dann gegeben, wenn der Beschäftigte seine geschuldete Leistung nur teilweise zu erbringen vermag.[3] In diesem Zusammenhang ist auch wesentlich, dass ein Arbeitgeber eine eingeschränkte Leistung (unabhängig ob krankheitsbedingt oder nicht) gem. § 266 BGB gar nicht annehmen muss.[4]

---

**Leitsatz:**
Auch bei einer nur teilweisen Arbeitsunfähigkeit ist der Beschäftigte rechtlich „arbeitsunfähig".

---

Insofern ist der Arbeitgeber berechtigt durch Befragung und auch durch **122** ärztliche Untersuchung feststellen zu lassen, ob damit zu rechnen ist, dass der Bewerber zum Zeitpunkt des Dienstantritts arbeitsunfähig ist. Weiterhin darf aber auch im Rahmen der ärztlichen Untersuchung die Frage geklärt werden, inwieweit in absehbarer Zeit mit einer Arbeitsunfähigkeit zu rechnen ist. In dieser Fragestellung kann somit der Arbeitgeber durch den Arzt dahingehend eine Prognose erstellen lassen, inwieweit in einem überschaubaren Zeitrahmen damit zu rechnen ist, dass eine Arbeitsunfähigkeit eintreten wird. Dies ist auch insofern gerechtfertigt, als dass bei Arbeitnehmern die Pflicht zur Entgeltfortzahlung im Krankheitsfall bereits nach vierwöchiger ununterbrochener Dauer des Arbeitsverhältnisses besteht (§ 3 Abs. 3 EFZG). **Als „absehbare Zeit" ist ein Zeitraum von 6 Monaten zu verstehen.** Dies entspricht auch dem Zeitraum, der in Arbeitsverhältnissen regelmäßig als „Probezeit" mit verkürzter Kündigungsfrist deklariert wird (vgl. § 622 Abs. 3 BGB). Weiter in die Zukunft reichende Prognosen (also über den Zeitraum von 6 Monaten hinaus) darf der Arbeitgeber im Rahmen der Einstellungsuntersuchung nicht abklären lassen (eine Ausnahme bilden hier die Beamten, → Rn. 935 ff.). Hieran kann er kein berechtigtes Interesse geltend machen, da das allgemeine Risiko einer kurzzeitigen Erkrankung im Arbeitsverhältnis ein Arbeitgeber hinzunehmen hat (so zB auch im Entgeltfortzahlungsgesetz kodifiziert).

---

[1] BAG 25.6.1981 – 6 AZR 861/78.
[2] BAG 25.6.1981 – 6 AZR 861/78.
[3] BAG 29.1.1992 – 5 AZR 60/91.
[4] *Lepke* Kündigung bei Krankheit 66.

**Leitsatz:**
Im Rahmen einer ärztlichen Einstellungsuntersuchung darf abgeklärt werden, ob zum **Zeitpunkt des Dienstantritts** der Bewerber Arbeitsunfähig ist.
Weiterhin darf abgeklärt werden, ob in den **ersten sechs Monaten** des Beschäftigungsverhältnisses mit einer Arbeitsunfähigkeit zu rechnen ist.

## X. Konkretheit der medizinischen Fragestellung

**123**     In der Praxis ist des Öfteren festzustellen, dass bei Einstellungsuntersuchungen die seitens des Arbeitgebers an den Arzt gerichtete Fragestellung recht unpräzise ist. Dies ist allerdings in der überschießenden Form nicht mit der geltenden Rechtslage vereinbar. **Es muss vielmehr im Vorfeld schon mit dem Arzt festgelegt werden, welche genauen gesundheitlichen Aspekte bei bestimmten Tätigkeiten von Relevanz für das konkrete Arbeitsverhältnis sein sollen.** Gerade im Bereich des Arbeitsschutzes ist die Einbindung fachkundiger Kompetenz unerlässlich, da sich die Maßnahmen des Arbeitsschutzes jeweils am Stand der Arbeitsmedizin zu orientieren haben (§ 4 Nr. 3 ArbSchG).

**Leitsatz:**
Vor Beginn der Einstellungsuntersuchung muss die Fragestellung an den Arzt so klar formuliert sein, dass der Beschäftigte die Zulässigkeit dieser Frage beurteilen kann.

**124**     Die zu untersuchenden Aspekte müssen somit klar und der untersuchten Person (folglich dem Beschäftigten) bewusst sein. Da es sich bei körperlichen und klinischen Untersuchungen um einen Eingriff in das Persönlichkeitsrecht (Art. 2 Abs. 1 iVm Art. 1 Abs. 1 GG) des Beschäftigten handelt, muss die zu klärende Fragestellung diesem auch klar sein. Sie muss so klar formuliert sein, dass der Beschäftigte erkennen kann, was genau untersucht wird, was also genau der Arbeitgeber mit „geeignet" meint. Ein Beschäftigter muss immer in die Lage versetzt werden, die Zulässigkeit derartiger Fragen (bzw. die der Frage zugrunde liegenden Untersuchungen) beurteilen zu können.[1] Auch eine überschießende Ausübung des an sich gegebenen Fragerechts ist rechtswidrig.[2] Diese Erforderlichkeit begründet sich weiterhin auch aus dem Selbstbestimmungsrecht des Beschäftigten. Er muss sich klar sein, warum er genau eine Einschränkung bestimmter Rechtspositionen überhaupt hinnehmen soll.

---

[1] Vgl. auch BAG 13.6.2002 – 2 AZR 234/01.
[2] BAG 13.6.2002 – 2 AZR 234/01.

Entscheidend für die für eine Einstellungsuntersuchung zulässigen Untersuchungsparameter ist immer, dass ein strenger Bezug zu der Tätigkeit des Beschäftigten besteht (**Grundsatz der Arbeitsplatzbezogenheit**) und sich somit die Symptomatik auch eingrenzen lässt. Dies ist auch der Interessenabwägung zwischen Arbeitgeber und Beschäftigten/Bewerber geschuldet. So darf der Arzt nicht jedwede Untersuchung vornehmen, welche er oder der Arbeitgeber gerade für sachdienlich erachtet, wenn sie die Verhältnismäßigkeit (→ Rn. 54 ff.) nicht wahren und/oder keine Bedeutung für das zugrundeliegende Beschäftigungsverhältnis haben.[1]    **125**

**Praxistipp:**
    Der konkrete Untersuchungsumfang (zB Hörtest, Sehtest, Blutentnahme etc.) sollte im Vorfeld immer mit einem Arzt abgesprochen worden sein. Nur dieser kann entscheiden, welche Untersuchungen hier die geforderte Eignung abklären können.

*Beispiel:*
    *„Ausreichendes, durch ein Audiogramm nachgewiesenes Hörvermögen für die Fähigkeit, akustische Warnsignale und Funkmeldungen hören zu können"*

Hierzu ist allerdings auch erforderlich, dass der Arbeitgeber dem Arzt detailliert darlegt, welche konkreten Tätigkeiten der Beschäftigte unter welchen Arbeitsbedingen ausführen soll. Falls erforderlich, darf hier dem Arzt auch eine Begehung der entsprechenden Arbeitsplätze nicht verweigert werden.

Den Beschäftigten/Bewerbern sollte klar kommuniziert werden, warum welche Untersuchungen erfolgen sollen.

Die konkrete Entscheidung, welche Untersuchungen genau vorgenommen werden, trifft allerdings allein der die Untersuchung durchführende Arzt.

Die Konkretheit der medizinischen Fragestellung ist auch aus arztrechtlicher Sicht von Relevanz. Im Rahmen der durch den Arzt zu erfolgenden Selbstbestimmungsaufklärung muss der Arzt die Risiko-Nutzen-Bilanz dem Beschäftigten/Bewerber darlegen können, damit dieser in die Lage versetzt wird, rechtswirksam in Maßnahmen, welche in die körperliche Integrität eingreifen (zB Blutentnahmen), einzuwilligen.    **126**

Sofern der Arzt im Rahmen der eng zu setzenden Grenzen des Untersuchungsumfanges Erkenntnisse über Erkrankungen erlangt, die keine Relevanz für das Arbeitsverhältnis besitzen aber entsprechenden ärztlichen Handlungsbedarf begründen, so muss der Arzt dies dem Beschäftigten/Bewerber im Rahmen der therapeutischen Aufklärung entsprechend mitteilen,    **127**

---

[1] Vgl. für Untersuchungen während des Beschäftigungsverhältnisses: BAG v. 12.08.1999 – 2 AZR 55/99.

da grobe diesbezügliche Verstöße als „Behandlungsfehler" zu sehen sind.[1] Das allgemeine Persönlichkeitsrecht (Art. 2 Abs. 1 iVm Art. 1 Abs. 1 GG) des Beschäftigten/Bewerbers, welches fallbezogen Einschränkungen nur bei berechtigter Interessenlage des Arbeitgebers hinzunehmen braucht, schützt den Beschäftigten/Bewerber davor, dass diese Erkenntnisse sich negativ auf die Einstellungsuntersuchung auswirken. Der Arzt darf gesundheitliche Beeinträchtigungen, welche sich nicht auf das Beschäftigungsverhältnis und die konkrete Tätigkeit auswirken, in seiner Beurteilung nicht berücksichtigen (**Grundsatz der Arbeitsplatzbezogenheit**). Ferner schützt die ärztliche Verschwiegenheitspflicht (vgl. § 10 Berufsordnung Ärzte Bayerns, § 203 StGB) den Beschäftigten davor, dass der Arzt derartige gesundheitliche Beeinträchtigungen dem Arbeitgeber mitteilt.

## XI. Offenbarungspflichten des Bewerbers/Beschäftigten

**128**     **Bei zulässigen Fragestellungen ist der Bewerber verpflichtet, auch wahrheitsgemäß zu antworten.** Dies ergibt sich aus den Rücksichtnahmepflichten nach § 241 Abs. 2 BGB, welche auch im Vorvertragsverhältnis (Anbahnungsphase eines Arbeitsvertrages) Anwendung finden (§ 311 Abs. 2 BGB).[2] Dies gilt allerdings nur dann, wenn auf eine entsprechende Frage des Arbeitgebers überhaupt geantwortet wird. Die Verpflichtung zur Antwort selber ist dagegen von den Rücksichtnahmepflichten nicht erfasst. Antwortet der Bewerber in diesen Fällen nicht, so ist ein Schadensersatzanspruch des Arbeitgebers nach § 280 BGB ausgeschlossen. Allerdings kann sich der Arbeitgeber in diesen Fällen natürlich entschließen, den betroffenen Bewerber dann nicht einzustellen.

**129**     Anders verhält es sich mit den sog. **„Offenbarungspflichten".** Während vom Grundsatz her der Beschäftigte/Bewerber nur verpflichtet ist, auf zulässige Fragen wahrheitsgemäß zu antworten**, so bedeuten Offenbarungspflichten, dass hier der Beschäftigte/Bewerber von sich aus entsprechende Informationen (auch ungefragt) dem Arbeitgeber mitteilen muss.** Unter Berücksichtigung des allgemeinen Persönlichkeitsrechtes (Art. 2 Abs. 1 iVm Art. 1 Abs. 1 GG) des Beschäftigten/Bewerbers kann es sich bei derartigen Offenbarungspflichten (also Informationspflichten, welche die betroffene Person von sich aus auch ohne konkrete Fragestellung mitteilen muss) nur um solche handeln, die eine wesentliche Voraussetzung für den zugrundeliegenden Arbeitsvertrag darstellen (**Grundsatz der Arbeitsplatzbezogenheit**). Ein Aspekt folglich, welcher die konkrete Ausführung der Tätigkeit unmöglich macht oder wesentlich erschwert (zB Alkoholsucht bei Kraftfahrern oder Erkrankung, durch welche der Bewerber seine Arbeitspflicht zum Zeitpunkt des Beginns des Beschäftigungs-

---

[1] *Laufs/Kern/Rehborn* ArztR-HdB 711.
[2] Differenzierter: *Beck* „Fragerecht" und „Recht zur Lüge".

verhältnisses nicht nachkommen kann[1]). Auf gar keinen Fall besteht eine Offenbarungspflicht für Aspekte, welche der Arbeitgeber im Rahmen seines Fragerechts auch nicht abfragen dürfte. Die Offenbarungspflichten im Vorvertragsverhältnis (also vor Unterzeichnung des Arbeitsvertrages) ergeben sich auch hier aus § 241 Abs. 2 iVm § 311 Abs. 2 BGB.

> **Leitsatz:**
>
> Aspekte seines Gesundheitszustandes muss ein Bewerber dann auch ungefragt dem Arbeitgeber offenbaren, wenn er damit rechnen muss, infolge einer bereits vorliegenden Krankheit seine Arbeitspflicht zum Zeitpunkt des Beginns des Beschäftigungsverhältnisses nicht nachkommen zu können[2] oder der Gesundheitsaspekt für den konkret in Betracht kommenden Arbeitsplatz von ausschlaggebender Bedeutung ist.[3]

Eine vorliegende **Behinderung** (einschließlich der Schwerbehinderung) braucht dagegen grundsätzlich vor Beginn des Beschäftigungsverhältnisses nicht offenbart zu werden. Das AGG verbietet eine Ungleichbehandlung aufgrund einer Behinderung (§ 1 AGG). Führt allerdings die vorliegende Behinderung unter individueller Einzelfallbetrachtung des konkreten Arbeitsplatzes dazu, dass die durchzuführenden Tätigkeiten nicht wahrgenommen werden können, so ist dieser Umstand auch ungefragt zu offenbaren. In diesen Fällen handelt es sich um wesentliche und entscheidende Bedingungen an die Tätigkeit, so dass der Aspekt der Behinderung in diesen Fällen als Entscheidungsgrundlage herangezogen werden darf (§ 8 Abs. 1 AGG). Im Ergebnis handelt es sich bei den vorvertraglichen Pflichten (auch die Offenbarungspflicht ist eine solche) lediglich um nicht klagbare Schutzpflichten.[4]  **130**

Werden Umstände, welche der dargelegten Offenbarungspflicht unterliegen, dem Arbeitgeber bei Unterzeichnung des Arbeitsvertrages nicht mitgeteilt, so kann der Arbeitsvertrag seitens des Arbeitgebers unter Umständen angefochten werden (Anfechtbarkeit wegen arglistiger Täuschung nach § 123 BGB). Arglistig ist eine Täuschung allerding nur dann, wenn hier fallbezogen mangels Offenbarung bestimmter Tatsache (nämlich bestimmter Gesundheitsaspekte) beim (künftigen) Arbeitgeber irrige Vorstellungen entstehen oder aufrechterhalten werden[5] und der Bewerber dies weiß oder billigend in Kauf nimmt. Handelt der Bewerber lediglich fahrlässig (auch in grober Fahrlässigkeit), so reicht dies für eine arglistige Täuschung nach § 123 BGB nicht aus. Die Beweislast hierfür trägt der Arbeitgeber.[6]  **131**

---

[1] BAG 7.2.1964 – 1 AZR 251/63.
[2] Vgl. auch BAG 7.6.1984 – 2 AZR 270/83.
[3] BAG 6.9.2012 – 2 AZR 270/11.
[4] *Forgó/Helfrich/Schneider* Betr. Datenschutz-HdB 231.
[5] BAG 6.9.2012 – 2 AZR 270/11.
[6] BAG 6.9.2012 – 2 AZR 270/11.

# XII. Verpflichtung zur Teilnahme
# an einer Einstellungsuntersuchung

**132**    Genauso wenig, wie der Bewerber verpflichtet ist, auf Fragen des Arbeitgebers überhaupt zu antworten (antwortet er allerdings auf berechtigte Fragen, so müssen diese Antworten der Wahrheit entsprechen), ist der Bewerber
verpflichtet, sich überhaupt einer Einstellungsuntersuchung zu unterziehen.[1]
Vorvertragliche Pflichten nach § 241 Abs. 2 iVm § 311 Abs. 2 BGB können
erst dann greifen, wenn sich der Bewerber **von sich aus entschließt**, an einer
an sich rechtmäßigen Einstellungsuntersuchung teilzunehmen.

**133**    Insofern bedarf es zu einer ärztlichen Einstellungsuntersuchung immer
der Einwilligung des Bewerbers. Dies gebietet das allgemeine Persönlichkeitsrecht (Art. 2 Abs. 1 iVm Art. 2 Abs. 2 GG), welches insbesondere
auch solche Daten schützt, die man für gewöhnlich nur einem sehr be-
grenzten Personenkreis bzw. nur dem Arzt anvertraut. Weiterhin darf in
der Bewertung auch nicht unberücksichtigt bleiben, dass ärztliche Untersuchungen auch gesundheitliche Beeinträchtigungen zu Tage fördern können, die dem Bewerber selber noch gar nicht bekannt sind. Nimmt der Bewerber allerdings an einer an sich rechtmäßigen Einstellungsuntersuchung
nicht teil, so steht es dem Arbeitgeber natürlich hier frei, die betroffene
Person nicht einzustellen.

> **Leitsatz:**
> Die Einstellungsuntersuchung setzt immer die Einwilligung des Bewer-
> bers hierzu voraus. Der Bewerber verletzt auch keine vorvertraglichen
> Pflichten, wenn er die Durchführung einer Einstellungsuntersuchung ver-
> weigert.

**134**    Da es folglich an einem Rechtsanspruch auf Durchführung einer Einstellungsuntersuchung fehlt, so kann diese auch nicht durch gerichtliche
Mittel erzwungen werden. Dem Arbeitgeber bleibt hier nur die Möglichkeit, mit der betroffenen Person kein Beschäftigungsverhältnis einzugehen. Die Disposition über seine ihm aus dem allgemeinen Persönlichkeitsrecht nach Art. 2 Abs. 1 iVm Art. 1 Abs. 1 GG zustehenden Recht kann
der Bewerber allerdings nur dann wahrnehmen, wenn er Art und Umfang
der Untersuchungen kennt. Insofern ist ihm der mögliche Umfang der Untersuchung auch mitzuteilen.

> **Leitsatz:**
> Der Bewerber muss den Umfang der Untersuchung kennen, um wirk-
> sam einwilligen zu können.

---

[1] So zB auch *Burger* Beschäftigtendaten 145 f.

Entschließt sich der Bewerber allerdings, eine rechtmäßige Einstel- **135** lungsuntersuchung durchzuführen, so muss er auch entsprechend bei den ärztlichen Maßnahmen mitwirken, so dass der Arbeitgeber auf eine ordnungsgemäß durchgeführte ärztliche Einstellungsuntersuchung vertrauen kann (dies ergibt sich aus den vorvertraglichen Pflichten nach § 311 Abs. 1 iVm § 241 Abs. 2 BGB).

## XIII. Kosten der Einstellungsuntersuchung

Die Kosten für die Einstellungsuntersuchung hat der Arbeitgeber zu tra- **136** gen (§§ 675, 670 BGB). Dies gilt auch dann, wenn in der Einstellungsuntersuchung Aspekte berücksichtigt werden, welche dem Arbeitsschutz zugeordnet werden können (zB die Überprüfung, ob anlässlich von Staplerfahrtätigkeiten überhaupt ein ausreichendes Seh- und Hörvermögen besteht). Sofern folglich in der Einstellungsuntersuchung eine Arbeitsschutzmaßnahme im Sinn von § 3 Abs. 1 ArbSchG gesehen wird, so ergibt sich die Kostentragungspflicht des Arbeitgebers unmittelbar schon aus § 3 Abs. 3 ArbSchG.

> **Leitsatz:**
> Für die Kosten von Einstellungsuntersuchungen hat in der Regel immer der Arbeitgeber aufzukommen.
> Ausnahme: Untersuchungen nach dem Jugendarbeitsschutzgesetz (→ Rn. 425).

## XIV. Abgrenzung Arbeitsschutzrecht/Arbeitsrecht

Wie bereits dargelegt, vermischen sich bei der Einstellungsuntersu- **137** chung Aspekte des Arbeitsschutzes mit reinen Interessen des Arbeitgebers. Eignungsaspekte müssen nicht zwingend auch den Arbeitsschutz betreffen. So kann ein Beschäftigter auch gesundheitlich ungeeignet sein, ohne jedoch dadurch andere Personen oder sich selber in irgendeiner Weise selber zu gefährden. Gleichwohl bedürfen auch Eignungsuntersuchungen, welche auf Arbeitsschutzmaßnahmen beruhen, regelmäßig einer arbeitsrechtlichen Grundlage, sofern diese verpflichtend für die Beschäftigten gelten sollen.

## XV. Spezielle Regelungen

In Bezug auf Alkohol, Drogen, Schwangerschaft und Behinderung und **138** die Ergebnismitteilung an den Arbeitgeber darf hier auf die Ausführungen in den entsprechenden Kapiteln hingewiesen werden. Gleiches gilt für die Thematik der „auflösenden Bedingung" im Arbeitsvertrag.

## XVI. Tätigkeitswechsel im bestehenden Beschäftigungsverhältnis

**139**   Die dargelegten Grundsätze in Bezug auf die ärztlichen „Einstellungsuntersuchungen" gelten auch dann, wenn im laufenden Beschäftigungsverhältnis die Tätigkeit gewechselt wird und an dem neuen Arbeitsplatz entsprechende neue gesundheitliche Anforderung zu stellen sind. Zwar gebietet hier die dem Beschäftigten obliegende Treuepflicht nicht, dass er eine entsprechende Eignungsuntersuchung erdulden muss. Allerdings muss er dann zB in Kauf nehmen, dass seine interne Bewerbung bei entsprechender Verweigerung nicht berücksichtigt wird.

## C. Routinemäßige Untersuchungen im Beschäftigungsverhältnis

### I. Grundsätzliche Problematik

Während sich für Einstellungsuntersuchungen und Untersuchungen aus **140** besonderem Anlass in der Regel klar definierbare und durch die Rechtsprechung anerkannte Grundlagen ableiten lassen, so ist dies für routinemäßige Eignungsuntersuchungen während dem Beschäftigungsverhältnis in der Klarheit nicht der Fall. Nachfolgend sollen die ärztlichen Eignungsuntersuchungen rechtlich näher beleuchtet werden, die routinemäßig stattfinden sollen (zB anlässlich von Fahrtätigkeiten alle drei Jahre), ohne dass hier personenbedingte Umstände vorliegen, die den Verdacht der Ungeeignetheit begründen würden.

Diese Untersuchungen sind dem Umstand geschuldet, dass **es sich bei** **141** **ärztlichen Einstellungs- und Eignungsuntersuchungen um Momentaufnahmen handelt**, sich der gesundheitliche Zustand des Beschäftigten aber naturgemäß verändern kann und sich zB hinsichtlich des Seh- und Hörvermögens in der Regel auch altersbedingt verändern wird. Die routinemäßigen Untersuchungen dienen folglich dazu, regelmäßig und ohne besonderen Anlass festzustellen, ob gesundheitliche Gründe gegen die Eignung für eine bestimmte Tätigkeit sprechen.

Während für Einstellungsuntersuchungen für den Beschäftigten keiner- **142** lei Verpflichtung besteht, an diesen mitzuwirken (→ Rn. 132 ff.), so stellt sich aber bei routinemäßigen Untersuchungen die Fragestellung, inwieweit es aus arbeitsrechtlicher Sicht[1] festgelegt werden kann, dass die Teilnahme an einer derartigen ärztlichen Untersuchung verpflichtend für die weitere Ausführung der Tätigkeit ist. Die Möglichkeiten, bei verweigerter Einstellungsuntersuchung, den Bewerber dann einfach nicht einzustellen, ist im bestehenden Beschäftigungsverhältnis dem Arbeitgeber ja verwehrt. Das rechtliche Dienstverhältnis (bei Arbeitnehmern: Arbeitsvertrag iSv § 611a BGB) ist als Synallagma ausgestaltet. Dies bedeutet, dass zwischen Arbeitgeber und Beschäftigten starke gegenseitige Verpflichtungen bestehen, die sich im Wesentlichen als Austausch Dienstleistung gegen Arbeitsentgelt ausgestalten. Diese vertraglichen Bindungen als auch das Kündigungsschutzrecht verhindern, dass ein Arbeitgeber willkürlich über die weitere Beschäftigung bereits eingestellter Personen entscheidet.

Erschwerend kommt hinzu, dass (im Gegensatz zu den ärztlichen Eig- **143** nungsuntersuchungen aus besonderem Anlass, → Rn. 175 ff.) das berech-

---

[1] Bei Beamten, Soldaten und Richtern: die Verpflichtungen aus dem öffentlich-rechtlichen Dienstverhältnis.

tigte Arbeitgeberinteresse an einer routinemäßigen Eignungsuntersuchung besonders begründet werden muss, da ihm hier keine personenbedingte Umstände vorliegen, die ihn berechtigt an der gesundheitlichen Eignung des Beschäftigten zweifeln lassen. **Hier sind also gesonderte Gründe anzuführen, aus welchen Gründen hier das allgemeine Persönlichkeitsrecht (Art. 2 Abs. 1 iVm Art. 1 Abs. 1 GG) des Beschäftigten hinter die Interessen des Arbeitgebers zurücktreten soll.**

144    Sind bei der Einstellungsuntersuchung (hierzu ausführlich → Rn. 82 ff.) im definierten rechtmäßigen Rahmen noch relativ umfangreiche Fragestellungen („Fragerecht des Arbeitgebers") anerkannt, so ist im Beschäftigungsverhältnis, welches in der Regel als Dauerschuldverhältnis ausgestaltet ist, ein anderer Maßstab anzulegen. Während bei der Einstellungsuntersuchung ein Interesse anzuerkennen ist, nur mit solchen Personen ein Dauerschuldverhältnis einzugehen, die den zu übertragenen Aufgaben auch gesundheitlich gewachsen sind, so bedarf es im bestehenden Beschäftigungsverhältnis schon besonderer Gründe, warum ein Beschäftigter **regelmäßig und ohne Gründe, welche in seiner Person liegen,** Eingriffe in sein grundrechtlich abgesichertes allgemeines Persönlichkeitsrecht (Art. 2 Abs. 1 iVm Art. 1 Abs. 1 GG) dulden soll. **Dies gilt insbesondere dann, wenn er bereits an einer Einstellungsuntersuchung teilgenommen hat und in dieser festgestellt wurde, dass er aus medizinischer Sicht geeignet für die entsprechende Tätigkeit ist.** Grundsätzlich muss ein Beschäftigter im laufenden Beschäftigungsverhältnis keine ärztlichen Untersuchungen dulden, dies gilt insbesondere dann, wenn diese mit Maßnahmen verbunden sind, welche die Integrität des Körpers verletzen (zB Blutentnahmen), da hier zusätzlich noch das Grundrecht auf körperliche Unversehrtheit (Art. 2 Abs. 2 S. 1 GG) berührt wird.[1]

---

**Leitsatz:**
Ein Beschäftigter ist regelmäßig nicht verpflichtet, ärztliche Eignungsuntersuchungen im laufenden Beschäftigungsverhältnis zu dulden.

---

145    Zusätzlich ergibt sich bei routinemäßigen Eignungsuntersuchungen auch das Problem der **arbeitsrechtlichen**[2] **Verbindlichkeit** für den Beschäftigten. Selbst dann, wenn man datenschutzrechtlich die Erforderlichkeit begründen würde, bleibt das Problem bestehen, ob die ärztlichen Eignungsuntersuchungen einen so wesentlichen Teil der arbeitsvertraglich geschuldeten Leistung darstellen, dass der Arbeitgeber diese Untersuchungen aktiv einfordern und an die Nichtteilnahme an eine derartige Untersuchung entsprechende Maßnahmen anknüpfen kann. So kann ein Ar-

---

[1] Vgl. auch BAG 12.8.1999 – 2 AZR 55/99.
[2] Bei Beamten die Verbindlichkeiten aus dem öffentlich-rechtlichen Dienstverhältnis.

beitgeber nicht einfach den Beschäftigten freistellen, wenn dieser an keiner Untersuchung teilnimmt. Dies gilt selbst dann, wenn der Arbeitgeber hier das Arbeitsentgelt weiterzahlen würde. Der Beschäftigte hat aus § 611a BGB nicht nur ein Recht auf das vereinbarte Arbeitsentgelt, er hat vielmehr auch das Recht, die vereinbarte Arbeitsleistung tatsächlich zu erbringen. So kann der Beschäftigte seinen Beschäftigungsanspruch (abgeleitet ua aus §§ 611a, 613, 242 BGB und Art. 1 und 2 GG)[1] vor dem Arbeitsgereicht grundsätzlich auch einklagen. So bedarf es neben der datenschutzrechtlichen Zulässigkeit einer routinemäßigen Eignungsuntersuchung auch einer arbeitsrechtlichen Basis, welche die Untersuchungen für den Beschäftigten auch als Pflicht im Rahmen seines Beschäftigungsverhältnisses definiert.

In Bezug auf routinemäßige Eignungsuntersuchungen kann sich der Arbeitgeber auch nicht alleinig auf die dem Beschäftigten obliegende Treuepflicht berufen, welche nur dann unmittelbar greifen kann, wenn der Arbeitgeber konkrete Verdachtsmomente vorbringen kann, welche gegen eine gesundheitliche Eignung des Beschäftigten sprechen. Für eine verpflichtende ärztliche Eignungsuntersuchung muss also ein besonders anzuerkennender Grund vorliegen, um das berechtigte, billigenswerte und schutzwürdige Interesse des Arbeitgebers begründen zu können und dahinter die Rechtspositionen des Beschäftigten (zB allgemeines Persönlichkeitsrecht nach Art. 2 Abs. 1 iVm Art. 1 Abs. 1 GG oder das Recht auf körperliche Unversehrtheit nach Art. 2 Abs. 2 S. 1 GG) zurücktreten zu lassen.  **146**

## II. Rechtlich vorgeschriebene Eignungsuntersuchungen

Rechtlich unproblematisch sind die rechtlich vorgeschriebenen routinemäßigen Eignungsuntersuchungen (hierzu im Überblick → Rn. 275 ff.). So verlangt zB die Triebfahrzeugführerscheinverordnung regelmäßige ärztliche Untersuchungen der Triebfahrzeugführer (§ 11 TfV). Gleiches gilt für die Seediensttauglichkeit nach dem Seearbeitsgesetz. Auch hier bedarf es regelmäßiger ärztlicher Untersuchungen (vgl. § 12 SeeArbG), um überhaupt die entsprechenden Beschäftigungen durchführen zu dürfen.  **147**

> **Leitsatz:**
> Sind in einer staatlichen Rechtsvorschrift routinemäßige Eignungsuntersuchungen vorgeschrieben, so sind diese wesentlicher Bestandteil der arbeitsrechtlichen Pflichten.[1] Die Teilnahme an diesen Untersuchungen kann vom Arbeitgeber hier eingefordert werden.

---

[1] Der Anspruch auf tatsächliche Beschäftigung neben der Entgeltzahlung ist nach langtradierter obergerichtlicher Rechtsprechung anerkannt, vgl. zB BAG 10.11.1995 – 2 AZR 591/54.
[2] Bei Beamten die Verbindlichkeiten aus dem öffentlich-rechtlichen Dienstverhältnis.

**148**  Hier ist insbesondere auch bedeutsam, dass ein Arbeitgeber, welcher einen Beschäftigten ohne die rechtliche vorgeschriebenen Eignungsuntersuchungen beschäftigt, teilweise eine Ordnungswidrigkeit und unter Umständen auch eine Straftat begeht (vgl. zB § 145 Abs. 1 Nr. 2 See-ArbG, § 20 Abs. 2 Nr. 6 TfV). Hier ist es dem Arbeitgeber folglich aus rechtlichen Gründen nicht möglich, den Beschäftigten mit den zugewiesenen Aufgaben zu beschäftigen (**rechtliches Unvermögen** nach § 275 BGB).

**149**  Verweigert ein Beschäftigter die Teilnahme an einer rechtlich vorgeschriebenen Eignungsuntersuchung, so verletzt er seine arbeitsvertraglichen Nebenpflichten aus §§ 241 Abs. 2, 242 BGB. Der Beschäftigte hat die rechtlichen Voraussetzungen dafür zu schaffen, dass er die ihm arbeitsvertraglich übertragenen Aufgaben auch erfüllen kann. Unterlässt er dies, so verstößt er gegen seine Treuepflichten (→ Rn. 277). Bei der Verpflichtung zur Teilnahme an entsprechenden ärztlichen Eignungsuntersuchungen handelt es sich in diesen Fällen um sog. „**leistungssichernde Nebenpflichten**".

## III. Eignungsuntersuchungen
## ohne spezifische Rechtsgrundlage

**150**  Die meisten der in der Praxis durchgeführten routinemäßigen Eignungsuntersuchungen verfügen aber über keine spezifische Rechtsgrundlage. Typische Beispiele für Eignungsuntersuchungen sind hier Untersuchungen anlässlich von **Fahr-, Steuer- und Überwachungstätigkeiten** und **Arbeiten mit Absturzgefahr** außerhalb des Bergrechts (vgl. hier: § 2 Abs. 1 S. 1 Nr. 2 u. 3 GesBergV). Oftmals wird hier auf entsprechende Unfallverhütungsvorschriften verwiesen (zB § 35 Abs. 1 Nr. 2 DGUV Vorschrift 70). Hier wird allerdings übersehen, dass es sich bei diesen Vorschriften lediglich um sog. **Eignungsvorbehalte** handelt. Sie definieren lediglich, dass der Arbeitgeber bestimmte Eignungen berücksichtigen muss, benennen aber das Instrumentarium der ärztlichen Untersuchung nicht. Sie besitzen damit nicht die vom Bundesverfassungsgericht geforderte Normklarheit um eine Rechtsgrundlage für Einschränkungen in das allgemeine Persönlichkeitsrecht in Form ärztlicher Untersuchungen zu bilden.[1] Trotz Verpflichtungen an den Arbeitgeber bilden die Unfallverhütungsvorschriften, die das Instrumentarium der ärztlichen „Untersuchung" nicht benennen, somit keine Rechtsgrundlage für routinemäßige Eignungsuntersuchungen[2] (vgl. → Rn. 248 ff.).

---

[1] Zur Normklarheit vergleiche: BVerfG 15.12.1983 – 1 BvR 209/83 u.a., BVerfGE 65, 1–71.
[2] *Behrens* NZA 2014, 401–408.

> **Leitsatz:**
> Für die Eignungsuntersuchungen ohne spezifische Rechtsgrundlage bedarf es einer arbeitsrechtlichen und datenschutzrechtlichen Berechtigung.

Aufgrund des oben bereits definierten Grundsatzes, dass ein Beschäftig- **151** ter vom Grundsatz her nicht verpflichtet ist, routinemäßige Eignungsuntersuchungen im laufenden Beschäftigungsverhältnis zu dulden, **bedarf es entsprechend gewichtiger Gründe**, wenn der Arbeitgeber diese Eignungsuntersuchungen dennoch verpflichtend anweisen will. Diese Gründe können dann vorliegen, wenn eine besondere Fürsorgepflicht des Arbeitgebers bei bestimmten Tätigkeiten gegeben ist oder besonders gewichtige Belange im Pflichtenkreis des Arbeitgebers hiervon betroffen sind. Sie müssen sich folglich aus den besonderen Bedingungen des Beschäftigungsverhältnisses ergeben.[1] Dies gilt auch besonders vor dem Hintergrund, dass ärztliche Eignungsuntersuchungen, die der arbeitsrechtlichen Grundlage entbehren, auf keinen Fall „erforderlich" im Sinne des Datenschutzrechtes sind, da hier seitens des Arbeitgebers kein berechtigtes, schutzwürdiges und billigenswertes Interesse anerkannt werden kann.

> **Leitsatz:**
> Für die arbeitsrechtliche Festlegung routinemäßiger Eignungsuntersuchungen ohne spezifische Rechtsgrundlage bedarf es entsprechend gewichtiger Gründe, welche sich zB aus der Fürsorgepflicht des Arbeitgebers oder besonderen Belangen aus dessen Pflichtenkreis ergeben.

Routinemäßige Eignungsuntersuchungen sind dann datenschutzrecht- **152** lich und arbeitsrechtlich nicht erforderlich, wenn sie sich auf Gesundheitsmerkmale beziehen, die sich gar nicht verändern können (zB aufgrund genetischer Gegebenheiten). Bei Durchführung von routinemäßigen Eignungsuntersuchungen ist selbstverständlich immer auch der Grundsatz der Verhältnismäßigkeit (→ Rn. 54 ff.) zu wahren.

## 1. Gefährdungen für Dritte

Die besonderen Gründe sind in aller Regel dann gegeben, wenn sich aus **153** den durch den Beschäftigten auszuführenden Tätigkeiten **Gefährdungen für Dritte** ergeben können. Vor dem Hintergrund der Abwägungsbelange, bei denen das allgemeine Persönlichkeitsrecht (Art. 2 Abs. 1 iVm Art. 1 Abs. 1 GG) des Beschäftigten eine Rolle spielt, darf der Arbeitgeber hier

---

[1] *Beckschulze* BB 2014, 1017.

aber nicht „ins Blaue hinein" beurteilen. Der Tätigkeit des Beschäftigten muss somit eine gewisse Gefährdung Dritter immanent sein und sich auch aus Sicht eines objektiven Betrachters ergeben.

---

**Leitsatz:**

Gefährdungen für Dritte können einen hinreichenden Grund darstellen, routinemäßige Eignungsuntersuchungen arbeitsrechtlich zu rechtfertigen.

---

154     Die Drittgefährdung muss hierbei **wesentlich** sein. Dies bedeutet, dass der Aspekt der Drittgefährdung prägend für die durch den Beschäftigten wahrzunehmenden Aufgaben sein muss. Dies ist zB für Führer schwerer, großer Baumaschinen oder der Steuerung eines großen Baukranes der Fall.

155     Anders als bei Unfallverhütungsvorschriften mit entsprechenden Eignungsvorbehalten (zB § 29 Abs. 1 Nr. 2 DGUV Vorschrift 53 für Krankführer) ist auch irrelevant, welche Dritte gefährdet werden. Während der Anwendungsbereich von Unfallverhütungsvorschriften in der Regel nicht auf beliebige Dritte ausgedehnt werden kann (zB auf andere Verkehrsteilnehmer auf öffentlichem Verkehrsgrund), **ist die Berücksichtigung einer Drittgefährdung in den für die ärztlichen Eignungsuntersuchungen abzuwägenden Gesichtspunkten auch dann positiv zu beurteilen, wenn es sich bei den gefährdeten Personenkreis um keine Beschäftigten des eigenen Betriebes handelt.**

156     Bei Gefährdungen von Dritten im oben beschriebenen Sinne hat folglich der Arbeitgeber ein berechtigtes, schutzwürdiges und billigenswertes Interesse an entsprechenden routinemäßigen ärztlichen Eignungsuntersuchungen auch dann, wenn keine personenbedingten Hinweise vorliegen, dass eine Eignung hier nicht vorliegen könnte (also gewissermaßen „anlasslos"). Sie sind somit datenschutzrechtlich „erforderlich" und somit aus datenschutzrechtlichen Gesichtspunkten zulässig. **Um diese Eignungsuntersuchungen allerdings auch für die Beschäftigten verpflichtend zu machen, bedarf es auch einer entsprechenden arbeitsrechtlichen Grundlage** (zB Arbeitsvertrag oder Betriebsvereinbarung).

157     Der Aspekt der „Drittgefährdung" ist auch in Bezug auf die **Fürsorgepflichten** des Arbeitgebers relevant. Aus § 618 BGB folgt, dass der Arbeitgeber seine Mitarbeiter in geeignetem Umfange vor Lebens- und Gesundheitsgefahren zu schützen hat. Diese Pflichten werden durch die staatlichen Vorschriften konkretisiert (zB § 3 ArbSchG, § 21 SGB VII). Diese Vorschriften stellen allerdings aufgrund der fehlenden Normklarheit keine Rechtsgrundlage für routinemäßige Eignungsuntersuchungen dar, begründen aber einen besonderen Pflichtenkreis, aufgrund dessen der Arbeitgeber ein berechtigtes, schutzwürdiges und billigenswertes Interesse an Eignungsuntersuchungen geltend machen kann, welche zu einer datenschutzrechtlichen „Erforderlichkeit" führen. Kommt der Arbeitgeber folg-

lich nach sachgerechter (und nicht willkürlicher) Abwägung zu der Feststellung, dass er bestimmte Fürsorgepflichten wirksam durch entsprechende und an dem Verhältnismäßigkeitsgrundsatz zu messenden Eignungsuntersuchungen nachkommen kann, so ist dies in der Regel datenschutzrechtlich „erforderlich". Weiterhin muss er eine entsprechende arbeitsrechtliche Basis schaffen, wenn er möchte, dass die ärztlichen Eignungsuntersuchungen einen verpflichtenden Charakter für die betroffenen Beschäftigten erlangen (zB Arbeitsvertrag oder Betriebsvereinbarung). Ein Indiz für diesbezügliche gerechtfertigte ärztliche Untersuchungen stellt auch jeweils die Existenz entsprechender rechtlicher Eignungsvorbehalte und Eignungsvorbehalte der Unfallversicherungsträger dar (→ Rn. 206 ff.).

---

**Beispiel für entsprechende Tätigkeiten mit Drittgefährdung**
– Führen von Fahrzeugen im Betriebsgelände mit gefährlichen Gütern (Gefahrstoffe, heiße Güter in Gießerei etc.)
– Leitwarte Kernkraftwerk
– Kranführer
– Steuerstand (zB für die schweren Maschinen in einer Gießerei oder bei selbstfahrenden Containern und immer dann, wenn in einem Steuerstand/einer Leitwarte zur Vermeidung von Gefahren für Menschen und hohen Sachwerten schnell entsprechend reagiert werden muss)

---

## 2. Infektionsgefährdung

**158** Eine Gefährdung für Dritte kann auch dann vorliegen, wenn bestimmte Personenkreise vor ansteckenden Krankheiten geschützt werden sollen. So ist zB ein Krankenhausträger verpflichtet (aus seinem besonderen Pflichtenkreis, zB „Krankenhausvertrag"), durch entsprechende technische und organisatorische Maßnahmen im Rahmen des Möglichen und Zumutbarem seine Patienten **vor Infektionen zu schützen**, die in einem Krankenhaus auftreten können. Auch § 23 Abs. 3 IfSG enthält die Verpflichtung an bestimmte Einrichtungen (zB Krankenhäuser), mit wirksamen Maßnahmen nosokomiale Infektionen („Krankenhausinfektionen") zu vermeiden. Dies stellt zwar unmittelbar keine Rechtsgrundlage für routinemäßige Eignungsuntersuchungen dar, **definiert aber einen besonderen Pflichtenkreis des Arbeitgebers**, der ein berechtigtes, schutzwürdiges und billigenswertes Interesse darstellt. Insofern kann auch die Freiheit von Infektionen in bestimmten genau zu definierenden Tätigkeitsbereichen eine wesentliche und entscheidende Anforderung an genau diese Tätigkeiten darstellen, welche dann aufgrund zu bestimmender Fremdgefährdung Eignungsuntersuchungen rechtfertigen können.

**159** In restriktiver Handhabung können hier auch entsprechende routinemäßige Eignungsuntersuchungen in Bezug auf vordefinierte Infektionserkrankungen (zB Hepatitis) gerechtfertigt sein. Unzulässig (da unverhältnismäßig) wäre es hier, das gesamte Personal im Gesundheitswesen neben den Vorsorgemaßnahmen nach der ArbMedVV zusätzlich noch routinemäßigen Eignungsuntersuchungen zu unterwerfen. Gerechtfertigt kann dies aber dort sein, wo durch invasive Maßnahmen (zB Operationen) die Gefahr einer Infektionsübertragung bei vernünftiger und lebensnaher Einschätzung besteht (zB beim Chirurgen in Bezug auf Hepatitis und ggf. auch HIV). Hier ist auch zu beachten, dass ein mit Hepatitis B infizierter Chirurg eine fahrlässige Körperverletzung begeht, wenn er seine Patienten im Rahmen seiner Operationstätigkeiten entsprechend infiziert.[1]

**160**    Derartige Eignungsuntersuchungen kommen auch dann in Frage, wenn der Infektionsträger selber in seiner Arbeitsfähigkeit objektiv gar nicht eingeschränkt ist (zB bei einer symptomlosen Infektion), sondern lediglich die Gefahr besteht, er könnte andere anstecken (zB andere Mitarbeiter, Patienten).

### 3. Eigengefährdung

**161**    Fraglich ist auch, ob der Aspekt der Eigengefährdung im Rahmen routinemäßiger Eignungsuntersuchungen eine entsprechende Rolle spielen kann. Rechtlich ist dies nicht ganz unproblematisch, da der Beschäftigte vom Grundsatz her über seine Rechtspositionen disponieren kann und somit auch entscheiden könnte, ob er sich im Rahmen seiner Tätigkeit selber gefährdet oder nicht. Aber auch hier muss (wie bei den Einstellungsuntersuchungen) berücksichtigt werden, dass die Fürsorgepflichten des Arbeitgebers (ua § 618 BGB) durchaus auch Aspekte beinhalten können, welche eine Eigengefährdung des Beschäftigten betreffen. Gerade im öffentlich-rechtlichen Bereich finden sich auch Vorschriften, welche auch den Beschäftigten vor Gefahren bewahren sollen, deren Ursache er selber setzt. Diese Arbeitsschutzvorschriften konkretisieren die aus dem Zivilrecht abzuleitenden grundsätzlichen Fürsorgepflichten und füllen diese mit Leben aus.

**162**    So fordert zB § 7 ArbSchG, dass der Arbeitgeber bei der Übertragung von Aufgaben berücksichtigen muss, ob die Beschäftigten befähigt sind, die für die Sicherheit und den Gesundheitsschutz bei der Aufgabenerfüllung zu beachtenden Bestimmungen und Maßnahmen einzuhalten. Dies umfasst auch die Befähigungsfrage, ob der Beschäftigte auch entsprechende Eigenschutzmaßnahmen durchführen kann (zB das Tragen von schwerem Atemschutz, welches zB zu verneinen wäre, würde er an schweren Atemwegserkrankungen leiden). Auch stellt § 15 ArbSchG unmissverständlich klar, dass auch die Beschäftigten selber für ihre eigene Sicherheit und Gesundheit bei der Arbeit Sorge tragen müssen und insoweit auch in ihrer Dispositionsbefugnis über ihre eigenen Rechtsgüter ein-

---

[1] Vgl. hierzu: BGH 14.3.2003 – 2 StR 239/02.

geschränkt sind. Gleiches gilt auch für andere rechtliche Eignungsvorbehalte und Eignungsvorbehalten aus den Unfallverhütungsvorschriften (→ Rn. 206 ff.). Auch diese begründen eine bestimmte Handlungspflicht des Arbeitgebers.

---

**Leitsatz:**

Immer dort, wo aus Arbeitsschutzgründen der Arbeitgeber verpflichtet ist, entsprechend auch zum Eigenschutz des Beschäftigten zu handeln, lässt sich auch eine Berechtigung ableiten, den Aspekt der Eigengefährdung in den Fürsorgegrundsatz zu übernehmen und somit zum Bestandteil einer routinemäßigen Eignungsuntersuchung zu machen.

---

Hier ist es hilfreich, wenn sich die Notwendigkeit einer entsprechenden Eignungsuntersuchung auch aus der nach § 5 ArbSchG erforderlichen Gefährdungsbeurteilung ableiten lässt. **163**

Sofern also eine gesundheitliche Eigenschaft (bzw. deren Fehlen) ein wesentliches und entscheidendes Merkmal für eine bestimmte Tätigkeit darstellt und zusätzlich eine fürsorgerechtliche Handlungspflicht besteht, bildet auch die Eigengefährdung ein arbeitsrechtliches berechtigtes, schutzwürdiges und billigenswertes Interesse des Arbeitgebers und ist datenschutzrechtlich auch zur Durchführung des Beschäftigungsverhältnis „erforderlich". **Um diese Untersuchungen für die Beschäftigten verpflichtend zu machen, bedarf es noch einer arbeitsrechtlichen Grundlage** (zB Arbeitsvertrag oder Betriebsvereinbarung). In Bezug auf die verkehrswesentlichen gesundheitlichen Merkmale für bestimmte Tätigkeiten können die DGUV Grundsätze für Arbeitsmedizinische Untersuchungen Anhaltspunkte geben. **164**

| Beispiele für gerechtfertigte Routineuntersuchungen in Bezug auf eine Eigengefährdung des Beschäftigten | |
|---|---|
| **Tätigkeit** | **Gesundheitlicher Aspekt (Beispiel)** |
| Arbeiten mit Absturzgefahr | Freiheit von Schwindelanfällen (vgl. DGUV-Grundsatz „G41") |
| Tragen von schwerem Atemschutz | Chronisch-obstruktive Lungenerkrankung (vgl. DGUV-Grundsatz „G26") |
| Führen von Gabelstaplern bei gefährlichen Gütern (hier kommt allerdings auch der Aspekt der Drittgefährdung zum Tragen) | Neigung zu schweren Stoffwechselentgleisungen (ohne ausgeglichene Stoffwechsellage; vgl. DGUV-Grundsatz „G25") |

| Arbeitsaufenthalte im Ausland in Gebieten mit eingeschränkter ärztlicher Versorgung | Erkrankungen, welche einer ständigen ärztlichen Betreuung bedürfen (vgl. DGUV-Grundsatz „G35") |
|---|---|

### 4. Reines Tätigkeitsinteresse

**165**     Schwieriger ist die Sachlage zu beurteilen, wenn es sich bei den gesundheitlich geforderten Eigenschaften um ein reines **„Tätigkeitsinteresse"** handelt. Hierbei handelt es sich um gesundheitlich relevante Vorgaben, die sich aber weder aus rechtlichen Vorschriften, Eigengefährdung oder unmittelbaren Drittgefährdung ableiten lassen. Sie dienen im Wesentlichen lediglich dazu, die Qualität gewisser Werkstücke bzw. Dienstleistungen abzusichern. Als Beispiel wäre hier der im Rahmen der Zerstörungsfreien Werkstoffprüfung **(DIN EN ISO 9712)** geforderte Sehtest zu nennen.

**166**     Auch hier stellt sich das bekannte Problem, dass die bezüglich derartiger Untersuchungen datenschutzrechtliche „Erforderlichkeit" (vgl. §§ 26 bzw. 22 BDSG) restriktiv auszulegen ist, da die entsprechenden datenschutzrechtlichen Vorschriften das hiervon betroffene Grundrecht (informationelle Selbstbestimmung nach Art. 2 Abs. 1 iVm Art. 1 Abs. 1 GG) konkretisieren und einfachgesetzlich umsetzen. Insofern ist auch hier ein strenger Tätigkeitsbezug notwendig **(Grundsatz der Arbeitsplatzbezogenheit)**. Die gesundheitlich abzuprüfende Eigenschaft muss auch hier wesentlich dazu beitragen, dass die konkrete Tätigkeit überhaupt ausgeführt werden kann.

**167**     Sofern zum Beispiel ein Kunde für die ihm zuteilwerdenden Dienstleistungen bestimmte gesundheitliche Anforderung verlangt oder auf bestimmte DIN-Normen verweist, so stellt sich datenschutzrechtlich die Frage, ob dies allein genügt, dem Grundsatz der Arbeitsplatzbezogenheit hier zu entsprechen. Dies ist regelmäßig dann zu verneinen, wenn die geforderten Untersuchungen gegen geltendes Recht verstoßen (zB das Verlangen nach Gentests, vgl. § 19 GenDG) und auch immer dann, wenn die abzuprüfenden Gesundheitsaspekte nach objektiver Sachlage gar keinen Bezug zur konkreten Tätigkeit darzustellen vermögen (zB das Verlangen, dass die Steuererklärung im Steuerberatungsbüro nur von Mitarbeitern ohne Neurodermitis bearbeitet wird).

**168**     Auch die arbeitsrechtliche Zulässigkeit (zB in Form einer Verpflichtung durch Arbeitsvertrag bzw. Betriebsvereinbarung) ist hier vor dem Hintergrund der Verhältnismäßigkeitsprüfung kritisch zu sehen. Die Angemessenheitsprüfung wird regelmäßig dann scheitern, wenn das Verlangen des Arbeitgebers nach einer ärztlichen Untersuchung sich lediglich auf die Wünsche des Kunden zurückführen lässt, ohne einen konkreten Arbeitsplatzbezog herstellen zu können. Vor diesen Hintergründen ist das reine Tätigkeitsinteresse eher kritisch zu sehen.

Sofern man es anerkennt, kann es sich aber nur auf solche Gesundheits- **169** aspekte beziehen, die auch unabhängig zB einer bestehenden Norm als wesentlich für eine bestimmte Tätigkeit angesehen werden können. Die Benennung zB in einer DIN-Norm darf nicht der einzige Grund für die „Erforderlichkeit" sein. Im Rahmen der Angemessenheitsprüfung ist zu fordern, dass es zB tatsächlich erforderlich ist, im Rahmen der Materialprüfung über ein bestimmtes Sehvermögen zu verfügen, welches sich medizinisch qualitativ messen lässt (zB Visus 1,0).

Regelmäßig scheiden aber derartige Untersuchungen aus, die mit einem **170** invasiven Eingriff verbunden sind (zB Blutentnahmen). Medizinisch nicht indizierte Eingriffe stellen auch medizinrechtlich ein Problem dar und werfen die Frage der strafbewehrten Körperverletzung auf. Es darf sich (sofern man das Tätigkeitsinteresse anerkennt) **nur um solche medizinischen Maßnahmen handeln, die kein Gesundheitsrisiko für den Beschäftigten** selber darstellen (zB nur um einen Seh- oder Hörtest).

## IV. Arbeitsrechtliche und datenschutzrechtliche Grundlage

Sind folglich die oben umschriebenen Voraussetzungen erfüllt und hat **171** somit der Arbeitgeber ein berechtigtes, schutzwürdigendes und billiges Interesse an entsprechenden routinemäßigen Eignungsuntersuchungen im laufenden Beschäftigungsverhältnis, so ist auch die notwendige „Erforderlichkeit" im datenschutzrechtlichen Sinne gegeben. Diese Untersuchungen sind somit datenschutzrechtlich abgedeckt.

Gleiches gilt auch für die arbeitsrechtlichen Aspekte. Um die routine- **172** mäßigen Eignungsuntersuchungen auch verpflichtend für die Beschäftigten zu machen, bedarf es einer entsprechenden arbeitsrechtlichen Grundlage (zB Arbeitsvertrag oder Betriebsvereinbarung). Diesbezüglich darf auf die entsprechenden Kapitel in diesem Buch verwiesen werden.

## V. Früherkennung und Verhinderung arbeitsbedingter Erkrankungen

Ist die Zielrichtung der ärztlichen Untersuchung allerdings die Früher- **173** kennung und Verhinderung arbeitsbedingter Erkrankungen, so handelt es sich in aller Regel um arbeitsmedizinische Vorsorge.[1] Diese unterfällt gesonderten rechtlichen Regelungen. Eine wesentliche Vorschrift ist hier die Verordnung zur arbeitsmedizinischen Vorsorge (ArbMedVV). Seine Fürsorgepflichten (ua aus § 618 BGB) in Bezug auf die Verhinderung und Früherkennung von Erkrankungen, welche aus der Arbeit selber resultieren, erfüllt der Arbeitgeber vollumfänglich, wenn er sich an die entspre-

---

[1] Ausführlich hierzu: *Aligbe* Arbeitsmedizinische Vorsorge-HdB.

chenden rechtlichen Regelungen hält. Dies ist vor dem Hintergrund zu sehen, dass die entsprechenden Vorschriften (zB ArbMedVV oder § 6 Abs. 3 ArbZG für Nachtarbeitnehmer) ja gerade die diesbezüglichen dem Arbeitgeber obliegenden Fürsorgepflichten konkretisieren.

---

**Leitsatz:**

In Bezug auf die Früherkennung und Verhinderung arbeitsbedingter Erkrankungen ist außerhalb der bereits bestehenden rechtlichen Grundlagen (zB ArbMedVV) kein Platz für weitere durch den Arbeitgeber vorgegebenen Untersuchungsverpflichtungen.

---

**174**     Im Rahmen der Verhältnismäßigkeitsprüfung bleibt kein Raum für diesbezügliche weitergehende durch den Arbeitgeber festgelegte ärztliche Untersuchungen. Es ist hier absolut ausreichend, wenn er sich an die entsprechenden Rechtsvorschriften (zB ArbMedVV hält). Darüber hinausgehende Verpflichtungen an die Beschäftigten sind weder erforderlich für die Beachtung der Fürsorgepflicht (da es ja dann zB in der ArbMedVV „mildere" Mittel zur vollumfänglichen Erfüllung der Pflicht gibt), noch sind sie angemessen.

# D. Eignungsuntersuchungen aufgrund besonderer Veranlassung

## I. Allgemein

Ein Arbeitgeber ist regelmäßig daran interessiert, nur solche Personen zu beschäftigen, welche die arbeitsvertraglich[1] geschuldete Leistung auch in gesundheitlicher Hinsicht vollumfänglich erbringen können. Im Rahmen der Einstellungsuntersuchungen besteht für den Arbeitgeber die Möglichkeit, in einem gewissen Rahmen auch die gesundheitliche Eignung der Bewerber festzustellen (→ Rn. 82 ff.). Allerdings ist festzuhalten, dass eine ärztliche Untersuchung in der Regel nur eine **Momentaufnahme** der zum Zeitpunkt der Untersuchung vorliegenden und erkennbaren Faktoren darstellt. 175

So kann sich der gesundheitliche Zustand einer Person im Laufe der Beschäftigung selbstverständlich ändern. Während eine kurzfristige erkrankungsbedingte Arbeitsunfähigkeit in den zumutbaren und zu erduldenden Risikobereich des Arbeitgebers fällt (vgl. § 3 Abs. 1 EFZG), so ist es bei langdauernder oder gänzlich andauernder Arbeitsunfähigkeit dem Arbeitgeber regelmäßig nicht zumutbar, das Beschäftigungsverhältnis (zumindest unverändert) weiterzuführen. 176

Steht folglich fest, dass ein Beschäftigter die ihm übertragenen Aufgabe gesundheitsbedingt nicht mehr oder nicht mehr ordnungsgemäß wahrnehmen kann, so müssen die Interessen und Rechte des Beschäftigten in einem gewissen Maßen hinter die Interessen des Arbeitgebers zurücktreten. Die Anerkennung dieses Grundsatzes findet sich auch in Grundzügen kodifiziert im Kündigungsrecht (vgl. Kündigungsschutzgesetz) wieder. **Die Grundrechtspositionen des Arbeitgebers (Berufsfreiheit nach Art. 12 GG) würden unangemessen verletzt, wäre er verpflichtet, seine Mitarbeiter auch dann weiter zu beschäftigten, wenn diese gesundheitlich gar nicht mehr in der Lage wären, die ihnen vertraglich übertragenen Aufgaben wahrzunehmen, bzw. diese nicht mehr ordnungsgemäß erfüllen könnten.** Hier hat der Arbeitgeber regelmäßig ein Recht auf Klärung der Frage, ob lediglich eine vorübergehende Arbeitsunfähigkeit oder eine dauerhafte gesundheitliche Einschränkung besteht, die übertragenen Aufgaben ordnungsgemäß oder überhaupt erfüllen zu können.[2] Dies gilt zumindest dann, **wenn der Arbeitgeber Gründe vorbringen kann, die ihn an der gesundheitlichen Eignung des Beschäftigten zweifeln las-** 177

---

[1] Bei Beamten, Soldaten und Richtern die Pflichten aus dem öffentlich-rechtlichen Dienstverhältnis.
[2] Vgl. auch BAG 6.11.1997 – 2 AZR 801/96.

sen. Arbeitsrechtlich lässt sich hier folglich regelmäßig ein berechtigtes Interesse an einer ärztlichen Eignungsuntersuchung ableiten. Auch datenschutzrechtlich ist diese Form der Datenerhebung (nämlich durch ärztliche Untersuchung) als „erforderlich" anzusehen. Gleiches gilt, wenn die Gefahr einer Gefährdung besteht und auch zur Klärung der Frage, ob die arbeitsvertraglich übertragenen Aufgaben überhaupt noch (bzw. noch ordnungsgemäß) erfüllt werden können.

> **Leitsatz:**
> Der Arbeitgeber hat regelmäßig ein berechtigtes Interesse an der Klärung der Frage, ob nur eine vorübergehende Arbeitsunfähigkeit oder eine dauerhafte gesundheitliche Unfähigkeit vorliegt, die übertragenen Aufgaben erfüllen zu können.

## 1. Gründe für besondere Anlässe

**178**    Ein berechtigtes Interesse (und damit eine arbeitsrechtliche Zulässigkeit) an Eignungsuntersuchungen während dem bestehenden Beschäftigungsverhältnis besteht immer dann, wenn ein **besonderer personenbezogener Anlass** vorliegt, eine entsprechende Eignungsuntersuchung des Beschäftigten durchführen zu lassen. Diese sind dann gegeben, wenn der Arbeitgeber begründete Zweifel an der gesundheitlichen Fähigkeit des Beschäftigten hat, dass dieser seine ihm übertragenen Aufgaben ordnungsgemäß erfüllen kann.

> **Leitsatz:**
> Bestehen begründete Zweifel an der Arbeitsfähigkeit des Beschäftigten in gesundheitlicher Hinsicht, so stellt dies einen „besonderen Anlass" dar, welcher die Einforderung einer ärztlichen Eignungsuntersuchung rechtfertigt.

**179**    Der „**besondere Anlass**" in diesem Sinne setzt allerdings immer ein konkreten und im Einzelfall festzustellenden Umstand dar, den der Arbeitgeber (auch notfalls vor Gericht) substantiiert darlegen können muss. Der Anlass muss hierbei **personenbedingt** sein, also in der Person des Beschäftigten liegen und dem Arbeitgeber in irgendeiner Weise aufgefallen sein. Die bloße unsubstantiierte Vermutung, bei dem Beschäftigten könne was vorliegen, vermag zwar Nachfragen zu rechtfertigen, ein berechtigtes Interesse im arbeitsrechtlichen Sinne zur Veranlassung einer ärztlichen Eignungsuntersuchung liegt hierin allerdings nicht. Auch lassen sich routinemäßige Untersuchungen in der Regel hieraus nicht rechtfertigen.

**Leitsatz:**
Ärztliche Eignungsuntersuchungen sind dann gerechtfertigt, wenn tatsächliche Anhaltspunkte vorliegen, die Zweifel an der fortdauernden Eignung des Beschäftigten begründen.

Vielmehr ist eine ärztliche Eignungsuntersuchung in diesen Fällen nur **180** dann gerechtfertigt, wenn bei vernünftiger, lebensnaher Einschätzung die ernsthafte Besorgnis besteht, bei dem Beschäftigten könnten gesundheitliche Eignungsmängel vorliegen, die ihm die Durchführung der übertragenen Aufgaben nicht möglich machen bzw. einer ordnungsgemäßen Durchführung entgegenstehen.[1]

**Leitsatz:**
Der Verdacht, dass der Beschäftigte gesundheitlich nicht mehr in der Lage ist, seinen Aufgaben nachzukommen, muss auf vernünftigen, lebensnahen und objektiv nachvollziehbaren Einschätzungen beruhen.

Die ordnungsgemäße Durchführung der übertragenen Aufgaben ist **181** nicht nur dann gefährdet, wenn es dem Beschäftigten aus gesundheitlichen Gründen gänzlich unmöglich ist, die geschuldete Arbeitsleistung zu erbringen. Ein berechtigter Grund für eine ärztliche Untersuchung liegt auch dann vor, wenn eine zeitlich nicht mehr absehbare Arbeitsunfähigkeit vorliegt (zur Arbeitsunfähigkeit ausführlicher → Rn. 116 ff.).

Weiterhin kann ein sachlicher Grund für die Veranlassung einer ärztli- **182** chen Eignungsuntersuchung auch darin liegen, dass besondere Belange, die in den Pflichtenkreis des Arbeitgebers fallen, betroffen sind. Dies ist zB bei einem Krankenhausträger der Fall, welcher verpflichtet ist zur Verhütung bestimmter Infektionen die erforderlichen Maßnahmen zu ergreifen (vgl. zB § 23 Abs. 3 IfSG). Operiert zB bekanntermaßen ein mit Hepatitis infizierter Chirurg und überträgt so den Virus auf die zu operierenden Personen, so stellt auch dies eine Sorgfaltspflichtverletzung dar, die entsprechende strafrechtliche und zivilrechtliche Konsequenzen nach sich ziehen kann.[2]

Im Zwischenergebnis bleibt festzustellen, dass ein „besonderer An- **183** lass" im oben umschriebenen Sinne durch die obergerichtliche Rechtsprechung zur Durchführung einer ärztlichen Eignungsuntersuchung anerkannt ist.[3]

---

[1] Vgl. Abwägungsgedanken in BAG 12.8.1999 2 AZR 55/99.
[2] Vgl. zB BGH 14.3.2003 – 2 StR 239/02.
[3] ZB BAG 23.2.1967 – 2 AZR 124/66, BAG 6.11.1997 – 2 AZR 801/96, BAG 12.8.1999 – 2 AZR 55/99.

**Leitsatz:**
Untersuchungen **aus besonderem Anlass** sind in der obergerichtlichen Rechtsprechung seit längerem anerkannt.

**184** In der Bewertungsfrage der Zulässigkeit von ärztlichen Eignungsuntersuchungen aus besonderem Anlass ist aus Gründen der Verhältnismäßigkeit und zur Wahrung des allgemeinen Persönlichkeitsrechts (Art. 2 Abs. 1 iVm Art. 1 Abs. 1 GG) des Beschäftigten immer auf die konkret durchzuführende Tätigkeit abzustellen (**Grundsatz der Arbeitsplatzbezogenheit**). Die Beurteilung hinsichtlich der gesundheitlichen Gesichtspunkte hat sich folglich immer daran zu orientieren, was genau der Beschäftigte für Tätigkeiten durchzuführen hat. Und nur an diesen Tätigkeiten ist dann auch die gesundheitliche „Eignung" des Beschäftigten zu messen, welche durch die ärztliche Untersuchung abgeklärt werden darf. An der Klärung gesundheitlicher Eigenschaften, die keinerlei Auswirkungen auf die konkreten Tätigkeiten des Beschäftigten haben, kann der Arbeitgeber kein berechtigtes Interesse geltend machen, so dass diese unzulässig sind.

**185** Unwesentlich ist ferner auch, ob es sich bei den zugrunde liegenden Tätigkeiten um solche handelt, die zB eine Gefährdung für Dritte etc. darstellen. Eine anlassbezogene Untersuchung ist auch dann gerechtfertigt, wenn es sich bei der Tätigkeit selber um eine solche handelt, die an sich ungefährlich ist.

**186** In der Regel ist ein besonderer Anlass dann gegeben, **wenn der Beschäftigte über einen langen Zeitraum arbeitsunfähig erkrankt war** und bei Arbeitsbeginn keinen ärztlichen Nachweis darüber vorlegt, dass er wieder arbeitsfähig ist. Dies gilt insbesondere dann, wenn der Beschäftigte Tätigkeiten mit erhöhter Drittgefährdung ausführt (zB Pilot, Busfahrer etc.). Hier hat der Arbeitgeber in der Regel ein berechtigtes Interesse daran festzustellen, ob der Beschäftigte seine ihm übertragenen Aufgaben auch wieder ordnungsgemäß erfüllen kann. Dies begründet sich daraus, dass bei einer ärztlich festgestellten Arbeitsunfähigkeit im Sinne des EFZG nicht die Erkrankung an sich entscheidend ist. Entscheidend bei einer Arbeitsunfähigkeitsbescheinigung ist vielmehr, dass die zugrundeliegende Erkrankung zwingend dazu führen muss, dass der Beschäftigte an seiner konkreten Arbeitsleistung verhindert ist (vgl. § 3 Abs. 1 EFZG). Gewissermaßen erhält der Arbeitgeber mit der Arbeitsunfähigkeitsbescheinigung eine ärztliche Aussage darüber, dass der Beschäftigte die ihm übertragenen Aufgaben aus gesundheitlichen Gründen nicht durchführen kann. Übt der Beschäftigte Tätigkeiten mit Drittgefährdung aus (zB Busfahrer), so ist die Einforderung einer ärztlichen Eignungsuntersuchung hier rechtmäßig. Gleiches gilt für den Aspekt der Eigengefährdung (→ Rn. 105 ff.).

**187** Ein begründeter Anlass kann auch dann bestehen, wenn anlässlich einer anderen Untersuchung des Beschäftigten, bei denen der Arbeitgeber das Ergebnis erhält (zB nach §§ 77 ff. StrlSchV), sich Zweifel an der generel-

len Arbeitsfähigkeit ergeben. Dies gilt auch dann, wenn die zugrunde liegende Untersuchung mit einer anderen Zielrichtung durchgeführt wurde.[1]

Nicht gerechtfertigt ist dagegen das Verlangen des Arbeitgebers, der **188**
Beschäftigte habe sich **zur Vorbereitung einer Kündigung** ärztlich untersuchen zu lassen. Ein überwiegendes Interesse des Arbeitgebers ist hier
nicht gegeben, da er hinsichtlich der Prognosestellung (zB in Bezug auf
zurückliegende Arbeitsunfähigkeitstage) entsprechende prozessuale Beweiserleichterungen nach der Rechtsprechung für sich geltend machen
kann.[2] Weiterhin schützt hier den Beschäftigten sein allgemeines Persönlichkeitsrecht (Art. 2 Abs. 1 iVm Art. 1 Abs. 1 GG) davor, dass er nicht
durch eigene Mitwirkung dazu beitragen muss, sein Beschäftigungsverhältnis zu beenden.

---

**Leitsatz:**
Der Beschäftigte ist nicht verpflichtet, eine ärztliche Untersuchung zu
dulden, die nur dazu dienen soll, sein Beschäftigungsverhältnis zu beenden.

---

**Beispiele für „besondere Anlässe", die eine ärztliche Eignungsuntersu-
chung rechtfertigen:**
– Lange krankheitsbedingte Arbeitsunfähigkeit, sofern der Beschäftigte
  Tätigkeiten mit Drittgefährdung ausübt (zB Busfahrer)
– Beinaheunfälle, die offenkundig nicht auf ein bloßes Momentversagen
  zurückzuführen sind
– Unfälle (auch mit bloßem Sachschaden) beim Führen von Fahrzeugen,
  die offenkundig nicht auf ein bloßes Momentversagen zurückzuführ-
  en sind
– Träger von schwerem Atemschutz (zB Werkfeuerwehr) hat regelmäßig
  schwere Asthmaanfälle
– Lagerarbeiter, welcher regelmäßig schwere Lasten handhaben muss,
  hatte (wovon der Arbeitgeber wusste) eine Operation an der Wirbel-
  säule
– Kraftfahrzeugführer erleidet im Pausenraum einen hypoglykämischen
  Schock (Unterzucker)
– Arbeitgeber bemerkt bei einem Dachdecker Schwindelanfälle
– Elektrotechniker erkennt offenkundig die richtigen Farben der Kabel
  nicht (Zweifel am Farbsehvermögen)
– Beschäftigter in der Leitwarte hört offenkundig mehrfach den Alarm-
  ton nicht (Zweifel am Hörvermögen)
– Offenkundiger Missbrauch von Drogen oder Alkohol

---

[1] Vgl. auch BAG 15.7.1993 – 6 AZR 512/92.
[2] Vgl. auch *Burger* Beschäftigtendaten 232.

- Dem Arbeitgeber ist bekannt, dass ein Beschäftigter (Kraftfahrer) bereits einen Herzinfarkt oder einen epileptischen Anfall erlitten hat
- Sämtliche Gründe, welche auch eine erkrankungsbedingte Kündigung rechtfertigen würden
- Nach Erkrankung ist bei einem Beschäftigten eine erhebliche Leistungsminderung festzustellen
- Durchführung einer anderen arbeitsmedizinischen Untersuchung mit negativem Ergebnis[1]
- Dem Arbeitgeber ist bekannt, dass ein Beschäftigter (Kraftfahrer) starke Schmerzmedikamente nehmen muss
- Der Arbeitgeber hat den begründeten Verdacht, dass bei einem Beschäftigten (Fahrzeugführer) Gründe vorliegen, die straßenverkehrsrechtlich zu einer Nichteignung führen würden (zB Neigung zu schweren Stoffwechselerkrankungen, akute psychische Störungen oder bestimmte Herz- und Gefäßerkrankungen; siehe auch Anlage 4 FeV)
- Bei dem mittlerweile volljährigem Beschäftigten ist dem Arbeitgeber noch bekannt, dass dieser nach dem JArbSchG (§ 40 JArbSchG) bestimmte Tätigkeiten aus gesundheitlichen Gründen nicht ausführen durfte
- Anhaltspunkte dafür, dass Infektionen nach § 42 IfSG vorliegen, welche ein Tätigkeits- und Beschäftigungsverbot auslösen

189    Aus Gründen der Verhältnismäßigkeit (→ Rn. 54 ff.) hat sich der Umfang der Untersuchung allerdings nur danach zu richten, was unbedingt erforderlich zur Klärung der eigentlichen Fragestellung ist. Bewirbt sich der Beschäftigte intern auf eine Stelle, welche andere gesundheitliche Voraussetzungen als die bisherige beinhaltet, so richtet sich eine diesbezügliche Eignungsuntersuchung nach den Grundsätzen der in den → Rn. 82 ff. dargestellten Einstellungsuntersuchungen. Zur Alkohol- und Drogenproblematik → Rn. 825 ff.

## 2. Fürsorgegrundsatz

190    In seinen Ursprüngen abgeleitet ergeben sich aus § 618 BGB Fürsorgepflichten des Arbeitgebers gegenüber seinen Beschäftigten. In der Arbeitsrealität sind diese Fürsorgepflichten allerdings oft in entsprechenden öffentlich-rechtlichen Vorschriften konkretisiert (zB § 3 ArbSchG, § 21 SGB VII, Vorsorgemaßnahmen nach der ArbMedVV). Der Fürsorgegrundsatz verpflichtet den Arbeitgeber die durchzuführenden Tätigkeiten so zu organisieren, dass die Beschäftigten gegen Gefahren für ihr Leben oder ihre Gesundheit geschützt sind. **Insbesondere darf er Beschäftigte, die erkennbar nicht in der Lage sind, eine Arbeit ohne Gefahren für**

---

[1] BAG 15.7.1993 – 6 AZR 512/92.

**sich oder andere auszuführen, mit diesen Arbeiten nicht beschäftigen** (vgl. § 7 Abs. 2 DGUV-V1). Insbesondere ist auch der Präventionsgedanke im Rahmen des Umganges mit Beschäftigtendaten als zulässiger Aspekt obergerichtlich anerkannt.[1]

Aus diesem Grundsatz folgt auch, dass bei offenkundigen Eignungs- **191** mängeln (zB der Staplerfahrer hat offenkundige Schwierigkeiten mit seinem Sehvermögen), welche die Sicherheit der anderen Beschäftigten gefährden, der Arbeitgeber entsprechende Maßnahmen zu treffen hat. Hier hat der Arbeitgeber insbesondere dafür Sorge zu tragen, dass die entsprechende Person weder für sich selber noch für andere ein Sicherheitsrisiko darstellt.[2] Insofern stellt eine ärztliche Eignungsuntersuchung ein geeignetes Instrumentarium dar, um dem Fürsorgegrundsatz gerecht zu werden. Zur Problematik der Eigengefährdung → Rn. 105 ff.

### 3. Konkrete Fragestellung an den Arzt

Die Verhältnismäßigkeit und die Wahrung des allgemeinen Persönlich- **192** keitsrechtes (Art. 2 Abs. 1 iVm Art. 1 Abs. 1 GG) sind nur dann gegeben, wenn sich die ärztlichen Untersuchungen aus „besonderem Anlass" streng auf die Fragestellung beschränken, ob die gesundheitliche Eignung für die konkrete übertragenen Aufgaben noch gegeben ist. Insbesondere ist es dem Arbeitgeber verwehrt, völlig losgelöst von der Tätigkeit lediglich den allgemeinen Gesundheitszustand feststellen zu wollen.

Die zu klärende Fragestellung muss sowohl dem Beschäftigten als auch **193** dem die Untersuchung durchführenden Arzt klar sein. Gerade dem Beschäftigten gegenüber muss die zu klärende Fragestellung so formuliert werden, **dass er die Zulässigkeit der ärztlichen Untersuchung beurteilen kann.**[3] Aber auch den untersuchenden Arzt gegenüber muss klar formuliert werden, welche Tätigkeiten der Beschäftigte ausführt und welche Eignungsaspekte hier von Relevanz sind. Auch ist ihm so detailliert wie möglich mitzuteilen, aufgrund welcher Umstände der Arbeitgeber hier Zweifel an der gesundheitlichen Eignung des Beschäftigten hat.

> **Praxistipp:**
> Der Untersuchungsauftrag an den Arzt sollte schriftlich und unter genauer Angabe der Tätigkeit des Beschäftigten erfolgen. Weiterhin sollte detailliert im Untersuchungsauftrag dargestellt sein, weshalb Zweifel an der gesundheitlichen Eignung des Beschäftigten bestehen. In Einzelfällen kann ein Vorgespräch zwischen Arzt und Arbeitgeber notwendig sein.

---

[1] Vgl. BAG 15.4.2014 – 1 ABR 2/13.
[2] Vgl. LAG Berlin-Brandenburg 28.2.2012 – 19 Sa 306/12.
[3] BAG 13.6.2002 – 2 AZR 234/01.

Auch dem Beschäftigten sollte das Verlangen nach einer ärztlichen Eignungsuntersuchung schriftlich übergeben werden (ggf. verbunden mit der Aufforderung, einen Termin beim Arzt zu vereinbaren bzw. einen bereits durch den Arbeitgeber ausgemachten Termin beim Arzt wahrzunehmen). In dem Schreiben sollten sich auch die Gründe finden, weshalb der Arbeitgeber eine ärztliche Untersuchung wünscht und welche Aspekte im Rahmen der Eignungsuntersuchung abgeklärt werden sollen.

### 4. Betriebliches Eingliederungsmanagement

194    In Bezug auf die Konkretheit der medizinischen Fragestellung ist aber auch konkret zu klären, mit welchem rechtlichen Hintergrund eine entsprechende ärztliche Eignungsuntersuchung erfolgen soll. Insbesondere sind die hier dargestellten Maßnahmen ärztlicher Eignungsuntersuchungen zu trennen von der Verpflichtung eines Arbeitgebers, ein **betriebliches Eingliederungsmanagement** anzubieten. Zu diesem Angebot an den Beschäftigten ist der Arbeitgeber dann verpflichtet, wenn der Beschäftigte innerhalb eines Jahres länger als sechs Wochen ununterbrochen oder wiederholt arbeitsunfähig ist bzw. war (§ 167 Abs. 2 SGB IX). Hierzu wird, sofern erforderlich, auch der Betriebsarzt hinzugezogen (§ 167 Abs. 2 S. 2 SGB IX).

195    Aufgrund der unterschiedlichen rechtlichen Verbindlichkeiten (das nach § 167 Abs. 2 SGB IX zu erfolgende betriebliche Eingliederungsmanagement ist für den Beschäftigten freiwillig) ist sowohl dem Arzt als auch dem Beschäftigten klar zu kommunizieren, um welche Maßnahmen es sich bei der ärztlichen Untersuchung handeln soll.

**Leitsatz:**
Bei ärztlichen Eignungsuntersuchungen anlässlich längerer Erkrankung muss der Arbeitgeber klar kommunizieren, ob er eine „anlassbezogene" ärztliche Untersuchung zur Feststellung der Eignung bezweckt oder aber sein Handeln dem betrieblichen Eingliederungsmanagement zuzuordnen ist.

### 5. Arbeitsrechtliche und datenschutzrechtliche Zulässigkeit

196    Sofern ein „besonderer" Anlass im oben beschriebenen Sinne vorhanden ist, hat der Arbeitgeber auch ein berechtigtes, billigenswertes und schutzwürdiges Interesse an einer entsprechenden ärztlichen Eignungsuntersuchung. Die Einforderung der entsprechenden ärztlichen Untersuchungen ist somit arbeitsrechtlich zulässig. Sofern die Untersuchungen aus „besonderem Anlass" weder kollektivrechtlich (Tarifvertrag, Betriebs-

oder Dienstvereinbarung) noch individualarbeitsvertraglich festgelegt wurden, so ergibt sich die Verpflichtung des Beschäftigten, hier entsprechend mitzuwirken, aus seiner allgemeinen **Treuepflicht**. Auf diese Treuepflicht kann sich der Arbeitgeber allerdings nur dann berufen, wenn er konkrete Verdachtsmomente vorbringen kann, welche gegen eine entsprechende Eignung des Beschäftigten sprechen.

Die Treuepflicht des Beschäftigten ergibt sich im Arbeitsverhältnis aus **197** den §§ 241 Abs. 2, 242 BGB. Es handelt sich hierbei um **Nebenpflichten** des auf § 611a BGB beruhenden Arbeitsvertrages. Hiernach muss der Beschäftigte seine sich aus dem Arbeitsvertrag ergebenen Dienstverpflichtungen so bewirken, wie Treu und Glauben mit Rücksicht auf die Verkehrssitte es erfordern. Die ärztliche Untersuchung muss somit den Schutz bzw. der Förderung des zugrundeliegenden Vertragszweckes (Arbeitsvertrag) dienlich sein. Weiterhin ist er zur Rücksichtnahme auf die Rechte und Interessen des Arbeitgebers im Rahmen des Zumutbaren verpflichtet. Bestehen folglich berechtigte und nachvollziehbare Zweifel seitens des Arbeitgebers, dass ein Beschäftigter seine arbeitsvertraglich übertragenen Aufgaben aus gesundheitlichen Gründen nicht wahrnehmen kann, so gebietet es die dem Beschäftigten obliegende Treuepflicht, **an einer entsprechenden ärztlichen Abklärung mitzuwirken**. Zur tatsächlichen Durchsetzbarkeit einer derartigen Untersuchung sei auf → Rn. 962 ff. verwiesen.

Selbstverständlich stellt auch hier eine ärztliche Untersuchung einen **198** Eingriff in das allgemeine Persönlichkeitsrecht (Art. 2 Abs. 1 iVm Art. 1 Abs. 1 GG) des Beschäftigten dar, welches mit den Interessen des Arbeitgebers abgewogen werden muss. Hier muss aber berücksichtigt werden, dass bei einer gänzlichen Untersagung einer diesbezüglichen ärztlichen Untersuchung die aus Art. 12 GG resultierende Grundrechtsposition des Arbeitgebers verletzt würde, würde man sein berechtigtes Informationsbedürfnis nicht beachten, festzustellen, ob ein Beschäftigter nur vorübergehend nicht in der Lage ist, seine ihm übertragenen Tätigkeit nicht auszuführen oder ob eine dauerhafte oder ungewiss lange Arbeitsunfähigkeit vorliegt.[1]

---

**Leitsatz:**
Ein Beschäftigter, der sich der ärztlichen Untersuchung gänzlich verweigert oder die ärztliche Begutachtung über Gebühr erschwert oder unmöglich macht, verstößt gegen seine arbeitsvertragliche Treuepflicht.[2]

---

Benötigt der untersuchende Arzt ärztliche Befunde eines anderen Arz- **199** tes, so umfasst die Treupflicht des Beschäftigten auch die Verpflichtung,

---

[1] Vgl. auch BAG 6.11.1997 – 2 AZR 801/96.
[2] Vgl. auch BAG 12.8.1999 – 2 AZR 55/99.

den anderen Arzt insofern von der ärztlichen Schweigepflicht zu entbinden, als dass der untersuchende Arzt die entsprechenden Befunde einsehen darf.

**200**  Ist die ärztliche Untersuchung arbeitsrechtlich zulässig, so ist sie auch „erforderlich" im Sinne des Datenschutzrechtes und somit auch hier zulässig. Anlassbezogene ärztliche Untersuchungen können auch im Arbeitsvertrag oder in einer Betriebsvereinbarung geregelt werden, allerdings würden (bedingt durch die oben umschriebene „Treuepflicht") **sich auch dann entsprechende Verpflichtungen an den Beschäftigten ableiten, wenn Regelungen weder im Arbeitsvertrag noch in einer Betriebsvereinbarung geregelt sind.**[1]

### 6. Früherkennung und Verhinderung arbeitsbedingter Erkrankungen

**201**  In Bezug auf die Früherkennung und Verhinderung arbeitsbedingter Erkrankungen gelten die Regelungen zur arbeitsmedizinischen Vorsorge (zB ArbMedVV).[2] Seine diesbezüglichen Fürsorgepflichten (abgeleitet ua aus § 618 BGB) erfüllt der Arbeitgeber hier vollumfänglich, wenn er sich an die entsprechenden Regelungen hält. Insofern ist unter Berücksichtigung des Verhältnismäßigkeitsgrundsatzes auch kein Platz für weitere Verpflichtungen an den Beschäftigten, da dies dann regelmäßig zur Erfüllung seiner Fürsorgepflichten nicht mehr erforderlich ist (da mildere Mittel, nämlich die rechtlich vorgeschriebenen Maßnahmen, zur Verfügung stehen).

**202**  Erhält der Arbeitgeber Kenntnis von einer Erkrankung, die im ursächlichen Zusammenhang mit der Tätigkeit des Beschäftigten stehen kann, so hat er ihm unverzüglich eine Angebotsvorsorge bei einem arbeitsmedizinische fachkundigen Arzt anzubieten (§ 5 Abs. 2 ArbMedVV). Für den Beschäftigten selber sind diese Untersuchungen aber freiwillig. Während der Arbeitgeber hier verpflichtet ist, das Angebot an den Beschäftigten zu unterbreiten, ist es dem Beschäftigten selber freigestellt, an der Vorsorgemaßnahme teilzunehmen.[3]

**203**  Bei dieser Art der Vorsorge ist es allerdings wesentlich, dass der Arbeitgeber auch dann, wenn der Beschäftigte freiwillig daran teilnimmt, kein Ergebnis mitgeteilt bekommt, sondern lediglich eine Bescheinigung über die Teilnahme (sog. Vorsorgebescheinigung nach § 6 Abs. 3 Nr. 3 ArbMedVV). Möchte folglich der Arbeitgeber nach Erkenntnis über eine Erkrankung, welche im Zusammenhang mit den Tätigkeiten des Beschäftigten stehen kann, abklären, ob noch eine gesundheitliche Eignung für eine

---

[1] Ferner können diese Sachverhalte auch in einem Tarifvertrag geregelt werden. Für den öffentlichen Dienst siehe: → Rn. 204 ff.
[2] Ausführlich hierzu: *Aligbe* Arbeitsmedizinische Vorsorge-HdB.
[3] Ausführlich zur Kenntnis arbeitsbedingter Erkrankungen und Gefährdungen durch den Arbeitgeber: *Aligbe* Arbeitsmedizinische Vorsorge-HdB 32 ff.

konkrete Tätigkeit besteht, so ist dies rechtlich als zusätzliche ärztliche Untersuchung zu werten. Im Ergebnis muss er also für den Eignungsaspekt die rechtliche Zulässigkeit nach den oben benannten Grundsätzen prüfen. Allerdings ist bei Durchführung entsprechender Untersuchungen dann das Trennungsgebot zwischen Vorsorge und Eignung zu beachten (§ 3 Abs. 3 S. 2 ArbMedVV; → Rn. 636 ff.).

## II. Ärztliche Untersuchungen nach dem Tarifvertrag für den öffentlichen Dienst (TVöD) und dem Tarifvertrag für den öffentlichen Dienst der Länder (TV-L)

In den Tarifverträgen für den öffentlichen Dienst finden sich auch ent-   **204** sprechende Regelungen über anlassbezogene Eignungsuntersuchungen. Rechtlich kann aber hier im Wesentlichen auf die allgemeinen Ausführungen zu den Untersuchungen aus besonderem Anlass Bezug genommen werden (→ Rn. 175 ff. oben).

### 1. Regelungen im Tarifvertrag

**§ 3 Abs. 4 TVöD:**
*„Der Arbeitgeber ist bei begründeter Veranlassung berechtigt, die/den Beschäftigte/n zu verpflichten, durch ärztliche Bescheinigung nachzuweisen, dass sie/er zur Leistung der arbeitsvertraglich geschuldeten Tätigkeit in der Lage ist. Bei der beauftragten Ärztin/dem beauftragten Arzt kann es sich um eine Betriebsärztin/einen Betriebsarzt handeln, soweit sich die Betriebsparteien nicht auf eine andere Ärztin/einen anderen Arzt geeinigt haben. Die Kosten dieser Untersuchung trägt der Arbeitgeber.“*

**§ 3 Abs. 5 TV-L:**
*„Der Arbeitgeber ist bei begründeter Veranlassung berechtigt, Beschäftigte zu verpflichten, durch ärztliche Bescheinigung nachzuweisen, dass sie zur Leistung der arbeitsvertraglich geschuldeten Tätigkeit in der Lage sind. Bei dem beauftragten Arzt kann es sich um einen Amtsarzt handeln, soweit sich die Betriebsparteien nicht auf einen anderen Arzt geeinigt haben. Die Kosten dieser Untersuchung trägt der Arbeitgeber.“*

### 2. Begründete Veranlassung

– Es besteht bei ihm der Verdacht, dass die „Parkinson'sche Krankheit“ vorliegt. Liegt diese tatsächlich vor, so führt dies zur Nichteignung für das Führen von Fahrzeugen der Führerscheinklasse „C“ (Nr. 6.3 Anlage 4 FeV)

**„Begründete Veranlassung" nach § 3 Abs. 4 TVöD/§ 3 Abs. 5 TV-L (Beispiele)**

**Grund**

– Arbeitgeberbeobachtung, welche Zweifel an der Arbeitsfähigkeit begründen
– Lange Erkrankungszeiten ohne Vorlage einer ärztlichen Bescheinigung, dass die Arbeitsfähigkeit wieder voll gegeben ist
– Das Ergebnis einer anderweitigen arbeitsmedizinischen Untersuchung (Vorsorgemaßnahme/Vorsorgeuntersuchung oder Eignungsuntersuchung zB nach der GefStoffV) kann Veranlassung im Sinne von § 3 Abs. 4 TVöD/§ 3 Abs. 5 TV-L sein[1]
– Bei auf Rechtsvorschriften beruhenden gesundheitlichen Tätigkeitsverboten (zB § 2 Abs. 1 GesBergV, § 10 Abs. 1 DruckluftV, § 77 Abs. 1 StrlSchV)
– Abbruch eines notwendigen Lehrganges aus gesundheitlichen Gründen
– Immer wiederkehrende Arbeitsunfähigkeit und entsprechenden ärztlich attestierten Tauglichkeitseinschränkungen während der kurzen Zeiten der Arbeitsfähigkeit[2]
– Verdacht auf gesundheitliche Gründe, die nach der Fahrerlaubnisverordnung zur Nichteignung für bestimmte Führerscheinklassen führen

**Beispiel**

– Starker Leistungsabfall in Verbindung mit einer offenkundigen Erkrankung
– Lange Zeiten der Arbeitsunfähigkeit („Krankschreibung") bei einem Beschäftigten mit gefahrgeneigten Tätigkeiten (zB Kraftfahrer)
– Anlässlich einer anderweitigen arbeitsmedizinischen Untersuchung äußert ein Arzt gesundheitliche Bedenken bzw. die Ungeeignetheit zur Durchführung bestimmter Arbeiten (zB Arbeiten in Höhen)
– Bei einer arbeitsmedizinischen Vorsorgeuntersuchung nach der Strahlenschutzverordnung im Kernkraftwerk äußert der zur Untersuchung ermächtigte Arzt gesundheitliche Bedenken gegen die Tätigkeit
– Arbeitnehmer muss einen für seine Tätigkeiten notwendigen Lehrgang aus gesundheitlichen Gründen abbrechen[3]
– Arbeitnehmer ist regelmäßig immer wieder krankheitsbedingt arbeitsunfähig. Während der kurzen Zeiten der Arbeitsfähigkeit legt er regelmäßig ein Attest vor, dass er bestimmte ihm vertraglich obliegenden Aufgaben aus medizinischen Gründen nicht durchführen darf (zB kein schweres Heben und Tragen)

---

[1] BAG 15.7.1993 – 6 AZR 512/92.
[2] BAG 6.11.1997 – 2 AZR 801/96.
[3] BAG 21.6.1978 – 4 AZR 816/76.

– Der Beschäftigte B muss in der Arbeit Fahrzeuge führen, bei denen er die Führerscheinklasse „C" benötigt.

– Es besteht bei ihm der Verdacht, dass die „Parkinson'sche Krankheit" vorliegt. Liegt diese tatsächlich vor, so führt dies zur Nichteignung für das Führen von Fahrzeugen der Führerscheinklasse „C" (Nr. 6.3 Anlage 4 FeV)

## III. Einstellungsuntersuchungen

Die Einstellungsuntersuchungen sind allerdings nicht mehr von § 3 **205** Abs. 4 TVöD/§ 3 Abs. 5 TV-L umfasst. Der Passus, welcher nach dem alten BAT dem Arbeitgeber das Recht gab, vor Einstellung die körperliche Eignung (Gesundheitszustand und Arbeitsfähigkeit) durch das Zeugnis eines Arztes nachzuweisen (§ 7 Abs. 1 BAT) wurde in den TVöD/TV-L explizit nicht mit übernommen. Vielmehr sind die Einstellungsuntersuchungen jeweils individuell zu vereinbaren. Sofern also der Arbeitgeber im öffentlichen Dienst für seine Angestellten auch eine Einstellungsuntersuchung wünscht, so haben diese Untersuchungen allgemeinen Maßgaben zu folgen (→ Rn. 82 ff.).

# E. Eignungsvorbehalte (Rechtsvorschriften, die eine Eignungs-/Befähigungsprüfung vorsehen)

## I. Einleitung

**206** Einige Rechtsvorschriften fordern explizit eine Eignungsprüfung/Befähigungsprüfung ein. Diesen Vorschriften ist gemeinsam, dass sie auf der einen Seite verpflichtende Elemente enthalten, da sie eine bestimmte Eignung/Befähigung zwingend fordern. Auf der anderen Seite benennen sie jedoch nicht das Prüfungselement der „ärztlichen Untersuchung". Konkret lassen sie die Möglichkeit offen, **wie** der Eignungsnachweis zu erfolgen hat. Diese Rechtsvorschriften (bzw. Unfallverhütungsvorschriften der Unfallversicherungsträger) werden auch als **„Eignungsvorbehalte"** bezeichnet.

**207** Durch diese unzureichende Bestimmtheit stellen sie keine Rechtsgrundlagen dar, explizit **ärztliche Untersuchungen** einfordern zu können. Hintergrund hierfür ist, dass Prüfungsmaßstab in dieser Beziehung das verfassungsrechtlich verankerte allgemeine Persönlichkeitsrecht (Art. 2 Abs. 1 iVm Art. 1 Abs. 1 GG) ist und insofern Beschränkungen nur dann erfolgen können, wenn eine diesbezügliche Rechtsvorschrift hinreichend klar bestimmt ist (Gebot der Normenklarheit).[1] Wird eine solche ärztliche Untersuchung folglich durchgeführt, so bedarf es neben dem Eignungsvorbehalt einer weiteren Rechtsgrundlage, diese zu rechtfertigen.

> **Leitsatz:**
> Rechtliche Eignungsvorbehalte stellen selber **keine** Rechtsgrundlage dar, ärztliche Untersuchungen durchführen zu können.

**208** Dies kann in Einzelfällen dazu führen, dass sich der Arbeitgeber hier in einem Konflikt wähnt. Auf der einen Seite wird von ihm gefordert, dass er bestimmte Eignungen und Fähigkeiten berücksichtigt, auf der anderen Seite fehlt es ihm augenscheinlich an einer Rechtsgrundlage, zumindest die diesbezüglichen gesundheitlichen Aspekte durch eine ärztliche Untersuchung abklären zu lassen.

**209** **Rechtliche Eignungsvorbehalte können regelmäßig im Rahmen einer Einstellungsuntersuchung abgeklärt werden.** Aber auch im bestehenden Arbeitsverhältnis können sie Gründe für eine routinemäßige

---

[1] BVerfG 15.12.1983 – 1 BvR 209/83, BVerfGE 65, 1–71.

Eignungsuntersuchung bilden. Dies ist nach den in → Rn. 140 ff. abgehandelten Maßgaben zu prüfen.

---

**Leitsatz:**
Erfüllen die Eignungsvorbehalte die Voraussetzungen für routinemäßige Eignungsuntersuchungen, so können auch diese regelmäßig durch ärztliche Untersuchung überprüft werden.

---

## II. Befähigungsprüfung nach dem Arbeitsschutzgesetz

### Rechtsvorschrift § 7 ArbSchG (Übertragung von Aufgaben)

*„Bei der Übertragung von Aufgaben auf Beschäftigte hat der Arbeitgeber je nach der Art der Tätigkeit zu berücksichtigen, ob die Beschäftigten befähigt sind, die für die Sicherheit und den Gesundheitsschutz bei der Aufgabenerfüllung zu beachtenden Bestimmungen und Maßnahmen einzuhalten"*

Die ausführliche Erläuterung dieser Vorschrift im Folgenden ist dem **210** Umstand geschuldet, dass es sich hierbei um eine generelle und wesentliche Vorschrift handelt, welche für viele Tätigkeitsbereiche Anwendung findet. In § 7 ArbSchG hat der Gesetzgeber im Wesentlichen deutlich gemacht, **welche Voraussetzungen er im Sinne des Arbeitsschutzes an die Übertragung von Aufgaben stellt.** Dies bestimmt und konkretisiert in Teilen auch die Reichweite der dem Arbeitgeber obliegenden Fürsorgeverpflichtung nach § 618 BGB.

### 1. Hintergrund dieser Vorschrift

Diese Vorschrift setzt Art. 6 Abs. 3 lit. b der europäischen Richtlinie 89/ **211** 391/EWG[1] in nationales Recht um, welcher fordert, dass der Arbeitgeber bei Übertragung von Aufgaben auf die Beschäftigten die Eignung in Bezug auf die Sicherheit und die Gesundheit **zu berücksichtigen** hat. Ziel des § 7 ArbSchG ist es folglich, den Beschäftigten vor Unfall- und Gesundheitsgefahren zu schützen, welche sich aus unzureichender Befähigung ergeben. Dies können gesundheitliche Aspekte sein, aber auch unzureichende Informationen, Unterweisungen und Qualifikationen oder das bloße Fehlen entsprechender Fertigkeiten sind von dieser Vorschrift erfasst.[2]

---

[1] Richtlinie des Rates über die Durchführung von Maßnahmen zur Verbesserung der Sicherheit und des Gesundheitsschutzes der Arbeitnehmer bei der Arbeit.
[2] HK-ArbSchR/*Feldhoff/Weber* ArbSchG § 7 Rn. 1.

212    Können folglich Arbeiten bei Beachtung bestimmter Schutzmaßnahmen ohne gesundheitliche Beeinträchtigung verrichtet werden, so gehört diese gesundheitliche Eignung der betreffenden Beschäftigten für die Durchführung der Schutzmaßnahmen zu den **Arbeitsschutzanforderungen** bei einer solchen Tätigkeit.[1] Die Vorschrift verpflichtet daher den Arbeitgeber, bei der Übertragung von Aufgaben auch darauf zu achten, dass die Beschäftigten körperlich (zB Hör- und Sehfähigkeit) und geistig (zB Auffassungsgabe) in der Lage sind, **die für die Arbeiten maßgeblichen Schutzvorschriften und angeordneten Schutzmaßnahmen zu erfassen und durchzuführen.**[2] Aber auch offenkundige charakterliche Eigenschaften (zB offen erkennbares mangelndes Sicherheitsbewusstsein[3]) sind in die Befähigungsberücksichtigung nach § 7 ArbSchG mit einzubeziehen.

> **Fragestellung für § 7 ArbSchG:**
> Ist der Beschäftigte überhaupt in der Lage, die notwendigen Maßnahmen oder Bestimmungen zum Arbeitsschutz einzuhalten?

## 2. Inhalt der Befähigungsprüfung nach § 7 ArbSchG

213    Allerdings ist an dieser Stelle hervorzuheben, dass sich die Befähigungsprüfung nach § 7 ArbSchG ausschließlich auf die Fragestellung bezieht, ob der Beschäftigte in der Lage ist, die notwendigen Schutzmaßnahmen einzuhalten. Zu prüfen ist hier lediglich im Hinblick auf die notwendigen **Maßnahmen des Arbeitsschutzes.** Es handelt sich hierbei in der rechtssystematischen Stellung um eine Arbeitsschutzvorschrift, welche auch hinsichtlich ihres Bedeutungsrahmens in die Gesamtsystematik des Arbeitsschutzgesetzes einzubetten ist.

214    Insofern ist auch die teilweise zitierte Meinung nicht richtig, ein Arbeitgeber sei aufgrund des Arbeitsschutzgesetzes generell und ohne inhaltliche Einschränkung verpflichtet, die Eignung seiner Beschäftigten zu überprüfen und so gewissermaßen immer eine Bestenauslese zu betreiben. Schon der verfassungsrechtliche Verhältnismäßigkeitsgrundsatz (abgeleitet aus Art. 20 Abs. 3 GG und den Grundrechten) gebietet, dem Arbeitgeber nur solche öffentlich-rechtlichen Pflichten aufzuerlegen, die der Zielsetzung des ArbSchG auch tatsächlich dienlich sind. Ziel des ArbSchG ist es, die Sicherheit und den Gesundheitsschutz der Beschäftigten bei der Arbeit durch Maßnahmen des Arbeitsschutzes zu sichern und zu verbessern (§ 1 Abs. 1 S. 1 ArbSchG).

215    Ob jemand zB auch ein guter, geschickter Handwerker ist oder ein guter Sachbearbeiter, ist aus Sicht des Arbeitsschutzes dagegen unerheblich. Sofern es sich (wie bei Arbeitnehmern) bei dem Arbeitsvertrag um einen

---

[1] BT-Drs. 13/3541, 17.
[2] BT-Drs. 13/3541, 17.
[3] Vgl. auch DGUV Regel 100–001, S. 37.

Vertrag nach § 611a BGB handelt, so schuldet ein Arbeitnehmer rechtlich lediglich Leistungen von mittlerer Art und Güte (§ 243 Abs. 1 BGB). **Ein Arbeitnehmer erfüllt dann seine arbeitsvertraglichen Pflichten, wenn er unter angemessener Ausschöpfung seiner persönlichen Leistungsfähigkeit arbeitet.** Er verstößt gegen seine Arbeitspflicht nicht allein dadurch, dass er die durchschnittliche Fehlerhäufigkeit aller Arbeitnehmer überschreitet.[1] Sofern also mangels ausreichender gesundheitlicher Eignung eine Minderleistung vorliegt, diese aber keinen Einfluss auf die Sicherheit und den Gesundheitsschutz hat, so ist der Arbeitgeber aus öffentlich-rechtlicher Verpflichtung auch **nicht gezwungen**, hier die Eignung des Beschäftigten bei der Aufgabenübertragung zu berücksichtigen.

---

Leitsatz:
  § 7 ArbSchG fordert lediglich die Berücksichtigung hinsichtlich der Sicherheit und des Gesundheitsschutzes (Arbeitsschutz).
  Sonstige gesundheitliche Eignungsprüfungen, die den Arbeitsschutz **nicht** berühren, fordert § 7 ArbSchG dagegen **nicht**.

---

§ 7 ArbSchG bildet somit **keine Rechtsgrundlage** für die Feststellung, **216** ob ein Beschäftigter zB infolge körperlicher Gebrechen oder wegen Schwäche seiner körperlichen und geistigen Kräfte in der Lage ist, die besonderen Anforderungen seiner arbeitsvertraglich oder dienstrechtlich geschuldeten Arbeitsleistung zu erbringen. Aus öffentlich-rechtlicher Sicht (folglich „aus Sicht des Staates") ist ein Arbeitgeber grundsätzlich auch nicht gehindert, körperlich, geistig oder charakterlich ungeeignete Personen zu beschäftigen, sofern diese die notwendigen Maßnahmen des Arbeitsschutzes einhalten können.

---

Beispiel:
  Der Verleger V beschäftigt den Mitarbeiter M als Lektor für seine Romanreihe. M leidet an einer gestörten visuellen Wahrnehmungsverarbeitung, welche sich bei ihm in Form der „Legasthenie" (Rechtschreib- und Leseschwäche) äußert. V weiß dies, will M aber weiter beschäftigten, da es sich bei M um seinen Bruder handelt.
  Dies ist **kein** Anwendungsfall für § 7 ArbSchG!

---

Aufgrund öffentlich-rechtlicher Vorschrift wird ein Arbeitgeber grund- **217** sätzlich nicht gehindert sein, zB eine unhöfliche Verkäuferin ohne ausreichende Sprach- und Rechenkenntnisse zu beschäftigten. Dies sind Angelegenheiten, die lassen sich im Rahmen der Privatautonomie direkt zwischen Arbeitgeber und Beschäftigten regeln, ein Einschreiten des Staates durch

---

[1] BAG 17.1.2008 – 2 AZR 536/06.

öffentlich-rechtliche Vorschriften ist hier nicht geboten.[1] Genauso wenig dient die Befähigungsprüfung nach § 7 ArbSchG der Überprüfung von bestimmten Qualifikationserfordernissen oder Fertigkeiten, sofern diese nicht für die Einhaltung der notwendigen Maßnahmen des Arbeitsschutzes notwendig sind.

> **Beispiel:**
> Arbeitgeber A beschäftigt Herrn B als Dolmetscher für seine Dolmetscherabteilung. B beherrscht aber keine Fremdsprachen und will diese auch nicht lernen, da er viel lieber Aquarellbilder malt.
> Dies ist **kein** Anwendungsfall für § 7 ArbSchG!

**218**  Dies gilt selbst dann, wenn sich aus der Nichteignung des Beschäftigten **Gefährdungen Dritter** ergeben, diese aber keinen Einfluss auf die Sicherheit und den Gesundheitsschutz von Beschäftigten haben. In diesen Fällen haben sich eventuelle Überprüfungsvorgaben nach anderen Rechtsgrundlagen außerhalb des Arbeitsschutzrechtes zu richten.

> **Beispiel:**
> Arbeitgeber A beschäftigt B in seiner Autoreparaturwerkstatt. B ist zuständig für die Reparatur- und Wartung der Bremsanlagen der Kunden. Aufgrund einer hochgradigen Sehschwäche kann aber B nicht richtig sehen, was er da macht. Auch kann er mit Begriffen wie „Anzugsdrehmoment" oder „Bremssattel" nichts anfangen, da er eigentlich gelernter Restaurantfachmann ist.
> Dies ist **kein** Anwendungsfall für § 7 ArbSchG, sofern er weder sich noch seine Arbeitskollegen, sondern lediglich die Kunden gefährdet.

**219**  Somit dient § 7 ArbSchG allein dem Arbeitsschutz und **nicht dem Schutz außerbetrieblicher Dritter.** Bestehen zB bei Fahrtätigkeiten (zB Fahrer von Schulbus, LKW) Gefährdungen für Dritte (Businsassen oder andere Verkehrsteilnehmer wie Fußgänger etc.), so gelten die einschlägigen Eignungsvorschriften des Straßenverkehrsrechts (zB StVG, FeV). Ebenso wenig kann aufgrund § 7 ArbSchG überprüft werden, ob eine Gefährdung für das werdende Kind bei einer schwangeren Mitarbeiterin vorliegt. Das werdende Kind selber ist nicht vom ArbSchG geschützt. Hier sind vielmehr die Vorschriften aus dem Mutterschutzrecht maßgeblich (zB das ärztliche Beschäftigungsverbot gem. 16 Abs. 1 MuSchG,[2] hierzu auch → Rn. 280 ff.).

---

[1] Lediglich die Dienstverhältnisse der Beamten, Soldaten und Richter sind an sich schon öffentlich-rechtlich geregelt, diesbezüglich aber natürlich nicht im Arbeitsschutzrecht.

[2] Für Beamtinnen, Richterinnen und Soldatinnen gelten die entsprechenden Mutterschutzverordnungen.

§ 7 ArbSchG schützt aber nicht nur andere Beschäftigte, sondern gilt  **220**
auch dann, wenn es darum geht, dass sich der jeweilige Beschäftigte nicht
selber gefährdet. Insofern ist hier der Aspekt der **„Eigengefährdung"**
mit in das Arbeitsschutzrecht übernommen. Geschützt ist also der Umstand, dass der Beschäftigte keine anderen Kollegen gefährdet, aber auch
der Aspekt, dass er auch entsprechend befähigt sein muss, Eigenschutzmaßnahmen zu treffen (zB körperlich in der Lage ist, ein Atemschutzge-
rät zu tragen).

Weiterhin beschränkt sich § 7 ArbSchG nicht nur auf **gesundheitliche**  **221**
Befähigungsprüfungen. Eine Befähigung, bestimmte Arbeitsschutzmaßnahmen einzuhalten, kann auch durch bestimmte Ausbildungen und Fertigkeiten nachgewiesen werden. Auch kann hier relevant sein, ob bestimmte
Kenntnisse einer Fremdsprache vorliegen. Fremdsprachenkenntnisse mit
Bezug zum Arbeitsschutz können zB im Bereich der Offshore-Tätigkeiten
von Bedeutung sein.[1] Gerade in Bezug auf unzureichende Qualifikationen
und Unterweisungen ist anerkannt, dass sich hieraus Gefährdungen bei der
Arbeit ergeben können, welche auch in der Gefährdungsbeurteilung gesondert zu berücksichtigen sind (§ 5 Abs. 3 Nr. 5 ArbSchG).

---

**Beispiele:**
– Ausreichende Englischkenntnisse auf einer Bohrinsel, da hier aufgrund
  der internationalen Zusammenarbeit die Arbeitsschutzmaßnahmen in
  Englisch kommuniziert werden
– Die durch Kurse erlernte Befähigung, eine Motorsäge sicher zu führen
– Die durch Kurse erlernte Befähigung, einen Gabelstapler sicher zu füh-
  ren
– Die durch Berufsausbildung erlernte Fertigkeit, bestimmte gefährliche
  Maschinen zu bedienen
– Die durch Einweisung erlernte Fähigkeit, den für die Tätigkeiten not-
  wendigen schweren Atemschutz richtig zu tragen

---

### 3. Notwendigkeit ärztlicher Eignungsuntersuchungen

§ 7 ArbSchG regelt also lediglich die Fragestellung, **ob** eine Befähi-  **222**
gungsprüfung fallbezogen erfolgen muss. Offen lässt diese Rechtsvorschrift aber die Frage, **wie** genau das zu geschehen hat. Hier hat der Arbeitgeber einen Ermessensspielraum. Sind hier bestimmte Fertigkeiten
Voraussetzung, so kann es ausreichend sein, sich zB bestimmte Zeugnisse
vorlegen zu lassen. Für bestimmte Tätigkeiten kann auch der Nachweis einer absolvierten Ausbildung ausreichend sein. Eine Befähigungsprüfung
nach § 7 ArbSchG kann aber auch dadurch erfolgen, dass sich der Arbeit-

---

[1] § 7 ArbSchG gilt zB auch im Bereich der Ausschließlichen Wirtschaftszone (§ 1
Abs. 1 S. 2 ArbSchG).

geber die Durchführung bestimmter Tätigkeiten zeigen und vorführen lässt. Im Rahmen der Befähigungsprüfung nach § 7 ArbSchG spielen aber auch Aspekte wie Zuverlässigkeit, Auffassungsgabe und psychische Eigenschaften eine Rolle.[1]

> **Leitsatz:**
> § 7 ArbSchG regelt lediglich, **ob** eine Befähigungsprüfung erfolgen muss.

**Wie** das genau zu geschehen hat, lässt die Vorschrift dagegen offen.

223    Aber selbst bei gesundheitlichen Aspekten kann es ausreichend sein, sich selber ohne Einschaltung ärztlicher Fachkunde von einer notwendigen Befähigung zu überzeugen. Reicht zB für die Bestimmung des Sehvermögens der Sehtest einer amtlich anerkannten Sehteststelle aus, so kann dies auch der hierzu ermächtige Augenoptiker durchführen. Auch der Nachweis einer „allgemeinen Fitness" kann durch Absolvierung eines Sporttestes nachgewiesen werden. Allerdings hat der Arbeitgeber bei den Maßnahmen des Arbeitsschutzes (und um eine solche handelt es sich bei § 7 ArbSchG) immer jeweils den Stand der Arbeitsmedizin zu berücksichtigen (§ 4 Nr. 3 ArbSchG). So hat er sich gegebenenfalls durch einen arbeitsmedizinisch fachkundigen Arzt beraten zu lassen.

224    Ist aber eine spezielle medizinische Prüfung notwendig, bzw. möchte der Arbeitgeber einen bestimmten Gesundheitsfaktor überprüfen lassen, so kann dies unter Wahrung der Verhältnismäßigkeit auch durch eine **ärztliche Untersuchung** erfolgen. Handelt es sich bei dieser Prüfung um Ausübung der Heilkunde, so darf dies von Rechts wegen nur ein Arzt durchführen (vgl. § 2 Abs. 5 BÄO). Unter Ausübung der Heilkunde versteht man im Allgemeinen berufs- oder gewerbsmäßige Tätigkeiten zur **Feststellung**, Heilung oder Linderung von Krankheiten, Leiden oder Körperschäden beim Menschen.[2]

225    Bei ärztlichen Untersuchungen ist aber zu berücksichtigen, dass hierbei immer das allgemeine Persönlichkeitsrecht (Art. 2 Abs. 1 iVm Art. 1 Abs. 1 GG) einer besonderen Würdigung zu unterziehen ist und grundlose Untersuchungen diesbezüglich auch als rechtswidrig einzustufen sind.[3] Sofern der Arbeitgeber im Rahmen der Ermessensausübung auf das Mittel der ärztlichen Untersuchung zurückgreift, **so hat er stets immer auch zu prüfen, ob der in der Untersuchung abgefragte Gesundheitsaspekt überhaupt Bedeutung für die Einhaltung der notwendigen Maßnahmen und Bestimmungen des Arbeitsschutzes im Sinne von § 7 Arb-**

---

[1] Vgl. hierzu auch *Nöthlichs* Arbeitsschutz und Arbeitssicherheit ArbSchG § 7 Nr. 2.2.
[2] Vgl. auch Definition in § 1 Abs. 1 HeilPraktG.
[3] LG Heidelberg 22.8.2013 – 3 O 403/11.

SchG hat. Eine Untersuchung zur allgemeinen Feststellung der Arbeitsfähigkeit/Dienstfähigkeit muss sich folglich auf eine Rechtsvorschrift außerhalb des Anwendungsbereiches des § 7 ArbSchG beziehen. Auch der Gesetzestext des § 7 ArbSchG („je nach Art der Tätigkeit") macht deutlich, dass schon aus Verhältnismäßigkeitsgründen in Bezug auf den Untersuchungsumfang immer auf die konkrete Tätigkeit abgestellt werden muss und sich pauschale allgemeine Untersuchungen hier verbieten.

**Fragestellungen für Gesundheitsfragen im Rahmen von § 7 ArbSchG:**

Ist die festzustellende medizinische Fragestellung eine Voraussetzung für die Einhaltung der notwendigen Maßnahmen und Bestimmungen des Arbeitsschutzes?

Bedarf es zur Einhaltung der notwendigen Maßnahmen und Bestimmungen des Arbeitsschutzes bestimmter gesundheitlicher Eigenschaften?

Führt das Fehlen von gesundheitlichen Eigenschaften dazu, dass die notwendigen Maßnahmen und Bestimmungen des Arbeitsschutzes nicht eingehalten werden können?

---

**Beispiele für zulässige Gesundheitsfragen nach § 7 ArbSchG:**
- Fähigkeit, bestimmte Alarmtöne hören zu können
- Fähigkeit, bestimmte Alarmfarben sehen zu können
- Körperliche Fitness, den notwendigen schweren Atemschutz tragen zu können (zB bei der Werksfeuerwehr)
- Ausschluss von schweren Erkrankungen der Atmungsorgane (zB schwerem Bronchialasthma) beim Tragen von schwerem Atemschutz
- Ausreichende Hörfähigkeit, um Rückwärtswarnton von LKW auf der Baustelle hören zu können
- Ausreichende Seh- und Hörfähigkeit beim Führen schwerer Maschinen auf Betriebsgelände oder Baustelle
- Farbsehvermögen bei farbigen Warnzeichen
- Geruchssinn bei Verwendung bestimmter Gefahrstoffe
- Ausschluss erkrankungsbedingtem Schwindel bei Arbeiten in großen Höhen
- Unzureichendes räumliches Sehvermögen beim Führen großer Fahrzeuge auf dem Betriebsgelände oder Baustellen
- Ausschluss von Anfallsleiden bei Arbeiten in großen Höhen oder Fahrtätigkeiten
- Ausschluss von Gemüts- oder Geisteskrankheiten am Steuerstand eines Atomkraftwerkes
- Ausreichendes Sehvermögen beim Arbeiten im Stellwerk der Bahn

---

### 4. Rangfolgeprüfung Arbeitsschutzmaßnahmen

**226**    Auch im Rahmen des § 7 ArbSchG gilt uneingeschränkt, dass der Arbeitgeber vorrangig technisch-organisatorische Maßnahmen zu treffen hat und erst in einem zweiten Schritt die individuellen Dispositionen der Beschäftigten berücksichtigen muss (vgl. § 4 Nr. 4 ArbSchG). Auch hier muss der Arbeitgeber zuerst die technisch und organisatorisch möglichen und zumutbaren Arbeitsschutzmaßnahmen ausschöpfen. So kann er zB nicht auf die besonderen Fertigkeiten seiner Beschäftigten vertrauen und deshalb auf eine notwendige Absturzsicherung verzichten. Zuerst müssen folglich immer die notwendigen technischen Maßnahmen (zB Absturzsicherung bei Arbeiten in Höhen) und organisatorischen Maßnahmen (zB keine Alleinarbeit, Absprachen auf Baustellen) und sonstigen Maßnahmen (zB Anweisungen, Unterweisungen) getroffen werden. Erst dann ist in einem zweiten Schritt zu prüfen, **ob der Beschäftigte befähigt ist, genau diese Maßnahmen und Bestimmungen überhaupt einzuhalten.**

---

Leitsatz:
    Zuerst müssen alle technisch möglichen und zumutbaren Arbeitsschutzmaßnahmen getroffen werden.
    Im zweiten Prüfungsschritt ist erst dann zu berücksichtigen, ob der Beschäftigte genau diese Maßnahmen und auch einhalten kann.

---

**Prüfungsschritte:**
1. Durchführung der nach § 5 ArbSchG geforderten Gefährdungsbeurteilung
2. Ableitung und Umsetzung technischer und organisatorischer Maßnahmen des Arbeitsschutzes
3. Ableitung von persönlichen Maßnahmen des Arbeitsschutzes (zB Tragen von Schutzausrüstung, bestimmte Verhaltensweisen, Befolgung von Anweisungen etc.)
4. Befähigungsprüfung nach § 7 ArbSchG: Ist der Beschäftigte überhaupt befähigt, die unter 2 und 3 definierten Schutzmaßnahmen auch einzuhalten?

### 5. Zeitpunkt der Befähigungsprüfung nach § 7 ArbSchG

**227**    Vom Wortlaut des Gesetzestextes her hat der Arbeitgeber die Befähigungsprüfung nach § 7 ArbSchG „bei der Übertragung von Aufgaben" zu berücksichtigen. Im Wesentlichen umfasst dies folglich Fälle **der erstmaligen Übertragung von Aufgaben.** Ergibt die an den umschriebenen Verhältnismäßigkeitsmaßgaben gemessene Bewertung, dass von § 7 ArbSchG auch ärztliche Untersuchungen umfasst werden, so können die hierauf gerichteten Untersuchungen regelmäßig rechtmäßiger Bestandteil einer Einstellungsuntersuchung sein (auch → Rn. 82 ff.).

Gleiches gilt, wenn neue Aufgaben durch den Beschäftigten wahrge- **228** nommen werden sollen. Auch hier ist eine ärztliche Untersuchung unter Wahrung des Verhältnismäßigkeitsgrundsatzes in aller Regel rechtmäßig. Rechtlich unproblematisch sind auch die Fälle, in denen der Arbeitgeber aufgrund besonderer Veranlassung Zweifel an der Befähigung seiner Beschäftigten hat (vgl. hierzu auch → Rn. 175 ff.). Zeigen die Beschäftigten nach erfolgter Befähigungsprüfung nach § 7 ArbSchG keine diesbezüglichen Auffälligkeiten, so ist der Arbeitgeber nicht verpflichtet, diese Prüfung routinemäßig und regelmäßig zu wiederholen.[1]

## 6. Fachliche Anforderungen an den Arzt

Sofern der Arbeitgeber zur Befähigungsprüfung nach § 7 ArbSchG sich **229** des Mittels der ärztlichen Untersuchung bedient, so stellt sich hier die Frage, ob bestimmte an den Arzt gerichtete Qualifikationserfordernisse gegeben sind. Hierzu ist anzumerken, dass § 7 ArbSchG das Mittel der ärztlichen Untersuchung selber nicht benennt. Möchte der Arbeitgeber aber im berechtigten Rahmen eine ärztliche Untersuchung für bestimmte Gesundheitsaspekte, so ist er vom Grundsatz her frei in seiner Entscheidung, welchen Arzt er hierfür wählt.

Allerdings muss der Arbeitgeber bei Maßnahmen des Arbeitsschutzes **230** (und somit auch im Rahmen der Befähigungsprüfung nach § 7 ArbSchG) immer auch den Stand der Arbeitsmedizin berücksichtigen (§ 4 Nr. 3 Arb-SchG). Erforderlichenfalls hat er sich dann hier auch fachkundig beraten zu lassen. Insofern ist es im Rahmen von ärztlichen Untersuchungen im Rahmen der Befähigungsberücksichtigung nach § 7 ArbSchG empfehlenswert, einen Arzt mit der entsprechenden arbeitsmedizinischen Fachkunde (Facharzt für „Arbeitsmedizin"[2] oder Arzt mit der Zusatzbezeichnung „Betriebsmedizin"[3]) im Vorfeld beratend hinzuzuziehen und auch mit der Durchführung der Untersuchung zu beauftragen.

**Praxistipp:**

Zur Festlegung, welche gesundheitlichen Anforderungen für bestimmte Arbeitsschutzmaßnahmen im Sinne von § 7 ArbSchG notwendig sein können, sollte im Vorfeld immer ein arbeitsmedizinisch fachkundiger Arzt (Arzt mit der Gebietsbezeichnung „Arbeitsmedizin" oder Zusatzbezeichnung „Betriebsmedizin") beratend hinzugezogen werden.

---

[1] *Kollmer/Klindt/Schucht* ArbSchG § 7 Rn. 55.
[2] Genauer: Arzt mit der Gebietsbezeichnung „Arbeitsmedizin".
[3] Vgl. insgesamt auch § 7 Abs. 1 ArbMedVV.

Muss der Arbeitgeber nach § 2 ASiG einen Betriebsarzt bestellen bzw. einen überbetrieblichen Dienst nach § 19 ASiG verpflichten, so sollte dieser Arzt bei der Festlegung der Maßnahmen hinzugezogen werden.

### 7. Mitbestimmung der Personalvertretung

**231** Bei der Befähigungsprüfung nach § 7 ArbSchG handelt es sich um eine Arbeitsschutzmaßnahme im Sinne von § 3 Abs. 1 ArbSchG und im Ergebnis folglich **um gesetzliche Regelungen über die Verhütung von Arbeitsunfällen und Berufskrankheiten sowie über den Gesundheitsschutz.** Wie bereits Erwähnung gefunden hat, reglementiert die Befähigungsberücksichtigung gem. § 7 ArbSchG lediglich das **ob** von entsprechenden Maßnahmen, umschreibt allerdings nicht, **wie** genau das zu geschehen hat.

**232** Es handelt sich somit um eine Vorschrift, die der Arbeitgeber in Erfüllung der Ermessensausübung inhaltlich gestalten kann. Sofern die Befähigungsvoraussetzungen für bestimmte Tätigkeitsfelder einheitlich festgelegt werden (zB für alle Staplerfahrer), handelt es sich auch nicht um Einzelfallentscheidungen des Arbeitgebers, sondern um kollektive Regelungen im Sinne des Betriebsverfassungsrechtes.[1] Folglich hat im Ergebnis der Betriebsrat in der Bestimmung, welche gesundheitlichen Anforderungen auf welche Weise im Rahmen des § 7 ArbSchG geprüft werden sollen, ein Mitbestimmungsrecht gem. § 87 Abs. 1 Nr. 7 BetrVG. Dies bedeutet, dass wirksame Regelungen nach § 7 ArbSchG nur dann getroffen werden können, wenn sich Betriebsrat und Arbeitgeber einig sind. Kommt eine derartige Einigung nicht zustande, so entscheidet die Einigungsstelle (§ 87 Abs. 2 S. 1 BetrVG). Der Spruch der Einigungsstelle ersetzt dann die Einigung zwischen Arbeitgeber und Betriebsrat (§ 87 Abs. 2 S. 2 BetrVG). Im Bereich des öffentlichen Dienstes bestimmt sich die Mitbestimmung der Personalräte nach den Vorschriften der Personalvertretungsgesetze (auch → Rn. 662).

---

**Leitsatz:**

Die Festlegung und Umsetzung der aus § 7 ArbSchG abzuleitenden Maßnahmen (zB der Entschluss, entsprechende ärztliche Untersuchungen durchzuführen) unterliegt grundsätzlich der Mitbestimmung des Betriebsrates bzw. des Personalrates.

---

[1] AA *Nöthlichs*, Ergänzbarer Kommentar zum Arbeitsschutzgesetz und Arbeitssicherheitsgesetz, ArbSchG § 7 Rn. 7.

Nicht dem Mitbestimmungsrecht der Personalvertretung unterliegt da- **233** gegen die Fallgestaltung, dass der Arbeitgeber aufgrund bestimmter individueller Dispositionen eines einzelnen Mitarbeiters zu dem Entschluss kommt, diesen nach Prüfung im Sinne des § 7 ArbSchG bestimmte Tätigkeiten nicht ausführen zu lassen. Hier fehlt es einer kollektivrechtlichen Regelung.

---

**Beispiel 1 (mitbestimmungspflichtig):**
Arbeitgeber A möchte verbindlich festlegen, dass alle Staplerfahrer des Lagers sich einer ärztlichen Untersuchung anlässlich von „Fahrtätigkeiten" unterziehen. Möchte er hiermit seinen Pflichten nach § 7 ArbSchG nachkommen, so ist dieser Umstand betriebsverfassungsrechtlich mitbestimmungspflichtig. Hier wird eine kollektivrechtliche Regelung getroffen („alle Staplerfahrer des Lagers").

**Beispiel 2 (nicht mitbestimmungspflichtig):**
Arbeitgeber A beschäftigt den in Sicherheitsbelangen noch etwas unreifen B. Er weiß, dass B noch über ein mangelndes Sicherheitsbewusstsein verfügt. Ihm ist die Vorschrift des § 7 ArbSchG bekannt. Aufgrund dieser Vorschrift beschließt er, B nicht mit bestimmten Tätigkeiten zu beschäftigen. Da hier A nicht auf „alle Jugendlichen" abzielt, sondern nur individuell bei B, liegt keine kollektivrechtliche Regelung vor. Diese Maßnahme unterliegt daher **nicht** der Mitbestimmung nach § 87 Abs. 1 Nr. 7 BetrVG.

---

## III. Betriebssicherheitsverordnung

Die Betriebssicherheitsverordnung reglementiert die Verwendung von **234** Arbeitsmitteln. Ziel der Rechtsverordnung ist es, die Sicherheit und den Gesundheitsschutz von Beschäftigten bei der Verwendung von Arbeitsmitteln zu gewährleisten (§ 1 BetrSichV). Insofern regelt die BetrSichV auch die Verwendung sog. **„selbstfahrender Arbeitsmittel"**. Hierzu zählen Straßen- und Schienenfahrzeuge (zB **PKW, LKW, Motorräder, Eisenbahnfahrzeuge**) aber auch Luftfahrzeuge und Wasserfahrzeuge (zB **Hubschrauber und Boote**).[1]

**Rechtsvorschrift BetrSichV in Bezug auf „selbstfahrende Arbeitsmittel" nach Nr. 1.9 lit a Anhang 1 BetrSichV:**

> *„Der Arbeitgeber hat dafür zu sorgen, dass selbstfahrende Arbeitsmittel nur von Beschäftigten geführt werden,* **die hierfür geeignet sind** *und eine angemessene Unterweisung erhalten haben (…)"*

---

[1] Vgl. auch Nr. 1 TRBS 2111 Teil 4.

235    Bei selbstfahrenden Arbeitsmitteln hat der Arbeitgeber somit entsprechende Vorkehrungen zu treffen, damit das Führen der Fahrzeuge (Land-, Schienen-, Wasser- und Luftfahrzeugen) nur dazu **geeigneten Beschäftigten** vorbehalten bleibt.[1] In Bezug auf die BetrSichV ist allerdings festzustellen, dass sie das Mittel einer ärztlichen Untersuchung hierzu nicht benennt. Aufgrund der unzureichenden Bestimmtheit lässt sich folglich aus Nr. 1.9 lit. a Anhang 1 BetrSichV eine Rechtsgrundlage für die Durchführung von diesbezüglichen Eignungsuntersuchungen **nicht** ableiten.

> **Leitsatz:**
> Aus Nr. 1.9 lit. a Anhang 1 BetrSichV lässt sich **keine Rechtsgrundlage** zur Durchführung von ärztlichen Eignungsuntersuchungen ableiten.

236    Vorrangig trifft den Arbeitgeber im Rahmen der Nr. 1.9 lit. a Anhang 1 BetrSichV erst einmal die Aufgabe, sich davon zu überzeugen, dass seine Beschäftigten die tatsächlichen und auch erlernbaren Fähigkeiten zum Führen der Land-, Schienen-, Luft- oder Wasserfahrzeuge haben. In der Regel erfolgt dies durch Vorlage der entsprechenden erworbenen Berechtigungen (zB Führerschein oder Flurfördermittelschein).

237    Weiterhin wird sich aber für den Arbeitgeber die Frage stellen, inwieweit auch gesundheitliche Aspekte die Eignung zum Führen von Fahrzeuge beeinträchtigen und inwieweit er auch hier Vorkehrungen zu treffen hat, um sich von der entsprechenden gesundheitlichen Eignung zu überzeugen.

238    Die durch den Arbeitgeber gesondert veranlasste Prüfung gesundheitlicher Aspekte kann dort entfallen, wo das Führen des Fahrzeuges aus öffentlichem Recht schon an ärztliche Untersuchung gebunden ist. Dies ist zB der Fall bei dem Führen von Triebfahrzeugen (Eisenbahnfahrzeug[2]) nach der Triebfahrzeugführerscheinverordnung (TfV). So muss sich zum Beispiel der Inhaber eines Triebfahrzeugführerscheins routinemäßigen Untersuchungen unterziehen. Diese ärztlichen Untersuchungen müssen bis zum Alter von 55 Jahren alle drei Jahre und danach jährlich durchgeführt werden (§ 11 Abs. 1 S. 3 TfV iVm Anlage 11 Nr. 1 TfV). Auch beim Führen von Fahrzeugen, welche zB die Fahrerlaubnisklasse C oder D erfordert, hat alle fünf Jahre eine entsprechende ärztliche Untersuchung zu erfolgen (§§ 11 Abs. 9, 23 Abs. 1 iVm Anlage 5 FeV). In diesen Fällen besteht die erforderliche „Vorkehrung" gem. Anhang 1 Nr. 1.9a BetrSichV für den Arbeitgeber im Wesentlichen auch darin, dass er sich turnusmäßig die entsprechende Fahrerlaubnis zur Überprüfung vorlegen lässt.

---

[1] Bei Landfahrzeugen im öffentlichen Straßenverkehr lässt sich ein Interesse des Arbeitgebers an der Überprüfung der Geeignetheit der Fahrzeugführer auch aus der verschuldensunabhängigen Gefährdungshaftung nach § 7 StVG ableiten.
[2] § 2 Nr. 2 TfV.

**Gültigkeitsdauer von Fahrerlaubnisklassen
nach § 23 Abs. 1 FeV:**

| Fahrerlaubnisklasse | Geltungsdauer[1] |
|---|---|
| AM, A1, A2, A, B, BE, L und T | Unbefristet |
| C1, C1E | Bis zur Vollendung des 50. Lebensjahres<br>Nach Vollendung des 45. Lebensjahres des Bewerbers: 5 Jahre |
| C, CE, D, D1, DE und D1E | 5 Jahre |

Zusätzliche ärztliche Untersuchungen kann der Arbeitgeber aber dann **239** verlangen, wenn sich Anlässe ergeben die vermuten lassen, dass der Beschäftigte das Kraftfahrzeug nicht mehr sicher führen kann.

# IV. Lastenhandhabungsverordnung

Die Lastenhandhabungsverordnung (LasthandhabV) regelt Teilbereiche **240** des Arbeitsschutzes in Bezug auf die manuelle Handhabung von Lasten, die aufgrund ihrer Merkmale oder ungünstiger ergonomischer Bedingungen für die Beschäftigten eine Gefährdung für Sicherheit und Gesundheit insbesondere der Lendenwirbelsäule mit sich bring (§ 1 Abs. 1 LastenhandhabV).

Selbstverständlich gilt auch bei der Lastenhandhabung (zB Heben, Absetzen, Schieben Ziehen, Tragen oder Bewegen von Lasten), dass der Ar- **241** beitgeber zuvor alle technisch organisatorischen Maßnahmen zu treffen hat, um eine manuelle Lastenhandhabung zu vermeiden (vgl. § 4 Nr. 5 ArbSchG, § 2 Abs. 1 LastenhandhabV). So sind (zB auch in der Alten- und Krankenpflege) den Beschäftigten geeignete Hilfsmittel zur Lastenhandhabung zur Verfügung zu stellen.

Dennoch werden sich in der Arbeitswelt immer wieder Tätigkeiten finden, bei denen der Beschäftigte auch ohne Hilfsmittel zurechtkommen **242** muss (zB im Kindergarten oder teilweise auch im Paketdienst). **Hier muss dann der Arbeitgeber in seiner nach § 5 ArbSchG iVm § 2 Abs. 2 LastenhandhabV durchzuführenden Gefährdungsbeurteilung auch berücksichtigen, dass sich Gefährdungen auch aus mangelnder körper-**

---

[1] Grundlage für die Bemessung der Geltungsdauer ist das Datum des Tages, an dem die Fahrerlaubnisbehörde den Auftrag zur Herstellung des Führerscheins erteilt (§ 23 Abs. 1 S. 3 FeV).

**licher Eignung des Beschäftigten ergeben können** (vgl. Anhang II RL 90/269/EWG[1]).

**Rechtsvorschrift § 3 LastenhandhabV:**

*„Bei der Übertragung von Aufgaben der manuellen Handhabung von Lasten, die für die Beschäftigten zu einer Gefährdung für Sicherheit und Gesundheit führen, hat der Arbeitgeber die körperliche Eignung der Beschäftigten zur Ausführung der Aufgaben zu berücksichtigen.“*

243    Nachdem also der Arbeitgeber die möglichen und zumutbaren Arbeitsschutzmaßnahmen getroffen hat (zB Hebehilfen etc.) und es dennoch nicht vermieden werden kann, dass Lasten auch manuell bewegt werden müssen, so hat er bei der Übertragung der Aufgabe auch zu berücksichtigen, ob die Beschäftigten von ihrer körperlichen Konstitution her auch diese Aufgaben grundsätzlich ohne Gesundheitsgefährdungen ausführen können.

244    § 3 LasthandhabV benennt allerdings nicht die Mittel, **wie** eine derartige „Berücksichtigung“ der körperlichen Eignung zu erfolgen hat. Im Wesentlichen wird er hier auf die allgemeine körperliche Konstitution des Beschäftigten abstellen können. Vor Übertragung kann sich der Arbeitgeber aber von der körperlichen Eignung auch mittels einer ärztlichen Untersuchung überzeugen. Dies kann dann erforderlich sein, wenn es um den Ausschluss von Erkrankungen der Arm-Schulter-Region, Erkrankungen der Hüft-, Knie- und Sprunggelenke und von Erkrankungen der Wirbelsäule geht.[2] Allerdings handelt es sich auch bei § 3 LastenhandhabV um eine Vorschrift, die aufgrund mangelnder Normklarheit keine Rechtsgrundlage für ärztliche Untersuchungen darstellt. **Im Rahmen von Einstellungsuntersuchungen kann dieser Aspekt allerdings ärztlich überprüft werden.**

245    Die Festlegung von Maßnahmen nach der LasthandhabV unterliegt der Mitbestimmung des Betriebsrates (§ 87 Abs. 1 Nr. 7 BetrVG).[3]

246    In Bezug auf die Verhinderung und Früherkennung arbeitsbedingter Erkrankungen des Muskel-Skelett-Systems (einschließlich der Berufskrankheiten[4]) ist allerdings die ArbMedVV einschlägig. Werden Beschäftigte mit Tätigkeiten beschäftigt, die mit wesentlich erhöhten körperlichen Belastungen und damit mit entsprechenden Gesundheitsgefährdungen für das Muskel-Skelett-System verbunden sind (Lastenhandhabung beim Heben, Halten, Tragen, Ziehen oder Schieben von Lasten; repetitive ma-

---

[1] Richtlinie des Rates über die Mindestvorschriften bezüglich der Sicherheit und des Gesundheitsschutzes bei der manuellen Handhabung von Lasten, die für die Arbeitnehmer insbesondere eine Gefährdung der Lendenwirbelsäue mit sich bringt.
[2] *DGUV*, DGUV Grundsätze für arbeitsmedizinische Vorsorgeuntersuchungen, 6. Aufl. 2016, S. 822 (823).
[3] *Aligbe* Arbeitsmedizinische Vorsorge-HdB 401.
[4] ZB bandscheibenbedingte Erkrankungen Nr. 2108, 2109 BKV.

nuelle Tätigkeiten oder Arbeiten in erzwungenen Körperhaltungen im Knien, in langdauerndem Rumpfbeugen oder -drehen oder in vergleichbaren Zwangshaltungen), so hat der Arbeitgeber den Beschäftigten vor Aufnahme der Tätigkeit und danach in regelmäßigen Abständen Maßnahmen der Angebotsvorsorge bei einem arbeitsmedizinische fachkundigen Arzt anzubieten (§ 5 Abs. 1 ArbMedVV iVm Teil 3 Abs. 2 Nr. 4 Anhang ArbMedVV[1]).

> **Leitsatz:**
> Ärztliche Untersuchungen anlässlich der Früherkennung und Verhinderung arbeitsbedingter Muskel-Skelett-Erkrankungen (einschl. Berufskrankheiten) unterliegen der Verordnung zur Arbeitsmedizinischen Vorsorge (ArbMedVV).

## V. Werdende Mütter

Bei schwangeren Beschäftigten ist ferner zu berücksichtigen, dass diese **247** generell nicht mit schweren körperlichen Arbeiten beauftragt werden dürfen. Diese Tätigkeiten stellen regelmäßig eine unverantwortbare Gefährdung für die Schwangere dar (vgl. zB § 11 Abs. 5 MuSchG).

**Rechtsvorschrift § 11 Abs. 5 S. 2 Nr. 1 MuSchG:**

*„Der Arbeitgeber darf eine schwangere Frau insbesondere keine Tätigkeiten ausüben lassen, bei denen sie ohne mechanische Hilfsmittel regelmäßig Lasten von mehr als **5 Kilogramm** Gewicht oder gelegentlich Lasten von mehr als **10 Kilogramm** Gewicht von Hand heben, halten, bewegen oder befördern muss"*

## VI. Unfallverhütungsvorschriften

Auch in Unfallverhütungsvorschriften finden sich entsprechende Eig- **248** nungsvorbehalte. Bei den Unfallverhütungsvorschriften handelt es sich um sog. „autonomes Satzungsrecht" der Unfallversicherungsträger. **Gem. § 15 SGB VII können die Unfallversicherungsträger unter bestimmten Voraussetzungen entsprechende Vorschriften erlassen, die dann für den Arbeitgeber verbindlich sind.**[2] Da sie nach herrschender Meinung zur verfassungsmäßigen Ordnung zu zählen sind,[3] könnten sie also

---

[1] Ausführlich zur arbeitsmedizinischen Vorsorge: *Aligbe* Arbeitsmedizinische Vorsorge-HdB.
[2] Sofern er dem entsprechenden Unfallversicherungsträger angehört.
[3] *Behrens* NZA 2014, 401–408.

auch grundsätzlich geeignet sein, das allgemeine Persönlichkeitsrecht (Art. 2 Abs. 1 iVm Art. 1 Abs. 1 GG) entsprechend einzuschränken.

**249** Den hier angesprochenen Unfallverhütungsvorschriften ist allerdings gemeinsam, dass diese lediglich zu berücksichtigende Eignungsvorbehalte beinhalten, selber aber keine Rechtsgrundlage für Eignungsuntersuchungen darstellen.[1] Der grundlegende Umstand, dass reine Eignungsvorbehalte auch in Unfallverhütungsvorschriften keine Rechtsgrundlage für ärztliche Untersuchungen darstellen, ist auch von der Deutschen Gesetzlichen Unfallversicherung anerkannt.[2]

---

**Leitsatz:**
Unfallverhütungsvorschriften enthalten teilweise zwar Eignungsvorbehalte, stellen aber (sofern es sich lediglich um Eignungsvorbehalte handelt) **keine Rechtsgrundlage** dar, um Eignungsuntersuchungen durchführen zu können.

---

### 1. Beispiele für Unfallverhütungsvorschriften mit Eignungsvorbehalten

#### § 7 Abs. 1 S. 1 DGUV V1 (Befähigung für Tätigkeiten):[3]

*„Bei der Übertragung von Aufgaben auf Versicherte hat der Unternehmer je nach Art der Tätigkeit zu berücksichtigen, ob die Versicherten befähigt sind, die für die Sicherheit und den Gesundheitsschutz bei der Aufgabenerfüllung zu beachtenden Bestimmungen und Maßnahmen einzuhalten"*

**250** Diese Vorschrift ist inhaltsgleich mit § 7 ArbSchG, so dass diesbezüglich auf die dortigen Ausführungen (→ Rn. 210 ff.) verwiesen werden darf.

#### § 35 Abs. 1 S. 1 Nr. 2 DGUV Vorschrift 70[4] (Fahrzeugführer):

*„Der Unternehmer darf mit dem selbständigen Führen von maschinell angetriebenen Fahrzeugen nur Versicherte beschäftigten (…) die* **körperlich und geistig geeignet** *sind (…)"*

#### § 29 Abs. 1 Nr. 2 DGUV Vorschrift 53 (Kranführer):[5]

*„Der Unternehmer darf mit dem selbständigen Führen (Kranführer) oder In-Stand-Halten eines Kranes nur Versicherte beschäftigten (…) die* **körperlich und geistig geeignet** *sind (…)"*

---

[1] *Behrens* NZA 2014, 401–408.
[2] DGUV Information 250–010, S. 7.
[3] Muster-UVV DGUV Vorschrift 1.
[4] In der Fassung der Berufsgenossenschaft Verkehrswirtschaft Post-Logistik Telekommunikation.
[5] Muster-UVV DGUV Vorschrift 53.

**§ 7 Abs. 1 Nr. 2 DGUV Vorschrift 68 (Flurförderfahrzeuge):**[1]

*„Der Unternehmer darf mit dem selbständigen Steuern von Flurför-
derfahrzeugen mit Fahrersitz oder Fahrerstand Personen nur beauftragen, die (…) für diese Tätigkeit geeignet und ausgebildet sind (…)"*

## 2. Regelungsreichweite einer Unfallverhütungsvorschrift

Gelegentlich wird übersehen, dass Unfallverhütungsvorschriften ihre   **251**
Verbindlichkeit nur im Rahmen der gesetzlichen Ermächtigung entfalten
können. Folglich muss man hier berücksichtigen, dass das SGB VII nur
die Thematik der Gesetzlichen Unfallversicherung behandelt und sich somit mit Arbeitsunfällen, Berufskrankheiten und arbeitsbedingten Gesundheitsgefahren befasst (Vgl. § 1 SGB VII).

> **Nur folgende Bereiche können durch eine UVV geregelt werden
> (§ 15 SGB VII):**
> – Verhütung von Arbeitsunfällen
> – Verhütung von Berufskrankheiten
> – Verhütung von arbeitsbedingten Gesundheitsgefahren
> – Maßnahmen für eine wirksame Erste Hilfe
> – Die hierzu notwendige Erhebung, Verarbeitung und Nutzung be-
>   stimmter Daten

Voraussetzung ist aber immer, dass staatliche Arbeitsschutzvorschriften   **252**
hierüber keine Regelung treffen (§ 15 Abs. 1 SGB VII). Außerhalb dieser
Bereiche besteht für einen Unfallversicherungsträger keine staatliche Ermächtigung, hier von dem autonomen Satzungsrecht Gebrauch zu machen. Eine derartige Satzung wäre nichtig.

> **Folgende Sacherhalte können für die Bereiche in der UVV geregelt
> werden (§ 15 SGB VII):**
> – Einrichtungen, Anordnungen und Maßnahmen, welche die Unter-
>   nehmer zur Verhütung von Arbeitsunfällen, Berufskrankheiten
>   und arbeitsbedingten Gesundheitsgefahren zu treffen haben, so-
>   wie die Form der Übertragung dieser Aufgaben auf andere Perso-
>   nen
> – Das Verhalten der Versicherten zur Verhütung von Arbeitsunfäl-
>   len, Berufskrankheiten und arbeitsbedingten Gesundheitsgefahren
> – **Vom Unternehmer zu veranlassende arbeitsmedizinische Un-
>   tersuchungen** und sonstige arbeitsmedizinische Maßnahmen vor,

---

[1] In der Fassung der Berufsgenossenschaft Verkehrswirtschaft Post-Logistik Telekommunikation.

während und nach der Verrichtung von Arbeiten, die für Versicherte oder für Dritte mit arbeitsbedingten Gefahren für Leben oder Gesundheit verbunden sind
– Voraussetzungen, die der Arzt, der mit Untersuchungen oder Maßnahmen beauftragt ist, zu erfüllen hat, sofern die ärztliche Untersuchung nicht durch eine staatliche Rechtsvorschrift vorgesehen ist
– Die Sicherstellung einer wirksamen Ersten Hilfe durch den Unternehmer
– Die Maßnahmen, die der Unternehmer zur Erfüllung der sich aus dem ASIG ergebenen Pflichten zu treffen hat
– Die Zahl der Sicherheitsbeauftragten, die nach § 22 SGB VIII unter Berücksichtigung der in den Unternehmen für Leben und Gesundheit der Versicherten bestehenden arbeitsbedingten Gefahren und der Zahl der Beschäftigten zu bestellen sind

### 3. Ärztliche Untersuchungen

253 Somit können vom Grundsatz auch ärztliche Untersuchungen in einer Unfallverhütungsvorschrift geregelt werden (§ 15 Abs. 1 Nr. 3 SGB VII). Für den Bereich der Früherkennung und Verhütung arbeitsbedingter Erkrankungen hat allerdings der Staat die ArbMedVV erlassen, so dass diesbezüglich im Anwendungsbereich des ArbSchG keine Ermächtigung für einen Unfallversicherungträger besteht, hier eine Unfallverhütungsvorschrift zu erlassen.

254 Allerdings reglementiert die ArbMedVV nur die arbeitsmedizinische Vorsorge, so dass diese Rechtsvorschrift nicht Regelungen zum Nachweis der gesundheitlichen Eignungen umfasst (§ 2 Abs. 1 Nr. 5 ArbMedVV). Zur Abgrenzung von Eignung und Vorsorge → Rn. 626 ff. Insofern verbleibt über § 15 Abs. 1 Nr. 3 SGB VII ein Regelungsbereich für arbeitsmedizinische Untersuchungen im Eignungsbereich. Rein arbeitsrechtliche Eignungsuntersuchungen (zB die Fragestellung im Rahmen der Einstellungsuntersuchung, ob zum Zeitpunkt des Dienstantritts mit einer Arbeitsunfähigkeit zu rechnen ist) können aber nicht über das § 15 SGB VII geregelt werden.[1]

255 Somit ist es rechtlich folglich möglich, dass die Unfallversicherungsträger Eignungsuntersuchungen aus Arbeitsschutzgründen im Rahmen einer Unfallverhütungsvorschrift eine Rechtsgrundlage geben. Konkret handelt es sich dann um Regelungen zur Verhinderung von Arbeitsunfällen (Zielsetzung des § 1 Nr. 1 SGB VII). Aus Gründen der Normklarheit ist hier aber wesentliche Voraussetzung, **dass eine entsprechende Unfallverhü-**

---

[1] *Behrens* NZA 214, 401–408.

tungsvorschrift das **Mittel der ärztlichen Untersuchung explizit im Satzungstext (und nicht nur in den Durchführungshinweisen!) benennt.**

---

**Leitsatz:**
Rechtlich könnten die Unfallversicherungsträger auch arbeitsmedizinische Untersuchungen zur **arbeitsschutzrechtlichen** Eignungsfeststellung nach § 15 Abs. 1 Nr. 3 SGB VII erlassen.

---

Dies ist zumindest dann zutreffend, solange der Staat keine diesbezüg- **256** lichen Rechtsvorschriften erlässt. Unfallverhütungsvorschriften dürfen nur dann erlassen werden wenn diesbezüglich keine staatlichen Arbeitsschutzvorschriften existieren (§ 15 Abs. 1 SGB VII). Im Rahmen von § 18 Abs. 2 Nr. 4 ArbSchG (Ermächtigungsgrundlage) ist nämlich auch der Staat berechtigt über eine Rechtsverordnung festzulegen, dass Beschäftige, bevor sie bestimmte gefährdende Tätigkeiten aufnehmen oder fortsetzen arbeitsmedizinisch zu untersuchen sind. Insofern können Unfallverhütungsvorschriften auch geltende rechtliche Regelungen weder verdrängen noch ihren Inhalt abändern.[1] Von der Ermächtigung, in einer Unfallverhütungsvorschrift auch ärztliche Eignungsuntersuchungen zu regeln, haben einige Unfallversicherungsträger in Bezug auf ehrenamtliche Feuerwehrangehörige Gebrauch gemacht (vgl. § 6 Abs. 3 DGUV Vorschrift 49 – Feuerwehren).

## VII. Eignungsvorbehalte im Straßenverkehrsrecht

Auch im Straßenverkehrsrecht finden sich Eignungsvorbehalte, welche **257** sich an den Arbeitgeber richten können. Zwar dient das Straßenverkehrsrecht weder der Regulierung des Arbeitsrechtes noch des Arbeitsschutzes, **dennoch finden sich Verpflichtungen, welche sich an den Halter eines Fahrzeuges richten.** Gerade in Bezug auf Firmenfahrzeuge (zB Firmen-LKW) wird der Arbeitgeber auch oft „Halter" des Fahrzeuges im straßenverkehrsrechtlichen Sinne sein.

„Halter" im rechtlichen Sinne ist nicht unbedingt derjenige, auf welchen **258** das Fahrzeug amtlich zugelassen ist. Für den rechtlichen Halterbegriff ist vielmehr maßgeblich, wer das Kraftfahrzug für eigene Rechnung in Gebrauch hat und über das Fahrzeug entsprechend verfügen kann.[2] Maßgeblich ist ferner, wer an dem konkreten Betrieb des Fahrzeugs ein wirtschaftliches Interesse hat.[3]

---

[1] VG Düsseldorf 27.7.2010 – 26 K 2388/09.
[2] BGHZ 13, 351.
[3] Ausführlich zur Halterfrage: *Greger/Zwickel* 90 ff.

**§ 31 Abs. 2 StVZO (Verantwortung für den Betrieb der Fahrzeuge):**

*„Der Halter darf die Inbetriebnahme nicht anordnen oder zulassen, wenn ihm bekannt ist oder bekannt sein muss, dass der Führer nicht zur selbständigen Leitung geeignet ist (…)"*

259    § 31 Abs. 2 StVZO enthält allerdings nicht die Verpflichtung, dass sich ein Beschäftigter (oder allgemeiner: der Fahrzeugführer) regelmäßig untersuchen lassen muss. Der Halter ist nach dieser Vorschrift nur dann verpflichtet, „die Inbetriebnahme" durch den Führer zu untersagen bzw. nicht zuzulassen, wenn ihm entsprechende Hinderungsgründe bekannt sind oder bekannt sein müssen. Bei lebensnaher und vernünftiger Einschätzung muss also die ernsthafte Besorgnis seitens des Halters bestehen, dass der Fahrzeugführer nicht zur selbständigen Leitung des Fahrzeugs geeignet ist.

260    Die Eignung nach § 31 Abs. 1 StVZO („*Wer ein Fahrzeug oder einen Zug miteinander verbundener Fahrzeuge führt, muss zur selbständigen Leitung geeignet sein*") ist allerdings nicht nur auf gesundheitliche Aspekte begrenzt. Vielmehr muss der Fahrer die für das jeweilige Fahrzeug erforderliche Fahrerlaubnis besitzen, was auch der Halter im Rahmen von § 31 Abs. 2 StVZO entsprechend überprüfen muss. Weiterhin muss der Halter den Fahrer diesbezüglich regelmäßig in angemessener Weise überwachen.[1] Im Prinzip muss sich der Halter jeweils vor Fahrtantritt von der Fahrtüchtigkeit des Fahrers überzeugen.[2] Dies ergibt sich aus dem Umstand, dass ein Verstoß gegen § 31 Abs. 2 StVZO bereits dann vorliegt, wenn dem Halter „bekannt sein muss", dass der Führer nicht zur selbständigen Leitung geeignet ist. Hieraus ergeben sich dann auch entsprechende Überprüfungspflichten.

261    Untersagt ein Arbeitgeber das Führen des Fahrzeugs aufgrund § 31 Abs. 2 StVZO in seiner Haltereigenschaft aufgrund von Erkenntnissen, die medizinische Aspekte betreffen (zB unzureichendes räumliches Sehvermögen, nicht ausreichendes Hörvermögen oder „Nachtblindheit"), so liegt hier eine **„besondere Veranlassung"** vor, die auch zur Einforderung ärztlicher Untersuchungen seitens des Arbeitgebers berechtigt (vgl. hierzu ausführlich → Rn. 175 ff.).

262    Ein Verstoß des Halters gegen § 31 Abs. 2 StVZO stellt eine Ordnungswidrigkeit dar, welche mit einem entsprechenden Bußgeld geahndet werden kann (§ 69a Abs. 5 Nr. 3 StVZO iVm § 24 StVG). **Das Straßenverkehrsrecht gilt allerdings nur auf öffentlichem Verkehrsgrund** und nicht dagegen für Firmenareale, die der Öffentlichkeit gar nicht zugänglich sind (zB Verkaufslager eines Unternehmens). Unter öffentlichen Verkehrsgrund fallen alle dem allgemeinen Verkehr gewidmeten Straßen, Wege und Plätze. Von öffentlichem Verkehr ist allerdings auch dann die

---

[1] *Hentschel/König/Dauer* Straßenverkehrsrecht StVZO § 31 Rn. 9.
[2] BGH 3.5.1963 – 4 StR 96/63, BGHSt 18, 359 = NJW 63, 1367.

Rede, wenn es sich um nicht gewidmete Straßen handelt, diese aber mit Zustimmung oder unter Duldung des Verfügungsberechtigten durch die Öffentlichkeit tatsächlich allgemein benutzt werden können.[1]

---

**Beispiel 1 (nicht öffentlicher Verkehrsgrund):**
Der Staplerfahrer S führt seinen Gabelstapler ausschließlich im Verkaufslager der Firma X. Dieser Bereich ist der Öffentlichkeit nicht zugänglich. Hier ist die StVZO nicht anwendbar.

**Beispiel 2 (öffentlicher Verkehrsgrund):**
Staplerfahrer S muss mit seinem Gabelstapler zwischen Verkaufsraum und Lager auch den der Firma gehörenden Kundenparkplatz überqueren. Dieser Parkplatz ist zwar Eigentum der Firma, ist aber für alle Kunden geöffnet. Schranken oder anderweitige Zugangsbeschränkungen gibt es hier nicht. Hier handelt es sich (trotz Privateigentum) rechtlich um „öffentlichen" Verkehrsgrund, so dass § 31 Abs. 2 StVZO anzuwenden ist.

**Beispiel 3 (öffentlicher Verkehrsgrund):**
Der bei A angestellte LKW-Fahrer F befährt regelmäßig im Rahmen seiner Tätigkeit öffentlich gewidmete Verkehrsflächen (zB nach § 2 Bundesfernstraßengesetz gewidmete Bundesautobahnen). Hier liegt öffentlicher Verkehrsgrund vor, so dass § 31 Abs. 2 StVZO anzuwenden ist.

---

# VIII. Selbstprüfungspflicht im öffentlichen Straßenverkehr

Ein allgemeiner Eignungsvorbehalt findet sich auch in der Fahrerlaubnisverordnung. Dieser richtet sich aber nicht speziell an die Halter oder Arbeitgeber, vielmehr betrifft diese Regelung **jede Person**, welche (gleich aus welchem Grund) am öffentlichen Straßenverkehr teilnimmt. **263**

### § 2 Abs. 1 S. 1 FeV (Eingeschränkte Zulassung):

*„Wer sich infolge körperlicher oder geistiger Beeinträchtigungen nicht sicher im Verkehr bewegen kann, darf am Verkehr nur teilnehmen, wenn Vorsorge getroffen ist, dass er andere nicht gefährdet"*

Diese Vorschrift bezieht sich allerdings auf alle Verkehrsarten und nicht nur auf das Führen von Kraftfahrzeugen. Folglich sind hiervon auch Fahrradfahrer und sogar Fußgänger erfasst. Diese **Selbstprüfungspflicht** ist ganz wesentlicher Bestandteil des Zulassungsrechts im Straßenverkehr. Verantwortlich für die Einhaltung dieser Regelung ist der Verkehrsteilnehmer selber oder der für ihn Verantwortliche (§ 2 Abs. 1 S. 2 FeV). Beein- **264**

---

[1] Vgl. auch VwV-StVO zu § 1.

trächtigungen im Sinne von § 2 Abs. 1 S. 1 FeV sind dann gegeben, wenn der Verkehrsteilnehmer ohne Hilfe oder Ausgleichsvorkehrungen dem Straßenverkehr nicht mehr gewachsen ist.[1]

## IX. Eignungsvorbehalte als Berufszugangsvoraussetzung

### 1. Allgemeines

265    Bei einigen Berufen existieren gesetzlich festgelegte Eignungsvorbehalte. Das Führen einer bestimmten Berufsbezeichnung ist hier bei Erlaubniserteilung an bestimmte Eignungsaspekte gebunden. Hierbei handelt es sich aber weder um Maßnahmen nach dem Arbeitsschutzrecht noch um arbeitsrechtliche Interessen eines Arbeitgebers. Mit diesen Vorschriften will der Staat vielmehr sicherstellen, dass bestimmte Berufsbereiche nur Personen zugänglich sind, die durch die Ausführung bestimmter Tätigkeiten andere nicht gefährden können.

### 2. Beispiele für berufliche Eignungsvorbehalte

#### § 2 Nr. 3 Pflegeberufegesetz (PflBG):

*„Die Erlaubnis zum Führen der Berufsbezeichnung ist auf Antrag zu erteilen, wenn die antragstellende Person (…) nicht in gesundheitlicher Hinsicht zur Ausübung des Berufs ungeeignet ist (…)"*

#### § 2 Abs. 1 Nr. 3 Notfallsanitätergesetz (NotSanG):

*„Die Erlaubnis, die Berufsbezeichnung „Notfallsanitäterin" oder „Notfallsanitäter" zu führen, ist auf Antrag zu erteilen, wenn die antragstellende Person (…) nicht in gesundheitlicher Hinsicht zur Ausübung des Berufes ungeeignet ist (…)"*

#### § 3 Abs. 1 Nr. 3 Bundesärzteordnung (BÄO)[2]:

*„Die Approbation als Arzt ist auf Antrag zu erteilen, wenn der Antragsteller (…) nicht in gesundheitlicher Hinsicht zur Ausübung des Berufs ungeeignet ist (…)"*

266    Rechtlich handelt es sich hierbei um eine Materie des Sicherheits- und Ordnungsrechtes **(Gefahrenabwehr)**. Der Ausschluss unzuverlässiger Erlaubnisbewerber- bzw. Inhaber hat präventiven Charakter und dient der Abwehr von Gefahren für das Allgemeinwohl.[3]

---

[1] *Fries/Wilkes/Lössl* Fahreignung 13.
[2] Bei der Bundesärzteordnung handelt es sich (trotz des missverständlichen Wortlautes) um ein formelles Parlamentsgesetz.
[3] VG Arnsberg 3.6.2013 – 7 K 1597/12.

Ausbildungsverträge für Pflegefachfrauen bzw. Pflegefachmänner kön- **267** nen auch unter der auflösenden Bedingung abgeschlossen werden, dass die nach § 2 Nr. 3 PflBG geforderte Eignung im Rahmen eines zu benennenden Zeitraumes nachgewiesen wird, da ein Arbeitgeber ein berechtigtes Interesse daran hat nur solche Personen zur Pflegefachfrau bzw. zum Pflegefachmann auszubilden, welche über die gesetzlich geforderte Eignung für dieses Berufsbild verfügen.[1] Zu den auflösenden Bedingungen → Rn. 560 ff.

## X. Untersuchungsumfang bei Eignungsvorbehalten

Kommt man bei der Berücksichtigung/Prüfung von Eignungsvorbehal- **268** ten zu dem Schluss, dass sich bestimmte Eignungsaspekte auch auf gesundheitliche Eigenschaften (bzw. deren Fehlen) erstrecken, so stellt sich weiterhin die Frage, in welchem Umfang ärztliche Untersuchungen dann vorgenommen werden können. Im Rahmen der Verhältnismäßigkeitsprüfung (detailliert → Rn. 54 ff.) sind die durchzuführenden ärztlichen Untersuchungen auf die Gesundheitsaspekte zu beschränken, welche eine wesentliche und entscheidende Anforderung an die Tätigkeit darstellen. Diese Feststellungen lassen sich allerdings regelmäßig ohne ärztliche Beratung nicht treffen.

**Prüfschritte**
1. Sind von den Eignungsvorbehalten auch gesundheitliche Fragestellungen mit umfasst?
2. Um welche gesundheitlichen Eigenschaften (bzw. deren Fehlen) handelt es sich genau?
3. Durch welche konkreten Untersuchungen können diese gesundheitlichen Eigenschaften (bzw. deren Fehlen) festgestellt werden?
4. Beschränkung des geforderten Untersuchungsumfanges auf diese festgelegten Untersuchungen.

Diesbezügliche Hinweise können sich zB aus den **DGUV-Grundsätzen** **269** **für arbeitsmedizinische Untersuchungen** ergeben. Hier ist allerdings schon aus medizinrechtlichen Gründen immer im Einzelfall die entsprechende tatsächliche Erforderlichkeit der dort umschriebenen Maßnahmen (zB Blutentnahme) zu prüfen, da die DGUV-Grundsätze in ihren Empfehlungen ein sehr breites Spektrum darstellen wollen.

Aus dieser Verhältnismäßigkeitsprüfung kann sich folglich auch erge- **270** ben, dass zB lediglich die Sehfähigkeit oder Hörfähigkeit einer ärztlichen Überprüfung unterzogen werden darf. Kann der Arzt nicht umhin, im Rah-

---

[1] LAG Hamm 12.9.2006 – 9 Sa 2313/05.

men der Klärung einer bestimmten Fragestellung in der hierfür dann notwendigen Anamnese auch Daten zu erheben, welche für die zugrundeliegende konkrete Tätigkeit keinerlei Bedeutung haben, so darf er diese Erkenntnis nicht in seine Beurteilung („geeignet", „ungeeignet" bzw. „geeignet unter bestimmten Auflagen") mit einbeziehen.

**271**  Fließen diese Aspekte dennoch in die Beurteilung ein und kommt es für den Beschäftigten dadurch zu einem nicht gerechtfertigten negativen Ergebnis, so stellen dies begründete Einwände gegen den Arzt dar. Der Arbeitgeber muss dann ggf. dem Beschäftigten auch zustehen, sich einen anderen Arzt zu suchen und dessen Beurteilung dann auch anerkennen.[1] Generell muss ein Beschäftigter das Ergebnis einer ärztlichen Eignungsuntersuchung nicht hinnehmen, die Ergebnisse sind vielmehr in einem gerichtlichen Verfahren vollumfänglich nachprüfbar.[2]

**Praxistipp:**

In Zusammenarbeit mit einem Arzt sollte immer detailliert festgelegt werden, welche gesundheitlichen Eigenschaften (bzw. deren Fehlen) für die konkrete Tätigkeit zur Überprüfung der Eignungsvorbehalte vorausgesetzt werden. Weiterhin sollte im Vorfeld der ärztlichen Untersuchungen auch festgelegt werden, welche genauen körperlichen und klinischen Untersuchungen in der Regel hierzu notwendig sind. Diese Untersuchungsinhalte können dann auch offen an die Mitarbeiter kommuniziert werden.

Voraussetzung ist natürlich, dass dem Arzt die genauen Arbeitsumstände bekannt sind.

Der Arzt sollte weiterhin den Arbeitgeber allgemein darüber informieren, dass in begründeten Einzelfällen weitere Untersuchungen (ggf. auch durch andere Fachärzte) notwendig sein können. Hier sollte dann das diesbezügliche Procedere besprochen werden, um im konkreten Fall nicht in den Konflikt mit der ärztlichen Schweigepflicht zu kommen.

Sofern die Eignungsuntersuchungen als „Arbeitsschutzmaßnahme" eingestuft werden, so sollte mit den Untersuchungen der zuständige Betriebsarzt betraut werden, da dieser im Idealfall bereits mit den im Betrieb vorhandenen Gefährdungen vertraut ist.

In der Praxis ist leider teilweise festzustellen, dass Ärzte mit sehr unspezifischen Tätigkeitsangaben („machen Sie mal eine „G25") konfrontiert werden, ohne dass der Arbeitgeber die konkrete Art der Tätigkeit (zB welches Fahrzeug wird unter welchen Arbeitsbedingungen geführt) benennt.

---

[1] Vgl. zu ähnlicher Problematik: BAG 27.9.2012 – 2 AZR 811/11.
[2] BAG 27.9.2012 – 2 AZR 811/11.

Sofern es sich bei den Eignungsvorbehalten/Befähigungsberücksichtigungen um Maßnahmen des Arbeitsschutzes nach § 3 Abs. 1 ArbSchG handelt (zB bei § 7 ArbSchG), so muss weiterhin Beachtung finden, dass der Arbeitgeber hier immer auch den aktuellen Stand der Arbeitsmedizin zu berücksichtigen hat (§ 4 Nr. 3 ArbSchG). Insofern sollte in diesen Fällen mit der Vorfeldberatung und Durchführung der ärztlichen Eignungsuntersuchungen ein Facharzt für „Arbeitsmedizin"[1] oder ein Arzt mit der Zusatzbezeichnung „Betriebsmedizin" betraut werden.[2]  **272**

## XI. Fazit zu den Eignungsvorbehalten

Eignungsvorbehalte stellen aufgrund der fehlenden Normklarheit keine originären Rechtsgrundlagen für ärztliche Eignungsuntersuchungen dar. Gleichwohl bilden sie eine rechtliche Verpflichtung des Arbeitgebers und sind somit (sofern auch gesundheitliche Belange zu berücksichtigen sind) „erforderlich" für das Beschäftigungsverhältnis im datenschutzrechtlichen Sinne (zB § 22 bzw. § 26 BDSG). Neben der datenschutzrechtlichen Zulässigkeit sind diesbezügliche Interessen des Arbeitgebers auch in Bezug auf arbeitsrechtliche Notwendigkeiten als schutzwürdig, billigenswert und berechtigt einzustufen.  **273**

Unter Wahrung der Verhältnismäßigkeit (→ Rn. 54 ff.) können folglich auch Eignungsvorbehalte mit den Mitteln der ärztlichen Eignungsuntersuchung überprüft werden. Sollen sie allerdings verpflichtend für die Beschäftigten sein, so ist hierzu auch eine entsprechende arbeitsrechtliche Basis erforderlich (zB Arbeitsvertrag oder Betriebsvereinbarung).  **274**

---

[1] = Gebietsbezeichnung „Arbeitsmedizin".
[2] Vgl. auch § 7 Abs. 1 ArbMedVV.

## F. Rechtlich definierte Eignungsuntersuchungen (Überblick)

275    Rechtlich unproblematisch sind die ärztlichen Eignungsuntersuchungen, die sich unmittelbar aus rechtlichen Vorschriften ergeben. **Gemeint an dieser Stelle sind diejenigen Rechtsvorschriften, die auch die „Untersuchung" bei einem Arzt explizit benennen.** Insofern sind sie von den Eignungsvorbehalten zu unterscheiden, welche lediglich dem Arbeitgeber die Verpflichtung zur Prüfung bestimmter Eignungen/Befähigungen auferlegen, ohne hierbei das Mittel der ärztlichen Untersuchung zu benennen (zu den Eignungsvorbehalten → Rn. 206 ff.).

276    Die ansonsten durchzuführende Prüfung der berechtigten Interessen des Arbeitgebers, die Verhältnismäßigkeit und auch die Abwägung der widerstreitenden Interessen zwischen Arbeitgeber und seinen Beschäftigten kann hier aus Sicht der Arbeitgeber entfallen. Als rechtlich definierte Vorschriften sind diese Eignungsuntersuchungen zuerst mal zu beachten. Sofern ärztlichen Untersuchungen eine Voraussetzung darstellen, ohne die bestimmte Tätigkeiten gar nicht ausgeübt werden dürfen (zB Führen eines Fahrzeuges der Klasse C gem. § 11 FeV iVm Anlage 5 FeV), so stellt die Teilnahme an einer entsprechenden Untersuchung automatisch eine sog. **„leistungssichernde Nebenpflicht"** des Beschäftigten aus seinem Arbeitsvertrag dar. Die dem Arbeitsvertrag zugrunde liegende Leistung ist hier somit ohne Untersuchung aus Rechtsgründen nicht möglich, was dazu führt, dass es dem Arbeitgeber rechtlich gar nicht möglich ist, den Beschäftigten mit den zugewiesenen Aufgaben zu beschäftigen (**rechtliches Unvermögen** nach § 275 BGB).

277    Verweigert ein Beschäftigter die Teilnahme an einer rechtlich vorgeschriebenen Eignungsuntersuchung, so verletzt er seine arbeitsvertraglichen Nebenpflichten aus §§ 241 Abs. 2, 242 BGB (Treue- und Rücksichtnahmepflichten). **Der Beschäftigte hat die rechtlichen Voraussetzungen dafür zu schaffen, dass er die ihm arbeitsvertraglich übertragenen Aufgaben auch erfüllen kann.** Unterlässt er dies, so verstößt er gegen seine Treuepflichten.

278    Auch ist bedeutsam, dass ein Arbeitgeber, welcher einen Beschäftigten ohne die rechtliche vorgeschriebenen Eignungsuntersuchungen beschäftigt, teilweise eine Ordnungswidrigkeit und unter Umständen auch eine Straftat begeht (vgl. zB § 145 Abs. 1 Nr. 2 SeeArbG, § 20 Abs. 2 Nr. 6 TfV). Hält ein Beschäftigter ein Gesetz (bzw. eine auf Gesetz beruhende Rechtsverordnung) selber für ungültig, welches eine Eignungsuntersuchung festlegt, so steht ihm auch hier der Rechtsweg offen (Art. 19 Abs. 4 GG). So kann zB Verfassungsbeschwerde (Art. 93 Abs. 1 Nr. 4a GG) eingelegt werden. Wobei hier anzumerken ist, dass Verfassungsbeschwerden

der Annahme bedürfen (§ 93a Abs. 1 BVerfGG) und nur die wenigsten tatsächlich zur Entscheidung angenommen werden.

Nicht behandelt werden an dieser Stelle rechtlich definierte Untersuchungen, die keinen Bezug zum Arbeitsleben aufweisen. So weist zB § 62 Abs. 1 AsylVfG, welcher Ausländer in einer Aufnahmeeinrichtung verpflichtet, sich ärztlich auf übertragbare Krankheiten untersuchen zu lassen, keinen Bezug zum Arbeitsleben auf. **279**

**Rechtliche Eignungsuntersuchungen mit Bezug zum Arbeitsleben (Beispiele):**
– Besatzungsmitglieder in der Seefahrt, § 11 ff. Seearbeitsgesetz
– Schädlingsbekämpfung, Nr. 3.4 Abs. 5 Nr. 3 Anhang I GefStoffV
– Begasungen, Nr. 4.3 Abs. 2 Nr. 2 Anhang I GefStoffV
– Triebfahrzeugführer, §§ 5 Abs. 1 Nr. 3, 11 TfV
– Fahrzeugführer, § 11 Abs. 9 FeV
– Betriebsbeamte, § 48 EBO
– Waffenträger (erlaubnispflichtige Waffen), § 6 WaffG
– Fliegendes Personal in der Zivilluftfahrt, Verordnung (EU) Nr. 1178/2011
– Betriebsbedienstete Straßenbahnen, § 10 BOStrab
– Führer von Fahrzeugen auf einer Wasserstraße („Binnenschiffer") §§ 16, 24 BinSchPatentV
– Eignungsuntersuchungen bei der freiwilligen Feuerwehr, § 6 Abs. 3 DGUV Vorschrift 49

# G. Individuelles Beschäftigungsverbot
## nach dem Mutterschutzrecht

**280**    Mutterschutzrechtliche Regelungen haben eine längere Rechtstradition und lassen sich einigermaßen substantiiert bereits in der Gewerbeordnung von 1878 finden. Waren anfangs die Regelungen auch nicht für alle Bereiche bestimmt und gerade in der Zeit des Dritten Reiches von heute merkwürdig anmutenden Begründungen begleitet, so lässt sich doch eine Entwicklung aufzeigen, die von der reinen Verhinderung von Fehlgeburten bis zur Anerkennung und selbstbestimmten Teilhabe der Frau im Arbeitsleben reicht.[1]

## I. Auswirkungen einer Schwangerschaft auf den Arbeitsvertrag

**281**    Wie bereits unter → Rn. 771 kurz dargelegt, hat eine bestehende Schwangerschaft europarechtlichen Vorgaben folgend insofern keine Auswirkungen auf einen Arbeitsvertrag, als dass schwangerschaftsbedingte Beeinträchtigungen den rechtlichen Bestand des Beschäftigungsverhältnisses nicht zu stören vermögen. Insbesondere hat die Beschäftigte bei mutterschutzrechtlichen Beschäftigungsverboten Anspruch auf Arbeitsentgelt (bzw. Mutterschutzlohn; vgl. § 18 MuSchG[2]). Vielmehr sind die mutterschutzrechtlichen Regelungen insofern Bestandteil des Beschäftigungsverhältnisses, als dass sie hier bereichsspezifisch die dem Arbeitgeber obliegenden Fürsorgepflichten (vgl. § 618 BGB) konkretisieren und auf zivilrechtlicher Ebene somit eine von ihm zu erfüllende Nebenpflicht aus dem Arbeitsvertrag darstellen. Das Mutterschutzrecht schützt die werdende und stillende Mutter so wie sie ist und verlangt vom Grundsatz her keine Anpassung der (werdenden) Mutter an die Arbeitsumgebung.

## II. Geltungsanfang und Wesen
## der mutterschutzrechtlichen Regelungen

**282**    Die mutterschutzrechtlichen Regelungen sind vielfältig ausgestaltet und können hier nicht abschließend dargestellt werden, da dies auch in Anbetracht des Kontextes „Einstellungs- und Eignungsuntersuchungen" ver-

---

[1] Ausführlich zur geschichtlichen Entwicklung des Mutterschutzrechtes: *Roos/Bieresborn* MuSchG § 3 Rn. 1 ff.
[2] Welches aber grundsätzlich dem Arbeitgeber in vollem Umfang durch die Krankenkasse erstattet wird, vgl. § 1 Abs. 2 Nr. 2 AAG.

fehlt wäre. Für eine eingehende Befassung mit dieser Thematik darf auf die entsprechende Literatur verwiesen werden.[1]

**283** Vorrangig hat aber der Arbeitgeber bei einer bestehenden Schwangerschaft die Arbeitsumgebung so umzugestalten, dass Gefährdungen einer schwangeren Frau oder ihres Kindes vermieden werden und unverantwortbare Gefährdungen ausgeschlossen sind (vgl. § 9 Abs. 2 S. 1 MuSchG). Insbesondere hat er eine spezifische auf die Schwangerschaft (und das Stillen) bezogene Gefährdungsbeurteilung zu erstellen (§ 10 Abs. 1 MuSchG). Diese Gefährdungsbeurteilung hat im Rahmen der Beurteilung der Arbeitsbedingungen nach § 5 ArbSchG zu erfolgen und zwar auch schon dann, wenn in dem Betrieb (noch) keine schwangere Frau tätig ist.

**284** Im Kontext „Einstellungs- und Eignungsuntersuchungen" sind die mutterschutzrechtlichen Regelungen in Bezug auf die Beschäftigungsverbote und den Umstand, ob überhaupt eine Schwangerschaft vorliegt, von Interesse.

**285** Klarzustellen ist allerdings, dass es sich bei dem Umstand einer Schwangerschaft um normale physiologische Gegebenheiten im Leben einer Frau handelt und nicht um personenbedingte Beeinträchtigungen, welche in der Lage wären, das rechtliche Beschäftigungsverhältnis zu stören. Dies resultiert auch im Wesentlichen aus den ethischen Wertentscheidungen, wie sie zB im Allgemeinen Gleichbehandlungsgesetz kodifiziert wurden. **Im Ergebnis handelt es sich folglich nicht um klassische Eignungsuntersuchungen bei denen geprüft wird, ob eine bestimmte Person bestimmte notwendige Anforderungen an einen konkreten Arbeitsplatz erfüllt.** Vielmehr schützen die mutterschutzrechtlichen Regelungen diesbezüglich die werdende Mutter und das Kind im Mutterleib. Eine Frau darf im Arbeitsleben keinen negativen Beeinträchtigungen nur deshalb ausgeliefert sein, weil sie den für eine Gesellschaft überlebensnotwendigen „Umstand" einer Schwangerschaft auf sich nimmt.

## III. Beginn des Schutzes

**286** Die Regelungen zum Schutz der werdenden Mutter gelten rechtlich betrachtet ab dem Zeitpunkt, zu dem die Schwangerschaft besteht. Wann dies biologisch/physiologisch genau vorliegt, hat in Bezug auf das Mutterschutzrecht nur geringe praktische Bedeutung (zB Zeitpunkt der Nidation). Faktisch können die Schutzvorschriften eh erst dann verwirklicht werden, wenn die Schwangerschaft bekannt ist. Dies wiederum setzt aber in aller Regel eine entsprechende Kenntnis der werdenden Mutter von der eigenen Schwangerschaft voraus, so dass in der praktischen Umsetzung

---

[1] ZB *Brose/Weth/Volk* MuSchG/BEEG; *Willikonsky*, Kommentar zum Mutterschutzgesetz, 2. Aufl. 2007; *Roos/Bieresborn* MuSchG; *Graue* Mutterschutzgesetz, 3. Aufl. 2018.

die mutterschutzrechtlichen Regelungen regelmäßig erst dann greifen, wenn die Schwangere entsprechende Anzeichen an sich bemerkt (zB Ausbleiben der Regelblutung).

## IV. Persönlicher Anwendungsbereich

287 Die hier behandelten Mutterschutzregelungen aus dem Mutterschutzgesetz (MuSchG) finden im Wesentlichen auf Beschäftigte iSv § 7 Abs. 1 SGB IV Anwendung (§ 1 Abs. 2 S. 1 MuSchG). Weiterhin auch auf die in § 1 Abs. 2 S. 2 benannten Frauen (zB Praktikantinnen, Entwicklungshelferinnen, arbeitnehmerähnliche Personen, aber auch Schülerinnen und Studentinnen[1]). Für Beamtinnen, Richterinnen und Soldatinnen sind dagegen im Wesentlichen die entsprechenden Mutterschutzverordnungen anzuwenden (vgl. § 1 Abs. 3 MuSchG).

## V. Mitteilungspflicht der Schwangerschaft

**§ 15 Abs. 1 (Mitteilungen und Nachweise der schwangeren und stillenden Frauen):**

*„Eine schwangere Frau soll ihrem Arbeitgeber ihre Schwangerschaft und den voraussichtlichen Tag der Entbindung mitteilen, sobald sie weiß, dass sie schwanger ist. Eine stillende Frau soll ihrem Arbeitgeber so früh wie möglich mitteilen, dass sie stillt."*

288 Entgegen dem verwaltungsrechtlichen Verständnis einer „Sollvorschrift" (hier ist das Ermessen zwar disponibel, bei Abweichungen muss man dies aber begründen können) sieht das Bundesarbeitsgericht in einer älteren Entscheidung in § 15 Abs. 1 MuSchG[2] lediglich eine „Sollbestimmung", die der schwangeren Beschäftigten eine **nachdrückliche Empfehlung** in ihrem eigenen Interesse auferlegt.[3] Nach dieser Ansicht ist die werdende Mutter somit nicht verpflichtet, den Arbeitgeber von ihrer Schwangerschaft zu unterrichten. Dies gilt auch dann, wenn generelle Beschäftigungsverbote für bestimmte Tätigkeiten mit Eintritt der Schwangerschaft eintreten würden (zB das Verbot der regelmäßigen Lastenhandhabung von mehr als fünf Kilogramm Gewicht, vgl. § 11 Abs. 5 S. 2 Nr. 1 MuSchG).

289 Unzureichend berücksichtigt werden hier allerdings die Interessen des Arbeitgebers, da die werdende Mutter selbst dann, wenn der Arbeitgeber keine „ungefährlichen" Tätigkeiten anbieten kann somit ein Beschäfti-

---

[1] Ausführlich hierzu: BeckOK ArbSchR/*Aligbe* MuSchG § 1 Rn. 25 ff.
[2] Damals allerdings bezogen auf den ehemaligen § 5 Abs. 1 S. 1 MuSchG.
[3] BAG 6.6.1974 – 2 AZR 278/73.

gungsverbot besteht (vgl. § 13 Abs. 1 Nr. 3 MuSchG), den Entgeltanspruch vom Grundsatz her nicht verliert (vgl. § 18 MuSchG), wobei das Arbeitsentgelt dem Arbeitgeber regelmäßig von der Krankenkasse erstattet wird (vgl. § 1 Abs. 2 Nr. 2 AAG). Vor dem Hintergrund des mutterschutzrechtlichen Kündigungsschutzes (§ 17 MuSchG) sollten daher die Interessen des Arbeitgebers an einer entsprechenden Personaldisposition (oft wird er bei fortgeschrittener Schwangerschaft diesen Umstand selber erkennen können und ist dann zum Handeln verpflichtet) Berücksichtigung finden. § 15 Abs. 1 S. 1 MuSchG sollte daher im verwaltungsrechtlichen Sinne so verstanden werden, dass die werdende Mutter ihre Schwangerschaft dann dem Arbeitgeber mitteilen muss, wenn sie sich relativ sicher über diesen Umstand ist und nur dann von der „Mitteilungspflicht" befreit ist, wenn sie objektiv nachvollziehbare Gründe dafür hat. Faktisch wird man dies allerdings nur sehr bedingt bzw. gar nicht durchsetzen können.

Hier darf aber auch nicht unberücksichtigt bleiben, dass der Arbeitge- **290** ber, sofern bei der werdenden Mutter ein Beschäftigungsverbot für bestimmte Tätigkeiten besteht, den objektiven Tatbestand einer Ordnungswidrigkeit bzw. einer Straftat begeht (§§ 32, 33 MuSchG). Zwar kann er selbstverständlich dafür nicht belangt werden, sofern die subjektiven Momente fehlen (also das Wissen um die Schwangerschaft). Allerdings liegt die Ordnungswidrigkeit nach § 32 Abs. 1 Nr. 1 MuSchG in Bezug auf die Beschäftigungsverbote auch dann vor, wenn er aus vermeidbarer Unachtsamkeit („fahrlässig") die an sich bestehenden Beschäftigungsverbote nicht beachtet. Hier würde sich schon aus der der Schwangeren obliegenden und aus dem Arbeitsvertrag resultierenden **Treuepflicht** ergeben, dass sie ihren Arbeitgeber von ihrer Schwangerschaft unterrichtet.[1]

Vor diesem Hintergrund kann immer dann, wenn für bestimmte Tätigkei- **291** ten absolute Beschäftigungsverbote in Betracht kommen (nach § 13 Abs. 1 Nr. 3 MuSchG aufgrund unverantwortbarer Gefährdungen) **arbeitsvertraglich eine entsprechende Mitteilungspflicht** vereinbart werden.

> **Leitsatz:**
> Bei Tätigkeiten, welche regelmäßig ein betriebliches Beschäftigungsverbot nach § 13 Abs. 1 Nr. 3 MuSchG auslösen, kann arbeitsvertraglich eine entsprechende Mitteilungspflicht über den Umstand einer Schwangerschaft vereinbart werden.

Aus der Treuepflicht der Schwangeren (§ 242 iVm § 611a BGB) ergibt **292** sich auch, dass sie eine **vorzeitige Beendigung der Schwangerschaft** (zB Fehlgeburt) dem Arbeitgeber mitteilen muss.[2] Dies betrifft lediglich den

---

[1] Vgl. auch *Roos/Bieresborn* MuSchG § 5 Rn. 3.
[2] BAG 18.1.2000 – 9 AZR 932/98.

Umstand, dass die Schwangerschaft nicht mehr besteht. Die der Schwangerschaftsbeendigung zugrunde liegenden Umstände muss die werdende Mutter dem Arbeitgeber dagegen nicht mitteilen.

## VI. Ärztliches Beschäftigungsverbot nach § 16 Abs. 1 MuSchG

### § 16 Abs. 1 MuSchG

*„Der Arbeitgeber darf eine schwangere Frau nicht beschäftigen, soweit nach einem ärztlichen Zeugnis ihre Gesundheit oder die ihres Kindes bei Fortdauer der Beschäftigung gefährdet ist.“*

293 Der Arbeitgeber darf dann eine werdende Mutter bestimmte Tätigkeiten nicht ausführen lassen, wenn hinsichtlich genau dieser Tätigkeiten **nach ärztlichem Zeugnis** eine Gefährdung für Leben oder Gesundheit der werdenden Mutter oder dem Kind im Mutterleibe besteht (vgl. § 16 Abs. 1 MuSchG). Diese Vorschrift gilt unabhängig von der vorrangigen Verpflichtung des Arbeitgebers die Arbeitsumgebung so umzugestalten, dass möglichst keine Gefährdungen mehr auftreten können (vgl. § 9 Abs. 2 S. 1 MuSchG). Im Idealfall führt aber eine technisch-organisatorische Umgestaltung des Arbeitsplatzes dazu, dass ein individuelles Beschäftigungsverbot nach § 16 Abs. 1 MuSchG erst gar nicht zum Tragen kommt. Es fällt in den Verantwortungsbereich der Schwangeren, das entsprechende ärztliche Zeugnis zu besorgen und damit ein Beschäftigungsverbot auszulösen.[1]

---

**Leitsatz:**
Es ist Aufgabe der werdenden Mutter durch Beschaffung des ärztlichen Zeugnisses nach § 16 Abs. 1 MuSchG das Beschäftigungsverbot „auszulösen“.

---

### Exkurs: „Schwangere in der Kinderbetreuung“

Es gehört zu den regelmäßigen betriebsärztlichen Aufgaben, bei schwangeren Kindergärtnerinnen entsprechende Untersuchungen vorzunehmen, um abzuklären, ob diese noch weiterhin Umgang mit Kindern haben sollen. Ziel ist hier im Wesentlichen, durch Feststellung des Impf- bzw. Immunstatus festzustellen, ob individuelle Infektionsgefährdungen vorliegen (Masern, Mumps, Röteln, Windpocken etc.). Eine Infektion mit den entsprechenden Erkrankungen kann insbesondere für das Kind im Mutterleib schwerwiegende Folgen haben.

---

[1] Brose/Weth/*Volk*/Volk MuSchG § 16 Rn. 43.

Oft werden diese Untersuchungen als „Untersuchungen nach § 16 Abs. 1 MuSchG" (ärztliches Beschäftigungsverbot) deklariert. Dies entspricht aber nicht den tatsächlichen rechtlichen Gegebenheiten.

Vielmehr handelt es sich hier um ein **betriebliches Beschäftigungsverbot** nach § 13 Abs. 1 Nr. 3 MuSchG, da es sich bei der Kinderbetreuung um Tätigkeiten handelt, bei denen erfahrungsgemäß Krankheitserreger übertragen werden können[1] und dies regelmäßig in Bezug auf bestimmte Biostoffe eine unverantwortbare Gefährdung iSv § 11 Abs. 2 MuSchG darstellt. In diesen Fällen reicht für ein entsprechendes betriebliches Beschäftigungsverbot eine nur geringe Wahrscheinlichkeit einer Infektion.[2]

Während bei einem ärztlichen Beschäftigungsverbot nach § 16 Abs. 1 MuSchG das ärztliche Attest die konstitutive Bedingung darstellt, ist es bei den betrieblichen Beschäftigungsverboten allein das Vorliegen der im Gesetz benannten Tätigkeiten ausreichend.

Im Fall der Immunitätsbestimmung bei den Kindergärtnerinnen dient somit die ärztliche Untersuchung allein dem Zweck festzustellen, ob die Voraussetzungen eines betrieblichen Beschäftigungsverbotes vorliegen (nämlich ob aufgrund der Immunitätslage der Schwangeren diese noch Infektionsgefährdungen ausgesetzt ist). Insofern wird der Arzt hier entsprechend beurteilen, ob bezogen auf die Frau von einer unverantwortbaren Gefährdung auszugehen ist. Diese gilt dann regelmäßig als ausgeschlossen, wenn die schwangere Frau über einen ausreichenden Immunschutz verfügt (vgl. § 11 Abs. 2 S. 4 MuSchG).

Aufgrund der Immunitätslage kann dies durchaus auch individuell eingegrenzt werden (zB „Kein Umgang mit Kindern bis zum vollendeten 10. Lebensjahr während der gesamten Schwangerschaft" oder „Beschäftigungsverbot bis zur 20. Schwangerschaftswoche"). Rechtlich bleibt es hier aber bei dem Umstand, dass es sich um betriebliches Beschäftigungsverbote iSv § 13 Abs. 1 Nr. 3 MuSchG handelt.

Bis zum Vorliegen der entsprechenden ärztlichen Bescheinigung hat der Arbeitgeber die Schwangere vorläufig von Tätigkeiten mit direktem Kontakt zu Kindern freizustellen.[3] Hier ist aber natürlich auch die Zuweisung anderer Aufgaben ohne Kontakt zu Kindern möglich, sofern diese Tätigkeiten als sozial gleichwertig anzusehen sind.

---

[1] Die vorschulische Kinderbetreuung unterliegt daher auch unabhängig von einer Schwangerschaft (also auch für Männer) der verpflichtenden arbeitsmedizinischen Vorsorge nach § 4 Abs. 1 ArbMedVV iVm Teil 2 Abs. 1 Nr. 3 f. Anhang ArbMedVV; siehe auch: *Aligbe* Arbeitsmedizinische Vorsorge-HdB.

[2] Vgl. BVerwG 27.5.1993 – 5 C 42/89.

[3] *Bayerisches Staatsministerium für Arbeit und Soziales, Familie und Integration*, Arbeitsmedizinische Vorsorge – Mutterschutz – Jugendarbeitsschutz, Empfehlungen für Arbeitgeber – Betriebsärzte – Beschäftigte, S. 4.

Anders als beim ärztlichen Beschäftigungsverbot nach § 16 Abs. 1 MuSchG hat bei den betrieblichen Beschäftigungsverboten nach § 13 Abs. 1 Nr. 3 MuSchG der Arbeitgeber die Kosten der ärztlichen Untersuchung und Bescheinigung zu tragen (vgl. § 9 Abs. 6 MuSchG).

Bei Tätigkeiten mit Infektionsgefährdungen handelt es sich bei den ganz wenigen Tätigkeiten, bei denen zur Feststellung eines betrieblichen Beschäftigungsverbotes nach dem Mutterschutzrecht eine ärztliche Untersuchung (hier: in Bezug auf den Immunitätsstatus) notwendig ist. In aller Regel lassen sich die betrieblichen Beschäftigungsverbote nämlich auch ohne ärztliche Untersuchung feststellen (zB keine regelmäßige Handhabung von Lasten mit mehr als fünf Kilogramm iSv § 11 Abs. 5 S. 2 Nr. 1 MuSchG oder im Bergbau unter Tage iSv § 11 Abs. 4 S. 2 Nr. 3 MuSchG).

Sofern allerdings die entsprechenden Beschäftigungsverbote tatsächlich umgesetzt werden, ist die rechtliche Differenzierung, ob ein ärztliches oder betriebliches Beschäftigungsverbot vorliegt (bis auf die Kostenfrage der ärztlichen Untersuchung) faktisch von nachgeordneter Bedeutung.

Gleiches gilt auch für Tätigkeiten mit anderweitigen Infektionsgefährdungen (zB Krankenhaus, Pflegeberufe etc.).

## VII. Ärztliches Zeugnis

**294**  Das nach § 16 Abs. 1 MuSchG definierte Beschäftigungsverbot kommt dann zum Tragen, wenn die entsprechende Gefährdung durch **ärztliches Zeugnis** festgestellt wurde. Dies ist auch wesentliche Bedingung dieses Beschäftigungsverbotes. Insoweit stimmt diesbezüglich auch die oft benutze Aussage nicht, dass der Arzt oder der Arbeitgeber das individuelle Beschäftigungsverbot nach § 16 Abs. 1 MuSchG „aussprechen" muss. Vielmehr ist richtig, dass das Beschäftigungsverbot kraft Gesetzes eintritt, wenn ein ärztliches Zeugnis vorliegt, aufgrund dessen Leben oder Gesundheit von Mutter oder Kind bei Fortdauer der Beschäftigung gefährdet sind.

> **Leitsatz:**
> Das individuelle Beschäftigungsverbot nach § 16 Abs. 1 MuSchG kann nicht „ausgesprochen" werden, sondern tritt kraft Gesetzes dann in Kraft, wenn ein entsprechendes ärztliches Zeugnis vorhanden ist.

**295**  Zwar obliegt dem untersuchenden Arzt ein sehr wesentliches Element des Beschäftigungsverbotes (nämlich das ärztliche Zeugnis auszustellen, welches eine konstitutive Voraussetzung des Beschäftigungsverbotes ist), entscheidungsbefugt, ob ein Verbot nach § 16 Abs. 1 MuSchG wirksam wird oder nicht, ist er aber nicht, da diese Rechtsfolge von Rechts wegen automatisch dann eintritt, wenn er ein entsprechendes „Gefährdungszeugnis" abgegeben hat.

Das Zeugnis muss zwingend von einem Arzt abgegeben werden, das **296** Zeugnis einer Hebamme (welche allerdings berechtigt ist, den bloßen Umstand der Schwangerschaft festzustellen; vgl. § 15 Abs. 2 S. 1 MuSchG) reicht dagegen nicht aus. Die das Zeugnis ausstellende Person muss folglich berechtigt sein, in Deutschland den Arztberuf auszuüben, was bei Vorliegen einer Approbation bzw. Erlaubnis nach § 2 BÄO der Fall ist. **Somit ist jeder Arzt berechtigt, ein entsprechendes Zeugnis abzugeben.** Eine gewisse Fachrichtung (zB Gebiet „Frauenheilkunde und Geburtshilfe" oder Gebiet „Arbeitsmedizin") ist hierzu nicht notwendig.[1]

Regelmäßig und aus Beweisgründen sollte die zum ärztlichen Beschäf- **297** tigungsverbot führende ärztliche Gefährdungseinschätzung („ärztliches Zeugnis") **schriftlich erfolgen.** Ausreichend um die entsprechendes Rechtsfolgen auslösen zu können (folglich ein Beschäftigungsverbot für bestimmte Tätigkeiten auszulösen) ist allerdings auch eine rein **mündliche** Aussage eines Arztes, welche dann gleichwohl als die Abgabe eines „ärztlichen Zeugnisses" zu sehen ist.[2] Bei der bloßen mündlichen Zeugniserteilung läuft die schwangere Beschäftigte allerdings Gefahr, dass sie die ärztlich bestätigte Gefährdung nicht beweisen kann.

**Praxistipp:**

Das dem Beschäftigungsverbot nach § 16 Abs. 1 MuSchG zugrunde liegende ärztliche Zeugnis über die bestehenden Gefährdungen sollte die Mutter immer schriftlich vom Arzt einfordern.

Ist dies aufgrund besonderer Umstände zeitnah nicht möglich, so sollte sie ein entsprechendes schriftliches Dokument umgehend nachreichen.

Wie die meisten mutterschutzrechtlichen Schutztatbestände besteht das **298** in § 16 Abs. 1 MuSchG reglementierte Beschäftigungsverbot in dem Zeitpunkt, in dem die gesetzlichen Tatbestände hierfür erfüllt sind. Dies ist fallbezogen dann der Fall, wenn der Arzt die entsprechende Gefährdung durch „ärztliches Zeugnis" attestiert hat. Selbstverständlich kann der Arbeitgeber aber erst dann entsprechend reagieren bzw. sich erst dann vorwerfbar verhalten, wenn ihm das entsprechende ärztliche Zeugnis bekannt ist. Faktisch kann sich somit das Beschäftigungsverbot nur dann (auch in bußgeld- und strafrechtlicher Hinsicht[3]) auswirken, wenn es dem Arbeitgeber zur Kenntnis gelangt.

---

[1] So auch Brose/Weth/Volk/*Volk* MuSchG § 16 Rn. 29.
[2] BAG 1.10.1997 – 5 AZR 685/96.
[3] Vgl. §§ 32 Abs. 1 Nr. 1, 33 MuSchG.

**299**  Um die unmittelbaren Rechtsfolgen (Verbot für bestimmte Beschäftigungen oder bußgeld- und strafrechtliche Konsequenzen für den Arbeitgeber nach §§ 32 Abs. 1 Nr. 1, 33 MuSchG) auszulösen, ist es folglich ausreichend, wenn die werdende Mutter den Arbeitgeber mündlich vom dem Beschäftigungsverbot in Kenntnis setzt. Hier würde es sogar genügen, wenn der Arzt der Mutter selber nur mündlich sein „Gefährdungszeugnis" ausstellt und die Mutter dies dem Arbeitgeber mitteilt.[1]

**300**  Gleichwohl sollte sich die schwangere Beschäftigte in diesen Fällen bewusst sein, dass nur einem schriftlich vorliegendem Zeugnis ein entsprechend hoher Beweiswert zukommt (→ Rn. 329) und es die ihr obliegende arbeitsvertragliche Treuepflicht (§ 242 BGB) gebietet, dem Arbeitgeber auf Verlangen das ärztliche Zeugnis auch schriftlich nachzureichen. Insofern sollte die werdende Mutter das ärztliche Gefährdungszeugnis immer schriftlich bei dem untersuchenden Arzt einfordern. Dies begründet sich daraus, dass die schwangere Beschäftigte ihren Arbeitgeber in Durchführung der ihm obliegenden Fürsorgeverpflichtungen (nämlich Beachtung der mutterschutzrechtlichen Vorschriften) so zu unterstützen hat, wie es die Verkehrssitte fordert. Es ist durchaus als eine in der deutschen Arbeitswelt übliche Verhaltensweise zu beurteilen, dass entsprechende „Atteste" schriftlich (zumindest in Textform iSv § 126b BGB) dem Arbeitgeber vorgelegt werden.

**Praxistipp:**

Sofern die schwangere Beschäftigte das ärztliche Beschäftigungsverbot nach § 16 Abs. 1 MuSchG nur mündlich übermittelt, so sollte der Arbeitgeber das ärztliche Zeugnis in Schriftform (bzw. Textform) nachverlangen.

Aufgrund der bußgeld- und strafbewehrten Rechtsfolgen (vgl. §§ 32 Abs. 1 Nr. 1, 33 MuSchG) und auch etwaiger Schadensersatzfolgen (zB aus § 280 Abs. 1 BGB, § 618 Abs. 3 iVm §§ 842–846 BGB) ist aber dringend davon abzuraten, das Beschäftigungsverbot erst dann umzusetzen, wenn ein schriftliches Attest vorliegt.

In Bezug auf Zweifel, ob das Beschäftigungsverbot nach § 16 Abs. 1 MuSchG tatsächlich vorliegt, darf auf die Ausführungen in → Rn. 329 ff. verwiesen werden.

## VIII. Gefährdung von Leben oder Gesundheit

**301**  Das Beschäftigungsverbot nach § 16 Abs. 1 MuSchG tritt dann in Kraft, wenn ein ärztliches Zeugnis vorliegt, welches erklärt, dass bei Fortdauer der Beschäftigung Leben oder Gesundheit von Mutter oder Kind gefährdet sind. Das Mutterschutzrecht schützt diesbezüglich nicht nur die werdende

---

[1] Vgl. auch: BAG 1.10.1997 – 5 AZR 685/96.

Mutter in ihrer Eigenschaft als „erwerbstätige" Frau, vielmehr ist das Kind im Mutterleibe auch ausdrücklich in den Schutzbereich mit einbezogen. Insofern ist auch in Zweifelsfällen unerheblich, ob nur das Kind, Mutter und Kind oder nur die Mutter von bestimmten Tätigkeiten gefährdet werden. Im Rahmen einer „Wahlfeststellung" ist es hier dann ausreichend, dass nur eine der Varianten mit hinreichender Wahrscheinlichkeit vorliegt.

> **Leitsatz:**
> Das Beschäftigungsverbot nach § 16 Abs. 1 MuSchG schützt sowohl die werdende Mutter als auch das Kind im Mutterleib.

Eine **Gefährdung** der Rechtsgüter Leben und Gesundheit liegt dann **302** vor, wenn die Sicherheit dieser Rechtspositionen mit hinreichender Wahrscheinlichkeit derart beeinträchtigt ist, dass es eigentlich nur noch von zufälligen Einflussfaktoren abhängt, ob ein entsprechender Schaden eintritt oder nicht.[1] Eine sichere Prognose ist dagegen nicht erforderlich und würde auch dem Schutzzweck des § 16 MuSchG nicht entsprechen. Ein zu weiter Bezugsrahmen würde aber dem Regelungszweck des § 16 Abs. 1 MuSchG nicht entsprechen, da dieser auf individuelle Gefährdungen abzielt und damit voraussetzt, dass sich diese in irgendeiner Art und Weise „messen" lassen. Dies auch in Abgrenzung zu den betrieblichen Beschäftigungsverboten iSv § 13 Abs. 1 Nr. 3 MuSchG, die absolut gelten, sofern die dort benannten Voraussetzungen vorliegen und bei denen die tatsächliche Konstitution der werdenden Mutter im Wesentlichen unbeachtlich ist.

Dem Schutzzweck des § 16 Abs. 1 MuSchG entsprechend (nämlich die **303** Gefährdungsabwendung allein für den Umstand, „dass" die Beschäftigte überhaupt bestimmte Tätigkeiten ausführt) ist es nicht erforderlich, dass der Arbeitsplatz der schwangeren Beschäftigten an sich gesundheitsgefährdend ist. Eine Gefährdung kann vielmehr auch dann vorliegen, wenn ein bestimmter Arbeitsplatz für eine nicht schwangere Frau gänzlich ungefährlich ist aber aufgrund einer individuellen Disposition einer bestimmten werdenden Mutter entsprechende Lebens- oder Gesundheitsgefährdungen mit sich bringt.[2]

## IX. Gefährdung bei Fortdauer der Beschäftigung

Eine zum Beschäftigungsverbot nach § 16 Abs. 1 MuSchG führende **304** Gefährdungsfeststellung kommt nur dann zum Tragen, wenn die Gefährdung bei „Fortdauer" der Beschäftigung eintritt. Es muss folglich gerade

---

[1] Für die bloße Möglichkeit eines Schadenseintrittes dagegen: LAG Hessen 14.4.2004 – 2 Sa 803/03.
[2] BAG 1.10.1997 – 5 AZR 685/96.

die „Fortdauer" der Beschäftigung sein, welche Leben und Gesundheit der werdenden Mutter oder des Kindes im Mutterleib gefährdet.[1]

> **Leitsatz:**
> Die **Gefährdung** muss von der Fortsetzung der Tätigkeit ausgehen.

**305** Im Umkehrschluss bedeutet dies aber auch, dass der Arbeitgeber ein eintretendes Beschäftigungsverbot nach § 16 Abs. 1 MuSchG dadurch abwenden kann, dass er genau diese Tätigkeiten die werdende Mutter nicht mehr ausführen lässt. Weiterhin kann der Arzt die Gefährdungen auch nur auf bestimmte Tätigkeiten beschränken oder auch zeitlich eingrenzen. Ferner kann der Arzt das Bestehen einer Gefährdung auch von bestimmten Auflagen abhängig machen.

**306** Ist das Beschäftigungsverbot nur auf bestimmte Tätigkeiten begrenzt, so kann der Arbeitgeber der schwangeren Beschäftigten eine andere zumutbare Arbeit zuweisen. Die **Zuweisung anderer Tätigkeiten** kann im Rahmen des Weisungsrechtes des Arbeitgebers erfolgen, ist aber als einseitige Leistungsbestimmung zu werten, so dass der Arbeitgeber seine Entscheidung nach billigem Ermessen zu treffen hat (§ 106 GewO, § 315 BGB). Insofern kommen andere Tätigkeiten, die von der Wertigkeit der im Arbeitsvertrag vereinbarten Arbeitsleistung erheblich abweichen, nicht in Betracht. **Auf der anderen Seite ergibt sich aber aus der der Schwangeren obliegenden Treuepflicht, dass sie auch solche Tätigkeiten ausführt, zu denen sie arbeitsvertraglich nicht verpflichtet wäre, sofern die soziale Wertigkeit der Tätigkeit im Vergleich zur arbeitsvertraglich geschuldeten Arbeit gleich bleibt.** Dies begründet sich darin, dass sie im Rahmen der Treue- und Rücksichtnahmepflichten (§§ 241 Abs. 2, 242 BGB) auch daran mitzuwirken hat, die nicht unerheblichen (finanziellen[2]) Folgen eines Beschäftigungsverbotes für den Arbeitgeber möglichst gering zu halten.[3] Neben der sozialen Wertigkeit hat der Arbeitgeber aber auch persönliche Belange zu berücksichtigen, die außerhalb der unmittelbaren Arbeitsbeziehung liegen.[4]

> **Leitsatz:**
> Bei Beschäftigungsverboten, welche eine bestimmte Tätigkeit betreffen, hat der Arbeitgeber das Recht, der Beschäftigten eine andere Tätigkeit (ohne diese Gefährdungen) zuzuweisen.

---

[1] BAG 1.10.1997 – 5 AZR 685/96.
[2] Zwar bekommt der Arbeitgeber in der Regel das zu zahlende Mutterschaftsgeld von der Krankenkasse erstattet (§ 1 Abs. 2 Nr. 2 AAG), dennoch hat er ggf. personell Ersatz zu stellen etc.
[3] Siehe hierzu auch: BAG 22.4.1998 – 5 AZR 478/97.
[4] BAG 22.4.1998 – 5 AZR 478/97.

In die Gesundheitsgefährdungen mit einbezogen sind auch **psychisch** 307
**bedingte Faktoren**. Dies ist vor allem dann der Fall, wenn die psychischen Faktoren gerade durch die Fortdauer der Beschäftigung verursacht oder verstärkt werden.[1] Insofern kann sich auch die Gefährdung aus der psychischen Belastung der Beschäftigten ergeben, die ihre Ursache in einem schwierigen bzw. belasteten Verhältnis zu Kollegen oder Vorgesetzten hat.[2]

**Sofern dies medizinisch indiziert ist, kann aber das individuelle Be-** 308
**schäftigungsverbot nach § 16 Abs. 1 MuSchG auch für jegliche Tätig-**
**keiten im Betrieb ausgesprochen werden.**[3] Dies kann zB bei einer Neigung zu Fehlgeburten oder psychisch bedingten Stress am Arbeitsplatz vorliegen.

## X. Entscheidung des Arztes

Die Entscheidung, ob nun letztendlich die in § 16 Abs. 1 MuSchG ge- 309
forderte Gefährdung von werdender Mutter und/oder Kind im Mutterleib vorliegt, muss somit der Arzt aufgrund seiner ärztlichen Kompetenzen entscheiden. Es ist Aufgabe des Arztes, die entsprechend benötigten Befunde zu erheben. Hierbei hat er entsprechende Sorgfalt walten zu lassen. Insbesondere sind die Umstände des Einzelfalls abzuwägen. Kommt er nach sorgfältiger Abwägung zu dem Ergebnis, dass die Schwangere nur dann vor entsprechenden Gefährdungen für sich oder das werdende Kind geschützt werden kann, wenn sie bestimmte Tätigkeiten unterlässt, so stellen diese zu unterlassen Tätigkeiten den wesentlichen Inhalt des ärztlichen Zeugnisses dar.

> **Leitsatz:**
> Bei der Beurteilung, ob die in § 16 Abs. 1 MuSchG geforderte Gefährdung vorliegt, hat der Arzt einen Ermessensspielraum, der auch vor Gericht nur eingeschränkt überprüft werden kann.[4]

Die Entscheidung des Arztes wird letztendlich immer nur eine „Prog- 310
nose" bleiben können, was aber für den dem Mutterschutzrecht obliegenden Schutzgedanken der Schwangeren und dem Kind im Mutterleib als absolut ausreichend anzusehen ist. Vor diesem Hintergrund muss der Arzt seine Entscheidung nie mit letzter Sicherheit treffen. Die Interessen des Arbeitgebers bleiben hier dann auch gewahrt, wenn der Arzt seine Überle-

---

[1] BAG 21.3.2001 – 5 AZR 352/99.
[2] LAG Mecklenburg-Vorpommern 13.6.2002 – 5 Sa 204/01.
[3] BAG 1.10.1997 – 5 AZR 685/96.
[4] Vgl. LAG Hamm 1.8.2006 – 9 Sa 1434/05.

gungen auch auf die Aspekte erstreckt, ob die zum Beschäftigungsverbot führenden Gefährdungen nur vorübergehend oder für die gesamte Dauer der Schwangerschaft vorliegen.

## XI. Abgrenzung von Beschäftigungsverbot und krankheitsbedingter Arbeitsunfähigkeit

311 Aufgrund der unterschiedlichen Rechtsfolgen von krankheitsbedingter Arbeitsunfähigkeit und einem mutterschutzrechtlichen Beschäftigungsverbot wird teilweise vertreten, dass sich diese beiden Formen einander ausschließen.[1] Dies ist allerdings nicht nachvollziehbar und wird im Ergebnis Art. 6 Abs. 4 GG (*„Jede Mutter hat Anspruch auf den Schutz und die Fürsorge der Gemeinschaft"*) nicht gerecht. Eine wirkliche Abgrenzung mag vielleicht rechtlich möglich sein, sie überstrapaziert aber die Verantwortung, die hier einem Arzt übertragen wird. Zumal sind auch keine wirklichen Abgrenzungskriterien ersichtlich aufgrund welcher Aspekte hier der Arzt eine Unterscheidung treffen soll. Weiterhin muss aufgrund des oben erwähnten Art. 6 Abs. 4 GG ausgeschlossen werden, dass eine werdende Mutter in einen Streit darüber gerät, wer für welches Entgelt aufkommen muss.

312 Im Ergebnis ist hier zu fordern, dass immer dann, wenn nicht auszuschließen ist, dass eine Beeinträchtigung von der Schwangerschaft ausgeht bzw. auf sie einwirkt, dem ärztlichen Beschäftigungsverbot nach § 16 Abs. 1 MuSchG dem Vorrang zu geben ist, ganz gleich, ob es sich bei der entsprechenden Beeinträchtigung um eine solche handelt, die an sich einen Krankheitswert hat oder nicht.[2]

313 Insofern wird man einem Arzt nicht abverlangen können, Abgrenzungsentscheidungen mit letzter Sicherheit treffen zu können. Ihm ist hier ein Ermessensspielraum zuzubilligen, dies wird im Ergebnis auch vom Bundesarbeitsgericht so gesehen.[3]

## XII. Kosten des „ärztlichen Zeugnisses" nach § 16 Abs. 1 MuSchG

314 Anders als bei dem Nachweis der Schwangerschaft durch einen Arzt oder eine Hebamme (vgl. §§ 15 Abs. 2, 9 Abs. 6 MuSchG) ist die Kostentragung bei einem Zeugnis für ein ärztliches Beschäftigungsverbot nach § 16 Abs. 1 MuSchG nicht geregelt. Hieraus wird allgemein gefolgert,

---

[1] ZB BAG 1.10.1997 – 5 AZR 685/96.
[2] Für diesen Vorrang auch: Brose/Weth/Volk/*Volk* MuSchG § 16 Rn. 27.
[3] Vgl. BAG 5.7.1995 – 5 AZR 135/94.

dass folglich für ein „ärztliches Zeugnis" nach § 16 Abs. 1 MuSchG die werdende Mutter die Kosten zu tragen hat.[1]

> **Leitsatz:**
> Die Kosten für das ärztliche Zeugnis nach § 16 Abs. 1 MuSchG hat die Mutter zu tragen.

Auch ein unmittelbarer Rückgriff auf die im ArbSchG allgemein festge-  **315**
legte Kostentragungspflicht scheidet insofern aus, als dass sich diese Verpflichtung nur auf Maßnahmen bezieht, die sich aus dem ArbSchG selber ableiten (vgl. § 3 Abs. 3 ArbSchG).

# XIII. Inhalt des Zeugnisses

Das ärztliche Zeugnis nach § 16 Abs. 1 MuSchG hat einen **konstituti-**  **316**
**ven Charakter** insofern, als dass das ärztliche Beschäftigungsverbot erst dann greift, wenn der Arzt eine bestimmte Gefährdung für das Leben oder die Gesundheit der werdenden Mutter oder des Kindes im Mutterleibe attestiert hat.[2] Dies bedeutet aber auch, dass der Inhalt des Zeugnisses so ausgestaltet sein muss, dass klar wird, bei welchen Tätigkeiten deren Fortführung zu einer entsprechenden Gefährdung führen kann.

> **Leitsatz:**
> Aus dem ärztlichen Zeugnis nach § 16 Abs. 1 MuSchG muss hervorgehen, aus welchen Tätigkeiten sich die entsprechenden Gefährdungen ergeben.

Dies ist insofern notwendig, als dass das Beschäftigungsverbot nach  **317**
§ 16 Abs. 1 MuSchG die allgemein bestehenden Beschäftigungsverbote (zB Verbot der Nachtarbeit nach § 5 MuSchG oder Verbot der Mehrarbeit nach § 4 MuSchG) gerade um einen individuellen Aspekt ergänzt. Die generellen Beschäftigungsverbote gelten in aller Regel unabhängig von der Konstitution der betroffenen Beschäftigten. **Das individuelle Beschäftigungsverbot nach § 16 Abs. 1 MuSchG nimmt dagegen ganz gezielt die aktuelle tatsächliche Verfassung der Mutter ins Visier und bewertet es im Kontext ganz bestimmter Tätigkeiten.** Dem Arbeitgeber bleibt somit in diesen Fällen die Möglichkeit, die werdende Mutter von genau

---

[1] Vgl. zB BAG 5.3.1957 – 1 AZR 72/55; Brose/Weth/Volk/*Volk* MuSchG § 16 Rn. 44.
[2] BAG 23.3.2001 – 5 AZR 532/99.

diesen gefährdenden Tätigkeiten dann zu entbinden und ihr anderweitige Aufgaben zu übertragen.

**318** Problematisch ist allerdings der Aspekt zu betrachten, dass der Arzt der ärztlichen Schweigepflicht unterliegt (zu der ärztlichen Schweigepflicht → Rn. 683 ff.). Ihm ist es somit vom Grundsatz verwehrt, seine Erkenntnisse über individuelle Gefährdungen unmittelbar dem Arbeitgeber mitzuteilen. Auch einem Betriebsarzt steht insofern keine Sonderrolle zu (vgl. § 8 Abs. 1 S. 3 ASiG). Im Ergebnis ist der Arzt immer auf die Einwilligung der werdenden Mutter angewiesen, dass das Untersuchungsergebnis nur mit deren tatsächlicher Einwilligung an den Arbeitgeber weitergegeben werden darf. Alternativ kann der Arzt eine schriftliche Bescheinigung („ärztliches Zeugnis") auch der Mutter mitgeben. Das Bundesarbeitsgericht hielt es in einem Urteil auch für ausreichend, dass der Arzt das Beschäftigungsverbot gegenüber der Schwangeren mündlich kundgetan hat.[1]

> **Leitsatz:**
> Das „ärztliche Zeugnis" nach § 16 Abs. 1 MuSchG darf **nur mit Einwilligung** der Schwangeren an den Arbeitgeber übermittelt werden. Alternativ kann das „Zeugnis" der Schwangeren zur eigenständigen Weitergabe an den Arbeitgeber mitgegeben/übersandt werden.

**319** Auch bei einer entsprechenden Einwilligung der Mutter behalten aber die sich in der Schweigepflicht verwirklichten Grundrechtspositionen der Schwangeren weiterhin ihre Gültigkeit. Aus Gründen des allgemeinen Persönlichkeitsrechtes nach Art. 2 Abs. 1 iVm Art. 1 Abs. 1 GG hat der Arbeitgeber nur insofern ein berechtigtes Interesse an den Zeugnisinhalten nach § 16 Abs. 1 MuSchG, als dass er seinen Fürsorgepflichten entsprechend nachkommen kann.

**320** Insofern hat der Arbeitgeber selbst bei einer entsprechenden Einwilligung der Beschäftigten kein Anrecht auf die medizinischen Hintergründe, die den Arzt zu einer entsprechenden Gefährdungseinschätzung bewogen haben (zB Gesundheitszustand oder der Verlauf der Schwangerschaft). Insbesondere hat der Arzt zB bei Kindergärtnerinnen weder den Impfstatus noch bestehende Immunitätslücken dem Arbeitgeber mitzuteilen. Das für den Arbeitgeber bestimmte ärztliche Zeugnis hat insofern lediglich die Tätigkeiten zu benennen, bei deren Fortführung die entsprechenden Gefährdungen zu erwarten sind.

> **Leitsatz:**
> Das für den Arbeitgeber bestimmte Zeugnis darf lediglich die Tätigkeiten beinhalten, bei deren Fortführung entsprechende Gefährdungen zu erwarten sind bzw. die Umstände, bei denen eine Gefährdung nicht besteht.

[1] BAG 1.10.1997 – 5 AZR 685/96.

Führt die ärztliche Beurteilung zu dem Ergebnis, dass aufgrund der in-   **321**
dividuellen Gegebenheiten im Einzelfall ein Beschäftigungsverbot für
sämtliche Tätigkeiten notwendig ist, so hat er sein „ärztliches Zeugnis"
auch eindeutig auf diesen Umstand (gemeint ist hier die Ausdehnung auf
jegliche Tätigkeiten) zu beziehen.

## XIV. Informationen über den konkreten Arbeitsplatz

Ferner ist weiterhin Voraussetzung, dass der Arzt im Rahmen seiner Be-   **322**
urteilung die tatsächliche Tätigkeit der werdenden Mutter beurteilt. **Hierbei ist es aber regelmäßig ausreichend, dass er sich die Arbeitsplatzbe-
gebenheiten von der Schwangeren selber schildern lässt.**[1] Zweifelt er
an den Aussagen der Schwangeren oder benötigt er noch weitere Angaben, so kann es aufgrund der weitreichenden Folgen eines Beschäftigungsverbotes für den Arbeitgeber notwendig sein, dass der Arzt sich weitere
Informationen einholt.

Dies ist allerdings dann problematisch, wenn der Arbeitgeber von dem   **323**
Arztbesuch der Beschäftigten nichts weiß, da vom Grundsatz her auch der
bloße Umstand einer Behandlung/eines Arztbesuches der ärztlichen
Schweigepflicht unterfällt.[2] Verweigert die Schwangere hier in diesen Fällen die diesbezügliche Entbindung von der Schweigepflicht (nämlich in
Beziehung auf den Umstand, dass sie beim Arzt ist und der Arzt noch Informationen über den Arbeitsplatz benötigt) so wird der Arzt im Zweifelsfall keine Beurteilung vornehmen können, da ihm dann nicht bekannt ist,
von welchen Tätigkeiten und Arbeitsumständen er genau ausgehen muss.

> **Leitsatz:**
> Reichen dem Arzt die Arbeitsplatzinformationen der Schwangeren
> nicht aus, so kann er (mit Einwilligung der Schwangeren) gehalten sein,
> den Arbeitgeber noch um weitere Auskünfte zu bitten.

In aller Regel wird allerdings die werdende Mutter ein eigenes Interesse   **324**
daran haben, dass ein entsprechendes ärztliches Beschäftigungsverbot zustande kommt bzw. dass ihre Tätigkeiten gewissenhaft auf ein mögliches
Beschäftigungsverbot hin überprüft werden, zumal wenn sie genau aus
diesem Zwecke den Arzt aufsucht. Insofern dürfte es wenige Fälle geben,
in denen die Schwangere hier ihre Einwilligung nicht erteilt. Mit einer
konkludenten Einwilligung (durch Teilnahme an der Untersuchung) ist allerdings nur sehr zurückhaltend umzugehen, zumal dann, wenn das Ergeb-

---

[1] LAG Schleswig-Holstein 1.4.2004 – 3 Sa 347/03.
[2] *Laufs/Kern/Rehborn* ArztR-HdB 768 mit weiteren Nachweisen in der Fußnote.

nis der Untersuchung noch völlig offen ist und damit auch die Folgen für die Schwangere nicht absehbar sind.

325  Das allgemeine Persönlichkeitsrecht (Art. 2 Abs. 1 iVm Art. 1 Abs. 1 GG) der betroffenen Schwangeren schränkt aber das Auskunftsersuchen insofern ein, als dass der Arzt dem Arbeitgeber hier lediglich den Grund der ärztlichen Untersuchung (mutterschutzrechtliche Untersuchung) mitteilen und das Frageersuchen stellen kann, von welchen Arbeitsbedingungen er denn bei seiner Beurteilung ausgehen muss.

326  Hat der Arzt allerdings keine Anhaltspunkte dafür, dass die Schwangere ihre Arbeitsbedingungen unrichtig geschildert hat, so kann er von der Richtigkeit der ihm durch die werdende Mutter erteilten Auskünfte ausgehen (zum diesbezüglichen Nachfragerecht des Arbeitgebers → unten).

## XV. Arztwahl

327  Wie bereits dargelegt (→ Rn. 293), liegt es im Verantwortungsbereich der Schwangeren das Beschäftigungsverbot nach § 16 Abs. 1 MuSchG durch Beschaffung des ärztlichen Zeugnisses auszulösen. Weiterhin (→ Rn. 314) hat die Schwangere auch die Kosten für ein derartiges Attest zu tragen. Vor diesem Hintergrund ist das alleinige Recht zur Arztwahl der Schwangeren zuzugestehen.

> **Leitsatz:**
> Das Recht der Arztwahl obliegt der werdenden Mutter.

328  Hier ist auch zu berücksichtigen, dass das ärztliche Beschäftigungsverbot von Rechts wegen dann ausgelöst wird, wenn ein Arzt durch entsprechendes Zeugnis eine entsprechende Gefährdung von werdender Mutter oder dem Kind im Mutterleib attestiert. Hierbei ist es ausreichend, wenn die werdende Mutter dem Arbeitgeber dies mitteilt. Dies löst unmittelbar die Rechtsfolge aus, dass der Arbeitgeber das Beschäftigungsverbot zu beachten hat und bei Missachtung entsprechende bußgeldrechtliche- und strafrechtliche Folgen drohen (zurechenbar ist es dem Arbeitgeber selbstverständlich erst dann, wenn er von dem ärztlichen Zeugnis Kenntnis erlangt). Für die Rechtsfolgen nach § 16 Abs. 1 MuSchG als öffentlich-rechtliche Vorschrift wäre es also auch gänzlich ohne Bedeutung, würde der Arbeitgeber beispielsweise im Arbeitsvertrag zu regeln versuchen, dass zB nur ein vom ihm bestimmter Arzt aufgesucht werden darf.

## XVI. Nachfragerecht des Arbeitgebers

Grundsätzlich kommt dem ärztlichen Zeugnis nach § 16 Abs. 1 Mu-   **329**
SchG ein hoher anzuerkennender Beweiswert zu. Dem der Schwangeren
obliegenden Darlegungs- und Beweislast (**die Beweislast für das Vorliegen eines Beschäftigungsverbotes nach § 16 Abs. 1 MuSchG trägt die
Schwangere**[1]) kommt sie in Bezug auf das ärztliche Beschäftigungsverbot
regelmäßig ausreichend dadurch nach, dass sie ein entsprechendes Zeugnis eines Arztes vorlegt.[2] Grundsätzlich kann davon ausgegangen werden,
dass sich die Angaben im ärztlichen Zeugnis auf die von der Schwangeren
zuletzt ausgeführten Tätigkeiten beziehen.[3]

> **Leitsatz:**
> Die Schwanger erfüllt ihre Darlegungs- und Beweislast regelmäßig da-
> durch, dass sie dem Arbeitgeber das ärztliche Zeugnis vorlegt.

Das allgemeine Persönlichkeitsrecht (Art. 2 Abs. 1 iVm Art. 1 Abs. 1   **330**
GG) der werdenden Mutter schränkt auch insoweit berechtigte Interessen
des Arbeitgebers ein, als dass sie mehr als den Umstand, dass ein Arzt bei
Fortführung bestimmter definierter Tätigkeiten eine Gefährdung für Leben oder Gesundheit von Mutter oder Kind „attestiert" (in Form des ärztlichen Zeugnisses), dem Arbeitgeber nicht offenbaren muss. Insbesondere
ist sie nicht gezwungen, dem Arbeitgeber die gesundheitlichen Umstände
zu nennen, aufgrund derer der Arzt zu seiner Beurteilung gekommen ist
(zB in Bezug auf den Schwangerschaftsverlauf, Vorerkrankungen, Komplikationen etc.). Derartige Fragen braucht die Schwangere (übrigens auch
im Entgeltfortzahlungsprozess[4]) dem Arbeitgeber nicht zu beantworten.
Ebenso wenig muss sie diesbezüglich den Arzt von der Schweigepflicht
entbinden.

Allerdings kann einem Arbeitgeber bei weiterem Informationsverlan-   **331**
gen nicht automatisch böswillige Neugier unterstellt werden. Dies wird
dem Interessenkonflikt nicht gerecht, in dem sich ein Arbeitgeber bei bestehenden mutterschutzrechtlichen Beschäftigungsverboten befindet. Weiterhin verpflichtet ihn die sich im Mutterschutzrecht konkretisierte Fürsorgepflicht, die Arbeitsumgebung so umzugestalten, dass Gefährdungen für
Mutter und Kind nicht mehr auftreten können bzw. einen Arbeitsplatz-
wechsel zu organisieren (vgl. § 9 Abs. 2 MuSchG). Gerade bei ärztlichen
Beschäftigungsverboten bleibt es dem Arbeitgeber unbenommen, die

---

[1] Brose/Weth/Volk/*Volk* MuSchG § 16 Rn. 44.
[2] Vgl. auch BAG 1.10.1997 – 5 AZR 685/96.
[3] BAG 1.10.1997 – 5 AZR 685/96.
[4] BAG 19.3.1986 – 5 AZR 86/85, BAGE 51, 308 = AP LohnFG § 1 Nr. 67.

„Gefahrquellen" „abzustellen" (zB durch Zuweisung anderer gleichwertiger Tätigkeiten oder Umgestaltung der Arbeitsbedingungen).

332     Da die legitime Interessenlage es auch erlaubt, der Schwangeren eine gleichwertige andere Arbeit zuzuweisen bzw. die Tätigkeiten die werdende Mutter nicht mehr ausführen zu lassen, für welche konkret eine Gefährdungslage ausgesprochen wurde, wird man dem Arbeitgeber ein entsprechendes Recht zugestehen müssen, dass er sich vom Arzt darlegen lässt, von welchen genauen Arbeitsumständen dieser ausgegangen ist. Dies gilt insbesondere dann, wenn das „ärztliche Zeugnis" diesbezüglich für den Arbeitgeber unklare Angaben enthält (zB „Frau A. darf keine Sondertätigkeiten ausüben"). Dieses Informationsinteresse bezieht sich aber lediglich auf die Arbeitsumstände (also zB welche Tätigkeit die Beschäftigte genau ausführt) und umfasst keineswegs die Beurteilungsgründe, aufgrund dessen der Arzt zu dem Gefährdungsergebnis gekommen ist (zB aufgrund des Schwangerschaftsverlaufes).

333     Strittig ist, ob es diesbezüglich auch einer Entbindung von der Schweigepflicht bedarf. Das LAG Bremen hatte dies in einem Fall (es ging um ein vollständiges Beschäftigungsverbot) verneint.[1] Für eine Verneinung spricht, dass dem Arbeitgeber durch Vorlage des „ärztlichen Zeugnisses" die Tatsache des Arztbesuches und der Grund bekannt ist und die schwangere Beschäftigte dieses „Geheimnis" dem Arbeitgeber somit selber durch Vorlage des ärztlichen Zeugnisses offenbart hat. Problematisch bei einem vollständigem Beschäftigungsverbot nach § 16 Abs. 1 MuSchG (also einem Verbot für jegliche denkbare Tätigkeiten im Betrieb) ist, dass es sich hierbei regelmäßig um Sachverhalte handelt, die auf bestimmte gesundheitliche Aspekte zurückzuführen sind (zB Neigung zur Fehlgeburt oder drohende Eklampsie). Insoweit könnte der Arzt unter Wahrung der ihm obliegenden Schweigepflicht (zur Schweigepflicht → Rn. 683 ff.) bis auf den Umstand, dass er **„aufgrund der gegebenen Umstände eine Gefährdung für Mutter und Kind bei jeglicher Ausführung beruflicher Tätigkeiten im Betrieb"** sieht, nichts antworten. Man wird hier folglich dem Arzt zustehen müssen, dass er sich in diesen Fällen aus Absicherungsgründen auf seine ärztliche Schweigepflicht beruht und nichts antwortet.

334     Weiterhin ist anzumerken, dass die Schilderung der Arbeitsumstände durch die Beschäftigte an den Arzt sehr wohl unter die Schweigepflicht fallen kann. Sofern sie beispielsweise schildert, dass sie sich durch ihre Vorgesetzten bzw. andere Mitarbeiter „gemobbt" fühlt, so stellt dieser Arbeitsumstand ein „fremdes Geheimnis" im Sinne von § 203 StGB dar, welches unter die ärztliche Schweigepflicht fällt. Hier ist regelmäßig davon auszugehen, dass die Schwanger nicht möchte, dass der Arzt dem Arbeitgeber diesbezügliche Gesprächsinhalte mitteilt. **Nach der hier vertretenden Auffassung bedarf auch es dann einer Entbindung von der ärztli-**

---

[1] LAG Bremen 25.1.1991 – 4 Sa 198/90, 4 Sa 290/90.

**chen Schweigepflicht, wenn der Arzt die Arbeitsumstände von der schwangeren Beschäftigten selber erhoben hat.**

Bekommt der Arbeitgeber folglich nicht die von ihm gewünschte Antwort, so verbleibt ihm nur noch die restriktiv vorhandenen Möglichkeiten, den Beweiswert des ärztlichen Zeugnisses zu erschüttern oder eine Nachuntersuchung zu veranlassen. **335**

## XVII. „Erschütterung" des Beweiswertes des ärztlichen Zeugnisses

Wie oben bereits dargelegt, hat das ärztliche Zeugnis einen hohen Beweiswert, dem der Arbeitgeber erst mal (auch vor dem Hintergrund etwaiger schadensersatzrechtlicher, bußgeld- und strafrechtlicher Folgen) nachkommen muss. Das ärztliche Attest löst somit für die dort umschriebenen Gefährdungen die unmittelbare Rechtsfolge aus, dass der Arbeitgeber die Schwangere mit den dort benannten Tätigkeiten nicht mehr beschäftigen darf. Ignoriert der Arbeitgeber das Beschäftigungsverbot, so begeht er eine Ordnungswidrigkeit und unter bestimmten Voraussetzungen auch eine Straftat nach §§ 32 Abs. 1 Nr. 1, 33 MuSchG. **336**

Die sich aus Art. 12 GG ergebenen Interessen des Arbeitgebers, im Rahmen des rechtlich Möglichen seine Beschäftigten nach seinen Interessen im Betrieb einzusetzen wäre aber dann nicht ausreichend Rechnung getragen, wenn gegen ein ärztliches mutterschutzrechtliches Beschäftigungsverbot nach § 16 Abs. 1 GG keinerlei Einwendungen möglich wären. Insbesondere ist hier zu berücksichtigen, dass die werdende Mutter Anspruch auf einen entsprechenden Entgeltausgleich hat, wenn es dem Arbeitgeber nicht gelingt, ihr Tätigkeiten zuzuweisen, welche die dem ärztlichen Zeugnis zugrunde liegende Gefährdung nicht beinhalten. **Rechtlich bildet das ärztliche Zeugnis einen Beweis für das Vorliegen eines Beschäftigungsverbotes.** Besteht ein Beweis, so ist auch der Beweis des Gegenteils zulässig (Rechtsgedanke aus § 292 ZPO). Im Ergebnis kann somit der Arbeitgeber den Beweiswert des ärztlichen Zeugnisses „erschüttern", sofern er in der Lage ist, objektiv nachvollziehbare Gründe vorzutragen, welche gegen die vom Arzt getroffenen Feststellungen sprechen. **337**

Allgemein wird der Beweiswert des ärztlichen Zeugnisses dann als erschüttert angesehen, wenn die Schwangere dem Arbeitgeber trotz Aufforderung keine nachvollziehbare ärztliche Bescheinigung vorlegt, aus der sich ergibt, von welchen Voraussetzungen der Arzt eigentlich bei seiner Beurteilung ausgegangen ist und welche Einschränkungen bestehen. Dies trifft natürlich nur dann zu, wenn sich dies nicht bereits aus dem ärztlichen Zeugnis detailliert ergibt. **338**

Gleiches gilt auch, wenn der Arbeitgeber entsprechende Gründe dafür vortragen kann, dass die Schwangere (wissentlich oder unwissentlich) unrichtige Angaben über ihren Arbeitsplatz gegenüber dem Arzt gemacht hat. **339**

**340**    Die Verpflichtung, hier ein entsprechend nachgebessertes ärztliches Attest vorzulegen, ergibt sich aus der der werdenden Mutter obliegenden Treuepflichten, welche sich aus dem bestehenden Arbeitsvertrag ableiten lassen (§§ 611a, 242 BGB). Hiernach hat sie (sie trägt ja die Beweislast für das Vorliegen des individuellen Beschäftigungsverbotes, → Rn. 293) den Beweis für das Vorliegen eines ärztlichen Beschäftigungsverbotes so zu erbringen, wie es Treu und Glauben mit Rücksicht auf die Verkehrssitte erfordern. Unter Berücksichtigung der Fürsorgepflichten, die dem Arbeitgeber obliegen und unter Berücksichtigung des Umstandes, dass ein Verbot für viele Tätigkeiten für ihn auch einschneidende Wirkung entfalten, entspricht es der im Rechtsverkehr gelebten Verkehrssitte, dass das ärztliche Zeugnis detailliert Auskunft gibt, welche Arbeitsumstände bewertet wurden und bei welchen Tätigkeiten deren Fortdauer werdende Mutter oder das Kind im Mutterleib gefährden können. Hier ist auch zu berücksichtigen, dass der Arbeitgeber im Rahmen seiner Fürsorgepflichten, welche im Mutterschutzrecht bereichsspezifisch konkretisiert werden, gezwungen ist, die entsprechenden Schutzmaßnahmen zu ergreifen (vgl. § 9 Abs. 1 MuSchG). Dies bedingt zwangsläufig, dass ihm bestimmte Informationen zugänglich sind. Das prozessrechtliche Risiko verbleibt hier aber beim Arbeitgeber.

---

**Leitsatz:**
Der Arbeitgeber trägt das Risiko, das Gericht von der Unrichtigkeit des ärztlichen Beschäftigungsverbotes überzeugen zu müssen.[1]

---

**341**    Die hier umschriebene Treuepflicht der werdenden Mutter umfasst auch, dass sie den Arzt ggf. insoweit von der ärztlichen Schweigepflicht entbinden muss, als dass dieser dem Arbeitgeber mitteilen darf, von welchen tatsächlichen Arbeitsbedingungen er ausgegangen ist und welche Tätigkeiten genau gefährdend sind. Weiterhin auch, ob die Gefährdung nur zeitweise oder für die gesamte Dauer der Schwangerschaft gilt.

**342**    Die diesbezüglichen Rechtspositionen der Schwangeren (allgemeines Persönlichkeitsrecht nach Art. 2 Abs. 1 iVm Art. 1 Abs. 1 GG) bleiben insofern gewahrt, als dass sich das Informationsinteresse lediglich auf die umschriebenen Aspekte begrenzt (Arbeitsbedingungen, Darlegung der „verbotenen" Tätigkeiten, zeitlicher und inhaltlicher Umfang) und keinesfalls die der Beurteilung zugrunde liegenden Befunde (zB Risikoschwangerschaft etc.) umfasst.

**343**    Verweigert die werdende Mutter trotz der ihr obliegenden Treuepflichten die hier geforderte Mitwirkung, so kann sich dies belastend für sie auswirken. Die Beweislast für die **Unrichtigkeit** des ärztlichen Zeugnisses trägt der Arbeitgeber und nicht die Schwangere. Insofern ist sie hier die

---

[1] BAG 31.7.1996 – 5 AZR 474/95.

nicht Beweispflichtige. Wäre sie beweispflichtig, so wäre es unschädlich, wenn sie die Erhebung von Beweisen vereitelt (Beibringungsgrundsatz im Zivilrecht). Als nicht beweispflichtige Person muss sie sich hier aber dann so behandeln lassen wie jemand, der dem anderen die ihm obliegende Beweisführung bzw. Beweiserschütterung unmöglich macht. Hierbei handelt es sich dann gewissermaßen um eine **Beweisvereitelung** (Rechtsgedanke aus § 444 ZPO). Dies wiederum kann zu Beweiserleichterungen für den Arbeitgeber bis hin zu einer Beweislastumkehr führen. Eine Treuepflichtverletzung liegt aber dann nicht vor, wenn der wenn der Arbeitgeber nicht substantiiert und nachvollziehbar entsprechende Gründe vorbringen kann, warum er der Meinung ist, das ärztliche Zeugnis würde unrichtige Angaben beinhalten. Das einfache Bestreiten der Richtigkeit ist nicht dazu geeignet zu erreichen, dass die Schwangere oder ihr Arzt nähere Angaben macht und die Schwangere ihren Arzt von der Schweigepflicht entbindet.[1]

Ist im Ergebnis der Beweis des „ärztlichen Zeugnisses" erschüttert, so **344** führt dies dazu, dass der Arbeitgeber nicht mehr mit der gebotenen Sicherheit davon ausgehen muss, dass eine ärztliche Gefährdungseinschätzung existiert, welche die Rechtsfolgen des § 16 Abs. 1 MuSchG (nämlich das Beschäftigungsverbot) auslöst.

**Praxistipp:**

In aller Regel werden sich bestehende Zweifel an einem ärztlichen Zeugnis nach § 16 Abs. 1 MuSchG einvernehmlich lösen lassen. Die werdende Mutter wird hier regelmäßig ihre Einwilligung erteilen, damit die erforderlichen Informationen über den Arbeitsplatzbezug, die „verbotenen" Tätigkeiten und den zeitlichen Umfang der Gefährdung eingeholt werden können, bzw. diese Informationen dem Arbeitgeber selber übergeben.

Bestehen Zweifel an einem Zeugnis, sollte dies offen mit der Schwangeren besprochen werden und um Nachbesserung gebeten werden.

Sollte es dabei bleiben, dass Zweifel (zB aufgrund mangelnder Mitwirkung) bestehen, so sollte vor weiteren Maßnahmen (zB Einstellung Entgeltfortzahlung, Missachtung des Beschäftigungsverbotes) aufgrund der rechtlichen Tragweite unbedingt vorher **fachanwaltlicher Rat** eingeholt werden. Dies ist insofern erforderlich, als dass hier der Arbeitgeber die Beweislast trägt und ihm bei Falscheinschätzung ggf. entsprechende rechtliche Folgen drohen (zB Annahmeverzug, Bußgeld, Strafverfahren). Im Zweifelsfall ist es hier trotz des Prozessrisikos besser, der Streitigkeit auf dem gerichtlichen Wege beizukommen.

---

[1] BAG 12.3.1997 – 5 AZR 766/95.

## XVIII. Nachuntersuchung der schwangeren Beschäftigten

345   Hat der Arbeitgeber im obigen Sinne seine Bedenken vorgetragen und wird das ärztliche Attest in der vorliegenden Form aufrechterhalten, so stellt sich die Frage, ob der Arbeitgeber zu Recht eine weitere ärztliche Untersuchung verlangen kann. Dies wird seitens der Rechtsprechung bejaht.[1] Im Rahmen der Verhältnismäßigkeitsprüfung (hier geht es schließlich um eine Einschränkung des allgemeinen Persönlichkeitsrechts nach Art. 2 Abs. 1 iVm Art. 1 Abs. 1 GG) ist hier allerdings zu fordern, dass der Arbeitgeber vorab erfolglos versucht hat, das bestehende ärztliche Zeugnis entsprechend abändern zu lassen und ggf. dem Arzt die Möglichkeit zu geben, dass er auch neue Arbeitsplatzumstände in seine Bewertung mit einbezieht.

---

**Leitsatz:**
   Bei triftigen Gründen kann der Arbeitgeber eine weitere ärztliche Untersuchung verlangen.

---

346   Weiterhin setzt dies aber auch Gründe voraus, die geeignet sind, den bestehenden Beweiswert des ärztlichen Zeugnisses (→ Rn. 336 ff.) zu erschüttern. Weiterhin hat der Arbeitgeber der Schwangeren auch die ihn bewegenden Gründe für eine weitere Untersuchung mitzuteilen.[2] Sofern man der Meinung der Rechtsprechung diesbezüglich folgt, **so ergibt sich die Verpflichtung zur Duldung der weiteren Untersuchung aus der ihr obliegenden Treuepflicht.**

347   Ganz unproblematisch ist die Einforderung einer weiteren Untersuchung allerdings nicht. Sofern das dem Streit zugrunde liegende ärztliche Zeugnis bereits stichhaltige Gründe beinhaltet, kann der Schwangeren nicht zugemutet werden, ein ggf. anderslautendes ärztliches Zeugnis einfach so zu akzeptieren. Im Zweifelsfall wird man hier der Schwangeren zugestehen müssen, dass sie ohne für sie negative Folgen die entsprechende Beschäftigung verweigern kann. Auch für den Arbeitgeber ist es aus fürsorgerechtlichen Gesichtspunkten problematisch, wenn er zwei gegenteilig lautende, aber an sich stichhaltige ärztliche Zeugnisse vorliegen hat. Teilweise wird hier empfohlen, ein drittes ärztliches Zeugnis einzuholen („Obergutachten"). Im außergerichtlichen Verfahren dürfte aber die Grenze der Zumutbarkeit ab der dritten Untersuchung für die Schwangere überstrapaziert sein (kritisch schon die dritte Untersuchung). Ihr kann es hier nicht zugemutet werden, sich so lange ärztlichen Untersuchungen zu unterziehen, bis ein für den Arbeitgeber gewünschtes Ergebnis herauskommt. Dies wäre auch nicht mit dem Fürsorgegedanken aus dem Grund-

---

[1] Vgl. zB BAG 21.3.2001 – 5 AZR 352/99.
[2] BAG 21.3.2001 – 5 AZR 352/99.

gesetz vereinbar (vgl. Art. 6 Abs. 4 GG). Im weiteren Zweifelsfall ist die Gerichtsbarkeit zu bemühen.

Für die Kosten der weiteren Untersuchungen hat der Arbeitgeber aufzu-  **348**
kommen.[1]

## XIX. Weitere Beschäftigungsverbote für Schwangere

Das ärztliche Beschäftigungsverbot nach § 16 Abs. 1 MuSchG bildet  **349**
nur einen Teilbereich der Beschäftigungsverbote für Schwangere ab. Es
ergänzt den mutterschutzrechtlichen Schutzbereich auf individuelle Aspekte. Den anderen Beschäftigungsverboten für Schwangere ist regelmäßig gemeinsam, dass sie unabhängig der individuellen Konstitution der
werdenden Mutter eintreten und (bis auf das vorgeburtliche Beschäftigungsverbot) auch nicht disponibel sind. Letzteres bedeutet, dass das Beschäftigungsverbot auch dann besteht, wenn die Mutter selber eigentlich
arbeiten will. Bei einigen Beschäftigungsverboten kann allerdings die zuständige Behörde Ausnahmen zulassen (vgl. zB § 28 MuSchG).

**Weitere Beschäftigungsverbote für Schwangere:**
– Schutzfristen vor und nach der Entbindung (§ 3 MuSchG)
– Verbot der Mehrarbeit (§ 4 MuSchG)
– Verbot der Nachtarbeit (§ 5 MuSchG)
– Verbot der Sonn- und Feiertagsarbeit (§ 6 MuSchG)
– Verbot der Tätigkeit bei fehlenden Schutzmaßnahmen (§ 10
  Abs. 3 MuSchG)
– Betriebliches Beschäftigungsverbot (§ 13 Abs. 1 Nr. 3 MuSchG)

---

[1] BAG 5.3.1957 – 1 AZR 72/55.

# H. Untersuchungen nach dem Jugendarbeitsschutzgesetz

**350**    Für Jugendliche gelten hinsichtlich ihrer Beschäftigung eigenständige Untersuchungen nach dem Jugendarbeitsschutzgesetz (JArbSchG). **Sofern Jugendliche in das Berufsleben eintreten, so muss eine Erstuntersuchung bei einem Arzrsvt erfolgen.**[1] Weiterhin ist nach Ablauf eines Jahres eine weitere Untersuchung (Nachuntersuchung) notwendig, sofern die beschäftigte Person bis dahin das 18. Lebensjahr hier noch nicht vollendet hat.

> **Leitsatz:**
> Jugendlicher im Sinne des JArbSchG ist, wer 15 aber noch nicht 18 Jahre alt ist (§ 2 Abs. 2 JArbSchG).

**351**    Die Untersuchungen nach dem JArbSchG dienen der Verhinderung von Tätigkeiten, welche die Gesundheit oder die Entwicklung des Jugendlichen negativ beeinträchtigen.

> **Leitsatz:**
> Ein Jugendlicher, welcher in das Berufsleben eintritt, muss vor Aufnahme der Beschäftigung durch einen Arzt untersucht werden **(Erstuntersuchung)**.
> Nach einem Jahr hat eine erneute Untersuchung **(Nachuntersuchung)** zu erfolgen, wenn die beschäftigte Person noch keine 18 Jahre alt ist.

**352**    Die Untersuchungspflichten für Jugendliche gelten dann nicht, wenn der Jugendliche nur geringfügig beschäftigt ist oder die Beschäftigung nicht länger als zwei Monate dauert (§ 32 Abs. 2 JArbSchG). **Zusätzlich** ist allerdings erforderlich, dass es sich bei den zugrunde liegenden Tätigkeiten um „leichte" Arbeiten handelt, von denen **keine gesundheitlichen Nachteile** für den Jugendlichen zu befürchten sind. Ob eine Beschäftigung **„geringfügig"** ist, muss jeweils im Einzelfall entschieden werden. Geringfügig ist eine Beschäftigung dann, wenn sie unter Berücksichtigung des Alters und des Entwicklungsstandes den Jugendlichen nicht nennenswert beansprucht oder belastet.[2] Das Ausmaß der „Geringfügigkeit" darf hierbei weder am einzelnen Tag noch in der Woche überschritten werden. In der Regel wird man davon ausgehen können, dass eine geringfügige Be-

---

[1] In der Seefahrt gelten eigenständige Regelungen (§ 61 JArbSchG).
[2] BayObLG 11.1.1983 – 3 Ob OWi 164/82.

schäftigung dann vorliegt, wenn sie (auf mehrere Tage verteilt) weniger als 15 Stunden wöchentlich umfasst.[1] Ist die Beschäftigung „geringfügig" in diesem Sinne, ist auch der Gesamtzeitraum nicht von Relevanz, in dem die entsprechende Beschäftigung ausgeführt wird (diese „geringfügige" Beschäftigung kann folglich auch länger als zwei Monate dauern).

# I. Erstuntersuchung

Die erste ärztliche Untersuchung von Jugendlichen, die in das „Berufs- **353** leben eintreten", hat **vor** Aufnahme der Tätigkeit zu erfolgen. Der Arbeitgeber hat hier also zwingend zu beachten, dass der Jugendliche untersucht wurde und ihm auch eine entsprechende Untersuchungsbescheinigung vorliegt.

---

**Leitsatz:**
Ein Jugendlicher, der in das Berufsleben eintritt, darf nur unter folgenden Voraussetzungen beschäftigt werden:
- Teilnahme an einer ärztlichen Untersuchung innerhalb der letzten 14 Monate **(Erstuntersuchung)**
- dem Arbeitgeber liegt eine ärztliche Bescheinigung hierüber vor.

---

Ohne diese ärztliche Untersuchung und das Vorliegen der entsprechen- **354** den Bescheinigung darf der Arbeitgeber den Jugendlichen folglich nicht beschäftigen (§ 32 Abs. 1 JArbSchG). Missachtet der Arbeitgeber diese Vorgaben, so begeht er eine Ordnungswidrigkeit und unter bestimmten Voraussetzungen auch eine Straftat (§ 58 JArbSchG). Die ärztliche Erstuntersuchung **darf nicht älter als 14 Monate sein** (§ 32 Abs. 1 Nr. 1 JArbSchG). Maßgeblich ist hier der tatsächliche Beginn der Arbeitsaufnahme.[2] Hat folglich eine ärztliche Untersuchung stattgefunden, liegt diese aber länger als 14 Monate zurück, so ist eine erneute Erstuntersuchung durchzuführen.

Dies gilt allerdings nur für die **erstmalige** Arbeitsaufnahme. Wird nach **355** erfolgter Arbeitsaufnahme der Arbeitgeber gewechselt, so ist keine erneute Untersuchung fällig. In diesen Fallkonstellationen muss sich der neue Arbeitgeber lediglich die Bescheinigungen der bereits erfolgten Untersuchungen vorlegen lassen (→ Rn. 384 ff.).

Weiterhin ist unabdingbare Voraussetzung, dass dem Arbeitgeber vor **356** Beginn der Beschäftigung auch eine entsprechende ärztliche Bescheinigung über die durchgeführte Untersuchung vorliegt. Folglich ist es formaljuristisch nicht ausreichend, dass die ärztliche Erstuntersuchung stattge-

---

[1] Vgl. hierzu im Sozialrecht: § 138 Abs. 3 SGB III.
[2] *Lakies* JArbSchG § 32 Rn. 7.

funden hat. Vielmehr bedarf es zur rechtmäßigen Beschäftigung des Jugendlichen auch des Vorliegens der ärztlichen Bescheinigung. Für die Einhaltung der Fristen ist relevant, dass als „Tag der Untersuchung" der Tag gilt, an dem der Arzt seine abschließende Beurteilung vornimmt (§ 1 Abs. 2 JArbSchUV). Diese Fiktion gilt auch dann, wenn sich das tatsächliche Untersuchungsgeschehen auf mehrere Tage verteilt, weil zB noch Befunde eingeholt werden müssen. So ist für die Fristberechnung nur der Tag maßgeblich, an dem der Arzt seine abschließende Beurteilung vornimmt.

357    Eine Erstuntersuchung ist ferner dann erforderlich, wenn eine anfänglich geringfügige oder kurzweilige Beschäftigung im Sinne von § 32 Abs. 2 JArbSchG (→ Rn. 352) Ausmaße erreicht, welche den Ausnahmetatbestand nicht mehr rechtfertigen. Dies kann zB dann der Fall sein, wenn absehbar ist, dass die Beschäftigung (ohne „geringfügig" zu sein), länger als zwei Monate betragen wird. In diesen Fallkonstellationen gilt als „Eintritt" in das Berufsleben der Zeitpunkt, an dem der Ausnahmetatbestand nach § 32 Abs. 2 JArbSchG entfällt.

## II. Erste Nachuntersuchung

358    Der Zielsetzung der ärztlichen Untersuchungen nach dem JArbSchG entsprechend, ua auch den Gesundheitszustand des Jugendlichen auch während der Beschäftigung zu überwachen, hat der Gesetzgeber festgelegt, dass ein Jahr nach Aufnahme der Beschäftigung sich der Arbeitgeber eine erneute Bescheinigung über eine ärztliche Untersuchung (**Nachuntersuchung**) vorlegen lassen muss (§ 33 Abs. 1 S. 1 JArbSchG). Dies gilt allerdings nur dann, wenn die beschäftigte Person bis dahin nicht bereits das 18. Lebensjahr erreicht hat und somit volljährig ist.

> **Leitsatz:**
> **Ein Jahr** nach Beschäftigungsaufnahme ist die ärztliche Untersuchung zu **wiederholen** (Nachuntersuchung), sofern der Beschäftigte bis dahin nicht das 18. Lebensjahr erreicht hat.

359    Die ärztliche Bescheinigung über die erfolgte Untersuchung darf nicht älter als **drei Monate** sein (§ 33 Abs. 1 S. 2 JArbSchG).

360    Hinsichtlich der Verbindlichkeit der ärztlichen Nachuntersuchungen enthält das JArbSchG abgestufte Informations- und Handlungspflichten, welche sich an den Arbeitgeber richten. Dem Jugendlichen wird hier mehrfach Gelegenheit gegeben, über die Notwendigkeit der Untersuchung unterrichtet zu werden und einen entsprechenden Arzttermin einzuplanen und auch wahrzunehmen. Nach spätestens 14 Monaten nach erstmaligem Beschäftigungsbeginn besteht allerdings ein Beschäftigungsverbot, sofern

II. Erste Nachuntersuchung

dem Arbeitgeber keine entsprechende Untersuchungsbescheinigung vorliegt (§ 33 Abs. 3 JArbSchG). Das Beschäftigungsverbot richtet sich allerdings nur an den Arbeitgeber und nicht an den Jugendlichen. Dem Arbeitgeber ist es somit unter Bußgeld- und Strafandrohung (§ 58 JArbSchG) nicht erlaubt, einen Jugendlichen entsprechend zu beschäftigen. Hat der Jugendliche die Nichtvorlage der notwendigen Untersuchungsbescheinigung zu vertreten, so entfällt für den Arbeitgeber nach Erfüllung seiner Mitteilungspflichten die Verpflichtung, das Arbeitsentgelt bzw. die Ausbildungsvergütung zu bezahlen. Ferner kann der Arbeitsvertrag bzw. Ausbildungsvertrag gekündigt werden.[1]

> **Leitsatz:**
> Nach **Ablauf von 14 Monaten** nach erstmaliger Beschäftigungsaufnahme besteht ein **Beschäftigungsverbot**, sofern der Jugendlich nicht an der Nachuntersuchung teilgenommen hat und dem Arbeitgeber hierüber eine entsprechende Bescheinigung vorliegt.

Vor Ablauf der 14 Monate (gerechnet seit erstmaliger Beschäftigungs-   **361**
aufnahme) und dem damit folgenden Verbot der Weiterbeschäftigung des Jugendlichen, ist der Arbeitgeber allerdings verpflichtet, mit entsprechendem Nachdruck den Jugendlichen zur Teilnahme an der ärztlichen Nachuntersuchung zu bewegen.

**Informationspflichten des Arbeitgebers bei Nachuntersuchungen (§ 33 Abs. 1, Abs. 2 JArbSchG):**
– 9 Monate nach der ersten Beschäftigungsaufnahme soll der Arbeitgeber den Jugendlichen darauf hinweisen, dass nach Ablauf eines Jahres eine Nachuntersuchung zu erfolgen hat
– der Hinweis soll die Angabe enthalten, bis wann die ärztliche Bescheinigung hierüber vorzulegen ist
– hat der Jugendliche die Untersuchung nach Ablauf von 12 Monaten nach erster Beschäftigungsaufnahme nicht durchführen lassen, so hat ihm der Arbeitgeber innerhalb eines weiteren Monates darauf hinzuweisen, dass nach spätestens 14 Monaten ein Beschäftigungsverbot eintritt
– der Jugendliche ist schriftlich aufzufordern, die Bescheinigung vorzulegen
– die schriftliche Aufforderung hat der Arbeitgeber in Kopie auch den Personensorgeberechtigten und dem Betriebs- oder Personalrat zuzusenden

---

[1] *Lakies* JArbSchG § 33 Rn. 7.

## III. Außerordentliche Nachuntersuchung

**362** Auch wenn die Untersuchungen nach dem JArbSchG grundsätzlich möglichst standardisiert und gleichmäßig ablaufen sollen, so können sich dennoch aus der Verschiedenartigkeit der Menschen Konstellationen ergeben, die es erforderlich machen, den Gesundheits- und Entwicklungsstand und die körperliche Beschaffenheit ganz individuell zu beurteilen. Der Arzt ist vor diesem Hintergrund berechtigt, eine außerordentliche Nachuntersuchung des Jugendlichen anzuordnen.

**§ 35 Abs. 1 JArbSchG (außerordentliche Nachuntersuchung):**

*„Der Arzt soll eine außerordentliche Nachuntersuchung anordnen, wenn eine Untersuchung ergibt, dass*
*1. ein Jugendlicher hinter dem seinem Alter entsprechenden Entwicklungsstand zurückgeblieben ist,*
*2. gesundheitliche Schwächen oder Schäden vorhanden sind,*
*3. die Auswirkungen der Beschäftigung auf die Gesundheit oder Entwicklung des Jugendlichen noch nicht zu übersehen sind.“*

**363** Immer dann, wenn der Arzt nach pflichtgemäßem Ermessen feststellt, dass ein Jugendlicher hinter dem seinen Alter entsprechenden Entwicklungsstand zurückgeblieben ist, gesundheitliche Schwächen oder Schäden vorhanden sind oder die Auswirkungen der Beschäftigung auf die Gesundheit oder Entwicklung des Jugendlichen noch nicht zu übersehen sind, soll er eine außerordentliche Nachuntersuchung anordnen (§ 35 Abs. 1 JArbSchG). Es genügt hierzu, dass jeweils eine der Fallgruppen vorliegt (zB Vorhandensein gesundheitlicher Schwächen), es müssen nicht alle der drei genannten Konstellationen zusammen vorliegen. Eine außerordentliche Nachuntersuchung ist auch schon dann gerechtfertigt, wenn zur Feststellung der Auswirkungen der Beschäftigung auf die Gesundheit oder die Entwicklung des Jugendlichen zum Zeitpunkt der Untersuchung keine gesicherten Prognosegrundlagen vorliegen.[1]

**364** § 35 Abs. 1 ArbSchG ist als sogenannte **„Sollvorschrift"** ausgestaltet (… Der Arzt *soll* eine außerordentliche Nachuntersuchung …). Rechtlich und im verwaltungsrechtlichen Kontext bedeutet dies, dass Arzt vom Grundsatz hier bei Vorliegen der entsprechenden Tatbestände (zB Vorhandensein gesundheitlicher Schwächen nach § 35 Abs. 1 Nr. 2 JArbSchG) eine entsprechende außerordentliche Nachuntersuchung vom Grundsatz her anordnen **muss**.

---

Leitsatz:

Beim Vorliegen der in § 35 Abs. 1 JArbSchG benannten Gründe **muss** der Arzt vom Grundsatz her immer eine außerordentliche Nachuntersuchung anordnen.

---

[1] ErfK/*Schlachter* JArbSchG § 35 Rn. 1.

Beim Vorliegen außergewöhnlicher Umstände kann er allerdings von **365** diesen Grundsätzen abweichen und im Rahmen seiner ihm hier dann zustehenden Ermessensausübung auf die Anordnung einer außerordentlichen Nachuntersuchung verzichten. Er muss diese Entscheidung aber auch begründen können und in Zweifelsfällen auch ausreichend darlegen („Beweislastumkehr"). Unter Umständen macht sich der Arzt schadensersatzpflichtig, wenn er ohne dem Vorliegen besonderer Gründe auf die Anordnung einer außerordentlichen Nachuntersuchung verzichtet und dem Jugendlichen hieraus ein entsprechender Schaden entsteht.

Die „außerordentlichen" Nachuntersuchungen sind immer nur **Zusatz- 366 untersuchungen**. Sie stehen unabhängig und lassen die „normalen" Nachuntersuchungen nach einem Jahr nach Aufnahme der Beschäftigung nach § 33 Abs. 1 JArbSchG unberührt (§ 35 Abs. 2 JArbSchG). Dies bedeutet, dass nach einem Jahr immer eine Nachuntersuchung nach § 33 Abs. 1 JArbSchG stattfinden muss, unabhängig davon, ob in der Zwischenzeit auch eine „außerordentliche" Nachuntersuchung erfolgte.

> **Leitsatz:**
> Die außerordentlichen Nachuntersuchungen sind immer Zusatzuntersuchungen und lassen die „normalen" Nachuntersuchungen unberührt.

Diese Zusatzuntersuchungen können auch mehrmals angeordnet wer- **367** den, sofern dies der Arzt für notwendig erachtet. Hat die zu untersuchende Person allerdings das 18. Lebensjahr vollendet, so ist keine Untersuchung nach § 35 JArbSchG mehr möglich.

Auch bei außerordentlichen Nachuntersuchungen nach § 35 JArbSchG **368** ist eine Arbeitgeberbescheinigung nach § 39 Abs. 2 JArbSchG auszustellen (→ Rn. 399 ff.). Allerdings ist das Erfordernis einer außerordentlichen Nachuntersuchung selbst nicht auf der Arbeitgeberbescheinigung zu vermerken, so dass ein Arbeitgeber ggf. von der ärztlichen Anordnung nichts weiß. Beschäftigungsverbote ergeben sich allerdings bei nicht durchgeführten Untersuchungen gem. § 35 JArbSchG nicht. Allerdings muss der Arbeitgeber die Gefährdungsvermerke in der Untersuchungsbescheinigung auch dann beachten, wenn es sich bei der Untersuchung um eine außerordentliche Nachuntersuchung nach § 35 JArbSchG handelt und der Jugendliche ihm Bescheinigung übergibt.

## IV. Weitere Nachuntersuchungen

Der Gesetzgeber macht die Beschäftigung Jugendlicher vom Grundsatz **369** her von einer Erstuntersuchung (§ 32 Abs. 1 JArbSchG) abhängig und lässt auch eine weitere Beschäftigung nur dann zu, wenn nach einem Jahr der tatsächlichen Aufnahme der Beschäftigung eine entsprechende Nachuntersuchung erfolgt ist (§ 33 Abs. 1 JArbSchG). Weitere Untersuchungen (zB die außerordentlichen Nachuntersuchungen nach § 35 JArbSchG) sind allerdings keine Voraussetzungen für eine weitere Beschäftigung. Eine verpflichtende engmaschige Untersuchung hält hier der Gesetzgeber nicht für erforderlich, zumal der Arzt bei Vorliegen entsprechender Umstände bereits eine Zusatzuntersuchung („außerordentliche Nachuntersuchung" gem. § 35 JArbSchG) anordnen soll. Da Jugendliche aber weiterhin im Sinne des Jugendschutzes als besonders schützenswert zu betrachten sind, besteht für die Jugendlichen weiterhin das Recht, sich **jährlich** nochmals untersuchen zu lassen. Ein Jahr nach der ersten Nachuntersuchung kann der Jugendliche folglich eine weitere Untersuchung nach dem JArbSchG durchführen lassen (§ 34 JArbSchG). Dies gilt auch für jedes weitere Jahr, solange die beschäftigte Person bis dahin nicht das 18. Lebensjahr erreicht hat.

### § 34 S. 1 JArbSchG (Weitere Nachuntersuchungen):

*„Nach Ablauf jedes weiteren Jahres nach der ersten Nachuntersuchung kann sich der Jugendliche erneut nachuntersuchen lassen (weitere Nachuntersuchungen)"*

**370** Diese Untersuchungen sind für den Jugendlichen aber absolut **freiwillig**. Er kann hierzu nicht „gezwungen" werden, da der alleinige Umstand, ob er diese weiteren Nachuntersuchungen wahrnimmt oder nicht, keinerlei Auswirkungen auf den Arbeitsvertrag- bzw. Ausbildungsvertrag hat. Es handelt sich hierbei vielmehr um ein Angebot des Staates, sich auf dessen Kosten nochmals untersuchen zu lassen um arbeitsbedingte Erkrankungen (einschl. Berufskrankheiten) frühzeitig zu erkennen und zu verhindern, die sich auf das Alter und die Entwicklung des Jugendlichen zurückführen lassen. Diese weiteren Nachuntersuchungen kann der Jugendliche jährlich solange wiederholen, wie er das 18. Lebensjahr noch nicht vollendet hat.

**371** Der Arbeitgeber soll den Jugendlichen auf die Möglichkeit dieser weiteren Nachuntersuchungen aktiv **hinweisen** (§ 34 S. 2 JArbSchG). Dies dient der Gewährleistung, dass der Jugendliche von diesem Recht auch entsprechende Kenntnis erlangt. Weiterhin soll er den Jugendlichen dazu bewegen, dass ihm die Bescheinigung einer entsprechenden weiteren Nachuntersuchung vorgelegt wird, sofern diese auch erfolgt ist (§ 34 S. 2 JArbSchG). Allerdings kann der Arbeitgeber die Vorlage der Bescheinigung in diesen Fällen nicht erzwingen, da die Nichtvorlage dieser Bescheinigung im Gegensatz zu der Erstuntersuchung (nach § 32 Abs. 1 JArbSchG) und der ersten Nachuntersuchung (nach § 33 Abs. 1 JArbSchG) **kein Beschäftigungsverbot** nach sich zieht.

---

Leitsatz:
Auf die „weiteren Nachuntersuchungen" soll der Arbeitgeber den Jugendlichen hinweisen und auch bewirken, dass ihm eine entsprechende Untersuchungsbescheinigung vorgelegt wird.

Dennoch soll der Arbeitgeber auf die Vorlage der Bescheinigung hinwir- **372**
ken, da hier ggf. die Arbeiten durch den Arzt vermerkt werden, durch deren
Ausführung der Arzt die Gesundheit oder die Entwicklung des Jugendlichen gefährdet sieht (vgl. § 37 Abs. 3 Nr. 2 JArbSchG, → Rn. 399 ff.).
Auch wenn die „weiteren Nachuntersuchungen" nach § 34 JArbSchG für
den Jugendlichen selber freiwillig sind und die Nichtteilnahme bzw. die
Nichtvorlage der Bescheinigung für den Arbeitgeber nicht zu einem Ver-
bot führt, den Jugendlichen weiter zu beschäftigen, sind darf der Arzt den
Jugendlichen dann nicht mit bestimmten Tätigkeiten beschäftigten, so-
fern ihm eine Bescheinigung vorliegt, die genau diese Tätigkeiten für den
Jugendlichen als gefährdend ansehen (vgl. § 40 Abs. 1 JArbSchG, →
Rn. 401 ff.).

## V. Inhalt der Untersuchungen

---

**Leitsatz:**
Auf folgende Aspekte haben sich die Untersuchungen nach dem Jugendarbeitsschutzgesetz zu erstrecken:

| Erstuntersuchung | Nachuntersuchungen* |
|---|---|
| – Gesundheitszustand des Jugendlichen | – Gesundheitszustand des Jugendlichen |
| – Entwicklungsstand des Jugendlichen | – Entwicklungsstand des Jugendlichen |
| – Körperliche Beschaffenheit des Jugendlichen | – Körperliche Beschaffenheit des Jugendlichen |
| | – Auswirkungen der Beschäf-tigung auf Gesundheit und Entwicklung des Jugendlichen |

\* einschließlich der „außerordentlichen" Nachuntersuchungen

---

Der Inhalt der ärztlichen Untersuchungen nach dem JArbSchG ist ein- **373**
heitlich festgelegt, um einen gewissen Untersuchungsstandard hinsichtlich
des Inhaltes zu gewährleisten und somit sicherzustellen, dass eine gewisse
Vergleichbarkeit der Untersuchungen besteht. Neben dem Gesundheits-
und Entwicklungsstand des Jugendlichen ist auch dessen körperliche Beschaffenheit einer entsprechenden ärztlichen Würdigung zu unterziehen
(§ 37 Abs. 1 JArbSchG).

Bei den **Nachuntersuchungen** ist zusätzlich zu untersuchen, ob die Be- **374**
schäftigung Auswirkungen auf die Gesundheit und die Entwicklung des
Jugendlichen hat (§ 37 Abs. 1 JArbSchG).

Die festgelegten Untersuchungsinhalte nach § 37 Abs. 1 JArbSchG gel- **375**
ten sowohl für die Erstuntersuchung (§ 32 Abs. 1 JArbSchG), die Nachuntersuchung (§ 33 Abs. 1 JArbSchG), die weiteren Nachuntersuchungen

(§ 34 JArbSchG) und die außerordentlichen Nachuntersuchungen (§ 35 Abs. 1 JArbSchG). Folglich ist der Untersuchungsinhalt auch dann festgelegt, wenn es sich um für den Jugendlichen vollkommen freiwillige Untersuchungen (§ 34 JArbSchG) handelt. Auch in diesen Fällen hat sich der Arzt an die entsprechenden Vorgaben zu halten, sofern er Untersuchungen nach dem JArbSchG durchführt. Die zu erfolgenden Untersuchungen haben jeweils immer unter **Berücksichtigung der Krankheitsvorgeschichte** des Jugendlichen zu erfolgen (§ 37 Abs. 2 JArbSchG, § 1 Abs. 1 JArbSchUV), so dass diese durch eine entsprechende Anamnese durch den Arzt zu erheben ist.

376 Möchte der Arzt weitergehende Untersuchungen mit in § 37 Abs. 1 JArbSchG nicht benannten Zielrichtungen vornehmen, so bedarf es einer entsprechenden rechtlichen Grundlage hierfür (zB nach der ArbMedVV). Eine diesbezügliche Differenzierung ist auch vor dem Hintergrund der Kostentragung von Relevanz.

377 Zur Vorbereitung der ärztlichen Untersuchungen nach dem JArbSchG sind einheitliche Erhebungsbögen nach § 3 JArbSchUV zu verwenden, welche vom Personensorgeberechtigten ausgefüllt und von diesem und dem Jugendlichen selber unterschrieben dem Arzt bei der Untersuchung vorgelegt werden soll.

378 Wie bereits oben erwähnt haben sich die ärztliche Untersuchung nach dem JArbSchG auf die Aspekte Gesundheit und Entwicklung, besondere Gesundheitsmaßahmen und die eventuelle Erforderlichkeit einer außerordentlichen Nachuntersuchung zu erstrecken. Den individuellen Gegebenheiten entsprechend kann es daher des Weiteren auch notwendig sein, ergänzende Untersuchungen zur Beurteilung der festgelegten Aspekte durchzuführen. Ist eine abschließende Beurteilung nach § 39 JArbSchG somit nur möglich, wenn noch ergänzende Untersuchungen zusätzlich durchgeführt werden, so kann der Arzt diese **Ergänzungsuntersuchungen** bei einem anderen Arzt oder Zahnarzt veranlassen (§ 38 JArbSchG). Er hat hierbei jeweils die Notwendigkeit schriftlich zu begründen.

## VI. Ärztliche Beurteilung

379 Gem. der Zielrichtungen der ärztlichen Untersuchungen nach dem JArbSchG, den jeweiligen Entwicklungs- und Gesundheitszustand des Jugendlichen festzuhalten und auch zu bewerten, ob sich aus den Aspekten der Jugendlichkeit Gefährdungen bei den durchzuführenden Tätigkeiten ergeben, haben die Untersuchungen einheitlichen, in § 37 Abs. 2 JArbSchG benannten, Kriterien zu folgen. Diese beziehen sich auf die Gesundheit und Entwicklung, gefährdende Tätigkeiten, besonderen Gesundheitsmaßnahmen und die Notwendigkeit einer außerordentlichen Untersuchung (Zusatzuntersuchung).

**Leitsatz:**

Folgende Beurteilungen haben aus den ärztlichen Untersuchungen nach dem JArbSchG zu folgen:

1. Fragestellung, ob die Gesundheit des Jugendlichen durch die Ausführung bestimmter Arbeiten oder durch die Beschäftigung selber während bestimmter Zeiten gefährdet wird
2. Fragestellung, ob die Entwicklung des Jugendlichen durch die Ausführung bestimmter Arbeiten oder durch die Beschäftigung während bestimmter Zeiten gefährdet wird
3. Fragestellung, ob besondere der Gesundheit dienenden Maßnahmen erforderlich sind
4. Fragestellung, ob eine außerordentliche Nachuntersuchung (Zusatzuntersuchung) erforderlich ist.

**Alle** diese Faktoren müssen einzeln einer Bewertung unterzogen werden. Eine entsprechende ärztliche Beurteilung kann nur dann erfolgen, wenn alle notwendigen Erkenntnisse dem Arzt vorliegen. Sofern beispielsweise ergänzende Untersuchungen nach § 38 JArbSchG notwendig sind (→ Rn. 378), so kann eine abschließende Beurteilung erst dann vorgenommen werden, wenn auch diese Untersuchungen durchgeführt wurden. So kann es zB bei der Notwendigkeit ergänzender Untersuchungen auch vorkommen, dass sich der Vorgang über mehrere Tage erstreckt. Für die Fristen für die Erst- und die Nachuntersuchungen ist dies aber irrelevant. Entscheidend ist, dass die Beurteilung fristgemäß durchgeführt wurde. Als Tag der Untersuchung gilt der Tag der abschließenden Beurteilung (§ 1 Abs. 2 JArbSchUV).  **380**

**Beispiel:**

Der Jugendliche J ist beim Arzt A anlässlich einer Erstuntersuchung nach dem JArbSchG am 15. Mai vorstellig. A veranlasst bei einem Facharzt ergänzende Untersuchungen. Die Ergebnisse liegen erst am 22. Mai A vor, an diesem Tag schließt auch A seine Beurteilungen ab.

Als Untersuchungstag gilt gem. § 1 Abs. 2 JArbSchUV der 22. Mai.

Erst ab dem 22. Mai darf folglich der Jugendliche bei seinem Arbeitgeber die Tätigkeiten tatsächlich aufnehmen.

## 1. Besondere Gesundheitsmaßnahmen

Ebenfalls hat sich die ärztliche Beurteilung auf die Frage zu erstrecken, ob besondere der Gesundheit dienende Maßnahmen erforderlich sind (§ 37 Abs. 2 Nr. 2 JArbSchG, § 1 Abs. 1 JArbSchUV).  **381**

## 2. Außerordentliche Nachuntersuchung

**382** Letztlich muss auch noch mitbeurteilt werden, ob eine „außerordentliche Nachuntersuchung" (Zusatzuntersuchung) nach § 35 Abs. 1 JArbSchG erforderlich ist (§ 37 Abs. 2 Nr. 3 JArbSchG). Dies ist grundsätzlich dann der Fall, wenn der Jugendliche hinter dem seinem Alter entsprechenden Entwicklungsstand zurückgeblieben ist, gesundheitliche Schwächen oder Schäden vorhanden sind oder die Auswirkungen der Beschäftigung auf die Gesundheit oder Entwicklung des Jugendlichen noch nicht abzusehen sind.

**383** Die Notwendigkeit einer außerordentlichen Nachuntersuchung ist allerdings lediglich den Personensorgeberechtigten mitzuteilen (§ 39 Abs. 1 Nr. 4 JArbSchG), auf der Arbeitgeberbescheinigung ist dieser Hinweis dagegen nicht enthalten.

# VII. Wechsel des Arbeitgebers

**384** Im Beschäftigungsverhältnis des Jugendlichen kann es selbstverständlich vorkommen, dass der Arbeitgeber gewechselt wird (zB beim Wechsel der Ausbildungsstelle etc.). In diesen Fällen muss sich der neue Arbeitgeber entsprechend vergewissern, dass die nach dem JArbSchG erforderlichen ärztlichen Untersuchungen des Jugendlichen stattgefunden haben.

> **Leitsatz:**
> Wechselt der Jugendliche den Arbeitgeber so muss sich der neue Arbeitgeber die Bescheinigung über die erfolgte Erstuntersuchung vorlegen lassen.
> Ist seit der erstmaligen Beschäftigungsaufnahme ein Jahr vergangen, so muss er sich auch die Bescheinigung über die erste Nachuntersuchung vorlegen lassen.

**385** Eine erneute ärztliche Untersuchung ist also bei einem Arbeitgeberwechsel nicht erforderlich. Hier muss sich der neue Arbeitgeber also lediglich die Bescheinigung über die beim alten Arbeitgeber erfolgte Erstuntersuchung gem. § 32 Abs. 1 JArbSchG vorlegen lassen (§ 36 JArbSchG). Dies ist allerdings dann für den neuen Arbeitgeber verpflichtend. Liegt ihm die entsprechende Bescheinigung nicht vor, so besteht für den Arbeitgeber ein Verbot, den Jugendlichen hier entsprechend zu beschäftigen (**Beschäftigungsverbot**, § 36 JArbSchG).

**386** Ist seit erstmaliger Beschäftigungsaufnahme durch den Jugendlichen ein Jahr vergangen, so muss sich beim Arbeitgeberwechsel der neue Arbeitgeber auch die Bescheinigung der ersten Nachuntersuchung nach § 33 Abs. 1 JArbSchG vorlegen lassen (§ 36 JArbSchG). Entscheidend ist hier also nicht, ob der Jugendliche bereits ein Jahr beim neuen Arbeitgeber tätig ist, entscheidend bleibt gem. § 36 JArbSchG allein, wann der Jugendliche generell in das „Berufsleben" eingetreten ist (egal bei welchem Arbeitgeber). Auch in diesen Fällen ergibt sich aus § 36 JArbSchG für den Arbeitgeber ein **Beschäftigungsverbot**, wenn die ärztliche Bescheinigung über die erste Nachuntersuchung nicht vorliegt.

Eine Missachtung der bestehenden Beschäftigungsverbote ist für den **387** neuen Arbeitgeber eine Ordnungswidrigkeit und unter bestimmten Umständen auch eine Straftat (§ 58 JArbSchG).

Zur Erfüllung seiner Verpflichtungen benötigt der neue Arbeitgeber die **388** gem. § 6 JArbSchUV auszustellenden Arbeitgeberbescheinigungen. Da diese in der Regel dem alten Arbeitgeber vorliegen, muss der alte Arbeitgeber diese Originalbescheinigungen bei Beendigung des Beschäftigungsverhältnisses dem Jugendlichen aushändigen, damit dieser in die Lage versetzt wird, dem neuen Arbeitgeber diese Bescheinigungen zu übergeben (vgl. § 41 Abs. 2 JArbSchG). Ein direkter Herausgabeanspruch des neuen Arbeitgebers an den alten Arbeitgeber besteht dagegen nicht. Lediglich der Jugendliche hat gegenüber dem alten Arbeitgeber einen entsprechenden Herausgabeanspruch.

Im Ergebnis muss sich also der neue Arbeitgeber die Untersuchungsbe- **389** scheinigungen von dem Jugendlichen selber vorlegen lassen. Die einem Ausbildungs- bzw. Arbeitsvertrag immanenten Nebenpflichten bedingen auch, dass der Jugendliche verpflichtet ist, dem neuen Arbeitgeber die Bescheinigungen vorzulegen. Hier ist von großer Relevanz, dass der neue Arbeitgeber aufgrund des nach § 36 JArbSchG eintretenden Beschäftigungsverbotes den Jugendlichen ohne diese Bescheinigungen nicht beschäftigen darf. **Insofern handelt es sich dann um eine leistungssichernde Nebenpflicht gem. § 242 BGB.**

---

Leitsatz:

> Der Jugendliche ist verpflichtet, dem neuen Arbeitgeber die alten Arbeitgeberbescheinigungen über die erfolgten Untersuchungen vorzulegen und auszuhändigen.

---

Hat allerdings tatsächlich keine Erst- und/oder Nachuntersuchung statt- **390** gefunden, so kann in diesen Fällen der Jugendliche die Bescheinigung auch nicht vorlegen. In diesen Fällen ist der Arbeitgeberwechsel als „Eintritt in das Berufsleben" zu sehen, so dass hier dann eine Erstuntersuchung gem. § 32 Abs. 1 JArbSchG stattzufinden hat. Dies gilt ungeachtet der Tatsache, dass in diesen Fällen der alte Arbeitgeber eine Ordnungswidrigkeit und ggf. eine Straftat gem. § 58 JArbSchG begangen hat.

391    Die Bescheinigungen über weitere Untersuchungen nach dem JArb-SchG (zB außerordentliche Nachuntersuchung nach § 35 JArbSchG) muss sich der Arbeitgeber dagegen nicht vorlegen lassen.

## VIII. Aufzeichnungen des Arztes

392    Über die durchgeführten Untersuchungen nach dem JArbSchG hat der Arzt entsprechende schriftliche Unterlagen zu fertigen. Hierbei handelt es sich um interne Unterlagen, die auch **beim Arzt verbleiben**. Die Mitteilung an den Personensorgeberechtigten und den Arbeitgeber ist gesondert in § 39 JArbSchG geregelt.

> **Leitsatz:**
> Der untersuchende Arzt hat folgende Aspekte (welche bei ihm verbleiben) schriftlich festzuhalten:
> – den Untersuchungsbefund,
> – die Arbeiten, durch deren Ausführung er die Gesundheit oder die Entwicklung des Jugendlichen für gefährdet hält,
> – die besonderen der Gesundheit dienenden Maßnahmen,
> – die Anordnung einer außerordentlichen Nachuntersuchung.

393    Diese Aspekte sind **schriftlich** festzuhalten (§ 37 Abs. 2 JArbSchG). In der Art der Dokumentation ist hier der Arzt allerdings nicht frei. Vielmehr hat er hier bestimmte einheitliche Formulare zu verwenden (§ 4 Abs. 1 JArbSchUV).

## IX. Mitteilungen und Bescheinigungen
## (Personensorgeberechtigten und Arbeitgeber)

394    Von den Unterlagen, welcher der Arzt anlässlich der Untersuchung erstellen muss und welche bei ihm verbleiben, sind die Mitteilungen und Bescheinigungen zu unterscheiden, die er den Personensorgeberechtigten und dem Arbeitgeber zu machen hat. Diese Mitteilungen sind bei **allen** Untersuchungen nach dem JArbSchG durchzuführen (Erstuntersuchung nach § 32 Abs. 1 JArbSchG, Erste Nachuntersuchung nach § 33 Abs. 1 JArbSchG, weitere Nachuntersuchungen nach § 34 JArbSchG und die außerordentlichen Untersuchungen (Zusatzuntersuchungen) nach § 35 Abs. 1 JArbSchG).

395    In Bezug auf die zu erfolgenden Mitteilungen und Bescheinigungen unterliegt der Arzt einem Formzwang. Er hat hier die in der JArbSchUV festgelegten Formblätter zu benutzen. So existieren sowohl für die Mit-

teilung an den Personensorgeberechtigten (§ 5 JArbSchUV) als auch für die Mitteilung an den Arbeitgeber (§ 6 JArbSchUV) entsprechende Formblätter.

## 1. Mitteilung an den Personensorgeberechtigten

### § 39 Abs. 1 JArbSchG (Mitteilung und Bescheinigung an den Personensorgeberechtigten):

*„Der Arzt hat dem Personensorgeberechtigten schriftlich mitzuteilen:*
- *das wesentliche Ergebnis der Untersuchung,*
- *die Arbeiten, durch deren Ausführung er die Gesundheit oder die Entwicklung des Jugendlichen für gefährdet hält,*
- *die besonderen der Gesundheit dienenden Maßnahmen,*
- *die Anordnung einer außerordentlichen Nachuntersuchung (§ 35 Abs. 1).“*

In der Regel handelt es sich bei den Personensorgeberechtigten um die **396** leiblichen Eltern (beide Elternteile) des Jugendlichen (§ 1626 BGB), sofern sie miteinander verheiratet sind. Personensorgeberechtigt sind ebenfalls die Adoptiveltern (§ 1754 BGB).

Sind die leiblichen Eltern nicht miteinander verheiratet, so steht ihnen **397** die gemeinsame elterliche Sorge nur dann zu, wenn sie erklären, dass sie die Sorge gemeinsam übernehmen wollen, sie einander heiraten oder soweit ihnen das Familiengericht die elterliche Sorge gemeinsam überträgt (§ 1626a Abs. 1 BGB). Liegen diese Voraussetzungen nicht vor, so hat die elterliche Sorge allein die Mutter (§ 1626a Abs. 3 BGB). Ferner kann das Familiengericht einem Elternteil das alleinige Sorgerecht oder einen Teil der elterlichen Sorge allein übertragen (§ 1671 BGB). Weiterhin ist auch der Vormund eines Minderjährigen personensorgeberechtigt (§§ 1773, 1793 BGB).

Interessanterweise ist nach dem Wortlaut des JArbSchG dem Jugendli- **398** chen selber keine Bescheinigung auszustellen. Es empfiehlt sich aber, den Jugendlichen vollumfänglich die Inhalte der Bescheinigungen an die Personensorgeberechtigten mitzuteilen bzw. diese Bescheinigungen dem Jugendlichen offen zur Weitergabe an dieselben mitzugeben. Dies ist auch vor dem Hintergrund zu sehen, dass dem Jugendlichen auch im außerprozessualen Bereich ein einsichtsrecht in die ärztlichen Unterlagen zusteht (vgl. zB §§ 630g, 810 BGB[1]). Im Ergebnis kann folglich der Jugendliche mehr einsehen (zB auch die der Beurteilung zugrunde liegenden Befunde), als auf der Bescheinigung an die Personensorgeberechtigten zu vermerken ist.

---

[1] Detailliert zu den Einsichtsrechten: *Laufs/Kern/Rehborn* ArztR-HdB 694 ff.

## 2. Mitteilung an den Arbeitgeber

**399**     Während den Personensorgeberechtigten noch relativ detaillierte Auskünfte durch den Arzt gegeben werden, so enthält der Arbeitgeber durch den Arzt lediglich die Mitteilung, dass eine Untersuchung nach dem JArbSchG stattgefunden hat und ggf. noch die Aufführung der Arbeiten, durch deren Ausführung der Arzt die Gesundheit oder Entwicklung des Jugendlichen für gefährdet hält (§ 39 Abs. 2 JArbSchG).

> **Leitsatz:**
> Der Arzt darf anlässlich von Untersuchungen nach dem JArbSchG dem Arbeitgeber nur folgende **zwei** Aspekte mitteilen:
> – Tatsache, dass die Untersuchung stattgefunden hat **und**
> – Mitteilung der Arbeiten, durch deren Ausführung der Arzt die Gesundheit oder die Entwicklung des Jugendlichen für gefährdet hält („Gefährdungsvermerk").

**400**     Erwähnenswert erscheint hier der Umstand, dass selbst die ärztliche Anordnung einer außerordentlichen Nachuntersuchung und die besonderen der Gesundheit dienenden Maßnahmen dem Arbeitgeber **nicht** mitzuteilen sind.

## 3. Rechtsfolgen bei einem Gefährdungsvermerk

**401**     Nach erfolgten Untersuchungen nach dem JArbSchG ist auf der „Arbeitgeberbescheinigung" auch zu vermerken, ob es Tätigkeiten gibt, bei deren Ausführung der Arzt die Gesundheit oder die Entwicklung des Jugendlichen für gefährdet hält (§ 39 Abs. 2 JArbSchG). Hierbei handelt es sich dann um den sog. **„Gefährdungsvermerk"**.

**402**     Hierbei wird der Arbeitgeber gezielt in die Lage versetzt, Gefährdungen für die Entwicklung und die Gesundheit des Jugendlichen zu kennen und entsprechende Gegenmaßnahmen zu ergreifen (zB Umorganisation der Arbeitsabläufe etc.). Erhält der Arbeitgeber eine Bescheinigung mit einem entsprechenden Gefährdungsvermerk, so hat dies zur Folge, dass er den Jugendlichen mit den entsprechend definierten Tätigkeiten nicht beschäftigen darf (**Beschäftigungsverbot** gem. § 40 Abs. 1 JArbSchG).

> **Leitsatz:**
> Erhält der Arbeitgeber anlässlich von Jugendarbeitsschutzuntersuchungen einen Vermerk über Arbeiten, durch deren Ausführungen der Arzt die Gesundheit oder die Entwicklung des Jugendlichen für gefährdet hält, so darf er den Jugendlichen mit **solchen** Arbeiten **nicht** beschäftigen.

Hält sich der Arbeitgeber nicht an das Beschäftigungsverbot, so ist dies **403** bußgeld- und auch strafbewehrt (§ 58 JArbSchG). Das Beschäftigungsverbot bezieht sich allerdings nicht generell auf die Tätigkeiten, die der Jugendliche durchführt. Es bezieht sich lediglich auf die durch den Arzt explizit benannten Arbeiten. Andere, nicht im Gefährdungsvermerk benannte Tätigkeiten darf der Arbeitgeber den Jugendlichen aber selbstverständlich ausführen lassen.

**Das Beschäftigungsverbot nach § 40 Abs. 1 JArbSchG endet auto- 404 matisch mit Vollendung des 18. Lebensjahres** durch den dann ehemals „Jugendlichen". Hier endet der diesbezügliche rechtliche Anwendungsbereich des JArbSchG (vgl. § 1 Abs. 1 JArbSchG).

## 4. Behördliche Ausnahmen bei bestehenden Gefährdungsvermerk

Das Bestehen entsprechender Gefährdungsvermerke mit den entspre- **405** chenden Rechtsfolgen des Beschäftigungsverbotes wird in aller Regel unterschiedliche Interessenlagen berühren. Hier kollidieren unter Umständen insoweit verschiedene Interessen, als dass zB der Jugendarbeitsschutz mit dem Ausbildungsziel in Widerstreit gerät. Zur Vermeidung derartiger Härtefälle ist der Aufsichtsbehörde die Möglichkeit gegeben, unter bestimmten Umständen auch die Beschäftigung eines Jugendlichen mit Arbeiten zuzulassen, für die ein entsprechender Gefährdungsvermerk besteht.

---

**Leitsatz:**

Bestehen Gefährdungsvermerke anlässlich von ärztlichen Untersuchungen nach dem JArbSchG, so kann die Aufsichtsbehörde unter bestimmten Voraussetzungen die gefährdenden Arbeiten zulassen.

---

In Abwägung der Interessen kann die Aufsichtsbehörde die Beschäfti- **406** gung mit den im Gefährdungsvermerk benannten Tätigkeiten zulassen, **sofern dies im Einvernehmen mit einem Arzt geschieht** (§ 40 Abs. 2 JArbSchG). Die Einschaltung eines Arztes ist bei einer entsprechenden Ausnahmebewilligung rechtlich somit zwingend erforderlich. Hintergrund ist hier, dass eine derartige Entscheidung (es geht ja beim Gefährdungsvermerk um ärztliche Bewertungen zu Fragen der Gesundheit und Entwicklung des Jugendlichen) nicht ohne Einbindung ärztlichen Sachverstandes erfolgen darf. Hält sich der Arbeitgeber nicht an die in der Ausnahmebewilligung nach § 40 Abs. 2 JArbSchG enthaltenen Auflagen, so handelt er ordnungswidrig (§ 58 JArbSchG).

---

**Mögliche „Auflagen" nach § 40 Abs. 2 JArbSchG (Beispiele):**
- Zeitliche Beschränkung der Tätigkeit (zB manuelles Handhaben von schweren Lasten nur zwei Stunden arbeitstäglich)
- Regelmäßige halbjährliche Nachuntersuchungen
- Keine Alleinarbeit
- Arbeiten nur in max. 2 Metern Höhe
- Besondere Hautschutzcreme
- Arbeiten nur mit Sehhilfe
- außerordentliche Nachuntersuchungen bei einem bestimmten Facharzt

---

407    Die Aufsichtsbehörde kann die Bewilligung entsprechender Ausnahmen nach § 40 Abs. 2 JArbSchG von Amts wegen vornehmen. Ferner kann sie aber auch auf Antrag des Jugendlichen, der Personensorgeberechtigten und/oder des Arbeitgebers tätig werden. Ob und in welcher Form die Aufsichtsbehörde eine Ausnahmebewilligung nach § 40 Abs. 2 JArbSchG erlässt, liegt in ihrem pflichtgemäßen Ermessen, welches aber der verwaltungsgerichtlichen Überprüfung unterliegt.

# X. Freistellung für Untersuchungen

408    Die Aspekte des Jugendarbeitsschutzes dürfen nicht dazu führen, dass dem Jugendlichen durch die Durchführung der diesbezüglichen ärztlichen Untersuchungen Nachteile entstehen. Dies gilt hinsichtlich der Kosten der Untersuchung (→ Rn. 425) als auch in Bezug auf den Umstand, dass die ärztlichen Untersuchungen rein zeitmäßig geplant und durchgeführt werden müssen. Für die Untersuchungen nach dem JArbSchG **muss der Jugendliche nicht seine Freizeit aufwenden**.

---

**Leitsatz:**
Der Arbeitgeber hat den Jugendlichen für die Durchführung der ärztlichen Untersuchungen nach dem Jugendarbeitsschutzgesetz freizustellen.

---

409    Ein Arbeitgeber ist von Rechts wegen verpflichtet, einem bei ihm beschäftigten Jugendlichen freizustellen, damit dieser die ärztlichen Untersuchungen nach dem JArbSchG wahrnehmen kann (§ 43 S. 1 JArbSchG). Es handelt sich hierbei um **einen rechtlichen Freistellungsanspruch**. Das Bestehen des Freistellungsanspruches bedeutet, dass der Arbeitgeber dem Jugendlichen im Rahmen seiner Arbeitszeit ermöglichen muss, einen Arzt zum Zwecke der Durchführung der ärztlichen Untersuchungen nach

dem JArbSchG aufzusuchen. Hierzu zählt auch die Zeit, welche notwendig ist, den entsprechenden Arzt aufzusuchen („Wegezeit") und die Wartezeiten beim Arzt.[1]

Durch den rechtlichen Freistellunganspruch ist es dem Arbeitgeber verwehrt, den Jugendlichen anzuweisen, die ärztlichen Untersuchungen nach dem JArbSchG in seine Freizeit zu verlegen. Der Jugendliche hat das Recht, die Untersuchungstermine in die Arbeitszeit zu legen, **wobei er allerdings auf die Belange des Arbeitgebers Rücksicht nehmen muss**.[2] Diese Rücksichtnahmeverpflichtung bedingt auch, dass der Jugendliche (trotz grundsätzlich freier Arztwahl, → Rn. 426) während der Arbeitszeit nur Ärzte aufsuchen darf, die sich in zeitlich vertretbarem Rahmen auch aufsuchen lassen. **Es wäre rechtsmissbräuchlich, wenn der Jugendliche einen Arzt hierzu auswählt, der zB viele hundert Kilometer weit weg von der Arbeitsstelle ist.** Ein Rechtsmissbrauch (abgeleitet aus den §§ 242, 226 BGB) ist selbstverständlich in diesen Fällen nur dann gegeben, wenn es in vertretbarer Nähe von der Arbeitsstätte an entsprechend geeigneten Ärzten nicht mangelt.   **410**

Bei dem Freistellungsanspruch aus § 43 JArbSchG handelt es sich um einen klagbaren Rechtsanspruch auf Freistellung zum Zwecke der Teilnahme an ärztlichen Untersuchungen nach dem JArbSchG. Der Anspruch berechtigt allerdings nicht, eigenmächtig von der Arbeit fernzubleiben, um an den Untersuchungen teilzunehmen.   **411**

Begibt sich der Jugendliche aus freien Stücken in seiner Freizeit anlässlich von Untersuchungen nach dem JArbSchG zum Arzt, so muss der Arbeitgeber in diesen Fällen keinen Freizeitausgleich gewähren,[3] da der Jugendliche das Recht gehabt hätte, die Untersuchungszeiten in die Arbeitszeit zu legen.   **412**

Missachtet der Arbeitgeber den nach § 43 JArbSchG öffentlich-rechtlich definierten Freistellungsanspruch (verbietet er zB dem Jugendlichen, während der Arbeitszeit den Arzt aufzusuchen), so begeht er eine Ordnungswidrigkeit (§ 59 JArbSchG).   **413**

# XI. Aufbewahrungsfristen der ärztlichen Unterlagen

Die durch den Arzt zu erstellenden Unterlagen anlässlich der ärztlichen Untersuchungen nach dem JArbSchG unterliegen sowohl beim Arzt selber als auch beim Arbeitgeber entsprechenden Fristen zur Aufbewahrung.   **414**

---

[1] *Lakies* JArbSchG § 43 Rn. 2.
[2] ErfK/*Schlachter* JArbSchG § 43 Rn. 1.
[3] ErfK/*Schlachter* JArbSchG § 43 Rn. 1.

## 1. Aufbewahrungsfristen für den Arbeitgeber

**415**  Sowohl die Bescheinigung über die Erstuntersuchung (nach § 32 Abs. 1 JArbSchG) als auch über die erste Nachuntersuchung (nach § 33 Abs. 1 JArbSchG) ist für den Arbeitgeber Voraussetzung dafür, dass er den Jugendlichen überhaupt bei sich beschäftigen darf. Ihm müssen diese Bescheinigungen folglich zwingend vorliegen. Diese Bescheinigungen haben für den Arbeitgeber allerdings nur solange eine entsprechende Bedeutung, wie er den Jugendlichen beschäftigt und dieser das 18. Lebensjahr noch nicht erreicht hat.

---

**Leitsatz:**

Der Arbeitgeber hat die Bescheinigungen über die ärztlichen Untersuchungen nach dem JArbSchG bis zur **Beendigung der Beschäftigung** aufzubewahren.

Auf alle Fälle endet die Aufbewahrungsfrist aber mit **Vollendung des 18. Lebensjahres** der beschäftigten Person.

---

**416**  Die ärztlichen Unterlagen sind daher bis zu Beendigung der Beschäftigung, längstens jedoch bis zur Vollendung des 18. Lebensjahres des Jugendlichen aufzubewahren (§ 41 Abs. 1 JArbSchG). Dies bedeutet, dass die Aufbewahrungsfrist zum einen dann endet, wenn das Beschäftigungsverhältnis (zB Arbeitsvertrag, Ausbildungsvertrag) beendet wird. Da mit Vollendung des 18. Lebensjahres das JArbSchG keine Anwendung auf das entsprechende Beschäftigungsverhältnis mehr findet (vgl. § 1 Abs. 1 JArbSchG), endet die Aufbewahrungsfrist allerdings auch dann, wenn der Beschäftigte das 18. Lebensjahr vollendet hat. Dies gilt auch dann, wenn das Beschäftigungsverhältnis noch weiter besteht.

---

**Beispiel 1:**

Arbeitgeber A beschäftigt den 16-jährigen B. Das Ausbildungsverhältnis endet im beiderseitigen Einvernehmen. Für den Arbeitgeber endet die Aufbewahrungsfrist für die ärztlichen Bescheinigungen mit Beendigung des Ausbildungsverhältnisses.

**Beispiel 2:**

Arbeitgeber A beschäftigt den 17-jährigen B. Noch während seiner Ausbildung bei A vollendet B das 18. Lebensjahr. Für den Arbeitgeber endet die Aufbewahrungsfrist für die ärztlichen Bescheinigungen mit Vollendung des 18. Lebensjahres durch B. Hier ist es unerheblich, dass B noch weiter bei A beschäftigt ist.

---

Während der Aufbewahrungsfristen ist der Arbeitgeber verpflichtet, der **417** Aufsichtsbehörde sowie dem Unfallversicherungsträger[1] auf Verlagen die ärztlichen Bescheinigungen zur Einsicht vorzulegen oder auch einzusenden (§ 41 Abs. 1 JArbSchG).

Die Verpflichtungen zur Aufbewahrung gelten auch für den neuen Ar- **418** beitgeber, sofern ihm die ärztlichen Bescheinigungen gem. § 36 JArbSchG vorliegen.

Verstößt der Arbeitgeber gegen seine Verpflichtungen, die ärztlichen **419** Bescheinigungen aufzubewahren, den zuständigen Stellen vorzulegen oder einzusenden, so begeht er eine Ordnungswidrigkeit (§ 59 JArbSchG).

Die personensorgeberechtigten Personen, welche ebenfalls nach § 39 **420** Abs. 1 JArbSchG eine ärztliche Untersuchungsbescheinigung erhalten, sind dagegen an keine Aufbewahrungspflichten gebunden.

## 2. Herausgabeverpflichtung an den Jugendlichen

Die durch den Arzt ausgestellte Originalbescheinigung für den Arbeit- **421** geber ist sozusagen gewissermaßen ein „Berechtigungsschein" für die Beschäftigung des Jugendlichen. Aufgrund dessen ist der Arbeitgeber verpflichtet, dem Jugendlichen bei Beendigung des Beschäftigungsverhältnisses diesem die ihm vorliegenden Bescheinigungen auszuhändigen (§ 41 Abs. 2 JArbSchG).

### § 41 Abs. 2 JArbSchG (Aushändigungsverpflichtung der Bescheinigungen):

*„Scheidet der Jugendliche aus dem Beschäftigungsverhältnis aus, so hat ihm der Arbeitgeber die Bescheinigungen auszuhändigen"*

Folglich muss der Arbeitgeber in diesen Fällen dem Jugendlichen die **422** Originalbescheinigungen aushändigen. Hierzu bedarf es keiner entsprechenden Aufforderung seitens des Jugendlichen und auch keines Nachweises, dass dieser die Bescheinigungen zB für einen neuen Arbeitgeber benötigen würde. Die Aushändigungsverpflichtung ergibt sich rein aus der Beendigung des Beschäftigungsverhältnisses. Unterlässt der Arbeitgeber die Aushändigung, so begeht er eine Ordnungswidrigkeit (§ 59 JArb-SchG), die selbst dann vorliegt, wenn der Arbeitgeber aus bloßer vermeidbarer Unachtsamkeit vergisst, die Bescheinigung auszuhändigen (Fahrlässigkeit).

Die Herausgabeverpflichtung bezieht sich auf die Bescheinigungen al- **423** ler nach dem JArbSchG erfolgten ärztlichen Untersuchungen (also auch die der freiwilligen weiteren Nachuntersuchungen nach § 34 JArbSchG), sofern der Arbeitgeber hier tatsächlich über die Bescheinigungen verfügt.

---

[1] Nach teleologischer Auslegung umfasst dies sämtliche im SGB VII benannten Unfallversicherungsträger.

### 3. Aufbewahrungsfristen für den Arzt

424 Für die Aufzeichnungen der Ergebnisse muss der Arzt für die nach dem JArbSchG durchgeführten Untersuchungen einen vorgeschriebenen **Untersuchungsbogen** benutzen. Während nur bestimmte Informationen an die Personensorgeberechtigten und den Arbeitgeber durch den Arzt übermittelt werden, so verbleiben noch wesentliche Erkenntnisse aus diesen Untersuchungen beim Arzt. Die nach § 4 Abs. 1 JArbSchUV zu führenden Untersuchungsbögen **muss der Arzt 10 Jahre lang aufbewahren** (§ 4 Abs. 2 JArbSchUV). Diese Aufbewahrungsdauer entspricht auch den medizinrechtlichen Aufbewahrungsfristen (vgl. § 630f Abs. 3 BGB, § 10 Abs. 3 MBO-Ä).

## XII. Kosten der Untersuchungen

**Leitsatz:**
  Die Kosten der Untersuchungen nach dem JArbSchG trägt das jeweilige Bundesland.

425 Diese speziellen Regelungen zur Kostentragung (§ 44 JArbSchG) gelten sowohl für die Erstuntersuchung nach § 32 Abs. 1 JArbSchG, die Nachuntersuchung nach § 33 JArbSchG, die weiteren Nachuntersuchungen nach § 34 JArbSchG und die außerordentlichen Nachuntersuchungen nach § 35 JArbSchG (jeweils einschließlich der eventuell notwendigen Ergänzungsuntersuchungen nach § 38 JArbSchG). Einen Vergütungsanspruch gegen das entsprechende Bundesland hat der Arzt allerdings nur dann, wenn ihm der Jugendliche einen sog. **Untersuchungsberechtigungsschein** nach § 2 JArbSchUV vorlegt. Wird dieser Untersuchungsberechtigungsschein dem Arzt nicht vorgelegt, so ist Kostenschuldner der Veranlasser der jeweiligen Untersuchung (zB Arbeitgeber, Jugendlicher oder Personensorgeberechtigter). Kostenschuldner ist das Bundesland, welches den entsprechenden Untersuchungsschein ausgegeben hat.[1] Dies gilt unabhängig davon, in welchem Bundesland dann die ärztliche Untersuchung nach dem JArbSchG tatsächlich stattfindet.

## XIII. Freie Arztwahl

426 Der Jugendliche hat vom Grundsatz her bei Untersuchungen nach dem JArbSchG die **freie Arztwahl**. Berechtigt zur Durchführung der Untersuchungen nach dem JArbSchG ist jede Person, die in Deutschland den Arzt-

---

[1] ErfK/*Schlachter* JArbSchG § 44 Rn. 1.

beruf ausüben darf (Approbation oder Erlaubnis nach § 2 BÄO). Weitere Einschränkungen bestehen im Rahmen des JArbSchG grundsätzlich nicht. Insbesondere ist keine besondere zusätzliche Qualifikation Voraussetzung für die Durchführung dieser Untersuchungen (zB Facharzt für Arbeitsmedizin oder Facharzt für Kinder- und Jugendmedizin).

> **Leitsatz:**
> Für folgende Untersuchungen besteht für den Jugendlichen eine freie Arztwahl:
> – Erstuntersuchung nach § 32 Abs. 1 JArbSchG
> – Erste Nachuntersuchung nach § 33 Abs. 1 JArbSchG
> – Weitere Nachuntersuchungen nach § 34 JArbSchG
> – Außerordentliche Nachuntersuchung nach § 35 Abs. 1 JArbSchG
> Jeweils einschließlich der Ergänzungsuntersuchungen nach § 38 JArbSchG.

**427** Der Grundsatz der freien Arztwahl und auch die Kostentragung des Staates (und nicht des Arbeitgebers) bedingen, dass es einem Arbeitgeber verwehrt bleibt, die Untersuchungen nach dem JArbSchG durch einen bestimmten Arzt vorzuschreiben (zB durch den Betriebsarzt). Der Arbeitgeber hat diesbezüglich keine Einwirkungsmöglichkeiten. Die freie Arztwahl gilt auch dann, wenn der die eigentliche Untersuchung durchführende Arzt zB zur abschließenden Beurteilung noch Ergänzungsuntersuchungen nach § 38 JArbSchG bei einem Facharzt benötigt. Hier kann er zwar die entsprechende Fachrichtung vorgeben (zB Facharzt für Kardiologie), dem Jugendlichen steht es hier aber frei, den Facharzt seines Vertrauens auszuwählen.

> **Leitsatz:**
> Die freie Arztwahl besteht **nicht** bei:
> – Maßnahmen nach § 42 JArbSchG (Eingreifen der Aufsichtsbehörde) und bei
> – Ausnahmebewilligungen nach § 40 Abs. 2 JArbSchG.

## XIV. Eingreifen der Aufsichtsbehörde

**428** Die Aufsichtsbehörde kann in bestimmten Einzelfällen die Beschäftigung eines Jugendlichen verbieten oder beschränken, um damit Gefahren für Leben, Gesundheit oder die körperliche oder seelisch-geistige Entwicklung des Jugendlichen zu verhindern (§ 27 Abs. 1 S. 2 JArbSchG).

**429** Liegen der Aufsichtsbehörde Anhaltspunkte dafür vor, dass die einem Jugendlichen übertragenen Arbeiten Gefahren für seine Gesundheit befürchten lassen, so hat sie dies sowohl dem Personensorgeberechtigten als auch dem Arbeitgeber mitzuteilen und den Jugendlichen aufzufordern, sich durch einen von ihr ermächtigten Arzt untersuchen zu lassen (§ 42 JArbSchG). Für diese Untersuchungen ist es auch unerheblich, ob die Beschäftigung an sich gem. § 32 Abs. 2 JArbSchG der Erstuntersuchung nicht unterliegt.

# I. Datenschutzrecht und Arbeitsrecht

## I. Datenschutz und Arbeitsrecht

### 1. Allgemeines

Die abschließende Zulässigkeit von Eignungsuntersuchungen bestimmt **430** sich (von bereichsspezifischen Rechtsvorschriften mal abgesehen[1]) nach dem Arbeitsrecht **und** dem Datenschutzrecht. Die Vermischung dieser zwei Rechtsbereiche, welche aus historischer Betrachtung eine eigenständige Entwicklung durchliefen, prägt heute die abschließende Beurteilung, ob eine ärztliche Eignungsuntersuchung im Beschäftigungsverhältnis zulässig ist und auch durch den Arbeitgeber eingefordert werden kann. Erschwert wird das Verständnis dieser Thematik dadurch, dass hier rechtlich zwei Aspekte betrachtet werden müssen. Zum einen stellt sich die Fragestellung, ob der Beschäftigte überhaupt durch den Arbeitgeber zur Teilnahme an einer ärztlichen Untersuchung verpflichtet werden kann. Wird dies bejaht, so ist allerdings weiterhin zu klären, ob eine derartige Datenerhebung durch den Arbeitgeber (hier beschafft sich der Arbeitgeber unter Zwischenschaltung eines Arztes ja eine entsprechende Aussage, zB „geeignet") datenschutzrechtlich überhaupt zulässig ist. Letztendlich ist auch die Fragestellung zu klären, inwieweit der Arbeitgeber vom Ergebnis der Untersuchung zu informieren ist bzw. wer dies (Arzt oder Beschäftigter) dann vornehmen kann oder muss.

So kann es aufgrund datenschutzrechtlicher Vorschriften durchaus zu- **431** lässig sein, zB eine routinemäßige ärztliche Eignungsuntersuchung vornehmen zu lassen (rechtlich: in Form der ärztlichen Untersuchung Daten zu verarbeiten). Arbeitsrechtlich ist ein Beschäftigter aber vom Grundsatz her nicht verpflichtet, ärztliche Untersuchungen zu dulden.[2] Sofern keine öffentlich-rechtlichen bereichsspezifischen Regelungen diesbezüglich bestehen, muss sich folglich diese Verpflichtung aus den arbeitsrechtlichen Grundlagen ergeben. Bei Beamten, Soldaten und Richtern ist hier dann auf die dienstrechtlichen Gegebenheiten zu verweisen.

> **Leitsatz:**
> Rechtlich muss zwischen der datenschutzrechtlichen Zulässigkeit einer ärztlichen Eignungsuntersuchung und der Frage unterschieden werden, ob der Arbeitgeber seine Beschäftigten verpflichten kann, diese Untersuchungen auch zu dulden.

---

[1] Zu bereichsspezifischen Regelungen → Rn. 275.
[2] Vgl. auch BAG 12.8.1999 – 2 AZR 55/99.

**432**    Historisch war diese Art der Zweiteilung nicht immer vorhanden. In der obergerichtlichen Rechtsprechung bezog man sich längere Zeit lediglich auf die Einschränkungen des Persönlichkeitsrechtes (Allgemeines Persönlichkeitsrecht nach Art. 2 Abs. 1 iVm Art. 1 Abs. 1 GG, genauer → Rn. 18 ff.). Mit Einführung des ehemaligen § 32 BDSG[1] (jetzt: Art. 88 DSGVO, § 26 BDSG) stellte der Gesetzgeber aber klar, dass er auch die Materie des Beschäftigtendatenschutzes explizit dem Datenschutzrecht zuordnen will. Die ausdrückliche Einbeziehung in die Rechtsmaterie „Datenschutzrecht" sollte aber die durch die Rechtsprechung entwickelten Grundsätze des Datenschutzes nicht ändern, vielmehr wollte man hier die bestehenden Grundsätze lediglich in kodifizierter Form zusammenfassen.[2]

**433**    Auch die Rechtsprechung des Bundesarbeitsgerichtes (BAG) verweist in Belangen des Beschäftigtendatenschutzes vermehrt auf datenschutzrechtliche Vorschriften[3] und begründet teilweise auch in gerichtlichen Verfahren ein **Beweisverwertungsverbot**, wenn die zB einer Kündigung zugrundeliegenden Sachverhalte unter Verstoß gegen das Datenschutzgesetz (zB § 26 BDSG) gewonnen wurden.[4]

**434**    Bei durch den Arbeitgeber veranlassten ärztlichen Eignungsuntersuchungen handelt es sich um die Verarbeitung von Informationen, die sich auf eine identifizierte oder identifizierbare natürliche Person beziehen und somit um personenbezogene Daten nach dem Datenschutzrecht (vgl. Art. 4 Nr. 1 DSGVO). Zu beachten ist weiterhin, dass es sich bei Daten in Bezug auf die Gesundheit um besondere Arten personenbezogener Daten handelt (vgl. Art. 9 DSGVO, § 22 BDSG).

## 2. Arbeitsrechtliche Zulässigkeit von Eignungsuntersuchungen (Fragerecht des Arbeitgebers)

**435**    Nach der Rechtsprechung des Bundesarbeitsgerichtes wird dem Arbeitgeber im Beschäftigungsverhältnis ein Fragerecht nach gesundheitlichen Daten nur zugestanden, wenn er ein berechtigtes, billigenswertes und schutzwürdiges Interesse an der Beantwortung seiner Fragen hat[5] welches sich auf den konkreten Arbeitsplatz beziehen muss. Will er folglich im Beschäftigungsverhältnis (bzw. in der Bewerbungsphase) diesbezügliche Daten erheben bzw. hier eine entsprechende ärztliche Untersuchung einfordern, so ist ihm das im Rahmen des Beschäftigungsverhältnisses rechtlich nur zuzugestehen, wenn sein rechtliches Interesse an der Erhebung dieser Daten objektiv so stark ist, dass dahinter das Interesse des Beschäftigten am Schutz seines Persönlichkeitsrechtes und der Unverletzlichkeit seiner

---

[1] Art. 1 G. 14.8.2009, BGBl. I 2814.
[2] Vgl. auch BT-Drs. 16/13657, 20.
[3] ZB BAG 7.2.2012 – 1 ABR 46/10; BAG 16.2.2012 – 6 AZR 553/10; BAG 20.6.2013 – 2 AZR 546/12.
[4] Vgl. auch BAG 20.6.2013 – 2 AZR 546/12.
[5] Vgl. zB BAG 7.6.1984 – 2 AZR 270/83.

Individualsphäre zurücktreten muss.[1] Schon früh wurde seitens des Bundesarbeitsgerichtes festgestellt, dass nur solche Fragestellungen von Relevanz sein können, die bei entsprechender Würdigung ein zu beachtendes Hindernis für das konkrete Beschäftigungsverhältnis darstellen.[2]

---

**Leitsatz:**
Der Arbeitgeber darf nur dann ärztliche Eignungsuntersuchungen (einschl. Einstellungsuntersuchungen) einfordern, wenn er hieran ein berechtigtes, billigenswertes und schutzwürdiges Interesse hat.

---

Liegen diese Voraussetzungen nicht vor, so hat er auch keinen Anspruch **436** seinen Beschäftigten gegenüber, dass sich diese ärztlichen Eignungsuntersuchungen zu unterziehen haben. Arbeitsrechtlich ist somit „**das Fragerecht des Arbeitgebers**" beschränkt. Ärztliche Eignungsuntersuchungen sind hier daher nur statthaft, wenn diese im Zusammenhang mit dem Beschäftigungsverhältnis stehen (**Grundsatz der Arbeitsplatzbezogenheit**). Weiterhin müssen die ärztlichen Untersuchungen eine hinreichende Bedeutung für den Bestand bzw. Fortbestand des Beschäftigungsverhältnisses haben. Eine anlasslose Untersuchung zur bloßen Feststellung des Gesundheitszustandes des Beschäftigten ist nicht zulässig. Auch das Risiko kurzzeitiger Erkrankungen während des Beschäftigungsverhältnisses hat der Arbeitgeber auf sich zu nehmen (vgl. Rechtsgedanke des § 3 Abs. 1 EFZG). Ein Beschäftigter ist somit regelmäßig nicht verpflichtet, routinemäßigen ärztlichen Untersuchungen zuzustimmen.[3] Wiederholte ärztliche Eignungsuntersuchungen ohne konkreten personenbezogenen Anlass bedürfen einer gesonderten Rechtfertigung.

---

**Leitsatz:**
Ein Beschäftigter ist regelmäßig nicht verpflichtet, eine ärztliche Untersuchung zu dulden.

---

Auf der anderen Seite wären die Grundrechtspositionen des Arbeitge- **437** bers (zB Art. 12, 14 GG) unangemessen beeinträchtigt, könnte er nicht auf krankheitsbedingte „Störungen" des Beschäftigungsverhältnisses angemessen reagieren. Kann der Beschäftigte die von ihm geschuldete Arbeitsleistung überhaupt nicht mehr erbringen, so ist das Beschäftigungsverhältnis als Austauschverhältnis (Arbeitsleistung gegen Entgelt) schon aus diesem Grunde dauerhaft in erheblicher Weise gestört.[4]

---

[1] BAG 7.6.1984 – 2 AZR 270/83.
[2] So in Bezug auf Vorstrafen: BAG 5.12.1957 – 1 AZR 594/56.
[3] BAG 12.8.1999 – 2 AZR 55/99.
[4] Vgl. LAG Hessen 15.9.2000 – 2 Sa 1833/99.

**438**  **Losgelöst von den Möglichkeiten des Datenschutzrechtes muss ein Arbeitgeber folglich immer auch nach arbeitsrechtlichen Möglichkeiten suchen** (zB Arbeitsvertrag oder Betriebsvereinbarung), sofern er eine ärztliche Eignungsuntersuchung zur Durchführung des Beschäftigungsverhältnisses verpflichtend einführen möchte.

> **Leitsatz:**
> Im Wesentlichen regelt der arbeitsrechtliche Aspekt, in welcher Form ärztliche Eignungsuntersuchungen, welche an sich datenschutzrechtlich rechtmäßig sind, für den Beschäftigten auch verpflichtend gemacht werden können.

### 3. Rechtsvorschriften des Datenschutzrechts

**439**  Die wesentlichen Rechtsvorschriften des Datenschutzrechts für die meisten Beschäftigten finden sich in der Datenschutz-Grundverordnung (DSGVO) und dem Bundesdatenschutzgesetz. Prägend ist hier die seit dem 25.5.2018 unmittelbar in Deutschland anwendbare DSGVO. Aufgrund hier aber bestehender Öffnungsklauseln kann Deutschland verschiedene Aspekte mittels des nationalen Rechts weiter reglementieren, was zB in Bezug auf Gesundheitsdaten (vgl. Art. 9 DSGVO, § 22 BDSG) und in Bezug auf den Beschäftigtendatenschutz (vgl. Art. 88 DSGVO, § 26 BDSG) erfolgt ist. Zweck der datenschutzrechtlichen Vorschriften ist es, den Einzelnen davor zu schützen, dass er durch den Umgang mit seinen personenbezogenen Daten in seinem Persönlichkeitsrecht beeinträchtigt wird; folglich schützt das Datenschutzrecht die Grundrechte und Grundfreiheiten natürlicher Personen (vgl. Art. 1 Abs. 2 DSGVO).

**440**  Bloße Dienstvorschriften und Verwaltungsvorschriften reichen dagegen nicht aus, die entsprechenden Sachverhalte in Bezug auf ärztliche Eignungsuntersuchungen zu rechtfertigen. Es ist immer eine gesetzliche Regelung notwendig.

**441**  Bei den Verwaltungen der Länder ist statt des BDSG das jeweilige Datenschutzgesetz des Bundeslandes maßgeblich (zB das Bayerische Datenschutzgesetz).

> **Leitsatz:**
> Ärztliche Eignungsuntersuchungen haben sich datenschutzrechtlich an den entsprechenden Datenschutzvorschriften (zB §§ 22, 26 BDSG) auszurichten.

### a) § 26 Abs. 1 S. 1 BDSG.

*„Personenbezogene Daten von Beschäftigten dürfen für Zwecke des Beschäftigungsverhältnisses verarbeitet werden, wenn dies für die Ent-*

*scheidung über die Begründung des Beschäftigungsverhältnisses oder nach Begründung des Beschäftigungsverhältnisses für dessen Durchführung oder Beendigung oder zur Ausübung oder Erfüllung der sich aus einem Gesetz oder einem Tarifvertrag, einer Betriebs- oder Dienstvereinbarung (Kollektivvereinbarung) ergebenen Rechte und Pflichten der Interessenvertretung der Beschäftigten erforderlich ist."*

Vom Wortlaut her wäre somit § 26 Abs. 1 S. 1 BDSG auch die entsprechende datenschutzrechtliche Grundlage für Eignungsuntersuchungen (einschl. Einstellungsuntersuchungen). **442**

„Erforderlich" iSv § 26 Abs. 1 S. 1 BDSG sind entsprechende Daten allerdings nur dann, wenn sie eine entsprechende Gewichtung für die Begründung bzw. den Bestand und Fortbestand des Beschäftigungsverhältnisses haben. Die Bewertung hat sich auch streng danach zu richten, welche Tätigkeiten genau der Bewerber/Beschäftigte ausführen soll bzw. ausführt (Grundsatz der Arbeitsplatzbezogenheit). **443**

Problematisch ist aber, dass bei ärztlichen Untersuchungen auch Gesundheitsdaten iSv Art. 4 Nr. 15 DSGVO verarbeitet werden. Hierbei handelt es sich um solche personenbezogenen Daten, die sich auf die körperliche oder geistige Gesundheit einer natürlichen Person, einschließlich der Erbringung von Gesundheitsdienstleistungen, beziehen und aus denen Informationen über deren Gesundheitszustand hervorgehen. **444**

Bezeichnend für Gesundheitsdaten ist, dass sie im Datenschutzrecht einen besonderen Schutz genießen. Diese besondere Hervorhebung ist Art. 9 DGSVO geschuldet, welcher die Verarbeitung besonderer Kategorien personenbezogener Daten (wonach gem. Art. 9 Abs 1 DSGVO auch die Gesundheitsdaten zählen) regelt. Vom Grundsatz her ist die Verarbeitung von Gesundheitsdaten einer natürlichen Person untersagt (Art. 9 Abs. 1 DSGVO). Art. 9 Abs. 2 DSGVO lässt aber dann die Verarbeitung von Gesundheitsdaten zu, wenn die betroffene Person in diese Datenverarbeitung für einen oder mehrere festgelegte Zwecke ausdrücklich eingewilligt hat (Art. 9 Abs. 2 lit. a DSGVO) bzw. nationales Recht dies unter gewissen Voraussetzungen zulässt (Art. 9 Abs. 2 lit. b DSGVO). **445**

**b) § 26 Abs. 3 BDSG.**

*„Abweichend von Art. 9 Absatz 1 der Verordnung (EU) 2016/679 ist die Verarbeitung besonderer Kategorien personenbezogener Daten im Sinne des Artikels 9 Absatz 1 der Verordnung (EU) 2016/679 für Zwecke des Beschäftigungsverhältnisses zulässig, wenn sie zur Ausübung von Rechten oder zur Erfüllung rechtlicher Pflichten aus dem Arbeitsrecht, dem Recht der sozialen Sicherheit und des Sozialschutzes erforderlich ist und kein Grund zu der Annahme besteht, das das schutzwürdige Interesse der betroffenen Person an dem Ausschluss der Verarbeitung überwiegt. Absatz 2 gilt auch für die Einwilligung in die Verarbeitung besonderer Kategorien personenbezogener Daten; die Einwilligung muss sich dabei ausdrücklich auf diese Daten beziehen. § 22 Absatz 2 gilt entsprechend."*

**446**   Vom Grundsatz her können folglich somit auch Gesundheitsdaten im Rahmen eines Beschäftigungsverhältnisses verarbeitet werden.

**447**   Unproblematisch ist dagegen die Datenverarbeitung des Arztes selber (sofern er keine Ergebnisse an den Arbeitgeber herausgibt. Zwar gilt auch hier, dass vom Grundsatz her die Verarbeitung personenbezogener Gesundheitsdaten verboten ist (Art. 9 Abs. 1 DSGVO), allerdings sind in Bezug auf die Verarbeitung für Zwecke der Gesundheitsvorsorge oder der Arbeitsmedizin, für die Beurteilung der Arbeitsfähigkeit des Beschäftigten, für die medizinische Diagnostik, die Versorgung oder Behandlung im Gesundheits- oder Sozialbereich Ausnahmen vorgesehen. Die diesbezügliche Rechtsgrundlage setzt allerdings hier immer voraus, dass die Verarbeitung personenbezogener Daten von Fachpersonal oder unter dessen Verantwortung verarbeitet werden und dieses Fachperson der „Schweigepflicht" unterliegt (vgl. Art. 9 Abs. 3 DSGVO). Art. 9 Abs. 2 lit. h DSGVO enthält eine entsprechende Öffnungsklausel und erlaubt somit diesbezügliche nationale Regelungen.

**448**   Gem. § 22 Abs. 1 Nr. 1 lit. b BDSG ist die entsprechende Datenverarbeitung durch den Arzt (zB Anamanese, Diagnostik, Führung der Patientenakte etc.) folglich zulässig und es bedarf hier (im Gegensatz zur Ergebnisweitergabe an den Arbeitgeber) auch keiner Einwilligung der betroffenen Person.

**449**   Weiterhin bestehen für den Arzt auch noch spezifische Rechtsgrundlagen, aufgrund derer eine Verarbeitung von Gesundheitsdaten erfolgen darf bzw. teilweise sogar erfolgen muss (vgl. zB § 6 Abs. 3 Nr. 3 ArbMedVV, § 79 Abs. 4 StrlSchV, § 202 SGB VII oder die Meldepflichten nach §§ 6 ff. IfSG).

### 4. Zusammenspiel von Datenschutz und Arbeitsrecht

**450**   Im Ergebnis lässt sich also feststellen, dass in Bezug auf ärztliche Einstellungs- und Eignungsuntersuchungen eine enge Verbindung zwischen Datenschutzrecht und Arbeitsrecht besteht. Dies begründet sich nicht nur durch den Umstand, dass datenschutzrechtlich zulässige ärztliche Untersuchungen durch Mittel des Arbeitsrechts (zB Treuepflicht, Arbeitsvertrag, Betriebsvereinbarung) verbindlich gemacht werden müssen. Vielmehr beeinflusst das Arbeitsrecht mit seinen hier notwendigen Interessenabwägungen unmittelbar das Datenschutzrecht, in dem es die Reichweite der dort notwendigen „Erforderlichkeit" wesentlich mitbestimmt.

### 5. Problematik der Ergebnismitteilung

**451**   Während folglich die Datenverarbeitung im Rahmen der ärztlichen Einstellungs- bzw. Eignungsuntersuchung auf den datenschutzrechtlichen Vorschriften beruht (zB § 26 Abs. 3 BDSG), so bedarf die Ergebnisweitergabe an den Arbeitgeber einer differenzierteren Betrachtung. Aufgrund der **ärzt-**

**lichen Schweigepflicht** ist hierzu immer eine tatsächlich-faktische Einwilligung notwendig, die sich von den datenschutzrechtlichen Vorschriften nur unzureichend erfassen lässt (hierzu ausführlich → Rn. 683 ff.).

## II. Arbeitsvertrag

### 1. Allgemeines

Grundsätzlich können Eignungsuntersuchungen auch bereits im Ar- **452** beitsvertrag eine verpflichtende Regelung enthalten. Somit kann auch einzelvertraglich festgelegt werden, dass routinemäßige Eignungsuntersuchungen durchgeführt werden, an denen der Beschäftigte dann teilnehmen muss. Vereinbart werden können aber nur derartige Eignungsuntersuchungen, welche an sich arbeitsrechtlich zulässig und datenschutzrechtlich „erforderlich" sind. Hierzu kann vollumfänglich auf die entsprechenden Kapitel verwiesen werden.

**Der Arbeitsvertrag dient hier dann lediglich dazu, die arbeits- und** **453** **datenschutzrechtlich an sich zulässigen Eignungsuntersuchungen für** **den Beschäftigten auch verpflichtend zu machen.** Dies ist allerdings (da es sich bei einem Arbeitsvertrag nur um eine einvernehmliche Einigung über den Inhalt handeln kann) nur dann möglich, wenn sich der Beschäftigte durch Unterzeichnung des Vertrages dieser Verpflichtung auch tatsächlich unterwirft. Dem Arbeitsvertrag kommt somit keine normative Wirkung zu, wie sie zB bei Tarifverträgen oder Betriebsvereinbarungen vorliegt (§ 4 Abs. 1 TVG, § 77 Abs. 4 BetrVG).

> Leitsatz:
> Im Arbeitsvertrag können die Eignungsuntersuchungen bereits verpflichtend gemacht werden.

### 2. Fortbestand Datenschutzrecht und Arbeitsrechts

Im Arbeitsvertrag können nur solche Eignungsuntersuchungen verbind- **454** lich festgelegt werden, welche nach der DSGVO und dem BDSG rechtmäßig sind. Der Arbeitsvertrag selber kann Kraft seines Rechtswesens keine datenschutzrechtliche Grundlage darstellen. Insbesondere handelt es sich bei einem Arbeitsvertrag auch nicht um eine „andere Rechtsvorschrift" iSd Datenschutzrechts.

> Leitsatz:
> Im Arbeitsvertrag können nur solche Eignungsuntersuchungen verpflichtend gemacht werden, welche an sich nach arbeitsrechtlichen Grundsätzen und datenschutzrechtlich zulässig sind.

**455**  Ebenfalls ist es nicht möglich, den Anwendungsbereich des § 26 BDSG durch eine datenschutzrechtliche Einwilligung des Beschäftigten zu erweitern. Grundsätzlich ist die Einwilligung datenschutzrechtlich als gleichberechtigter Erlaubnistatbestand anerkannt (vgl. zB Art. 6 Abs. 1 lit. a, 9 Abs. 2 lit. a DSGVO). Es bleibt nämlich festzustellen, dass die Hürde der umschriebenen „Erforderlichkeit" zur Achtung des allgemeinen Persönlichkeitsrechtes (Art. 2 Abs. 1 iVm Art. 1 Abs. 1 GG) bestehen bleiben muss. Der Beschäftigte muss nur dann in seinen Rechten zurückstehen, wenn der Arbeitgeber ein stärkeres Interesse an den Rechtspositionen aufweisen kann. Dies ist nur möglich, wenn die ärztlichen Untersuchungen einen engen Tätigkeitsbezug aufweisen (**Grundsatz der Arbeitsplatzbezogenheit**). Ferner kann ein Arbeitgeber auch arbeitsrechtlich kein berechtigtes, schutzwürdiges und billigenswertes Interesse an ärztlichen Eignungsuntersuchungen geltend machen, welche für die konkrete Tätigkeit nicht „erforderlich" sind. Somit kann aus rechtlichen Gründen auch eine Einwilligung nicht den Anwendungsbereich des § 26 BDSG zu Ungunsten des Beschäftigten erweitern.

---

**Leitsatz:**

Das an sich bestehende „Fragerecht" des Arbeitgebers nach gesundheitlichen Daten kann auch nicht durch eine datenschutzrechtliche Einwilligung des Beschäftigten/Bewerbers erweitert werden.

---

**456**  Würde der Arbeitgeber sein eigentliches „Fragerecht" in Bezug auf ärztliche Untersuchungen dadurch zu umgehen versuchen, dass er an sich unzulässige Fragestellungen mittels der Einwilligung nach dem Datenschutzgesetz erhebt, so handelt es sich hierbei um einen aus §§ 226, 242 BGB abzuleitenden **Rechtsmissbrauch**. In diesen Fällen würde der Arbeitgeber die grundsätzlich bestehende Möglichkeit, dass der Beschäftigte über seine Rechtsgüter im Wesentlichen frei disponieren kann, ausnützen um an Informationen zu gelangen, welche ihm aus Gründen der Wahrung der Grundrechtspositionen des Beschäftigten/Bewerbers nicht zustehen.

**457**  Vorbildliche Arbeitsverträge enthalten neben der Verpflichtung zur Untersuchungsteilnahme auch die an den Arbeitgeber gerichtete Verpflichtung, bei negativem Untersuchungsergebnis den Beschäftigten anderweitig einzusetzen.[1]

### 3. Teilnahmeverpflichtung an der Untersuchung

**458**  Ist im Arbeitsvertrag rechtswirksam vereinbart, dass der Beschäftigte an routinemäßigen Eignungsuntersuchungen teilnehmen muss, so ergibt sich für ihn unmittelbar die schuldrechtliche Pflicht, diese ärztlichen Untersu-

---

[1] Vgl. hierzu auch: *Behrens* SPA 20/2014, 157–159.

chungen zu dulden. Zwar wird man eine ärztliche Eignungsuntersuchung nicht zwangsmäßig durchsetzen können[1] (§ 888 Abs. 3 ZPO, → Rn. 962 ff.), durch Eingehung des Arbeitsvertrages hat der Beschäftigte aber wirksam in Eingriffe in die ihm zustehenden Grundrechtspositionen (zB allgemeines Persönlichkeitsrecht nach Art. 2 Abs. 1 iVm Art. 1 Abs. 1 GG, körperliche Unversehrtheit nach Art. 2 Abs. 2 S. 1 GG) insofern eingewilligt, als dass er sich verpflichtet, diese zu dulden. Sofern die Interessen des Arbeitgebers an ärztlichen Untersuchungen als rechtmäßig in unserer Rechtsordnung anzuerkennen sind, kann der Beschäftigte grundsätzlich auch wirksam auf ihm zustehende Rechtspositionen verzichten.

> **Leitsatz:**
> In schuldrechtlicher Hinsicht muss der Beschäftigte die arbeitsvertraglich vereinbarten ärztlichen Eignungsuntersuchungen dulden.

Insofern trifft ihn die schuldrechtliche Verpflichtung, die ärztliche Eignungsuntersuchung zu dulden. Verweigert er sich ohne rechtfertigende Gründe diesen ärztlichen Untersuchungen, so verstößt er gegen seine arbeitsvertraglichen Pflichten, und setzt somit verhaltensbedingt Ansätze, um hierauf arbeitsrechtlich reagieren zu können. Im Ergebnis kommt hier nach erfolgloser Abmahnung auch eine verhaltensbedingte Kündigung des Beschäftigten in Betracht. **459**

Sind ärztliche Eignungsuntersuchungen wirksam in einem Arbeitsvertrag vereinbart, so ergibt sich als hieraus resultierender Nebenpflicht (abgeleitet aus § 242 BGB) für den Beschäftigten auch, dass er bei den Untersuchungen so mitwirkt, dass der Arzt zu einem entsprechenden Ergebnis kommen kann. Insbesondere ergibt sich insofern eine Mitwirkungspflicht an dem Untersuchungsgeschehen, als dass der Beschäftigte (sofern ärztlich indiziert!) dem Arzt die Einwilligung zu körperlichen und klinischen Untersuchungen (zB Blutentnahme, Hörtest, Sehtest, Abtasten des Körpers) erteilt.[2] **460**

> **Leitsatz:**
> Bei arbeitsvertraglich vereinbarten Eignungsuntersuchungen muss der Beschäftigte dem Arzt die für die Untersuchungen erforderlichen Einwilligungen erteilen.

---

[1] Lediglich im Atomrecht besteht diesbezüglich eine Duldungspflicht.
[2] Ausführlich zur diesbezüglichen Einwilligung: *Voll*, Die Einwilligung im Arztrecht.

#### 4. Regelung der Einwilligung im Arbeitsvertrag

**461**    **a) Einwilligung in ärztliche Untersuchungen.** Eine Verletzung der körperlichen Integrität stellt nach obergerichtlicher Rechtsprechung auch dann eine tatbestandliche Körperverletzung dar, wenn sie ärztlich indiziert und durch einen Arzt bzw. durch dessen Fachpersonal durchgeführt wird. So stellt zB eine Blutentnahme regelmäßig eine tatbestandliche Körperverletzung nach § 223 StGB dar.[1] Diese „Tat" ist allerdings dann gerechtfertigt, wenn ein entsprechender Rechtfertigungsgrund vorliegt. Dies ist fallbezogen immer dann der Fall, wenn eine wirksame Einwilligung des Beschäftigten vorliegt. **Im Ergebnis muss der Beschäftige diese dem Arzt immer erteilen.**

**462**    Die Einwilligung als strafrechtlicher Rechtfertigungsgrund ist nicht formgebunden und kann somit auch konkludent erfolgen. Streckt beispielsweise der Beschäftigte zum Zwecke der Blutentnahme den Arm aus, so liegt eine konkludente (also durch schlüssiges Handeln erklärte) Einwilligung vor. Sie muss sich allerdings nach außen hin erkennbar in irgendeiner Art und Weise manifestieren.

**463**    Fraglich ist, ob diese Art der Einwilligung bereits im Arbeitsvertrag abgegeben werden kann. Dies ist im Ergebnis zu verneinen.

> **Leitsatz:**
> Die arztrechtlich relevante Einwilligung in körperliche und klinische Untersuchungen kann nicht im Arbeitsvertrag geregelt werden.

**464**    Die arztrechtlich relevante Einwilligung in körperliche und klinische Untersuchungen steht in einem engen Zusammenhang mit den Aufklärungspflichten, welche dem Arzt unmittelbar obliegen. Die diesbezügliche Einwilligung hat ihren Rechtsursprung im allgemeinen Persönlichkeitsrecht und dem daraus auch resultierenden Selbstbestimmungsrecht nach Art. 2 Abs. 1, Abs. 2 S. 1 iVm Art. 1 Abs. 1 GG. Diese Art der Einwilligung kann ihre Wirksamkeit allerdings nur dann relevant entfalten, wenn der Beschäftige die „**Indiziertheit des Eingriffs und das Risiko kennt und es abwägen kann**[2] ". Allein schon dieser Enge Sachzusammenhang zwischen der durch den Arzt durchzuführenden Aufklärung und der zwingend darauf beruhenden Einwilligung können die medizinrechtlich relevante Einwilligung (§ 630d BGB, § 8 MBO) nicht zum Bestandteil eines Arbeitsvertrages machen, welcher lediglich einen Rechtsbund zwischen Arbeitgeber und Beschäftigten zu ziehen vermag. Die durch den Arzt durch-

---

[1] Ob die ärztlich indizierte Blutentnahme durch geschultes Personal eine gefährliche Körperverletzung nach § 224 Abs. 1 Nr. 2 StGB darstellt, soll hier nicht weiter diskutiert werden.

[2] *Voll* Die Einwilligung im Arztrecht 114; Im Ergebnis auch: BVerfG NJW 1979, 1925.

zuführende Aufklärung ist echte Wirksamkeitsvoraussetzung für die Einwilligung,[1] so dass die alleinige „Einwilligung" ohne ärztliche Aufklärung im Arbeitsvertrag auch deshalb keinen Bestand haben kann.

Die erteilte diesbezügliche Einwilligung ist von höchstpersönlicher Natur und kann mit Wirkung für die Zukunft auch jederzeit widerrufen werden. Wäre die Einwilligung wirksam in einem Arbeitsvertrag regelbar, so könnte der Beschäftigte seine Einwilligung nur durch fristgemäße Kündigung oder Ersuchen auf einen Auflösungsvertrag geltend machen. **465**

Im Ergebnis kann somit ein Arbeitsvertrag die medizinrechtlich relevante Einwilligung nicht beinhalten, dennoch ist es den arbeitsvertraglichen Regelungen in Bezug auf rechtgemäße Eignungsuntersuchungen immanent, **dass der Beschäftigte den Arzt die notwendigen Einwilligungen erteilt.** Finden sich dennoch im Arbeitsvertrag dementsprechende Einwilligungsklauseln, so sind diese (dem Rechtsgedanken aus § 140 BGB folgend) **in eine individualarbeitsrechtliche Verpflichtung umzudeuten, dem Arzt die erforderliche Einwilligung zu erteilen.** Eine Arbeitsvertragsklausel, welche dem Beschäftigten die Möglichkeit nimmt, sich gegen eine tatbestandliche Körperverletzung zu wehren (indem sie die tatsächliche Einwilligung umgeht), wäre auch gem. § 307 Abs. 1 BGB unangemessen und damit unwirksam. In dieser Fallkonstellation muss es dem Beschäftigten schon aus grundrechtlichen Erwägungen heraus zugestanden werden, aus freien Stücken zB eine Blutentnahme zu verweigern und dann aber auch die arbeitsrechtlichen Konsequenzen hieraus zu ziehen. **466**

Die Regelung der arztrechtlichen Einwilligung im Arbeitsvertrag ist aber auch gar nicht notwendig, da der Arzt ohne die tatsächliche Einwilligung (die Einwilligung in Untersuchungen ist kein Rechtsgeschäft, sondern eine tatsächliche Handlung[2]), verstanden als tatsächlicher Akt, zB bei Blutentnahmen eine tatbestandliche und rechtswidrige Körperverletzung begehen würde. **Der Arzt kann somit den Beschäftigten gar nicht gegen dessen faktischen Willen untersuchen.** Vor dem Hintergrund, dass eine ärztliche Untersuchung auch arbeitsgerichtlich gar nicht vollstreckt werden kann (→ Rn. 967 ff.), muss es als ausreichend angesehen werden, dass der Beschäftigte bei fehlender Mitwirkung an den ärztlichen Eignungsuntersuchungen (zB durch Nichterteilung der notwendigen Einwilligung) seine arbeitsvertraglichen Nebenpflichten verletzt, welche wiederum als verhaltensbedingte Störungen des Arbeitsvertrages gesehen und damit auch mit Mitteln des Arbeitsrechts (zB Abmahnung, Kündigung) begegnet werden kann. **467**

**b) Einwilligung in die Ergebnisweitergabe.** Ähnliches gilt auch für die Einwilligung des Beschäftigten in die Weitergabe des Untersuchungsergebnisses. Wie an anderer Stelle dargelegt, unterfällt die Ergebnisbeurteilung der ärztlichen Schweigepflicht (→ Rn. 683 ff.), so dass es zur be- **468**

---

[1] *Laufs/Kern/Rehborn* ArztR-HdB 1602.
[2] Siehe hierzu *Voll* Die Einwilligung im Arztrecht 37 f.

rechtigten Datenweitergabe immer einer Einwilligung des Beschäftigten bedarf. Auch wenn bei dem Beurteilungsergebnis „geeignet" regelmäßig von einer konkludenten Einwilligung in die Ergebnisweitergabe ausgegangen werden kann, so bleibt rechtlich festzustellen, dass es sich auch hier in erster Linie um einen formfreien Rechtfertigungstatbestand nach dem Strafrecht handelt. Folglich ist die strafrechtlich relevante Einwilligung in die Ergebnisweitergabe auch kein Rechtsgeschäft sondern (wie auch bei den ärztlichen Untersuchungen) ein tatsächlicher Akt, welcher auch tatsächlich (und sei es konkludent) vorgenommen und für den Arzt erkennbar vorliegen muss. Insofern ist diese Art der Einwilligung auch von der datenschutzrechtlichen Einwilligung iSv Art. 4 Nr. 11 DGSVO zu unterscheiden. **Dies auch vor dem Hintergrund, dass die Regelungen zur ärztlichen Schweigepflicht (zB § 9 Berufsordnung Ärzte Bayerns, § 203 StGB) vom BDSG unberührt bleiben (§ 1 Abs. 2 S. 2 BDSG).** Der Arzt verstößt hier nur dann nicht gegen seine diesbezüglichen Verpflichtungen, wenn er sich auf eine tatsächliche Einwilligung des Beschäftigten stützen kann und nicht nur auf ein „Versprechen" des Beschäftigten in einem Arbeitsvertrag.

469 Dem Arzt ist es folglich aus standes- und strafrechtlichen Aspekten gar nicht möglich, sich auf eine im Arbeitsvertrag reglementierte diesbezügliche Einwilligung zu stützen, wenn ihm zB ein entgegenstehender Wille des Beschäftigten bekannt ist. Insofern kann zwar eine im Arbeitsvertrag enthaltene Einwilligung ein entsprechendes Indiz darstellen. Dem Beschäftigten ist es aber (im Verhältnis Arzt zur untersuchten Person!) fehlerfrei möglich, eine im Arbeitsvertrag reglementierte Einwilligung zu widerrufen. Vertritt man die Auffassung, die strafrechtlich relevante Einwilligung könne im Arbeitsvertrag geregelt werden, so wäre die Nichterteilung derselben ein vertragswidriges (aber im Endergebnis nicht vollstreckbares) Verhalten, was entsprechend verhaltensbedingt „geahndet" werden kann.

470 Zum gleichen Ergebnis gelangt man aber auch mit der hier vertretenden Auffassung, dass eine diesbezügliche Einwilligung nicht Vertragsbestandteil sein kann. Verweigert der Beschäftigte hier seine Einwilligung zur Weitergabe des Ergebnisses und unterlässt er es auch, das ihm übergebene/übersandte Ergebnis dem Arbeitgeber weiterzuleiten, so verstößt er gegen seine vertraglichen Nebenpflichten.

471 Sofern in einem Arbeitsvertrag entsprechende Einwilligungsklauseln vorhanden sind, so sind diese (dem Rechtsgedanken des § 140 BGB folgend) in eine individualarbeitsrechtliche Verpflichtung umzudeuten, dass der Beschäftigte dem Arzt die entsprechende Einwilligung erteilen muss.

472 Im Ergebnis kann im Arbeitsvertrag folglich nur geregelt werden, dass der Beschäftigte dem Arzt die Einwilligung zur Datenweitergabe erteilen muss bzw. der Beschäftigte selber das Ergebnis dem Arbeitgeber übermittelt. Dem Beschäftigten kann auch die Wahl zwischen den beiden Möglichkeiten gelassen werden.

## 5. Regelmäßigkeit der Eignungsuntersuchungen

Ein wesentlicher Aspekt von routinemäßigen Eignungsuntersuchungen **473** ist, dass sie auch dann wiederkehrend stattfinden, wenn es keine besonderen personenbezogenen Auffälligkeiten des Beschäftigten gibt. Diese Art der Eignungsuntersuchungen ist ua auch dem Umstand geschuldet, dass sich bestimmte für die konkrete Tätigkeit wesentliche gesundheitliche Aspekte beim Menschen verändern können. So kann sich zum Beispiel das Seh- oder Hörvermögen im Laufe eines Lebens aus den unterschiedlichsten Gründen verändern.

Dem allgemeinen Persönlichkeitsrecht und dem Verhältnismäßigkeits- **474** grundsatz folgend dürfen die Untersuchungsfristen nicht kürzer als unbedingt notwendig liegen. **Entscheidender Faktor ist hier jeweils die zugrunde liegende medizinisch fundierte Erforderlichkeit.** Werden die Eignungsuntersuchungen als Arbeitsschutzmaßnahme eingestuft (zB wenn die Notwendigkeit für solche aus der Gefährdungsbeurteilung abgeleitet wird), so ist hier auf entsprechende arbeitsmedizinische Erkenntnisse zurückzugreifen (vgl. § 4 Nr. 3 ArbSchG).

Gleiches muss aber auch für Eignungsuntersuchungen gelten, welche **475** an sich keine Arbeitsschutzmaßnahmen darstellen. Auch hier kann nur der jeweilige Stand der Arbeitsmedizin von Bedeutung sein. Die Untersuchungsintervalle sind folglich immer mit einem Arzt abzustimmen. Weiterhin muss dem Arzt auch die Möglichkeit gegeben werden, individuell und für den Einzelfall auch kürzere Nachuntersuchungsfristen festlegen zu können, wenn dies medizinisch notwendig erscheint.

## 6. Tätigkeitsbezug

Wie oben bereits dargelegt, ist die Aufnahme ärztlicher Eignungsunter- **476** suchungen in einen Arbeitsvertrag nur dann rechtmäßig, wenn die zugrunde liegenden ärztlichen Untersuchungen aus datenschutzrechtlichen und arbeitsrechtlichen Erwägungen heraus rechtmäßig sind. Dies setzt zwingend immer auch einen konkreten Tätigkeitsbezug zwischen der ärztlichen Untersuchung und den konkret durch den Beschäftigten durchzuführenden Arbeiten voraus (**Grundsatz der Arbeitsplatzbezogenheit**), da sich nur so die Einschränken rechtfertigen lassen, welche der Beschäftigte in Bezug auf seine Grundrechtspositionen hinnehmen muss.

Im Ergebnis bedeutet dies aber auch, dass die Verpflichtung zur Unter- **477** suchungsteilnahme dann nicht mehr geltend gemacht werden kann, wenn der Beschäftigte die der Untersuchung zugrunde gelegte Tätigkeit nicht mehr ausübt.

### 7. Besonderer Untersuchungsanlass

**478**  Die Verpflichtung, sich aus gegebenem Anlass (→ Rn. 175 ff.) einer Untersuchung unterziehen zu müssen, kann ebenfalls im Arbeitsvertrag aufgenommen werden. Allerdings besteht aufgrund der dem Beschäftigten obliegenden **Treuepflichten** auch ohne eine derartige arbeitsvertragliche Regelung eine Verpflichtung der Beschäftigten, an derartigen Untersuchungen ordnungsgemäß teilzunehmen.

### 8. Klarheit der vertraglichen Regelungen

**479**  Da es sich bei Arbeitsverträgen in aller Regel im Allgemeine Geschäftsbedingungen im Sinne der §§ 305 ff. BGB handelt, so sollte die Verpflichtung zur Teilnahme an routinemäßigen Eignungsuntersuchungen auch entsprechend konkretisiert werden. Insbesondere sind Regelungen dann ungültig, wenn sie im Vertragswerk „versteckt" werden (§ 305c BGB). Auch blankett- oder generalklauselartige Regelungen halten dem Prüfungsmaßstab nicht stand.[1]

**480**  Es sollte klar ausformuliert sein, für welche Tätigkeiten die ärztlichen Eignungsuntersuchungen notwendig sind und dass diese auch entsprechende ärztlich indizierte Untersuchungsparameter (zB Seh- und Hörtest) beinhalten. Weiterhin sollte im Arbeitsvertrag dargelegt werden, dass die im Rahmen der ärztlichen Untersuchung festgestellte Eignung Tätigkeitsvoraussetzung ist. Unklare und missverständliche Formulierungen können dazu führen, dass die entsprechenden Vertragspassagen unwirksam sind (§ 307 Abs. 1 S. 2 BGB).

### 9. Mitbestimmung des Betriebsrates

**481**  Zu beachten ist allerdings, dass die routinemäßigen Eignungsuntersuchungen der Mitbestimmung des Betriebsrates unterliegen und es dem Arbeitgeber verwehrt ist, mit dem Instrumentarium der einzelvertraglichen Regelungen die Mitbestimmungsrechte nach § 87 BetrVG außer Kraft zu setzen (zu den Mitbestimmungsrechten → Rn. 643 ff.).

> **Leitsatz:**
> Routinemäßige Eignungsuntersuchungen unterliegen der Mitbestimmung des Betriebsrates.

**482**  Dennoch kann es sinnvoll sein, entsprechende Regelungen auch in den Arbeitsvertrag mit aufzunehmen. Dies ist zB dann der Fall, wenn in Bezug

---

[1] Vgl. *Weth/Herberger/Wächter/Sorge* Arbeitnehmerdatenschutz-HdB 298.

auf routinemäßige Eignungsuntersuchungen lediglich eine Regelungsabrede besteht. Regelungsabreden heben zwar die betriebsverfassungsrechtlichen Schranken auf, problematisch ist aber, ob diese dann auch Rechte im Verhältnis zu den Beschäftigten zu begründen vermögen.[1] Sofern also keine Betriebsvereinbarung besteht (welche aufgrund ihrer normativen Wirkung aus § 77 Abs. 4 BetrVG unmittelbar und zwingend auf das Beschäftigungsverhältnis einwirkt), sondern lediglich eine Regelungsabrede, so wäre zu klären, ob die beschlossene Regelungsabrede vom Arbeitgeber gegenüber dem Beschäftigten im Wege des Direktionsrechts durchgesetzt werden kann. Absicherung kann man aber hier dadurch schaffen, dass die entsprechenden routinemäßigen Untersuchungen im Arbeitsvertrag individualarbeitsrechtlich festgelegt werden.

## III. Das Weisungsrecht des Arbeitgebers als mögliche Rechtsgrundlage für Eignungsuntersuchungen?

Fraglich ist, ob das dem Arbeitgeber zustehende Weisungsrecht (auch „Direktionsrecht" genannt) eine mögliche Rechtsgrundlage für Eignungsuntersuchungen darstellen kann. Nach § 106 GewO kann der Arbeitgeber Inhalt, Ort und Zeit der Arbeitsleistung nach billigem Ermessen näher bestimmen. Unabhängig von der nicht unstrittigen Reichweite des § 106 GewO[2] ist aber allgemein anerkannt, **dass dem Arbeitgeber ein entsprechendes Weisungsrecht zusteht, um die Arbeitsleistung näher zu bestimmen**. Das Weisungsrecht des Arbeitgebers konkretisiert die vom Beschäftigten zu erbringende Arbeitsleistung hinsichtlich Inhalt, Ort und Zeit. Auch Fragen der Ordnung im Betrieb und des Verhaltens der Beschäftigten können Inhalt des durch den Arbeitgeber auszuübenden Weisungsrechtes sein (vgl. § 106 S. 2 GewO aber auch § 611a Abs. 1 S. 2 BGB). **483**

### 1. Grenzen des Weisungsrechtes

Im Rahmen seines Weisungsrechtes kann der Arbeitgeber lediglich an sich bestehende Verpflichtungen inhaltlich konkretisieren. Das Weisungsrecht setzt folglich einen ausfüllungsbedürftigen Handlungsspielraum voraus. Es handelt sich bei dem Recht um ein **Gestaltungsrecht** im Sinne des § 315 BGB.[3] Dem Arbeitgeber ist es dagegen verwehrt, mit den Mitteln des Weisungsrechtes die sich aus dem Arbeitsvertrag ergebenen Verpflichtungen abzuändern. **484**

---

[1] Ablehnend: BAG 14.2.1991 – 2 AZR 415/90.
[2] 106 GewO dürfte angesichts des Arbeitsvertragsrechtes keine besondere Bedeutung zukommen.
[3] *Schaub/Koch*, Arbeitsrecht von A-Z, Stichwort „Direktionsrecht".

**485**     Insbesondere steht dem Arbeitgeber dort kein Weisungsrecht zu, wo konkrete Arbeitsbedingungen bereits durch Arbeitsvertrag, Betriebsvereinbarung oder Tarifvertrag geregelt sind (vgl. § 106 S. 1 GewO). Je umfassender also die Arbeitsbedingungen im Arbeitsvertrag oder kollektivrechtlichen Regelungen (Betriebsvereinbarung, Tarifvertrag) geregelt sind, umso eingeschränkter ist hier das Weisungsrecht des Arbeitgebers. So hat der Arbeitgeber auch eine in den Arbeitsvertrag integrierte Tätigkeitsbeschreibung zu beachten, da diese dann die Reichweite des Weisungsrechts bestimmt.[1]

> **Leitsatz:**
> Das Weisungsrecht kann nicht losgelöst von vertraglichen/kollektivrechtlichen Grundlagen gesehen werden. Handlungen, zu denen auf Grundlage des Arbeitsvertrages/eines kollektivrechtlichen Vertrages keine Handlungspflicht des Beschäftigten besteht, können daher auch nicht durch „Weisung" des Arbeitgebers eingefordert werden.

**486**     Weiterhin darf der Arbeitgeber die sich aus den Arbeitsvertrag ergebenen Verpflichtungen nur unter Beachtung verfassungsrechtlicher Wertentscheidungen konkretisieren.[2] Hierzu gehört auch das allgemeine Persönlichkeitsrecht (Art. 2 Abs. 1 iVm Art. 1 Abs. 1 GG), welches regelmäßig bei ärztlichen Untersuchungen berührt wird. Ist die ärztliche Eignungsuntersuchung auch mit Maßnahmen verbunden, welche die körperliche Integrität beeinträchtigen (zB Blutentnahme, Röntgen), so stellt dies regelmäßig einen Eingriff in das Recht auf körperliche Unversehrtheit (Art. 2 Abs. 2 S. 1 GG) dar.

**487**     Weiterhin muss die konkrete Weisung des Arbeitgebers **„billigem Ermessen"** entsprechen (§ 106 S. 1 GewO, § 315 BGB). Dies ist dann gegeben, wenn die wesentlichen Umstände der einzelnen Weisung abgewogen und die beiderseitigen Interessen (Arbeitgeber-Beschäftigter) angemessen berücksichtigt worden sind.[3] Ob das billige Ermessen gewahrt wurde, unterliegt der gerichtlichen Kontrolle (§ 315 Abs. 3 BGB).

**Leistungsbestimmung nach billigem Ermessen (im Rahmen des Weisungsrecht):**
   Folgende Faktoren sind einer Abwägung der wechselseitigen Interessen (Arbeitgeber-Beschäftigter) zu berücksichtigen:[4]
   – Abwägung der Interessen nach den verfassungsrechtlichen und gesetzlichen Wertentscheidungen

---

[1] ErfK/*Preis* GewO § 106 Rn. 5.
[2] BAG 13.8.2010 – 1 AZR 173/09.
[3] BAG 11.4.2006 – 9 AZR 557/05.
[4] BAG 21.7.2009 – 9 AZR 404/08.

– Abwägung der Interessen nach den Wertgrundsätzen der Verhältnismäßigkeit und Angemessenheit
– Abwägung der Interessen nach Verkehrssitte und Zumutbarkeit

Die Abwägung der Interessen wird durch das Bundesarbeitsgericht sehr **488** weit gezogen. Das Bundesarbeitsgericht verlangt eine Abwägung aller Umstände des Einzelfalls.[1] Im Arbeitsrecht gehören zur gerechten Interessenabwägung somit auch die Vorteile aus der Regelung, die Risikoverteilung zwischen den Vertragsparteien, die beiderseitigen Bedürfnisse, außervertragliche Vor- und Nachteile, Vermögens- und Einkommensverhältnisse, sowie soziale Lebensverhältnisse, wie familiäre Pflichten und Unterhaltsverpflichtungen.[2]

## 2. Die ärztliche Untersuchung als Weisungsgegenstand

Wie oben dargelegt, müssen sich Weisungen im geltenden Rechtsrah- **489** men bewegen und können des Weiteren bereits festgelegte Arbeitsbedingungen nicht zum Negativen abändern. Weiterhin ist im Rahmen des „billigen Ermessens" eine intensive Interessenabwägung vorzunehmen. Dies gilt uneingeschränkt auch für den Bereich der ärztlichen Untersuchungen. Insbesondere kann der Arbeitgeber im Rahmen des Weisungsrechtes den Beschäftigten keine Verpflichtungen auferlegen, die vom bestehenden Arbeitsvertrag nicht gedeckt sind bzw. bei denen es an der arbeitsrechtlichen Grundlage fehlt. Ohne gesetzliche, arbeitsvertragliche oder kollektivrechtliche Basis muss ein Beschäftigter ärztliche Untersuchungen regelmäßig nicht dulden.[3]

> **Leitsatz:**
> Eine arbeitsrechtliche Weisung ist **keine** ausreichende Rechtsgrundlage für ärztliche Eignungsuntersuchungen.

Bei ärztlichen Eignungsuntersuchungen ist aber immer eine Rechts- **490** grundlage erforderlich. Aufgrund der oben umschriebenen Grundsätze kann das Weisungsrecht des Arbeitgebers diese rechtliche Grundlage aber nicht schaffen. Eine diesbezügliche Weisung würde vielmehr voraussetzen, dass bereits eine entsprechende Rechtsgrundlage besteht, nach der eine ärztliche Untersuchung eingefordert werden kann. Der Arbeitgeber kann in diesen Fällen lediglich eine an sich bestehende Verpflichtung konkretisieren.[4]

---

[1] BAG 21.7.2009 – 9 AZR 404/08.
[2] BAG 28.11.1989 – 3 AZR 118/88.
[3] Vgl. auch BAG 12.8.1999 – 2 AZR 55/99.
[4] So im Ergebnis auch: *Notz* Zulässigkeit und Grenzen 62 ff.

491 Dies wäre zB dann der Fall, wenn der Arbeitgeber nach besonderen Auffälligkeiten den Beschäftigten anweist, sich ärztlich untersuchen zu lassen. Hier ergibt sich die „Verpflichtung" zur Untersuchung aus der **Treuepflicht** des Beschäftigten und somit im weiteren Sinne auch direkt aus dem Arbeitsvertrag. Hier ist der Arbeitgeber dann berechtigt, bestehende Verpflichtungen des Arbeitsvertrages zu konkretisieren (da die ärztliche Untersuchung dann datenschutzrechtlich „erforderlich" und arbeitsrechtlich berechtigt, billigens- und schützenswert ist).

492 Im Rahmen des nach § 106 GewO und § 315 Abs. 1 BGB geforderten billigen Ermessens bedeutet dies aber auch, dass der Arbeitgeber in den zulässigen Fällen sich dem Beschäftigten gegenüber auch entsprechend erklären und ihm bei bestehenden Zweifeln sein Verlangen substantiiert erklären muss.[1] Hier sollte auch berücksichtigt werden, dass der Beschäftigte das auf eine ärztliche Untersuchung gerichtete Verlangen des Arbeitgebers mittels einer **Feststellungsklage** (§ 46 Abs. 2 ArbGG, § 256 ZPO) bei den Arbeitsgerichten überprüfen lassen kann.

## IV. Gefährdungsbeurteilung

493 Fraglich ist, ob eine **Gefährdungsbeurteilung** eine rechtliche Basis darstellen kann, um ärztliche Eignungsuntersuchungen zu rechtfertigen. Ein Arbeitgeber ist verpflichtet, die Gefährdungen bei der Arbeit zu beurteilen und zu ermitteln, welche Maßnahmen des Arbeitsschutzes erforderlich sind (§ 5 ArbSchG). Diese jeden Arbeitgeber betreffende Grundpflicht wird für entsprechende Tätigkeitsbereiche weiter konkretisiert (zB § 6 GefStoffV, § 4 BioStoffV, § 3 LärmVibrationsArbSchV).

494 **Als Arbeitsschutzmaßnahmen kann fehlerfrei auch die Möglichkeit einer Eignungsuntersuchung abgeleitet werden.** Festzuhalten ist aber, dass eine Gefährdungsbeurteilung nach § 5 ArbSchG den für den Datenschutz erforderlichen Gebot der Normklarheit nicht entspricht (da sie das Mittel der ärztlichen Untersuchung nicht erwähnt). Sie kann also im Ergebnis keine Rechtsgrundlage für Eignungsuntersuchung sein, aber im Rahmen der Verhältnismäßigkeitsprüfung das entsprechende Interesse des Arbeitgebers gewichten.

Leitsatz:
Eine Gefährdungsbeurteilung stellt keine Rechtsgrundlage für ärztliche Eignungsuntersuchungen dar.

495 Das System der Trennung von „Aufgabe" (abgeleitete Maßnahme in Form der Eignungsuntersuchung) und „Befugnis" (darf ich ärztlich unter-

---

[1] Siehe auch *Keller* NZA 1988, 561.

suchen lassen) ist dem deutschen Rechtssystem nicht fremd. Gerade im Bereich des Verwaltungsrechtes wird hier deutlich getrennt. So hat beispielsweise die Polizei die Aufgabe, bestehende Gefahren für die öffentliche Sicherheit abzuwehren (vgl. zB Art. 2 Abs. 1 PAG Bayern). Möchte sie im Rahmen dieser Aufgabenerfüllung die Identität einer Person feststellen, so bedarf es aber einer gesonderten Rechtsgrundlage (zB Art. 13 PAG Bayern).

Kommt allerdings eine ärztliche Eignungsuntersuchung nach ordnungs- **496** gemäßer Beurteilung im Rahmen der Gefährdungsbeurteilung als erforderliche Arbeitsschutzmaßnahme in Frage, so ist dies ein starkes Indiz für die datenschutzrechtliche Erforderlichkeit und ein starkes Indiz für die arbeitsrechtlich erforderliche Interessenlage.

**Praxistipp:**
Sofern ärztliche Eignungsuntersuchungen als Maßnahmen des Arbeitsschutzes zur Anwendung kommen sollen, so empfiehlt es sich, das Erfordernis im Rahmen einer ordnungsgemäßen Gefährdungsbeurteilung nach dem Arbeitsschutzgesetz abzuleiten.

## V. Die Betriebsvereinbarung als Rechtsgrundlage für Eignungsuntersuchungen

Routinemäßige ärztliche Eignungsuntersuchungen unterfallen regelmä- **497** ßig dem Mitbestimmungsrecht des Betriebsrates (→ Rn. 643 ff.), so dass eine mögliche Handlungsform hier auch eine Betriebsvereinbarung wäre. Weiterhin können (gerade auch in Bezug auf zusätzliche Maßnahmen zur Verhütung von Arbeitsunfällen und Gesundheitsschädigungen) auch freiwillige Betriebsvereinbarungen zwischen Arbeitgeber und Beschäftigten vereinbart werden (§ 88 BetrVG).

Während grundsätzlich auch kollektivrechtliche Regelungen in Bezug **498** auf medizinische Untersuchungen anerkannt werden (vgl. Wortlaut § 2 Abs. 1 Nr. 5 ArbMedVV), so ist allerdings die genaue Reichweite und Regelungskompetenz nicht ganz unstrittig. Insbesondere betrifft dies die Fragestellung, inwieweit eine Betriebsvereinbarung auch eine datenschutzrechtliche Grundlage für verpflichtende Eignungsuntersuchungen (vgl. § 26 Abs. 4 BDSG) darstellen kann und inwieweit die freie Entfaltung der Persönlichkeit des Beschäftigten überhaupt in einer Betriebsvereinbarung eingeschränkt werden kann (vgl. § 75 Abs. 2 BetrVG).

Ferner darf im Diskussionskontext auch nicht vergessen werden, dass **499** eine Betriebsvereinbarung ein Instrumentarium aus dem Betriebsverfassungsrecht ist und nicht ein Instrument, welche es dem Arbeitgeber erlaubt, einseitig seine Interessen durchzusetzen.

Nachfolgend sollen die einzelnen Voraussetzungen aufgezeigt werden, **500** unter denen routinemäßige Eignungsuntersuchungen durch Betriebsvereinbarung geregelt werden können. Um aber das Gesamtergebnis bereits vorwegzunehmen:

> **Leitsatz:**
> Unter Wahrung der Verhältnismäßigkeit und der von der Rechtsprechung erarbeiteten Grundsätze zum Beschäftigtendatenschutz ist eine Betriebsvereinbarung eine arbeitsrechtliche Möglichkeit, routinemäßige Eignungsuntersuchung für die Beschäftigten verpflichtend zu machen.

## 1. Die Betriebsvereinbarung

**501**    Bei der Betriebsvereinbarung handelt es sich um ein Instrumentarium aus dem Betriebsverfassungsrecht. Konkret handelt es sich um einen Vertrag privatrechtlicher Natur zwischen Arbeitgeber und Betriebsrat.[1] In der Betriebsvereinbarung können Arbeitsverhältnisse näher geregelt oder auch betriebliche und betriebsverfassungsrechtliche Fragen geklärt werden. Neben den schuldrechtlichen (privatrechtlichen) Aspekt hat die Betriebsvereinbarung aber insoweit auch noch eine Besonderheit, als dass sie **normative Wirkung** entfaltet (§ 77 Abs. 4 S. 1 BetrVG, → Rn. 504 ff.). Sie gehört zu den **kollektivrechtlichen** arbeitsrechtlichen Bestimmungen. Das Betriebsverfassungsgesetz geht in Bezug auf die Regelungsinhalte einer Betriebsvereinbarung von einer grundsätzlich sehr umfassenden Regelungskompetenz der Betriebsparteien aus. Dies gilt sowohl für die materiellen als auch die formellen Arbeitsbedingungen.[2]

> **Leitsatz:**
> Betriebsvereinbarungen gehören zu den kollektivrechtlichen arbeitsrechtlichen Bestimmungen und bilden gewissermaßen ein „Gesetz des Betriebes".

**502**    In einer Betriebsvereinbarung können sich also Arbeitgeber und Betriebsrat gewissermaßen (natürlich nur in den durch das Betriebsverfassungsgesetz gezogenen Grenzen) ein **„Gesetz des Betriebes"** schaffen. Betriebsvereinbarungen sind einvernehmlich zwischen Arbeitgeber und Betriebsrat zu beschließen (vgl. § 77 Abs. 2 S. 1 BetrVG), so dass es dem Arbeitgeber verwehrt ist, sich einseitig des Mittels einer Betriebsvereinbarung zu bedienen. Dem schuldrechtlich privatrechtlichen Charakter entsprechend können bestehende Betriebsvereinbarungen durch Kündigung derselben auch wieder außer Kraft gesetzt werden (vgl. § 77 Abs. 5 BetrVG).

---

[1] Vgl. *Oberthür/Seitz* Betriebsvereinbarungen 1.
[2] Vgl. auch BAG 12.12.2006 – 1 AZR 96/06.

Wollen die Betriebsparteien (Arbeitgeber und Betriebsrat) das Mittel ei-  **503**
ner Betriebsvereinbarung zur Regelung bestimmter Arbeitsinhalte verwenden, so sollte die Betriebsvereinbarung auch klar als solche benannt
sein und nicht etwa zB bloß als „Vereinbarung" tituliert werden. Das **Gebot der Rechtsquellenklarheit** fordert, dass die Normurheberschaft eindeutig zu erkennen ist.[1] Dies ergibt sich ua auch aus dem Schriftformgebot
einer Betriebsvereinbarung (§ 77 Abs. 2 BetrVG). Das Gebot der Rechtsquellenklarheit festigt auch bei den Normunterworfenen (in der Regel die
Beschäftigten) die Einsicht, dass es sich hierbei dann um für sie verbindliche Regelungen handelt. Durch die Bezeichnung „Betriebsvereinbarung"
ist den Beschäftigten somit auch klar, dass es sich um unmittelbare und
zwingende Regelungen handelt und die Regelungsinhalte zB nicht erst
dann Geltung erlangen, wenn dies auch im Arbeitsvertrag festgehalten ist
bzw. der Arbeitgeber eine entsprechende Weisung erteilt.

## 2. Normwirkung

Betriebsvereinbarungen haben von Rechts wegen eine sog. **Normwir-**  **504**
**kung** (§ 77 Abs. 4 S. 1 BetrVG). Sie gelten unmittelbar und zwingend.
Gewissermaßen können sich somit Betriebsrat und Arbeitgeber im rechtlichen Rahmen des Betriebsverfassungsrechtes ein „Gesetz" erschaffen,
welches dann für den entsprechenden Betrieb gilt. Für bestimmte Regelungen kann somit ein sicherer Rechtsrahmen geschaffen werden.[2]

> **Leitsatz:**
> Betriebsvereinbarungen gelten unmittelbar und zwingend.

Die „unmittelbare" Wirkung bedeutet, **dass die Betriebsvereinbarun-**  **505**
**gen direkt gelten und es keines weiteren Zustimmungsaktes bedarf**.
„Unmittelbar" bedeutet aber auch, dass sie eigenständig gelten und nicht
Bestandteil des Arbeitsvertrages werden.[3] Betriebsvereinbarungen sind
„zwingend" und gelten auch dann, wenn der einzelne Beschäftigte dies gar
nicht will. Entscheidend ist hier, dass die entsprechenden betriebsverfassungsrechtlichen Handlungsorgane (Arbeitgeber und Betriebsrat) im Rahmen des geltenden Rechts mit der Betriebsvereinbarung eine entsprechende Norm geschaffen haben. Diesbezüglich vertritt der Betriebsrat die
Beschäftigten „repräsentativ".

---

[1] BAG 15.4.2008 – 1 AZR 86/07.
[2] *Beckschulze* BB 2014, 1013–1019 und 1077–1085.
[3] *Fitting* BetrVG § 77 Rn. 125.

### 3. „Veröffentlichung" der Betriebsvereinbarung

**506**  Der Arbeitgeber hat die Betriebsvereinbarung an geeigneter Stelle im Betrieb „auszulegen" (§ 77 Abs. 2 S. 3 BetrVG). Die Betriebsvereinbarung muss somit dergestalt veröffentlicht werden, dass die Beschäftigten des entsprechenden Betriebes sie ohne große Mühen einsehen können. Im digitalen Zeitalter ist auch die „Auslegung" im Intranet denkbar.

> **Leitsatz:**
> Die Betriebsvereinbarung muss für die Beschäftigten zugänglich einsehbar sein.

### 4. Möglicher Inhalt von Betriebsvereinbarungen und Regelungsgrenzen

**507**  Grundsätzlich besteht eine umfassende Regelungskompetenz in einer Betriebsvereinbarung für Fragestellungen der innerbetrieblichen Verhältnisse. Dies gilt sowohl hinsichtlich der Ordnung des Betriebes als auch der Arbeitsbedingungen.[1] Entscheidend ist, dass die Regelungen inhaltlich einen Bezug zu den Interessen der Beschäftigten aufweisen.[2] Insofern können (innerhalb der noch zu erörternden rechtlichen Grenzen) auch Vereinbarungen getroffen werden, wie mit Eignungsvorbehalten, Fürsorgepflichten und sonstigen aus den Pflichtenkreis des Arbeitgebers erwachsenen Verpflichtungen umgegangen werden soll, sofern sie auch gesundheitliche Belange der Beschäftigten berühren. Im Ergebnis können vom Grundsatz her somit auch ärztliche Eignungsuntersuchungen in der Betriebsvereinbarung geregelt werden.

> **Leitsatz:**
> In einer Betriebsvereinbarung kann auch vereinbart werden, wie der Arbeitgeber seine ihm obliegenden Verpflichtungen aus Eignungsvorbehalten, Fürsorgepflichten und sonstigen Pflichtenkreisen im Betrieb umsetzen soll (somit grundsätzlich auch **Eignungsuntersuchungen**).

**508**  Dies ist insbesondere dann gegeben, wenn rechtliche Eignungsvorbehalte behandelt werden (→ Rn. 206 ff.), da diese zwar eine Handlungspflicht des Arbeitgebers statuieren, aber nicht näher umschreiben, wie genau diese Pflichten umgesetzt werden sollen. Da die Eignungsvorbehalte lediglich das „ob" vorschreiben, aber nicht das „wie", ist hier ein klassi-

---

[1] Vgl. auch BAG 16.3.1956 – GS 1/55, BAG 7.11.1989 – GS 3/85.
[2] *Oberthür/Seitz* Betriebsvereinbarungen 56.

scher Fall der betriebsverfassungsrechtlichen Zusammenarbeit zwischen Arbeitgeber und Betriebsrat gegeben.

### 5. Verhältnis Arbeitsvertrag – Betriebsvereinbarung

Durch ihren normativen Charakter wirken Betriebsvereinbarungen unmittelbar und bedürfen daher auch keiner Umsetzungsregelung zB in einem Arbeitsvertrag. Sie gelten somit auch unabhängig von der Gültigkeit und des Bestehens eines Arbeitsvertrages, sofern die entsprechenden Arbeitnehmer dem persönlichen Geltungsbereich der Betriebsvereinbarung (Betrieb) unterfallen. **509**

Die Betriebsvereinbarung steht in der Normenhierarchie zwischen dem Tarifvertrag und dem Arbeitsvertrag, so dass sie den individuellen Regelungen eines Arbeitsvertrages grundsätzlich vorgeht. Dem Arbeitgeber ist es folglich verwehrt, in einem Arbeitsvertrag Angelegenheiten zu reglementieren, welche einer bestehenden Betriebsvereinbarung zuwiderlaufen. Die „zwingende" Wirkung der Betriebsvereinbarung (§ 77 Abs. 4 S. 1 BetrVG) bedeutet folglich, dass abweichende einzelvertragliche Abmachungen nicht getroffen werden dürfen.[1] **510**

---

**Leitsatz:**
Die Betriebsvereinbarung geht den Regelungen eines Arbeitsvertrages vor.

---

Allerdings ist zu berücksichtigen, dass hier auch das arbeitsrechtlich festgelegte **Günstigkeitsprinzip** zur Anwendung kommt.[2] Dies bedeutet, dass Regelungen in Arbeitsverträgen, die für den Beschäftigten günstiger sind als die Inhalte der Betriebsvereinbarung, für diesen anzuwenden sind. Im Rahmen des Günstigkeitsprinzips hat somit dann der Arbeitsvertrag Vorrang. Dies gilt allerdings nur für die Vertragsbestandteile, welche sich günstiger für den Beschäftigten auswirken. Maßgeblich zur Bewertung ist ein kollektiver Günstigkeitsvergleich. **511**

Beim Günstigkeitsprinzip handelt es sich allerdings lediglich um eine Konkurrenzregelung, welche die ungünstige Regelung an sich nicht unwirksam werden lässt. Sie ist allerdings dann lediglich für den betreffenden Beschäftigten nicht anzuwenden. Das Günstigkeitsprinzip findet also dann Anwendung, wenn Betriebsvereinbarung und individualrechtliche Vereinbarungen unterschiedliche Regelungen über den gleichen Sachverhalt enthalten.[3] Der jeweils günstigeren Regelung ist somit Vorrang zu geben (egal, ob sich diese dann aus dem Arbeitsvertrag oder der Betriebsvereinbarung **512**

---

[1] BAG 16.9.1986 – GS 1/82.
[2] BAG 16.9.1986 – GS 1/82.
[3] *Fitting* BetrVG § 77 Rn. 196.

ergibt). Unerheblich ist weiterhin, wann die günstigere Regelung getroffen wird. So gilt das Günstigkeitsprinzip auch dann, wenn die günstigere Regelung zeitlich nach der ungünstigen erlassen wird. Ebenso findet das Prinzip Anwendung, wenn die günstigere Regelung vor der ungünstigen Bestand hatte.

### 6. Sperrwirkung durch Tarifvertrag

513     Eine Betriebsvereinbarung kann dann nicht erlassen werden, wenn sie Inhalte reglementiert, die bereits in einem Tarifvertrag geregelt sind (§ 77 Abs. 3 BetrVG). Sind folglich ärztliche Eignungsuntersuchungen bereits in einem Tarifvertrag geregelt, so wären diesbezügliche Betriebsvereinbarungen nicht zulässig. Diese Vorschrift dient der verfassungsrechtlich verankerten Tarifautonomie (Art. 9 Abs. 3 GG). Dort wo die Tarifvertragsparteien (Gewerkschaften und Arbeitgeber bzw. Vereinigungen von Arbeitgebern, vgl. § 2 Abs. 1 TVG) verbindliche normative Regelungen in einem Tarifvertrag schaffen, dort kann die verfassungsrechtlich abgesicherte Garantie, genau dies zu tun, nicht dadurch umgangen werden, dass im Rahmen einer Betriebsvereinbarung wiederum andere Regelungen geschaffen werden.

514     Die Tarifvertragsparteien haben damit Vorrang bei der Regelung von Arbeitsbedingungen. Dieses Recht kann nicht dadurch ausgehöhlt werden, dass Arbeitgeber und Betriebsrat abweichende oder auch nur ergänzende Regelungen vereinbaren.[1] Die Regelung des § 77 Abs. 3 BetrVG gilt auch für nicht tarifgebundene Arbeitgeber.

515     Die Funktionsfähigkeit der verfassungsrechtlich gesicherten Tarifautonomie sieht das Bundesarbeitsgericht auch dann gestört, wenn ein nicht tarifgebundener Arbeitgeber mit dem Abschluss einer Betriebsvereinbarung Regelungen schaffen könnte, die mit den Tarifbestimmungen in Konkurrenz stehen.[2] Die Sperrwirkung gilt allerdings dann nicht, wenn ein Tarifvertrag den Abschluss ergänzender Betriebsvereinbarungen ausdrücklich zulässt (§ 77 Abs. 3 S. 2 BetrVG).

---

**Leitsatz:**

Regelungsinhalte, die durch Tarifvertrag geregelt sind oder üblicherweise durch Tarifvertrag geregelt werden, können nicht Gegenstand einer Betriebsvereinbarung ein.

---

516     Die Sperrwirkung für Betriebsvereinbarungen besteht auch für Regelungsgegenstände, die **üblicherweise** in einem Tarifvertrag geregelt werden (§ 77 Abs. 3 S. 1 BetrVG). In diesen Fallkonstellationen besteht kein

---

[1] BAG 5.3.1997 – 4 AZR 532/95.
[2] BAG 24.1.1996 – 1 AZR 597/95.

Tarifvertrag über die zu regelnden Arbeitsbedingungen. Es ist hier aber üblich, dass die entsprechenden Regelungsinhalte in einem Tarifvertrag geregelt werden. Ob dies der Fall ist, beurteilt sich anhand der einschlägigen Tarifpraxis. Die Frage ist dann zu bejahen, wenn Verhandlungen über einen den Regelungsgegenstand betreffenden Tarifvertrag geführt werden.[1]

### 7. Grundsatz von Recht und Billigkeit

Auch bei Regelungen in Betriebsvereinbarungen haben Arbeitgeber und Betriebsrat zwingend zu beachten, dass auch hier die **Grundsätze von Recht und Billigkeit** eingehalten werden (vgl. hierzu grundsätzlich § 75 Abs. 1 BetrVG). Die zu wahrenden Grundsätze des Rechts erstrecken sich auf die geltende Rechtsordnung, die das Arbeitsverhältnis gestaltet und auf dieses einwirkt,[2] wozu auch die in der Verfassung verankerten Wertentscheidungen hinsichtlich des Rechts auf Berufsfreiheit (Art. 12 GG) gehören. Gleiches gilt auch hinsichtlich der körperlichen Unversehrtheit (Art. 2 Abs. 2 S. 1 GG), welches bei ärztlichen Untersuchungen dann betroffen ist, wenn diese in die körperliche Integrität eingreifen (zB Blutentnahmen, Röntgenaufnahmen). **517**

Auch das arbeitsrechtliche Gewohnheitsrecht muss beachtet und das Richterrecht durch die Betriebsparteien einer Betriebsvereinbarung berücksichtigt werden.[3] Beim Richterrecht[4] besteht allerdings die Problematik, dass (abgesehen von Entscheidungen des Bundesverfassungsgerichtes[5]) **Gerichtsurteile keiner Bindungswirkung unterliegen**, sofern sie nicht im gleichen Rechtsstreit ergangen sind. Vielmehr sind Richter unabhängig und nur dem Gesetz unterworfen (Art. 97 Abs. 1 GG). So kann ein Instanzgericht (zB das Arbeitsgericht Regensburg) rechtsfehlerfrei in einer Entscheidung eine andere rechtliche Auffassung vertreten als zB das Bundesarbeitsgericht. Weiterhin unterliegen auch gefestigte Rechtssprechungssätze einem Wandel, wenn sich zB die Moralvorstellungen in der Gesellschaft ändern und natürlich auch bei Änderung der rechtlichen Rahmenbedingungen. Insofern muss bei der Berücksichtigung des Richterrechts der jeweilige Einzelfall einer Betrachtung unterzogen werden. Gegen das Richterrecht „verstoßende" Betriebsvereinbarungen sind also nicht per se rechtsunwirksam. Allerdings besteht hier immer das Risiko, dass die Regelungen dann in den arbeitsgerichtlichen Instanzenzügen als „nicht den Grundsätzen von Recht und Billigkeit entsprechend" abgeurteilt werden. **518**

---

[1] BAG 23.3.2005 – 1 ABR 64/03.
[2] BAG 12.4.2011 – 1 AZR 412/09.
[3] *Fitting* BetrVG § 75 Rn. 25a.
[4] Hierbei handelt es sich in der Regel um ständige und anerkannte Rechtsprechung zu einer bestimmten Thematik (zB „Fragerecht des Arbeitgebers").
[5] Vgl. § 31 Bundesverfassungsgerichtsgesetz (BVerfGG).

**519**     Der Grundsatz von Recht und Billigkeit (§ 75 Abs. 1 BetrVG) und die Normwirkung von Betriebsvereinbarungen (§ 77 Abs. 4 S. 1 BetrVG) bewirken eine im Wesentlichen klare Einordnung der Betriebsvereinbarung in das System der deutschen Normenhierarchien. Insoweit dürfen sie auch nicht gegen **höherrangiges Recht** verstoßen. Zur Problematik der Betriebsvereinbarung als datenschutzrechtlichen Erlaubnistatbestand → Rn. 532 ff.

> **Leitsatz:**
> Betriebsvereinbarungen haben die Grundrechte zu achten und dürfen des Weiteren nicht gegen höherrangiges Recht verstoßen.

### 8. Diskriminierungsverbot

**520**     Dem Grundsatz von Recht und Billigkeit ist insbesondere auch zu entnehmen, dass jede Benachteiligung der Beschäftigten aufgrund einer Behinderung zu unterbleiben hat (§ 75 Abs. 1 BetrVG). Die diesbezüglichen Regelungen des § 75 Abs. 1 BetrVG stehen neben den Regelungen nach dem Allgemeinen Gleichbehandlungsgesetz[1] (AGG). Insofern greift das Diskriminierungsverbot nach § 75 Abs. 1 BetrVG auch in den Fällen, für welche das AGG keine Tatbestände vorsieht. Folglich ist in einer Betriebsvereinbarung grundsätzlich auch verboten, Beschäftigte aufgrund einer Krankheit zu benachteiligen (das AGG nennt hier lediglich die Behinderung aber nicht die Krankheit).

> **Leitsatz:**
> Eine Betriebsvereinbarung darf keine unsachliche Ungleichbehandlung (Diskriminierung) aufgrund von Krankheit oder Behinderung enthalten.

**521**     Eine Benachteiligung **wegen einer Erkrankung und/oder einer Behinderung** (und somit eine verbotene Diskriminierung nach § 75 Abs. 1 BetrVG) liegt allerdings nur dann vor, sofern sie auf **unsachlichen** Überlegungen beruht. Ist das Fehlen einer Krankheit bzw. einer Behinderung eine **wesentliche und entscheidende Anforderung** für die konkret durchzuführenden Tätigkeiten (Einzelfallprüfung!), so ist eine unterschiedliche Behandlung gerechtfertigt (vgl. § 8 Abs. 1 AGG). Hintergrund ist, dass das dem Arbeitsvertrag innewohnende Synallagma (beidseitige und gedanklich nicht trennbare gegenseitige Verpflichtung Arbeitsentgelt gegen Arbeitsleistung als Austauschverhältnis) dann unangemessen zu Ungunsten des Arbeitgebers gestört ist, wenn der Beschäftigten krankheitsbedingt

---

[1] *Fitting* BetrVG § 75 Rn. 30.

oder aufgrund einer Behinderung die ihm vertraglich zugewiesenen Aufgabe nicht oder nicht ordnungsgemäß durchführen kann.

Neben dem Vorschriften des § 75 Abs. 1 BetrVG finden für Betriebsvereinbarungen aber auch die Vorschriften des Allgemeinen Gleichbehandlungsgesetzes (AGG) Anwendung. Die Regelungen des AGG stehen neben den Vorschriften des BetrVG und verdrängen diese nicht. Entschädigung bei einer durch Betriebsvereinbarung erfolgten Diskriminierung nach dem AGG steht dem Beschäftigten allerdings nur dann zu, wenn der Arbeitgeber vorsätzlich oder grob fahrlässig handelt (§ 15 Abs. 3 AGG). **522**

### 9. Freie Entfaltung der Persönlichkeit

Ferner haben Arbeitgeber und Betriebsrat bei Erlass von Betriebsvereinbarungen auch die freie Entfaltung der Persönlichkeit der im Betrieb Beschäftigten zu schützen und zu fördern (Grundgedanke aus § 75 Abs. 2 BetrVG). Die freie Entfaltung der Persönlichkeit (Grundrecht aus Art. 2 Abs. 1 GG) ist für ärztliche Eignungsuntersuchungen insofern von Bedeutung, als dass dieses Grundrecht Wesensmerkmal des allgemeinen Persönlichkeitsrechtes (und als Unterfall hiervon auch das Recht auf informationelle Selbstbestimmung) nach Art. 2 Abs. 1 iVm Art. 1 Abs. 1 GG ist. **523**

Diese Beachtensverpflichtung schränkt Betriebsvereinbarungen insofern ein, als dass sie nur dann erlassen werden dürfen, wenn eine entsprechende Interessenabwägung stattgefunden hat und die dort enthaltenden Regelungen geeignet, erforderlich und auch angemessen sind, um die dort enthaltenden Zielsetzungen zu erreichen. § 77 Abs. 2 BetrVG statuiert somit ein betriebsverfassungsrechtliches Übermaßverbot.[1] Somit ist beim Erlass von Betriebsvereinbarungen zwingend der **Grundsatz der Verhältnismäßigkeit** zu wahren (hierzu ausführlich → Rn. 54 ff.). **524**

---

Leitsatz:
Betriebsvereinbarung sind nur dann rechtskonform, wenn die den Beschäftigten verpflichtenden Regelungen geeignet, erforderlich und angemessen sind **(Verhältnismäßigkeitsgrundsatz)**.

---

Ärztliche Untersuchungen mit (zumindest mittelbar) zwingenden Charakter dürfen folglich nur dann in einer Betriebsvereinbarung geregelt werden, wenn die betrieblichen Interessen das allgemeine Persönlichkeitsrecht des Beschäftigten insoweit überwiegen, als hier Eingriffe gerechtfertigt sind. Insofern ist im Rahmen einer Güterabwägung im Einzelfall zu ermitteln, ob das allgemeine Persönlichkeitsrecht des Beschäftigten oder die Interessen des Arbeitgebers den Vorrang verdient.[2] Sind diese Abwä- **525**

---

[1] ErfK/*Kania* BetrVG § 75 Rn. 9.
[2] BAG 27.3.2003 – 2 AZR 51/02.

gungsinteressen rechtsfehlerfrei ausreichend gewürdigt, so kann auch eine Betriebsvereinbarung Einschränkungen des allgemeinen Persönlichkeitsrechtes in Form von ärztlichen Untersuchungen rechtfertigen.[1]

### 10. Private Lebensführung

526 Die private Lebensführung der Beschäftigten entzieht sich grundsätzlich dem Regelungsbereich von Arbeitgeber und Betriebsrat. Insofern besteht auch im Rahmen des § 87 BetrVG **keine** Regelungskompetenz für Sachverhalte, **die lediglich die private Lebensführung betreffen.** Hier fehlt es schlicht und ergreifend an der erforderlichen Regelungskompetenz.[2]

> **Leitsatz:**
> Die private Lebensführung kann mangels Regelungskompetenz durch Betriebsvereinbarung nicht geregelt werden.

527 Eine Regelungskompetenz lebt allerdings dort wieder auf, wo sich betriebliche Regelungen mittelbar auch auf das private Leben auswirken. So kann ein Arbeitgeber zu Recht verlangen, dass seine Kraftfahrer bei Dienstantritt nicht unter der Einwirkung von Alkohol stehen. Diese Regelung wirkt sich mittelbar insofern auch auf die private Lebensführung aus, als dass der Beschäftigte in seiner Freizeit seinen Alkoholkonsum so ausgestalten muss, dass er keinen Restalkohol mehr im Körper hat, wenn er seinen Fahrdienst antritt. Hier wirken die Treue- und Rücksichtnahmepflichten (§§ 241, 242 BGB) auch in das Privatleben ein. In diesen Fallkonstellationen wirkt also privates Verhalten in die Arbeit hinein und wird damit Teil des betrieblichen Geschehens (zB Fahren der Dienstfahrzeuge unter Alkoholeinfluss). Diese Konstellationen unterliegen der Regelungsbefugnis der Betriebsparteien.[3] Wirkt sich das Verhalten allerdings nicht auf die Arbeit aus, so kann der Arbeitgeber weder den privaten Alkoholkonsum verbieten noch den Beschäftigten zwingen wollen, einen gesunden Lebensstil zu pflegen.

### 11. Erzwingbare und freiwillige Betriebsvereinbarungen

528 Entscheidend für eine Betriebsvereinbarung ist auch, in welchem mitbestimmungspflichtigen Rahmen sie erlassen wird. Gemeint ist die Fragestellung, ob die in ihr enthaltenen Regelungen betriebsverfassungsrecht-

---

[1] BAG 29.6.2004 – 1 ABR 21/03.
[2] Vgl. auch zB BAG 10.3.1976 – 5 AZR 34/75, BAG 19.1.1999 – 1 AZR 499/98, BAG 28.5.2002 – 1 ABR 32/01, BAG 22.7.2008 – 1 ABR 40/07.
[3] BAG 28.5.2002 – 1 ABR 32/01.

lich der Mitbestimmung unterliegen. So wird allgemein zwischen erzwingbarer und freiwilliger Betriebsvereinbarung unterschieden, wobei hier Mischformen zulässig sind.

Bei der erzwingbaren Betriebsvereinbarung betreffen die Regelungsin- **529** halte mitbestimmungspflichtige Regelungen. Bei den mitbestimmungspflichtigen Regelungen (zB Beginn und Ende der täglichen Arbeitszeit gem. § 87 Abs. 1 Nr. 2 BetrVG) kann der Arbeitgeber nur dann für die Beschäftigten verbindliche Regelungen treffen, wenn bezüglich der konkreten Frage Einigkeit mit dem Betriebsrat besteht (vgl. die sozialen Angelegenheiten nach § 87 BetrVG). Einseitig kann der Arbeitgeber hier keine Regelung treffen. Trifft der Arbeitgeber hier unter Missachtung des Mitbestimmungsrechtes des Betriebsrates Regelungen, so hat die Nichtbeachtung dieser Regelungen für die Beschäftigten arbeitsrechtlich keine negativen Folgen. **Kommt eine Einigung zwischen dem Betriebsrat und dem Arbeitgeber bezüglich einer der Mitbestimmung betreffenden Fragestellung nicht zustande, so muss die Einigungsstelle entscheiden, um eine wirksame Regelung schaffen zu können (§ 87 Abs. 2 BetrVG).** Der Spruch der Einigungsstelle ersetzt hierbei die Einigung zwischen Arbeitgeber und Betriebsrat. Die Einigungsstelle ist allerdings an die Anträge der Betriebsparteien nicht gebunden und kann folglich eine Regelung treffen, die weder den Positionen des Arbeitgebers noch den Positionen des Betriebsrates entspricht.

Aufgrund der bereits erwähnten umfassenden inhaltlichen Regelungs- **530** kompetenz der Betriebsparteien in Betriebsvereinbarungen sind Arbeitgeber und Betriebsrat allerdings nicht gehindert, durch Betriebsvereinbarung verbindliche Regelungen zu schaffen, bei denen betriebsverfassungsrechtlich ein Mitbestimmungsrecht nicht besteht (§ 88 BetrVG). Auch in diesen Fällen kann der Betriebsrat mit dem Arbeitgeber entsprechend verbindliche Betriebsnormen schaffen.

---

**Leitsatz:**
Bei **„erzwingbaren"** Betriebsvereinbarungen unterliegen die dort enthaltenen Regelungen der zwingenden Mitbestimmung des Betriebsrates.
In der **„freiwilligen"** Betriebsvereinbarung können auch andere Sachverhalte verbindlich geregelt werden.

---

Allerdings sind in der Praxis auch Mischformen (Mischung aus er- **531** zwingbaren und sonstigen Sachverhalten) anzutreffen. Sie sind gleichsam wirksam.

---

**Leitsatz:**
Routinemäßige Eignungsuntersuchungen unterfallen regelmäßig dem zwingenden Mitbestimmungsrecht nach § 87 BetrVG.

---

177

## 12. Verhältnis Betriebsvereinbarung zum Datenschutzrecht

**532** Weiterhin bleibt das Verhältnis der Betriebsvereinbarung zum Datenschutzrecht zu klären. Dies betrifft im Kern die Fragestellung, ob eine Betriebsvereinbarung selber eine datenschutzrechtliche Vorschrift darstellen kann oder ob sie in Bezug zu Beschäftigtendaten lediglich die Datenschutzgesetze konkretisieren kann. Auch wird die Fragestellung diskutiert, ob eine Betriebsvereinbarung, sofern sie denn eine datenschutzrechtliche Vorschrift darstellen kann, das Schutzniveau der Datenschutzgesetze unterschreiten darf.

**533** **a) Die Betriebsvereinbarung als datenschutzrechtliche Vorschrift.** Beim Datenschutzrecht handelt es sich um ein sog. „**Verbot mit Erlaubnisvorbehalt**". Dies bedeutet, dass vom Grundsatz her die Verarbeitung fremder personenbezogener Daten untersagt ist (vgl. Art. 5, 6 DSGVO). Erlaubt ist die Verarbeitung personenbezogener Daten nur dann, wenn die DSGVO oder eine andere Rechtsvorschrift dies erlaubt oder der Betroffene Verarbeitung eingewilligt hat (vgl. Art. 6 DSGVO). Eine dieser drei Voraussetzungen muss somit immer zwingend vorliegen.

> **Verbot mit Erlaubnisvorbehalt:**
> Die Erhebung, Verarbeitung oder Nutzung personenbezogener Daten ist nur erlaubt, wenn mindestens eine der drei folgenden Voraussetzungen vorliegen:
> – die DSGVO erlaubt dies,
> – eine andere Rechtsvorschrift (zB BDSG) erlaubt dies oder
> – der Betroffene willigt ein

**534** Seit der unmittelbaren Geltung der DSGVO in Deutschland ist nun auch unstrittig, dass Kollektivvereinbarungen (zB eine Betriebsvereinbarung) vom Grundsatz her eine Datenverarbeitung rechtfertigen können (vgl. zB Art. 88 DSGVO, § 26 Abs. 1 BDSG) und somit eine „Rechtsvorschrift" im datenschutzrechtlichen Sinne darstellen.

> **Leitsatz:**
> Eine Betriebsvereinbarung kann eine „sonstige Rechtsvorschrift" im Sinne der Datenschutzgesetze darstellen.

**535** Eine Betriebsvereinbarung ist somit vom Grundsatz her geeignet, auch datenschutzrechtliche Belange einer Regelung zu unterziehen.

**536** **b) Schutzniveau des Datenschutzgesetzes.** Da, wie oben bereits dargestellt, eine Betriebsvereinbarung eine rechtliche Grundlage sein kann, um Daten zu verarbeiten, stellt sich weiterhin die Frage, im Rahmen welchen Schutzniveaus dies erfolgen kann. Trotz der normativen Wirkung einer Betriebsvereinbarung (§ 77 Abs. 4 S. 1 BetrVG) handelt es sich bei der Betriebsvereinbarung selber um eine untergesetzliche Norm, die der gerichtlich überprüfbaren Rechtskontrolle unterliegt und deren Normsetzungsgrenzen sich insbesondere aus der Achtung der Persönlichkeit des Beschäftigten ergeben (§ 75 Abs. 2 BetrVG). Auch der im Rahmen einer Betriebsvereinbarung zwingend zu beachtende „Grundsatz des Rechtes" (§ 75 Abs. 1 BetrVG) erzwingt eine Beachtung geltender rechtlicher Vorschriften und insbesondere der **verfassungsrechtlich definierten Wertentscheidungen**.

Insbesondere ist hier das Grundrecht auf informationelle Selbstbestim- **537** mung (Art. 2 Abs. 1 iVm Art. 1 Abs. 1 GG) zu beachten. Durch die Rechtsprechung des Bundesverfassungsgerichtes (welche für die Gerichte und Behörden Verbindlichkeit entfaltet, siehe § 31 Abs. 1 BVerfGG) ist weiterhin klar, dass sich auch eine datenschutzrechtliche Belange regelnde Betriebsvereinbarung daran zu orientieren hat, dass hier eine entsprechende Normklarheit gegeben ist und sich Eingriffe in das Recht auf informationelle Selbstbestimmung nur dann rechtfertigen lassen, wenn der Verhältnismäßigkeitsgrundsatz gewahrt und ein überwiegendes Allgemeininteresse bejaht werden kann.[1]

Durch § 26 BDSG wird die Verarbeitung von Beschäftigtendaten einer **538** bereichsspezifischen Regelung unterzogen.

§ 26 BDSG verlangt zur Verarbeitung von Beschäftigtendaten eine **539** zwingende Erforderlichkeit, die sich auch aufgrund arbeitsrechtlicher Gesichtspunkte beurteilt.

---

**Leitsatz:**

Eine Betriebsvereinbarung kann **nicht** vom datenschutzrechtlichen Schutzniveau des § 26 BDSG zu **Ungunsten** des Beschäftigten abweichen.

---

Insofern ist es verfehlt, einer Betriebsvereinbarung zuzugestehen, dass **540** sie auch zuungunsten der Beschäftigten von den Vorschriften des Bundesdatenschutzgesetzes abweichen kann.[2] Bei Beachtung der Persönlichkeitsrechte und der Grundsätze von Recht und Billigkeit (§ 75 BetrVG) kann es (unter Einbindung der verfassungsrechtlichen Wertentscheidungen und der Beachtung des Verhältnismäßigkeitsgrundsatzes) keine Regelung geben, die das Schutzniveau des § 262 BDSG unterschreitet. **Die Datenverarbeitung, welche nicht „erforderlich" im Sinne des § 26 BDSG sind, verstößt somit gegen § 75 BetrVG.**

Insofern kann eine Betriebsvereinbarung im Wesentlichen lediglich die **541** Vorschriften der § 26 BDSG **konkretisieren**. Zulässig wären aber auch Regelungsinhalte in einer Betriebsvereinbarung, die sich für den Beschäf-

---

[1] Vgl. zB BVerfG 15.12.1983 – 1 BvR 209/83, BVerfGE 65, 1.
[2] Siehe hierzu die vielfach kritisierte Rechtsprechung: BAG 27.5.1986 – 1 ABR 48/84.

tigten günstiger als das BDSG- bzw. DGSVO-Niveau gestalten (zB eine Regelung, bei der der Arbeitgeber in gewissen Fällen auf eine ansonsten zulässige Datenverarbeitung verzichtet). In diesen Fällen wird das Schutzniveau der DSGVO und des BDSG nicht unterschritten. Eine für den Beschäftigten günstigere Regelung in einer Betriebsvereinbarung kann somit einen eigenen Erlaubnistatbestand darstellen („andere Rechtsvorschrift").

> **Leitsatz:**
> Regelt eine Betriebsvereinbarung belastende Belange des Beschäftigtendatenschutzes (zB Eignungsuntersuchungen), so kann sie lediglich die datenschutzrechtlichen Vorschriften (zB § 26 BDSG) **konkretisieren**.
> Wirken sich die Regelungen dagegen für den Beschäftigten **günstiger** als das DSGVO-Niveau aus, so kann eine Betriebsvereinbarung ein eigener Erlaubnistatbestand („andere Rechtsvorschrift").

**542**     Im Wesentlichen begründet eine Betriebsvereinbarung, welche ärztliche Eignungsuntersuchungen regelt, also weniger deren datenschutzrechtliche Zulässigkeit, sondern vielmehr bildet sie die arbeitsrechtliche Grundlage, auf der eine an sich datenschutzrechtlich zulässige ärztliche Untersuchung auch verbindlich für die Beschäftigten gemacht werden kann.

### 13. Die Betriebsvereinbarung als arbeitsrechtliche Grundlage für routinemäßige Eignungsuntersuchungen

**543**     Ist der Arbeitgeber aus arbeitsrechtlicher Sicht berechtigt routinemäßige Eignungsuntersuchungen (bzw. eine gesundheitliche Unbedenklichkeitsbescheinigung) einzufordern, so ist eine Betriebsvereinbarung durch ihr normative Wirkung nach § 77 Abs. 4 S. 1 BetrVG ein geeignetes Mittel aus arbeitsrechtlicher Sicht. Eine Betriebsvereinbarung gibt dem Arbeitgeber folglich das Mittel in die Hand, berechtigte gesundheitliche Untersuchungen (bzw. die Vorlage einer Unbedenklichkeitsbescheinigung) einfordern zu können. Während das Datenschutzrecht im Wesentlichen also die Frage beantwortet, ob im Rahmen von Eignungsuntersuchungen personenbezogene Daten verarbeitet werden dürfen, bildet die Betriebsvereinbarung hier dann die arbeitsrechtliche Grundlage, aufgrund derer die Beschäftigten auch entsprechend verpflichtet werden können, ihre gesundheitliche Eignung regelmäßig und ohne besondere personenbedingten Gründe nachzuweisen haben.

> **Leitsatz:**
> Vor Vorliegen berechtigter Interessen kann der Arbeitgeber durch Betriebsvereinbarung auch routinemäßige Eignungsuntersuchungen seinen Beschäftigten abverlangen.

## 14. Ärztliche Untersuchungen in Betriebsvereinbarungen

Unter den oben benannten Voraussetzungen können also auch ärztliche **544** Eignungsuntersuchungen in einer Betriebsvereinbarung festgelegt werden. An dieser Stelle darf aber nicht unberücksichtigt bleiben, dass in tatsächlicher Hinsicht eine arbeitsrechtliche Durchsetzbarkeit einer diesbezüglichen ärztlichen Untersuchung nur bedingt gegeben ist (sie kann nicht „zwangsvollstreckt" werden, → Rn. 962 ff.). Allerdings ergeben sich aus der in einer Betriebsvereinbarung geregelten Umstände, Verpflichtungen, die den Beschäftigten vom Verhalten her daran binden, an den Untersuchungen entsprechend mitzuwirken. Verweigert ein Beschäftigter hier seine entsprechende Mitwirkung, oder verhält er sich so, dass der Arzt die ärztliche Eignungsuntersuchung nicht ordnungsgemäß durchführen kann, so kann dies dem Arbeitgeber verhaltensbedingte Gründe geben, hierauf entsprechend arbeitsrechtlich zu reagieren (zB Abmahnung oder auch Kündigung).Weiterhin sollte die deutliche Regelung enthalten sein, dass ohne das Vorliegen der ärztlichen Bescheinigung mit entsprechenden Eignungsvermerk (zB „geeignet" oder „geeignet unter bestimmten Auflagen") eine Beschäftigung mit den entsprechenden Tätigkeiten nicht erfolgen kann. Ein Hinweis auf entsprechende arbeitsrechtliche Konsequenzen bei Verweigerung kann ebenfalls angebracht sein. *Beckschulze* weist zurecht darauf hin, dass festgelegt werden kann, dass bis zur Vorlage der entsprechenden ärztlichen Bescheinigung die Fiktion der „Ungeeignetheit" besteht.[1]

## 15. Datenweitergabe der Untersuchungsergebnisse an den Arbeitgeber

Während grundsätzlich anzuerkennen ist, dass eine Betriebsvereinba- **545** rung die Regelungen des Beschäftigtendatenschutzrechtes konkretisieren bzw. eine Rechtsvorschrift im Sinne des Datenschutzrechts darstellen kann, so verbleibt noch die konkrete Fragestellung, inwieweit eine Betriebsvereinbarung den untersuchenden Arzt berechtigen kann, das Ergebnis der Untersuchung (zB „geeignet", „geeignet unter bestimmten Voraussetzungen" oder „ungeeignet") an den Arbeitgeber weiterzugeben.

Wie an anderer Stelle dargelegt, müssen sich auch Regelungsinhalte in Be- **546** triebsvereinbarungen, welche Belange des Datenschutzes regeln, an den grundlegenden Wertentscheidungen der DSGVO orientieren (→ Rn. 532 ff.). Ferner ist festgestellt, dass in Bezug auf den Beschäftigtendatenschutz eine Betriebsvereinbarung lediglich die in der DSGVO bzw. im BDSG bestehenden Regelungen konkretisieren kann bzw. eine für den Beschäftigten günstigere Regelung schaffen kann.

---

[1] Siehe auch: *Beckschulze* BB 2014, 1013–1019 und 1077–1085.

> **Leitsatz:**
> Die ärztliche Schweigepflicht bleibt von den Regelungen des Datenschutzrechts unberührt.

**547**   Im Bundesdatenschutzgesetz findet sich in § 1 Abs. 2 S. 2 die ausdrückliche Regelung, dass die Verpflichtung zur Wahrung von Berufsgeheimnissen von den Regelungen des BDSG unberührt bleibt. Von dieser Regelung ist auch die **ärztliche Schweigepflicht** betroffen. Diese Vorschrift bezweckt ganz gezielt den Umstand, dass die Regelungen der „ärztlichen Schweigepflicht" den Vorschriften des BDSG vorgehen.[1]

**548**   Zwar ist strittig, ob § 203 StGB („Verletzung von Privatgeheimnissen") eine „gesetzliche Geheimhaltungspflicht" nach § 1 Abs. 3 S. 2 BDSG darstellt,[2] dieser Streit ist allerdings lediglich rechtstheoretischer Natur, da die ärztliche Schweigepflicht auch in den Berufsordnungen der Ärzte (zB § 9 Abs. 1 Berufsordnung für die Ärzte Bayerns) kodifiziert ist und somit auch ein Berufsgeheimnis darstellt, welches „nicht auf gesetzlichen Vorschriften" beruht. Allein die Regelungen zur ärztlichen Schweigepflicht in den Berufsordnungen der Ärzte sind somit schon vom Anwendungsbereich des § 1 Abs. 2 S. 2 BDSG umfasst.

**549**   In Bezug auf ärztliche Eignungsuntersuchungen ist in den datenschutzrechtlichen Regelungen in einer Betriebsvereinbarung somit nicht allein relevant, ob es sich bei den Daten um besonders geschützte Gesundheitsdaten iSv Art. 4 Nr. 15 DSGVO handelt, sondern vielmehr, ob der mitzuteilende Sachverhalt (zB „nicht geeignet" oder „geeignet unter bestimmten Auflagen") an sich der ärztlichen Schweigepflicht unterliegt. Wie an anderer Stelle dargelegt (→ Rn. 683 ff.), ist dies der Fall. Vor diesem Hintergrund bleibt folglich festzustellen, dass die Ergebnismitteilung im Rahmen ärztlicher Eignungsuntersuchungen der ärztlichen Schweigepflicht unterliegt und somit auch von den Vorschriften des Datenschutzrechtes unberührt bleibt (§ 1 Abs. 2 S. 2 BDSG).[3] Dies haben die Betriebsparteien aber hinzunehmen, wenn sie zur Feststellung der Eignung das Mittel der ärztlichen Untersuchung wählen, also sich für die Durchführung durch eine fachlich qualifizierte Person (Arzt) entscheiden, welcher einer strafbewehrten Schweigepflicht unterliegt.

> **Leitsatz:**
> Die Ergebnismitteilung an den Arbeitgeber (zB „geeignet", „nicht geeignet" oder „geeignet unter bestimmten Auflagen") ist **immer** abhän-

---

[1] Vgl. hierzu bereits: BT-Drs. 11/4306, 39.

[2] Vgl. NK-BDSG/*Dix* BDSG § 1 Rn. 180.

[3] Nach *Däubler* kann generell im Arbeitsverhältnis die Einwilligung nicht durch eine Betriebsvereinbarung ersetzt werden; *Däubler/Klebe/Wedde/Weichert/Sommer* BDSG § 4a Rn. 2a.

gig von der tatsächlichen Einwilligung des Beschäftigten. Insofern kann auch eine Betriebsvereinbarung diese notwendige Einwilligung nicht ersetzen.

Da eine Betriebsvereinbarung die für die Ergebnismitteilung an den Arbeitgeber notwendige Einwilligung des Beschäftigten nicht ersetzen kann, sollten hier andere Lösungswege gesucht werden, wie die erforderlichen Informationen an den Arbeitgeber gelangen. **550**

**Praxistipp:**

Der Beschäftigte hat im Rahmen von ärztlichen Eignungsuntersuchungen die Möglichkeit, den Arzt von seiner Schweigepflicht zu entbinden (also in die Ergebnisweitergabe einwilligen) oder aber die ärztliche Bescheinigung selber bei der verantwortlichen Stelle (zB Personalabteilung abzugeben).

In der Betriebsvereinbarung sollte daher vorrangig die deutliche Regelung enthalten sein, dass bestimmte Tätigkeiten ohne das Vorliegen einer ärztlichen Bescheinigung **nicht** durchgeführt werden dürfen.

Hiermit ist klargestellt, dass die Betriebsvereinbarung als „Betriebsnorm" hier regelt, dass eine ärztliche Bescheinigung eine innerbetriebliche Tätigkeitsvoraussetzung bildet. Gelangt der Arbeitgeber folglich dann nicht zur Bescheinigung, so kann auf diesen Umstand mit entsprechenden arbeitsrechtlichen Konsequenzen reagiert werden.

Sofern in bestehenden Betriebsvereinbarungen die (nach der hier vertretenden Auffassung) ungültige Regelung enthalten ist, dass der untersuchende Arzt ohne weitere Einwilligung das Ergebnis der Eignungsuntersuchung dem Arbeitgeber mitteilen kann, so muss dieser Passus in die Verpflichtung umgedeutet werden, dass der Beschäftigte dem Arzt die erforderliche Einwilligung zu erteilen hat bzw. die ärztliche Bescheinigung unverzüglich selber an den Arbeitgeber weiterleitet (analog 140 BGB). **551**

### 16. Gerichtliche Kontrolle von Betriebsvereinbarungen

Im Rahmen der normgebenden Wirkungsweise von Betriebsvereinbarungen ist, wie bereits erwähnt, Arbeitgeber und Betriebsrat eine relativ weitreichende Regelungskompetenz übertragen worden. Gleichwohl haben die Betriebsparteien hier die gesteckten Grenzen zu wahren (zB § 75 BetrVG). **552**

Der normativen Wirkung (vgl. § 77 Abs. 4 BetrVG) entsprechend, welche Arbeitgeber und Betriebsrat im gegenseitigen Einvernehmen das Recht gibt, betriebliche Normen zu schaffen und diese dann als „unmittel- **553** bar und zwingend" deklariert, sind die Möglichkeiten der gerichtlichen Kontrolle von Betriebsvereinbarungen eingeschränkt.

**554** So ist bei Betriebsvereinbarungen eine Inhalts- und Transparenzkontrolle nach § 305 ff. BGB durch die Gerichte nicht möglich (§ 310 Abs. 4 BGB). Hier besteht kein Bedürfnis auf Schutz durch Regelungen der Allgemeinen Geschäftsbedingungen, da diese Schutzfunktion (zB aufgrund dem zwingend geltenden § 75 BetrVG) durch die Betriebsparteien wahrgenommen werden muss.[1] Die gerichtliche Kontrolle beschränkt sich daher auf eine **Rechtskontrolle**.

---

**Leitsatz:**

Betriebsvereinbarungen unterliegen zwar nicht der Inhaltskontrolle nach Maßstab der §§ 305 ff. BGB, allerdings kann gerichtlich eine Rechtskontrolle stattfinden.

---

**555** Insbesondere kann durch Rechtskontrolle festgestellt werden, ob die Regelungsinhalte einer Betriebsvereinbarung den Grundsätzen des Rechts entsprechen (vgl. § 75 Abs. 1 BetrVG). Hierzu gehören (wie oben bereits dargestellt) auch die relevanten Grundrechte wie das allgemeine Persönlichkeitsrecht nach Art. 2 Abs. 1 iVm Art. 1 Abs. 1 GG oder die durch Art. 12 Abs. 1 GG geschützte Berufsfreiheit. Diese „Binnenschranken" sind somit gerichtlich vollumfänglich überprüfbar.

**556** Für eine Klage beim Arbeitsgericht ist es ausreichend, dass der Beschäftigte sich in seinen Rechten verletzt sieht. Begehrt er die gerichtliche Feststellung, dass er zB nicht verpflichtet ist, an entsprechenden ärztlichen Eignungsuntersuchungen teilzunehmen (bzw. eine diesbezügliche ärztliche Bescheinigung beizubringen), ist das für die **Feststellungsklage** nach § 256 ZPO erforderliche „rechtliche Interesse" gegeben. Einem Beschäftigten kann nicht zugemutet werden, erst einen Pflichtverstoß zu begehen (zB durch Verweigerung der Teilnahme an einer ärztlichen Eignungsuntersuchung), um dann im Rahmen einer gerichtlichen Überprüfung etwaiger Arbeitgebersanktionen (zB Abmahnung oder Kündigung) den Inhalt des Arbeitsverhältnisses klären zu lassen.[2]

**557** In Bezug auf die Auslegung von Betriebsvereinbarungen ist zu unterscheiden, ob es sich bei den Streitigkeiten um den schuldrechtlichen oder normativen Teil der Betriebsvereinbarung handelt. Bei den **schuldrechtlichen Aspekten** gelten die Auslegungsgrundsätze wie bei Verträgen.[3] Insofern ist der wirkliche Wille zu erforschen und nicht an dem buchstäblichen Sinne des Ausdrucks zu haften (§ 133 BGB). Ferner muss hier die Betriebsvereinbarung so ausgelegt werden, wie Treu und Glauben mit Rücksicht auf die Verkehrssitte es erfordern (§ 157 BGB).

---

[1] BAG 25.4.2007 – 6 AZR 622/06.
[2] Vgl. auch ArbG Hamburg 1.9.2006 – 27 Ca 136/06.
[3] *Oberthür/Seitz* Betriebsvereinbarungen 15.

Hinsichtlich des **normativen Teils** sind aufgrund Grund der normativen **558** Wirkung von Betriebsvereinbarungen (vgl. § 77 Abs. 4 S. 1 BetrVG) die Grundsätze heranzuziehen, die auch bei der Gesetzesauslegung berücksichtigt werden müssen.[1] Insofern sind in der rechtswissenschaftlichen Methodenlehre (in Anlehnung an Savigny) die **„grammatikalische Auslegung"** (Auslegung nach dem Wortlaut), die **„systematische Auslegung"** (hier wird der Zusammenhang der Vorschrift beachtet), die **„historische Auslegung"** (hier wird die Entstehungsgeschichte der Vorschrift beleuchtet) und die **„teleologische Auslegung"** (Auslegung nach Sinn und Zweck der Vorschrift) maßgeblich.

---

**Leitsatz:**

Der **schuldrechtliche Teil** einer Betriebsvereinbarung ist nach den §§ 133, 157 BGB auszulegen.

Beim **normativen Teil** einer Betriebsvereinbarung sind dagegen die Auslegungsgrundsätze maßgeblich, die auch bei der Auslegung von Gesetzen Anwendung finden

---

## 17. Fazit

Im Ergebnis bleibt also festzustellen, dass eine Betriebsvereinbarung **559** eine arbeitsrechtliche und ggf. auch datenschutzrechtliche[2] Grundlage darstellen kann, routinemäßige ärztliche Eignungsuntersuchungen zu rechtfertigen.

**Regelungsmöglichkeiten in einer Betriebsvereinbarung:**
Arbeitsrechtliche Verpflichtung zur Teilnahme an routinemäßigen Eignungsuntersuchungen (unter Wahrung der dargelegten Grundsätze)

**Sich aus der Regelung ergebende Verpflichtungen des Beschäftigten:**
- Erscheinen beim Arzt
- Erteilung der Einwilligung in die notwendigen Untersuchungen an den untersuchenden Arzt (zB Blutentnahme)
- Beantwortung der notwendigen Anamnesefragen an den Arzt
- Ordnungsgemäße Mitwirkung an den Untersuchungen (Hinhalten des Armes bei der Blutentnahme, Mitwirken beim Seh- oder Hörtest etc.)
- Erteilung der Einwilligung in die Ergebnisweitergabe an den Arbeitgeber. Alternativ: Übergabe der Bescheinigung an den Arbeitgeber

---

[1] BAG 27.7.2010 – 1 AZR 874/08.
[2] Sie kann die Vorschriften des Datenschutzrechtes betriebsspezifisch konkretisieren.

## VI. Die auflösende Bedingung im Arbeitsvertrag

**560**    Im Gegensatz zu arbeitsmedizinischen Vorsorgemaßnahmen nach der ArbMedVV hat die durch ärztliche Eignungsuntersuchung festgestellt „Nichteignung" in aller Regel für den Beschäftigten entsprechende (arbeitsrechtliche) Konsequenzen. **Regelmäßig wird es dann so sein, dass er die zugrunde liegenden Tätigkeiten nicht mehr ausführen darf.**

**561**    Gerade in Bezug auf Einstellungsuntersuchungen finden sich in Arbeitsverträgen oft Klauseln, nach denen das Arbeitsverhältnis auch ohne Kündigung endet, wenn das Ergebnis einer ärztlichen Einstellungsuntersuchung „nicht geeignet" lautet. Rechtlich handelt es sich hierbei um eine sog. „auflösende Bedingung", welche nachfolgend auf ihre Rechtmäßigkeit untersucht werden soll.

---

**Leitsatz:**

> Bei einer „auflösenden Bedingung" handelt es sich vom Grundsatz her um eine zulässige Vertragsgestaltung.

---

### 1. Grundsätzliches zur auflösenden Bedingung

**562**    **a) Unterschied zum befristeten Arbeitsvertrag.** Vom Grundsatz her können Rechtsgeschäfte (hierzu gehört auch der Arbeitsvertrag iSv § 611a BGB) auch mit einer „auflösenden Bedingung" abgeschlossen werden (vgl. § 158 Abs. 2 BGB). In diesen Fällen endet das Rechtsgeschäft mit Eintritt der Bedingung. **Für den Arbeitgeber ergibt sich hier insofern ein nicht zu verkennender Vorteil, als dass es in diesen Fällen keiner Kündigung des Arbeitsvertrages bedarf.**

**563**    Allerdings ist die „auflösende Bedingung" vom zweckbefristeten Arbeitsvertrag nach dem TzBfG zu unterscheiden. Ein zweckbefristeter Arbeitsvertrag liegt dann vor, wenn die Dauer des Arbeitsvertrages sich aus Art, Zweck oder Beschaffenheit der Arbeitsleistung ergibt (§ 3 Abs. 1 TzBfG). Anders als beim „kalendermäßig" befristeten Arbeitsvertrag endet der zweckbefristete dann, wenn ein bestimmtes Ergebnis eingetreten ist. Eine Zweckbestimmung kann zB bei einem einmaligem Arbeitsanfall (zB Ausverkauf) vorliegen.[1] Bei Saisonarbeitern ist zu unterscheiden, ob diese für einen bestimmten Zeitraum (dann „kalendermäßig", zB 1. März – 31. Mai) oder bis zum Eintritt eines bestimmten Aspektes (dann „zweckbefristet", zB Ernte der Felder) eingestellt werden sollen.

---

[1] ErfK/*Müller-Glöge* TzBfG § 3 Rn. 11.

> **Leitsatz:**
> Eine auflösende Bedingung im Arbeitsvertrag liegt dann vor, wenn das zur Beendigung des Arbeitsvertrages führende Ereignis nach den Vorstellungen der Arbeitsvertragsparteien ungewiss ist.

Während folglich bei einem zweckbefristetem Arbeitsvertrag lediglich **564** der Zeitpunkt des Eintritts der Zweckerreichung und damit das Ende des Arbeitsverhältnisses ungewiss ist,[1] ist bei einer auflösenden Bedingung in einem Arbeitsvertrag der Eintritt des zukünftigen Ereignisses an sich ungewiss. Wird zB in einem Arbeitsvertrag die auflösende Bedingung vereinbart, dass der Arbeitsvertrag dann endet, wenn in der „Einstellungsuntersuchung" die Nichteignung festgestellt wird, so ist zum Zeitpunkt der Unterzeichnung des Arbeitsvertrages unklar, ob es soweit kommen wird. Bei einem Saisonarbeiter (sofern nicht kalendermäßig befristet) ist aber klar, dass zB das Feld irgendwann abgeerntet sein wird, bzw. die Feldfrüchte verkauft sind.

**b) Anwendbarkeit Teilzeitbefristungsgesetz.** Auflösende Bedingun- **565** gen im Arbeitsvertrag wurden seit jeher einer kritischen Betrachtung unterzogen. **Würde man diese schrankenlos gewähren, so könnte ein Arbeitgeber das geltende Kündigungsschutzrecht gänzlich umgehen**, indem er als „Bedingung" zum Beispiel Krankheit oder „Unproduktivität" setzen würde. Auch das Bundesarbeitsgericht hat sich in der Rechtshistorie kritisch mit der auflösenden Bedingung auseinandergesetzt.[2]

Während die auflösende Bedingung nach § 158 Abs. 2 BGB auch wei- **566** terhin im Arbeitsverhältnis anerkannt werden soll, unterliegt sie jedoch mittlerweile auch gesetzlichen Einschränkungen. Hierdurch sollen bewusst Nachteile vermieden werden, die dadurch entstehen, dass der Beschäftigte das alleinige Risiko einer Beendigung des Arbeitsvertrages tragen muss, ohne durch das Kündigungsrecht (zB Kündigungsschutzgesetz) geschützt zu sein.

Wird der Arbeitsvertrag folglich unter einer auflösenden Bedingung ge- **567** schlossen, so gelten bestimmte Vorschriften des TzBfG entsprechend (§ 21 TzBfG). Die Kodifizierung auflösender Bedingungen in Arbeitsverträgen ist auch europarechtlichen Vorgaben geschuldet (vgl. § 3 Nr. 1 RL 1999/70/EG). So ist die auflösende Bedingung in einem Arbeitsvertrag rechtlich weitgehend der Zeit- und Zweckbefristung gleichgestellt.

**Anzuwendende Vorschriften bei auflösenden Bedingungen (§ 21 TzBfG):**
– § 4 Abs. 2 TzBfG: Diskriminierungsverbot
– § 5 TzBfG: Benachteiligungsverbot

---

[1] Vgl. BT-Drs. 14/4374, 21 f.
[2] Siehe hierzu: ErfK/*Müller-Glöge* TzBfG § 21 Rn. 1.

- § 14 Abs. 1 TzBfG: **Sachliche Begründung**
- § 14 Abs. 4 TzBfG: **Schriftform**
- § 15 Abs. 2 TzBfG: **Beendigung Arbeitsvertrag (Frist)**
- § 15 Abs. 3 TzBfG: Regelung über eine ordentliche Kündigung
- § 15 Abs. 5 TzBfG: **Weiterbeschäftigung nach Zweckerreichung**
- § 16 TzBfG: Folgen unwirksamer Befristung
- § 17 TzBfG: **Anrufung des Arbeitsgerichts**
- § 18 TzBfG: Information über unbefristete Arbeitsplätze (hier: Arbeitsplätze ohne „auflösende Bedingung")
- § 19 TzBfG: Aus- und Weiterbildung
- § 20 TzBfG: Information der Arbeitnehmervertretung

**568**    Allerdings haben nur einige dieser anzuwendenden Vorschriften praktische Relevanz für bestehende Arbeitsverhältnisse.

**569**    **c) Sachlicher Grund.** Eine auflösende Bedingung in einem Arbeitsvertrag ist dann zulässig, wenn sie durch einen sachlichen Grund gerechtfertigt ist (§ 21 iVm § 14 Abs. 1 TzBfG). Ein sachlicher Grund wird diesbezüglich oft dann anzuerkennen sein, wenn es sich um Gründe handelt, welche in der Person des Beschäftigten selber liegen.[1] **Ein sachlicher Grund ist allerdings dann nicht gegeben, wenn die Vertragsgestaltung in Form der „auflösenden Bedingung" funktionswidrig dazu verwendet wird, den zwingenden gesetzlichen Kündigungsschutz zu umgehen.**[2] Eine auflösende Bedingung, welche zB schon beim Auftreten von kurzfristigen Erkrankungen zum Tragen kommt, ist somit unzulässig. Kurzzeitige Erkrankungen der Beschäftigten gehören zu einem wirtschaftlichen Risiko, welches vom Grundsatz her der Arbeitgeber zu tragen hat.[3] Häufen sich die kurzzeitigen Erkrankungen, so ist dieser Sachverhalt nach allgemeinen arbeitsrechtlichen Maßgaben zu beurteilen.

**570**    Dieses Prinzip ist auf alle Varianten anzuwenden, bei denen sich die auflösenden Bedingungen in objektiver Betrachtungsweise als missbräuchliche Vertragsgestaltung darstellen. Ein Missbrauch liegt immer dann vor, wenn die grundrechtlich geschützten Positionen des Arbeitnehmers im Übermaß beeinträchtigt werden.[4] Dies ist immer dann der Fall, wenn das wirtschaftliche Risiko unangemessen zu Lasten des Beschäftigten geht und auch dann, wenn der gesetzliche Kündigungsschutz umgangen wird.

**571**    **d) Schriftform.** Grundsätzlich kann ein Arbeitsvertrag auch lediglich mündlich abgeschlossen werden. Der Arbeitgeber hat lediglich spätestens

---

[1] ErfK/*Müller-Glöge* TzBfG § 21 Rn. 4.
[2] Vgl. auch BAG 2.7.2003 – 7 AZR 612/02.
[3] Vgl. Rechtsgedanken: § 3 EFZG.
[4] BAG 2.7.2003 – 7 AZR 612/02.

einen Monat nach dem vereinbarten Beginn des Arbeitsverhältnisses die wesentlichen Vertragsbedingungen schriftlich niederzulegen, diese Niederschrift zu unterzeichnen und dem Arbeitnehmer auszuhändigen (§ 2 Abs. 1 NachwG). Sind die in § 2 NachwG geforderten Angaben aber im Arbeitsvertrag enthalten, so bedarf es der speziellen Niederschrift nicht (§ 2 Abs. 4 NachwG).

Eine Befristung in Arbeitsverträgen ist allerdings nur dann zulässig, **572** wenn die Schriftform eingehalten wird (§ 14 Abs. 4 TzBfG). Wird die Schriftform hier nicht eingehalten, so betrifft die Nichtigkeit nicht den gesamten Arbeitsvertrag, lediglich die Befristungsabrede ist in diesen Fällen rechtsunwirksam. Der Arbeitsvertrag gilt in diesen Fällen als „unbefristet" abgeschlossen (§ 16 TzBfG).

Dieser Rechtsgedanke wird auch auf die „auflösenden Bedingungen" übertragen (§ 21 iVm § 14 Abs. 4 TzBfG). Soll folglich eine auflösende Bedingung in den Arbeitsvertrag mit aufgenommen werden, so bedarf dieser Umstand der Schriftform.

> **Leitsatz:**
> Auflösende Bedingungen in Arbeitsverträgen bedürfen der Schriftform.

Liegt die Schriftform nicht vor, so bleibt auch hier der Arbeitsvertrag **573** gültig. Lediglich die Abrede über die auflösende Bedingung ist rechtsunwirksam (§ 21 iVm §§ 14 Abs. 4, 16 TzBfG). Die Schriftform gem. § 14 Abs. 4 TzBfG ist gewahrt, wenn sie den Vorschriften der §§ 126, 126a BGB entspricht. Dies setzt jeweils eine eigenhändige Namensunterschrift der Vertragsparteien voraus, wobei es beim Arbeitsvertrag ausreicht, wenn jede Partei die für die andere Partei bestimmte Urkunde unterzeichnet (§ 126 Abs. 2 BGB). Ferner kann die „Unterzeichnung" auch durch eine qualifizierte elektronische Signatur nach dem Signaturgesetz erfolgen (§ 126a BGB).

**e) Frist für die Beendigung.** Grundsätzlich endet ein mit einer auflö- **574** senden Bedingung versehenes Rechtsgeschäft mit Eintritt der Bedingung (§ 158 Abs. 2 BGB, zB Feststellung der „Nichteignung" anlässlich einer nachgeschobenen Einstellungsuntersuchung). Im Arbeitsverhältnis würde aber die Beendigung mit Eintritt eines ja ungewissen Ereignisses eine unverhältnismäßige Benachteiligung des Arbeitnehmers darstellen. Vor diesem Hintergrund endet ein mit einer auflösenden Bedingung versehener Arbeitsvertrag zwar schon mit Eintritt der Bedingung, **frühestens jedoch zwei Wochen nachdem der Arbeitgeber den Arbeitnehmer schriftlich von dem Eintritt der Bedingung unterrichtet hat** (§ 21 iVm § 15 Abs. 2 TzBfG). Diese Regelungen ermöglichen es dem Beschäftigten, sich auf die Beendigung des Beschäftigungsverhältnisses einstellen zu können. Dies ist insofern von Bedeutung, als dass der Beschäftigte bei auflösenden

Bedingungen in aller Regel das Ende des Beschäftigungsverhältnisses vom Zeitpunkt her nicht kennt.[1] Die geforderten zwei Wochen entsprechen auch der Kündigungsfrist während einer nach § 622 Abs. 3 BGB festgelegten „Probezeit".

575    Im Falle von ärztlichen Einstellungsuntersuchungen kann der Arbeitgeber aber auch den Arbeitsvertrag fortbestehen lassen, da es ihm freisteht, die ggf. festgestellte gesundheitliche „Nichteignung" seiner Entscheidung zugrunde zu legen, ob er sich auf die auflösende Bedingung berufen will oder nicht.[2] Lässt der Arbeitgeber in diesen Fällen den Beschäftigten weiterarbeiten, so ist das Beschäftigungsverhältnis so zu sehen, als ob es die auflösende Bedingung nicht geben würde (§ 15 Abs. 5 TzBfG, → hierzu unten).

576    **f) Weiterarbeit nach Eintritt der auflösenden Bedingung.** Ist das Arbeitsverhältnis durch die auflösende Bedingung wirksam beendet (also nach erfolgter Unterrichtung durch den Arbeitgeber) und arbeitet der Arbeitnehmer dennoch **mit Wissen** des Arbeitgebers weiter, so gilt das Arbeitsverhältnis als auf unbestimmte Zeit verlängert (sog. **„unbedingtes Arbeitsverhältnis"**; § 21 iVm § 15 Abs. 5 TzBfG). Dies kann der Arbeitgeber nur umgehen, wenn er der Fortsetzung unverzüglich widerspricht oder dem Arbeitnehmer unverzüglich die den Eintritt der auflösenden Bedingung nochmals mitteilt.

577    Lässt der Arbeitgeber den Beschäftigten folglich dennoch weiterarbeiten (zB trotz der ihm bekannten ärztlichen Beurteilung „nicht geeignet"), so ist der Arbeitsvertrag so zu sehen, als ob es die auflösende Bedingung nicht geben würde. Dem Arbeitgeber ist es also verwehrt, sich in der Zukunft wieder auf die auflösende Bedingung zu berufen.

---

**Beispiel:**

Der Beschäftigte B hat einen Arbeitsvertrag mit einer auflösenden Bedingung. Hier ist bestimmt, dass der Arbeitsvertrag unter dem Vorbehalt abgeschlossen wird, dass eine ärztliche Einstellungsuntersuchung ergibt, dass B für die Tätigkeiten gesundheitlich geeignet ist.

Im Rahmen der Einstellungsuntersuchung hat sich ergeben, dass bei B die gesundheitliche Eignung nicht vorliegt. Mit Einwilligung von B hat der Betriebsarzt dies dem Arbeitgeber mitgeteilt.

Arbeitgeber A weiß von der Nichteignung des B. Lässt ihn aber trotzdem weiterarbeiten.

Nach zwei Jahren Beschäftigungszeit ist A genervt von den ständigen „Krankmeldungen" des B. Er möchte sich nun doch auf die auflösende Bedingung beziehen und das Beschäftigungsverhältnis mit B beenden.

---

[1] Vgl. BT-Drs. 14/4374, 20.
[2] LAG Hessen 8.12.1994 – 12 Sa 1103/94.

Nach § 21 iVm § 15 Abs. 5 TzBfG kann sich A nicht mehr auf die auflösende Bedingung berufen. Ihm verbleibt nur die Möglichkeit, das Beschäftigungsverhältnis durch Kündigung im Rahmen des Kündigungs-
schutzrechts zu beenden.

**g) Kündigungsmöglichkeiten.** Ein mit einer auflösenden Bedingung 578
versehener Arbeitsvertrag unterliegt nur dann der ordentlichen Kündigung, wenn dies einzelvertraglich oder im anwendbaren Tarifvertrag vereinbart ist (§ 21 iVm § 15 Abs. 3 TzBfG).

**Leitsatz:**
Bei Arbeitsverträgen mit auflösenden Bedingungen ist vom Grundsatz
her eine ordentliche (fristgemäße) Kündigung nicht möglich.

Auch in dieser Beziehung ist folglich die auflösende Bedingung als Ver- 579
tragsgestaltung der Zweck- und Zeitbefristung gleichgesetzt. Die ordentliche (fristgemäße) Kündigung ist vom Grundsatz her also beim Bestehen
einer auflösenden Bedingung nicht möglich. Eine Auflösung des Arbeitsverhältnisses wäre insofern nur mittels eines Aufhebungsvertrages möglich.[1] Die fristlose Kündigung nach § 626 BGB ist dagegen auch bei Arbeitsverträgen mit auflösenden Bedingungen zulässig.[2]

Im Ergebnis bedeutet dies aber auch, dass auch während einer verein- 580
barten Probezeit die verkürzte Zwei-Wochen-Frist für die Kündigung nach
§ 622 Abs. 3 BGB nicht zur Anwendung kommen kann, da es sich auch
hierbei um eine „ordentliche" (also fristgemäße) Kündigung handelt.

Diese Folgen kann der Arbeitgeber nur dadurch umgehen, indem er ein- 581
zelvertraglich (also zB im Arbeitsvertrag) die Anwendbarkeit der ordentlichen Kündigung mit dem Beschäftigten vereinbart (§ 21 iVm § 15
Abs. 3 TzBfG). Die ordentliche Kündigung ist aufgrund der Regelung des
§ 15 Abs. 3 TzBfG auch dann anwendbar, wenn dies in einem anwendbaren Tarifvertrag so vereinbart ist. Diesbezügliche Regelungen in einer Betriebsvereinbarung sind dagegen aufgrund des eindeutigen Wortlautes des
§ 15 Abs. 3 TzBfG nicht möglich.

Sofern folglich weder einzelvertraglich noch in Form eines anwendba- 582
ren Tarifvertrages die ordentliche Kündigung ausdrücklich vorbehalten ist,
ist eine ordentliche (fristgemäße) Kündigung des mit einer auflösenden
Bedingung versehenen Arbeitsvertrages nicht möglich. Aufgrund der Besonderheiten einer Einstellungsuntersuchung als auflösender Bedingung
gilt das Kündigungshindernis nach § 15 Abs. 3 TzBfG aber nur so lange,

---

[1] *Meinel/Heyn/Herms* TzBfG § 15 Rn. 39.
[2] BT-Drs. 14/4374, 20.

bis die Einstellungsuntersuchung erfolgreich und mit positivem Ergebnis (zB „geeignet") durchgeführt wurde. Ab diesem Zeitpunkt ist auch wieder eine ordentliche (fristgemäße) Kündigung möglich.

583    Dies begründet sich darin, dass bei Verknüpfung einer auflösenden Bedingung mit einer Einstellungsuntersuchung (im Gegensatz zu der klassischen Zweckbefristung) bei positiver Durchführung derselben (zB „geeignet") das Ereignis, welches zur Auflösung führt (nämlich die Nichtdurchführung innerhalb einer gewissen Zeit, bzw. die ärztliche Erkenntnis der „Nichteignung"), nie wieder eintreten kann (da eine „Einstellungs"-Untersuchung nur einmal durchgeführt wird). Faktisch wird damit das mit einer auflösenden Bedingung versehene Arbeitsverhältnis ein solches ohne eine derartige Bedingung (in Bezug auf Einstellungsuntersuchungen).

## 2. Ärztliche Einstellungsuntersuchung als auflösende Bedingung

584    Unter Wahrung der oben benannten Voraussetzungen (nach § 21 TzBfG) ist vom Grundsatz her in einem Arbeitsvertrag auch eine auflösende Bedingung in der Form zulässig, dass der Arbeitsvertrag unter dem Vorbehalt geschlossen wird, dass der Beschäftigte sich einer ärztlichen Einstellungsuntersuchung unterzieht und dort festgestellt wird, dass er für die vorgesehene Tätigkeit gesundheitlich geeignet ist.[1] Gegen eine derartige Vertragsgestaltung bestehen auch dann grundsätzlich keine Bedenken, wenn die Arbeitsaufnahme bereits erfolgt ist, bevor die ärztliche Einstellungsuntersuchung erfolgt.[2] **Diese Vertragsgestaltung hat den Zweck, die Einstellungsuntersuchung, welche normalerweise vor Vertragsschluss erfolgen sollte, zu ersetzten.**

585    Ein sachlicher Grund im Sinne von § 14 TzBfG liegt allerdings nur dann vor, wenn es sich bei der ärztlichen Einstellungsuntersuchung um eine solche handelt, die arbeitsrechtlich an sich zulässig ist und dem Verhältnismäßigkeitsgrundsatz (→ Rn. 54 ff.) entspricht. Überschreitet der Arbeitgeber die Grenzen des „Fragerechts" oder verhält sich sonst in einer Weise, welche die Unrechtmäßigkeit der Untersuchung begründet, so ist die vereinbarte „auflösende Bedingung" rechtsunwirksam und der Arbeitsvertrag ist rechtlich so zu behandeln, als wenn es die auflösende Bedingung nicht geben würde (§ 21 iVm § 16 TzBfG). Hintergrund ist hier, dass die rechtswidrigen Einstellungsuntersuchungen keinen sachlichen Grund nach § 14 TzBfG bilden, welcher für auflösende Bedingungen aber gleichwohl vorliegen muss.

---

[1] Vgl. *Meinel/Heyn/Herms* TzBfG § 21 Rn. 15 mit weiteren Nachweisen aus der Rechtsprechung; aA APS/*Backhaus* TzBfG § 21 Rn. 22.
[2] Vgl. LAG Hessen 8.12.1994 – 12 Sa 1103/94.

---

**Leitsatz:**

Arbeitsverträge können vom Grundsatz her auch unter dem Vorbehalt geschlossen werden, dass eine ärztliche Einstellungsuntersuchung erfolgt und in dieser festgestellt wird, dass der Beschäftigte gesundheitlich geeignet ist, die vorgesehenen Tätigkeit durchzuführen (= auflösende Bedingung).

---

Steht zB aufgrund anderweitiger Erkenntnisse allerdings objektiv fest, **586** dass die gesundheitliche Eignung gegeben ist, so besteht das Beschäftigungsverhältnis auch ohne die ärztliche Einstellungsuntersuchung ohne Bedingungen fort.[1]

Wird im Rahmen der Vertragsgestaltung auch eine auflösende Bedin- **587** gung in der Form in den Arbeitsvertrag aufgenommen, dass das Beschäftigungsverhältnis unter dem Vorbehalt einer ärztlichen Einstellungsuntersuchung und der dortigen Feststellung der gesundheitlichen Eignung für die durchzuführenden Tätigkeiten erfolgt, so ist zwingend notwendig, dies klar und unmissverständlich in den Arbeitsvertrag mit aufzunehmen. Dies hat zwingend schriftlich zu erfolgen (§ 21 iVm § 14 Abs. 4 TzBfG). **Die Schriftform ist auch dann zwingend notwendig, wenn der zugrunde liegende Arbeitsvertrag selber nur mündlich vereinbart wurde** (was vom Grundsatz her möglich ist).

**Ferner muss klar definiert sein, wann genau die auflösende Bedin- 588 gung eintreten soll** (zB nach Feststellung der „Nichteignung" im Rahmen der auch zeitlich zu definierenden Einstellungsuntersuchung). Dieser Aspekt wird in der Praxis des Öfteren vernachlässigt. Missverständliche Formulierungen für auflösende Bedingungen führen im Zweifel zugunsten des Beschäftigten dazu, dass die festgelegte Bedingung keinen Bestand hat. Regelmäßig kann eine derartige Bedingung auch nicht im Wege der ergänzenden Vertragsauslegung ermittelt werden.[2] **Gleiches gilt, wenn im Rahmen der auflösenden Bedingung gänzlich unterlassen wird festzulegen, bis wann die ärztliche Einstellungsuntersuchung stattzufinden hat.**

Folglich muss unmissverständlich zum Ausdruck kommen, dass bei **589** Eintritt einer bestimmten Bedingung das Beschäftigungsverhältnis beendet werden soll. Das Ereignis, welches das Beschäftigungsverhältnis beenden soll muss zweifelsfrei feststellbar sein.[3] Die Klarheit der Formulierung ist auch deshalb zwingend notwendig, da ansonsten der Beschäftigte in großer Unsicherheit über den Beendigungszeitpunktes seines Beschäftigungsverhältnisses lebt.[4]

---

[1] Vgl. *Meinel/Heyn/Herms* TzBfG § 21 Rn. 2.
[2] *Meinel/Heyn/Herms* TzBfG § 21 Rn. 5.
[3] Vgl. BAG 21.12.2005 – 7 AZR 541/04.
[4] BAG 10.1.1980 – 2 AZR 555/78.

**Beispiel:**

Arbeitgeber A versieht sämtliche Arbeitsverträge mit einer auflösenden Bedingung. Er möchte die Beschäftigungsverhältnisse unter den Vorbehalt einer erfolgreichen Einstellungsuntersuchung stellen.

A wählt folgende Formulierung:

„Der Arbeitsvertrag wird unter dem Vorbehalt einer durchgeführten Einstellungsuntersuchung abgeschlossen".

In dieser Vertragsgestaltung ist unklar, wann genau die auflösende Bedingung in Kraft tritt. Unklar ist hier, bis wann die Einstellungsuntersuchung zu erfolgen hat. Weiterhin bleibt unklar, ob die auflösende Bedingung nur dann zum Tragen kommt, wenn lediglich die Einstellungsuntersuchung durchgeführt wurde oder nur bei der ärztlichen Feststellung der Nichteignung.

Diese Vertragsformulierung entspricht somit nicht der für auflösende Bedingungen zu fordernden Klarheit.

**590** Auch darf nicht unberücksichtigt bleiben, dass es sich bei Arbeitsverträgen in aller Regel um vorformulierte Bestimmungen handelt, welche im Wesentlichen gleichlautend für eine Vielzahl von Verträgen abgeschlossen werden und es sich somit um Allgemeine Geschäftsbedingungen im Sinne von §§ 305 Abs. 1, 310 BGB handelt. Derartige Klauseln sind am Transparenzgebot nach § 307 Abs. 1 S. 2 BGB zu messen. Nach dieser Vorschrift ist eine Vertragsklausel wegen unangemessener Benachteiligung dann unwirksam, wenn die in ihr enthaltene Bestimmung nicht klar und verständlich ist.

**Leitsatz:**

Möchte der Arbeitgeber die Beschäftigung von einer gesundheitlichen Eignung abhängig machen (in Form der auflösenden Bedingung) so muss er die Kriterien, die zu einer Auflösung des Beschäftigungsverhältnisses führen sollen, genau und unmissverständlich festlegen und formulieren.

**591** Im Ergebnis muss die auflösende Bedingung in Bezug auf die tatbestandlichen Voraussetzungen und die Rechtsfolgen derart klar formuliert sein, dass für den Arbeitgeber keine unangemessenen Beurteilungsspielräume mehr verbleiben.[1] Aufgrund von § 307 Abs. 1 BGB ist, wie oben bereits erwähnt, auch festzulegen, bis zu welchem Zeitraum die ärztliche Einstellungsuntersuchung zu erfolgen hat.

---

[1] ArbG Düsseldorf 10.10.2007 – 15 Ca 2355/07.

**Leitsatz:**

Bei Vertragsgestaltungen in Form der auflösenden Bedingung ist festzulegen, bis zu welchem Zeitpunkt die ärztliche Einstellungsuntersuchung zu erfolgen hat.

Dies gilt insbesondere dann, wenn das Beschäftigungsverhältnis bereits **592** länger als sechs Monate besteht und bis dahin noch keine ärztliche Einstellungsuntersuchung erfolgt ist. Nach diesem Zeitraum ist die Probezeit nach § 622 Abs. 3 BGB vorbei, auch greifen vom Grundsatz her die speziellen Kündigungsschutzbestimmungen nach § 1 Abs. 1 KSchG. Lebt der Beschäftigte hier im Ungewissen, obwohl für ihn bereits kündigungsschutzrechtlich ein erhöhter Schutz zuteil kommt, **so stellt dies für ihn eine unangemessene Benachteiligung dar**. Nach Treu und Glauben muss der Beschäftigte darauf vertrauen dürfen, die Arbeitsstelle zu behalten. Ist folglich der Zeitraum, bis zu dem die ärztliche Einstellungsuntersuchung erfolgen soll, gar nicht bestimmt, so stellt dies eine fehlerhafte Bestimmung im Sinne von § 307 Abs. 1 BGB dar. Im Ergebnis führt dies dann dazu, dass der bestehende Arbeitsvertrag so zu behandeln ist, als sei die auflösende Bedingung gar nicht aufgenommen worden (§ 21 iVm § 16 TzBfG).

**Praxistipp:**

Grundsätzlich ist zu raten, eine Einstellungsuntersuchung **vor** Beschäftigungsaufnahme/Beginn des Arbeitsvertrages durchführen zu lassen.

Gleichwertig ist anzuerkennen, wenn der Arbeitsvertrag unter einer aufschiebenden Bedingung nach § 158 Abs. 1 BGB geschlossen wird. In diesem Fall beginnt das Arbeitsverhältnis erst dann, wenn die Eignung durch ärztliche Einstellungsuntersuchung festgestellt wurde.

Ist vereinbart, dass die Einstellungsuntersuchung auch noch in einem Zeitraum nach begonnener Beschäftigungsaufnahme erfolgen kann und wird eine auflösende Bedingung im Sinne von § 158 Abs. 2 BGB festgelegt, so muss klar und unmissverständlich definiert sein, wann genau die auflösende Bedingung eintritt.

Es muss klar formuliert sein, dass das Beschäftigungsverhältnis dann endet, wenn die ärztliche Einstellungsuntersuchung ergeben hat, dass für die arbeitsvertraglich übertragenen Aufgaben die gesundheitliche Eignung nicht besteht. Weiterhin sollte festgelegt werden, dass die auflösende Bedingung auch dann eintritt, wenn die ärztliche Untersuchung durch schuldhaftes Verhalten des Beschäftigten gar nicht erfolgt (zB Verweigerung, an der Einstellungsuntersuchung teilzunehmen).

Weiterhin muss unbedingt ein Zeitraum festgelegt werden, bis wann die ärztliche Untersuchung zu erfolgen hat.

**593** Bei einer auflösenden Bedingung ist aber ferner unabdingbare Voraussetzung, dass die eingeforderte ärztliche Untersuchung an sich auch rechtmäßig ist, da ansonsten kein Sachgrund nach § 21 iVm § 14 Abs. 1 TzBfG vorliegen kann. Wird zB im Rahmen der „Einstellungsuntersuchung" ein gesundheitliches Kriterium beurteilt und für negativ befunden, welches aber keinen konkreten Tätigkeitsbezug aufweist (zB bei Angestellten der Body-Mass-Index[1]), so kann die auflösende Bedingung nicht zum Tragen kommen, so dass ein Weiterbeschäftigungsanspruch besteht.

**594** Ist der Eintritt der Bedingung noch ungewiss, weil zB die Einstellungsuntersuchung noch nicht stattgefunden hat, so darf der Arbeitgeber einen Beschäftigten in dieser Zeit nicht schlechter behandeln als die Beschäftigten, bei denen das Beschäftigungsverhältnis bereits ohne weitere Bedingungen besteht (Diskriminierungsverbot nach § 21 iVm § 4 Abs. 2 TzBfG). **So ist es zB nicht zulässig, den Beschäftigten nur deshalb weniger Entgelt zu zahlen, weil die Einstellungsuntersuchung noch nicht erfolgt ist.**

**595** Erfolgt in einem Unternehmen/Betrieb die Arbeitsvertragsgestaltung in Form von auflösenden Bedingungen, so muss der Arbeitgeber die Arbeitnehmervertretung (Betriebsrat, Personalrat) über die Anzahl der Beschäftigten Personen informieren, welche über auflösend bedingte Arbeitsverträge verfügen (§ 21 iVm § 20 TzBfG). Bei auflösenden Bedingungen in Form von Einstellungsuntersuchungen besteht allerdings die Besonderheit, dass nach ärztlich festgestellter Eignung (im Rahmen der Einstellungsuntersuchung) die ursprünglich vereinbarte auflösende Bedingung nicht mehr aufleben kann. Der Arbeitgeber muss hier folglich nur über die Beschäftigten informieren, bei denen die auflösende Bedingung überhaupt noch zur Beendigung des Beschäftigungsverhältnisses führen kann (fallbezogen zB diejenigen Beschäftigten, die noch nicht bei der Einstellungsuntersuchung waren).

### 3. Zeitpunkt der ärztlichen Einstellungsuntersuchung bei einer auflösenden Bedingung

**596** Wie bereits dargestellt gehört zu einer auflösenden Bedingung auch insofern eine unmissverständliche Regelung, als dass dem Beschäftigten klar ist, bis wann die ärztliche Einstellungsuntersuchung bei bereits laufendem Beschäftigungsverhältnis spätestens nachgeholt werden muss. Weiterhin stellt sich aber die Fragestellung, bis zu welchem Zeitraum diese Frist gehen kann und ob zB auch festgelegt werden kann, dass die ärztliche Einstellungsuntersuchung auch erst zB nach drei Jahren erfolgen kann.

**597** **Wie an anderer Stelle erörtert, darf eine auflösende Bedingung nicht dazu führen, dass zwingende Vorgaben des Kündigungsschutzes**

---

[1] Vgl. hierzu LAG Rheinland-Pfalz 29.8.2007 – 7 Sa 272/07.

**umgangen werden.**[1] Wäre es dem Arbeitgeber hier möglich, die ärztliche „Einstellungsuntersuchung" weit in die Zukunft zu legen, so könnte er die Bestimmungen des Kündigungsschutzrechtes hier wirksam umgehen. So könnte er auch nach Jahren anstandsloser Beschäftigung auf die noch nicht durchgeführte ärztliche Einstellungsuntersuchung Bezug nehmen und hier ggf. die Feststellung der gesundheitlichen Nichteignung zum Anlass nehmen, das Beschäftigungsverhältnis mit einer „Zwei-Wochen-Frist" (vgl. § 21 iVm § 15 Abs. 2 TzBfG) zu beenden.

Dies würde aber selbst bei Vereinbarung einer Probezeit (welche ja nach **598** § 622 Abs. 3 BGB aber höchstens sechs Monate betragen darf) die vom Grundsatz her zwingenden kündigungsrechtlichen Vorgaben des § 622 BGB umgehen. Hierbei handelt es sich dann in aller Regel um Lebenssachverhalte, die nach Maßgabe der kündigungsrechtlichen obergerichtlichen Rechtsprechung zu „Kündigung wegen Erkrankung" abgehandelt werden müssen.

Der Festlegungszeitraum in einer auflösenden Bedingung, bis wann die **599** ärztliche Einstellungsuntersuchung nach tatsächlichem Beschäftigungsbeginn noch stattfinden kann, darf somit **sechs Monate** nicht überschreiten, da ansonsten der dem Beschäftigten zustehende Kündigungsschutz nicht greifen kann und dies keinen sachlichen Grund nach § 21 iVm § 14 Abs. 1 TzBfG darstellen kann. **Die Umgehung kündigungsrechtlicher Vorschriften kann niemals einen sachlichen Grund darstellen, nachdem auflösende Bedingungen statthaft wären.** Weiterhin wäre dies eine unangemessene Benachteiligung im Sinne von § 307 Abs. 1 BGB.

---

**Leitsatz:**

Eine auflösende Bedingung in Form einer nachgeschobenen Einstellungsuntersuchung mit entsprechendem Untersuchungsergebnis ist nur zulässig, wenn die Einstellungsuntersuchung **in einem Zeitraum von höchstens sechs Monaten** nach Beginn des Beschäftigungsverhältnisses erfolgt.

---

Weiterhin darf nicht unberücksichtigt bleiben, dass das „Fragerecht des **600** Arbeitgebers" bei Einstellungsuntersuchungen (→ Rn. 122) die Feststellung von gesundheitlichen Beeinträchtigungen, die erst fern in der Zukunft zutage treten, nicht erlaubt.

## 4. Häufige Erkrankungen als auflösende Bedingung

Nicht zulässig ist eine auflösende Bedingung in der Form, dass hier fest- **601** gelegt wird, dass das Beschäftigungsverhältnis dann automatisch endet,

---

[1] Vgl. auch LAG Baden-Württemberg 15.10.1990 – 15 Sa 92/90.

wenn sich in gewissem Umfang Krankheitszeiten häufen. Wie oben bereits dargestellt, sind auflösende Bedingungen dann unzulässig, wenn mit ihnen zwingende Vorgaben des Kündigungsschutzes umgangen werden sollen.[1]

### 5. Gesundheitliche „Nichteignung" als auflösende Bedingung

**602**    Weiterhin stellt sich die Fragestellung, ob auch unabhängig von einer ärztlichen „Einstellungsuntersuchung" auflösende Bedingungen in die Vertragsgestaltung dergestalt mit aufgenommen werden können, als dass das negative Ergebnis einer routinemäßigen Eignungsuntersuchung (→ Rn. 140 ff.) auch automatisch zur Beendigung des Arbeitsvertrages führt. Auch in diesen Fallkonstellationen könnte der Arbeitgeber kündigungsschutzrechtliche Vorgaben umgehen und das Beschäftigungsverhältnis im Rahmen der „Zwei-Wochen-Frist" (vgl. § 21 iVm § 15 Abs. 2 TzBfG) beenden. **Dies wäre eine unangemessene Benachteiligung des Beschäftigten und als Bestimmung in einem Arbeitsvertrag nach § 307 Abs. 1 BGB (Inhaltskontrolle) unwirksam.** Gleiches gilt, wenn anlässlich einer „anlassbezogenen" Eignungsuntersuchung (→ Rn. 175 ff.) die gesundheitliche Nichteignung festgestellt wird. Im Ergebnis ist die Feststellung der gesundheitlichen Nichteignung nur dann als auflösende Bedingung zulässig, wenn es sich um eine „Einstellungsuntersuchung" handelt (→ Rn. 82 ff.).[2]

---

**Leitsatz:**

Außerhalb von Einstellungsuntersuchungen kann die Feststellung der gesundheitlichen Nichteignung nicht als auflösende Bedingung herangezogen werden.

---

### 6. Rechtsfolgen der „auflösenden Bedingung"

**603**    Ist rechtswirksam eine auflösende Bedingung in einen Arbeitsvertrag mit aufgenommen worden, so hat der Eintritt der Bedingung zur Folge, dass der Arbeitsvertrag vom Grundsatz her mit Eintritt der Bedingung endet (vgl. § 158 Abs. 2 BGB). Im Rahmen eines Arbeitsvertrages gelten aber diesbezüglich die in § 15 Abs. 2 TzBfG benannten Fristen. Der Arbeitsvertrag endet somit im Falle des Eintritts einer auflösenden Bedingung frühestens zwei Wochen nach Zugang einer schriftlichen Mitteilung des Beschäftigten durch den Arbeitgeber.

---

[1] Vgl. auch LAG Baden-Württemberg 15.10.1990 – 15 Sa 92/90.
[2] aA ErfK/*Müller-Glöge* TzBfG § 21 Rn. 4.

**Beispiel:**

Die Einstellungsuntersuchung hat ergeben, dass der Beschäftigte B für seine durchzuführenden Tätigkeiten gesundheitlich nicht geeignet ist.

Nach Erhalt der diesbezüglichen ärztlichen Bescheinigung möchte sich der Arbeitgeber A auf die im Arbeitsvertrag enthaltende auflösende Bedingung berufen.

Um der auflösenden Bedingung Geltung zu verschaffen muss der Arbeitgeber dem B den Eintritt der Bedingung schriftlich nochmal mitteilen. Das Beschäftigungsverhältnis endet dann frühestens zwei Wochen nach Zugang der schriftlichen Unterrichtung.

Hierbei handelt es sich allerdings um keine Kündigung. Es handelt sich **604** hierbei vielmehr um eine gesonderte Vertragsgestaltung, welche einen Arbeitsvertrag auch ohne die ansonsten notwendige Kündigung zu beenden vermag. Hier ist auch der Grund zu sehen, warum auflösende Bedingungen in Arbeitsverträgen nur restriktiv zulässig sind. **Auf keinen Fall kann ein Arbeitgeber mit diesem Mittel den zwingenden Kündigungsschutz umgehen.**

Das Verhältnismäßigkeitsprinzip und die Bestandschutzabwägung aus **605** dem Kündigungsschutz sind allerdings auch auf auflösende Bedingungen anzuwenden.[1] Die Voraussetzungen für die Beendigung des Beschäftigungsverhältnisses durch auflösende Bedingung nach § 158 Abs. 2 BGB liegen daher nur dann vor, wenn für den betroffenen Beschäftigten keine anderweitige Beschäftigungsmöglichkeit im Unternehmen/Betrieb besteht. Der Arbeitgeber muss daher dem betroffenen Beschäftigten einen anderen freien und für ihn geeigneten Arbeitsplatz anzubieten bevor er sich auf die auflösende Bedingung berufen kann.[2]

**Leitsatz:**

Um den Arbeitsvertrag durch auflösende Bedingung wirksam zu beenden, muss der Arbeitgeber prüfen, ob er nicht über freie Arbeitsplätze verfügt, für welche der Beschäftigte gesundheitlich geeignet ist.

## 7. Fazit

Im Ergebnis hat die auflösende Bedingung bei Einstellungsuntersu- **606** chungen nur den Vorteil, dass der Beschäftigte verpflichtet werden kann, innerhalb von sechs Monaten an einer „Einstellungsuntersuchung" teilzunehmen. Der Kündigungsschutz kann mit ihr faktisch nicht umgangen werden, da die Fristen mit denen in der Probezeit nach § 622 Abs. 3 BGB identisch sind.

---

[1] Vgl. tiefergehender hierzu: *Meinel/Heyn/Herms* TzBfG § 21 Rn. 9.
[2] BAG 11.10.1995 – 7 AZR 119/95, BAG 16.10.2008 – 7 AZR 185/07.

## VII. Personalakte – Aufbewahrung von Gesundheitsdaten

**607**  Die ärztlichen Einstellungs- und Eignungsuntersuchungen bedingen zwangsläufig, dass dem Arbeitgeber ein entsprechendes Ergebnis über die durchgeführten Untersuchungen zugeht. In den meisten Fällen wird es sich hierbei lediglich um das Endergebnis der Untersuchung handeln (zB „geeignet", „nicht geeignet" oder „geeignet unter bestimmten Auflagen").

**608**  Gerade bei den Untersuchungen aus besonderem Anlass (→ Rn. 175) kann es aber auch vorkommen, dass bestimmte gesundheitssensible Daten mit in die Personalakte aufgenommen werden. Dies ist zB bei alkoholbedingten Auffälligkeiten teilweise der Fall.

**609**  Insgesamt stellt sich somit die Frage, wie die im Rahmen von Einstellungs- und Eignungsuntersuchungen gewonnenen Ergebnisse in der Personalakte aufbewahrt werden müssen. Gleiches gilt für die Fragestellung in Bezug auf Erkenntnisse, welche anlässlich bestimmter Eignungsaspekte (zB Auffälligkeiten, welche den Arbeitgeber zu einer ärztlichen Untersuchung des Beschäftigten veranlassen) in den Wissenskreis des Arbeitgebers gelangen. Die Führung der Personalakte an sich unterliegt dem Datenschutzrecht (zB §§ 22, 26 BDSG[1]).

### 1. Gesonderte Aufbewahrung sensibler Gesundheitsdaten

**610**  **Gesundheitsdaten zählen zu den besonderen Kategorien personenbezogener Daten, welche einen besonderen Schutz genießen** (vgl. Art. 9 DSGVO). Regelmäßig handelt es sich somit um Daten, die nach dem allgemeinen Persönlichkeitsrecht (Art. 2 Abs. 1 iVm Art. 1 Abs. 1 GG) vom Grundsatz her seitens des Beschäftigten nicht offenbart werden müssen und der Arbeitgeber nur dann ein Recht hat diese in seine Eingriffssphäre zu übernehmen, wenn er seinerseits gewichtige Gründe für genau diese Erforderlichkeit einbringen kann.

**611**  Gewichtige Gründe können sich unmittelbar aus den Grundrechtspositionen des Arbeitgebers ergeben (zB Berufsfreiheit nach Art. 12 GG und Recht auf freie Meinungsäußerung nach Art. 5 Abs. 1 S. 1 GG). Dem Arbeitgeber wird somit ein legitimes Interesse zuzugestehen sein, seine Personalakten über seine Beschäftigten so zu führen, dass sie ein vollständiges Bild abzugeben vermögen. Die Personalakte soll möglichst vollständig und lückenlos über die Person des Beschäftigten und seine berufliche Laufbahn Aufschluss geben.[2] Somit haben auch Informationen zB über Hinweise auf gesundheitliche Beeinträchtigungen, welche die Eignung zur Arbeitsleistung beeinträchtigen, ihren berechtigten Platz in der Personalakte.[3] Dem Arbeitgeber ist folglich zuzugestehen, erlaubt erhobene Ge-

---

[1] Bzw. den Datenschutzgesetzen der Länder.
[2] BAG 25.4.1972 – 1 AZR 322/71.
[3] Vgl. in Bezug auf eine Suchterkrankung: BAG 12.9.2006 – 9 AZR 271/06.

sundheitsdaten über den Beschäftigten zum Zwecke einer berechtigten späteren Verwendung zu „sammeln".[1] Ein solches Interesse kann zB auch dann bestehen, wenn der Arbeitgeber diese zur negativen Zukunftsprognose bei krankheitsbedingten Kündigungen benötigt.

---

**Leitsatz:**
Der Arbeitgeber darf erlaubt erhobene Gesundheitsdaten in der Personalakte aufbewahren.

---

Das aus der Verfassung abgeleitete allgemeine Persönlichkeitsrecht nach Art. 2 Abs. 1 iVm Art. 1 Abs. 1 GG ist uneingeschränkt auch im Privatrechtsverkehr und somit auch in der Beziehung Arbeitgeber-Beschäftigter zu beachten.[2] Aus den Fürsorgegedanken heraus (abgeleitet aus den in § 242 BGB niedergelegten Gedanken von Treu und Glauben, konkretisiert durch die Wertentscheidungen der Verfassung) ergibt sich, **dass der Arbeitgeber auch dann, wenn er berechtigt Gesundheitsdaten erlangt, diese so zu verwahren hat, dass Unberechtigte hierzu keinen Zugriff haben.** **612**

---

**Leitsatz:**
Gesundheitsbezogene Daten in der Personalakte sind gesondert aufzubewahren.

---

Personalakten enthalten aber nicht nur sensible Gesundheitsdaten. Sie enthalten auch andere Daten, die von verantwortlichen Stellen zB aus Anlass einer Beförderung, Umsetzung, internen Bewerbung etc. eingesehen werden. Vor diesem Hintergrund ist es zur Achtung des allgemeinen Persönlichkeitsrechts (Art. 2 Abs. 1 iVm Art. 1 Abs. 1 GG) des Beschäftigten erforderlich, **dass der Teil der Personalakte, welcher die gesundheitsbezogenen Daten enthält, gesondert vor unberechtigten Zugriffen geschützt ist.** Die gesundheitsbezogenen Daten sind somit auch vor zufälliger Kenntnisnahme zu schützen. Dies kann zB in der Form geschehen, dass die Gesundheitsdaten in einem verschlossenen Umschlag aufbewahrt werden, bei dem jede Einsicht durch berechtigte Personen mit Datum vermerkt werden muss. So legt zB § 22 Abs. 2 BDSG fest, dass in Bezug auf Gesundheitsdaten angemessene und spezifische Maßnahmen zur Wahrung der Interessen der betroffenen Person vorzusehen sind. **613**

Bei elektronisch geführten Personalakten ist durch geeignete Sicherheitsmaßnahmen (zB spezielles Kennwort, Verschlüsselungen etc.) sicherzustellen, dass nur berechtigte Personen Zugriff auf die Gesundheitsdaten haben. **614**

---

[1] BAG 12.9.2006 – 9 AZR 271/06.
[2] BAG 27.3.2003 – 2 AZR 51/02.

**615**   Selbstverständlich müssen die Personalakten schon an sich gesichert aufbewahrt und vor unberechtigten Zugriffen geschützt werden. Die gesonderte Aufbewahrung der Gesundheitsdaten kommt aber dann zum Tragen, wenn zB bestimmte Vorgesetzte zB bei Gehaltsverhandlungen berechtigt sind, bestimmte Daten (zB Werdegang, Dienstjahre, Gehalt, Beurteilungen) einzusehen, diese aber kein berechtigtes Interesse an bestimmten Gesundheitsdaten haben. In aller Regel benötigt der unmittelbare Vorgesetzte die Kenntnisse sensibler Gesundheitsdaten nicht. In diesen Fällen muss dann sichergestellt werden, dass nur die Daten eingesehen werden können, für die auch eine Berechtigung besteht.

## 2. Art der gesonderten Aufbewahrung

**616**   Grundsätzlich obliegt es dem Arbeitgeber selber zu bestimmen, in welcher Form die gesundheitsbezogenen Daten in der Personalakte geschützt werden. Dies ergibt sich aus seiner Personal- und Organisationsfreiheit.[1] Es muss aber hierbei immer sichergestellt sein, dass eine zufällige Kenntnisnahme von Gesundheitsdaten nicht möglich ist und der einsichtsberechtigte Personenkreis klar definiert ist. Hier ist insbesondere § 22 Abs. 2 S. 2 BDSG zu berücksichtigen, welcher besondere Schutzmaßnahmen einfordert (zB Sensibilisierung der an Verarbeitungsvorgängen Beteiligten, Pseudonymisierung personenbezogener Daten, Verschlüsselung personenbezogener Daten oder spezifische Verfahrensregelungen).

> **Leitsatz:**
> Der Arbeitgeber kann vom Grundsatz her bestimmen, in welcher Form die gesundheitsbezogenen Daten gesondert aufbewahrt werden, wobei entsprechende Sicherungs- und Schutzmaßnahmen zu treffen sind.

**617**   Kommt der Arbeitgeber allerdings seinen diesbezüglichen Entscheidungsverpflichtungen nicht nach bzw. entspricht dies nicht dem datenschutzrechtlichen Regelungen (zB § 22 Abs. 2 BDSG), so geht das Bestimmungsrecht über die Art der Aufbewahrung der Gesundheitsdaten auf den Beschäftigten über (entsprechend § 316 BGB und § 264 Abs. 2 BGB). Der Anspruch auf gesonderte Aufbewahrung ergibt sich in diesen Fällen aus § 611a iVm §§ 12, 862, 1004 BGB.

## 3. Befunddaten

**618**   Der Arzt wird anlässlich von Einstellungs- und Eignungsuntersuchungen regelmäßig Befunddaten (zB Ergebnisse der Blutuntersuchung, EKG,

---

[1] BAG 12.9.2006 – 9 AZR 271/06.

Audiometrie etc.) erheben, welche er zur Ergebnisfeststellung benötigt. Diese Daten gehören aber uneingeschränkt in den Herrschaftsbereich des Arztes, so dass diese nicht in die Personalakte dürfen. Die diesbezüglichen Dokumentations- und Aufbewahrungspflichten ergeben sich aus der für den jeweiligen Arzt geltenden Vorschriftenlage (zB § 10 Berufsordnung für die Ärzte Bayerns, § 630f Abs. 3 BGB). Die datenschutzrechtliche Basis bildet hierzu § 22 Abs. 1 Nr. 1 lit. b BDSG. Auch der Arzt ist allerdings gehalten, entsprechende Schutzmaßnahmen zu treffen (vgl. § 22 Abs. 2 BDSG).

---

**Leitsatz:**
Die den ärztlichen Untersuchungen zugrunde liegenden Befunddaten dürfen nicht in der Personalakte aufbewahrt werden.

---

## 4. Ergebnisse der ärztlichen Untersuchungen

Abschließend soll noch die Frage geklärt werden, inwieweit die konkreten Untersuchungsergebnisse Gesundheitsdaten iSv Art. 4 Nr. 15 DSGVO darstellen und gesondert aufbewahrt werden müssen. **619**

In den meisten Fällen wir das Ergebnis ärztlicher Eignungsuntersuchungen „geeignet" oder „nicht geeignet" lauten. Aus Gründen der Achtung des allgemeinen Persönlichkeitsrechtes (Art. 2 Abs. 1 iVm Art. 1 Abs. 1 GG) und der Verhältnismäßigkeit ist in aller Regel auch die ärztliche Aussage auf diese knappe Beurteilung zu beschränken. An weiteren Informationen wird der Arbeitgeber regelmäßig kein berechtigtes, schutzwürdiges und billigenswertes Interesse haben, so dass diese auch datenschutzrechtlich nicht „erforderlich" sind. **620**

Die bloße Angabe von „geeignet" bzw. „nicht geeignet" stellt unmittelbar kein Gesundheitsdatum dar, welches in der Personalakte gesondert aufzubewahren/zu sichern ist.[1] Hier können zwar Rückschlüsse darauf gezogen werden, dass hinter dem Urteil „geeignet" eine ärztliche Untersuchung mit Erhebung der entsprechenden Befunddaten steht, einen unmittelbaren Rückschluss auf gesundheitliche Belange ist hier aber nicht möglich. **621**

---

**Leitsatz:**
Die ärztliche Beurteilung „geeignet" bzw. „nicht geeignet" anlässlich von Einstellungs- und Eignungsuntersuchungen muss in der Personalakte **nicht** gesondert aufbewahrt werden.

---

[1] *Beckschulze* BB 2014, 1077–1085.

**622**    Diese Situation lässt sich mit dem Vorliegen der Führerscheinklasse C oder D vergleichen. Auch hier ist klar, dass hinter der Erteilung/Neuerteilung dieser Führerscheinklasse auch eine ärztliche Untersuchung steht (§ 11 Abs. 9 iVm Anlage 5 FeV). Auch der Umstand, dass bei ärztlichen Einstellungs- und Eignungsuntersuchungen (genau wie auch bei ärztlichen Untersuchungen nach der FeV oder der TfV) dem Arbeitgeber die einzelnen Untersuchungen (zB Umstand, dass Blut abgenommen wird, Durchführung eines Sehtests etc.) bekannt ist, vermag an dieser Einschätzung nichts zu ändern, zumal die Personalakte an sich schon geschützt werden muss. Sofern in den → Rn. 683 ff. die Ergebnisweitergabe als der ärztlichen Schweigepflicht zugehörig angesehen wird, so ändert auch dieser Umstand nichts an der Bewertung hinsichtlich der gesonderten Aufbewahrung in der Personalakte, da es in dem Kapitel lediglich um die Fragestellung geht, welche Informationen den Herrschaftsbereich des Arztes in welcher Form verlassen dürfen.

**623**    In bestimmten Fällen wird der Arzt als Ergebnis der Beurteilung auch Angaben machen, welche über die bloße sachliche Feststellung „geeignet" bzw. „nicht geeignet" hinausgehen. Zur Wahrung des allgemeinen Persönlichkeitsrechts (Art. 2 Abs. 1 iVm Art. 1 Abs. 1 GG) des Beschäftigten ist das Interesse an weiteren Angaben des Arbeitgebers aber nur auf die Fälle beschränkt, in denen der Arzt die Eignung unter den Vorbehalt bestimmter Maßnahmen stellt (zB beim Fahren eine Sehhilfe zu tragen oder keine Alleinarbeiten etc.). Weiterhin kann es notwendig sein, dass zB anlässlich einer anlassbezogenen Eignungsuntersuchung (→ Rn. 175 f.) insofern auch Angaben gemacht werden, inwieweit bestimmte Tätigkeiten noch möglich sind (negatives-positives Leistungsbild, zB „keine Lasten über 10 kg" etc.).

**624**    In diesen Fällen konkretisieren sich die hinter den ärztlichen Beurteilungen erhobenen Gesundheitsbefunde. **Daten, welche den körperlichen, geistigen oder seelischen Gesundheitszustand derart konkretisieren, dass hier bestimmte negative Rückschlüsse gezogen werden können, bedürfen des verstärkten Schutzes.**[1] Hierbei handelt es sich dann um Gesundheitsdaten iSv Art. 4 Nr. 15 DSGVO.

**625**    In diesen Fällen muss gewährleistet sein, dass diese ergänzenden gesundheitlich relevanten Angaben nur den Personen zugänglich sind, welche genau diese Angaben (zB zur Planung von Einsätzen) benötigen (vgl. § 22 Abs. 2 BDSG). Diese Daten sind gesondert (zB durch verschlossenen Umschlag, besonderes Passwort etc.) zu schützen, so dass zB ein lediglich für die Urlaubserteilung oder Reisekostenerstattung zuständiger Sachbearbeiter die Gesundheitsdaten auch nicht nur zufällig zur Kenntnis nehmen kann.[2]

---

[1] Vgl. auch: BAG 15.7.1987 – 5 AZR 215/86.
[2] Zu der Problematik auch: *Gola/Wronka* Arbeitnehmerdatenschutz-HdB 145 f.

# VIII. Abgrenzung von Eignungsuntersuchungen und arbeitsmedizinischen Vorsorgemaßnahmen nach der ArbMedVV

Die ärztlichen Untersuchungen zur Feststellung von Eignungsaspekten **626** sind von den arbeitsmedizinischen Vorsorgemaßnahmen zu unterscheiden.

## 1. Unterschiedliche Zielsetzungen

Wesentlich für die zu treffende Unterscheidung sind auch die mit den ärzt- **627** lichen Untersuchungen/Vorsorgemaßnahmen bezweckten Zielsetzungen. Dies ist insofern auch von Bedeutung, als dass sich an entsprechende Untersuchungs- bzw. Vorsorgeergebnisse auch unterschiedliche Rechtsfolgen ergeben. **Bei Eignungsuntersuchungen hat die „Ungeeignetheit" regelmäßig zur Folge, dass die zugrunde liegende Tätigkeit durch den Beschäftigten nicht mehr ausgeübt werden kann.** Dies kann für den Beschäftigten dann zu entsprechenden arbeitsrechtlichen Konsequenzen führen.

Bei den ärztlichen Vorsorgemaßnahmen nach der ArbMedVV dagegen **628** steht die Gesundheit des Beschäftigten selber im Mittelpunkt. Hier ist es wesentliche Zielsetzung, arbeitsbedingte Erkrankungen (einschließlich Berufskrankheiten) frühzeitig zu erkennen und zu verhüten (§ 1 Abs. 1 S. 1 ArbMedVV). Bei den arbeitsmedizinischen Vorsorgemaßnahmen nach der ArbMedVV erhält der Arbeitgeber lediglich eine „Teilnahmebescheinigung" (Vorsorgebescheinigung nach § 6 Abs. 3 Nr. 3 ArbMedVV), Ergebnisse der Untersuchung werden ihm hier somit nicht mitgeteilt. Selbst wenn anlässlich bestimmter Tätigkeiten gesundheitliche Bedenken bestehen, darf der Arzt dies im Rahmen von Vorsorgemaßnahmen nach der ArbMedVV lediglich dem Beschäftigten mitteilen. Auch der ärztliche Vorschlag eines Tätigkeitswechsels darf hier nur mit Einwilligung des Beschäftigten dem Arbeitgeber mitgeteilt werden (§ 6 Abs. 4 S. 3 ArbMedVV). Die Vorsorgemaßnahmen nach der ArbMedVV lassen den Beschäftigten „so wie er ist" und bezwecken keine Rechtsfolgen, sofern gesundheitliche Bedenken gegen eine bestimmte Tätigkeit bestehen. Sie ermöglichen dem Beschäftigten eigenverantwortlich und ohne Bevormundung mit seinen gesundheitlichen Daten umzugehen und auch die entsprechenden Konsequenzen hieraus zu ziehen. Ausführliche Ausführungen zur „arbeitsmedizinischen Vorsorge" finden sich in: *Aligbe*, Rechtshandbuch Arbeitsmedizinische Vorsorge.

Insofern ist für die Abgrenzung zu Eignungsuntersuchungen wesent- **629** lich, welchen Zweck die ärztliche Untersuchung verfolgt.

## 2. Arbeitsmedizinische Vorsorge

Geht es im Wesentlichen darum zu erkennen, ob aus der Tätigkeit selbst **630** arbeitsbedingte Erkrankungen resultieren, so handelt es sich in aller Regel um arbeitsmedizinische Vorsorge. Grundsätzlich dient die arbeitsmedizinische Vorsorge nicht der Selektion der Beschäftigten. Im Rahmen der arbeitsmedizinischen Vorsorge ist der Beschäftigte in der Regel so geschützt „wie er ist". Bis auf einige Ausnahmen zB im Berg- und Atomrecht führen gesundheitliche Bedenken hier auch nicht zu einem Beschäftigungsverbot. Primärziel der arbeitsmedizinischen Vorsorge ist immer der Schutz der Gesundheit der Beschäftigten.

---

**Leitsatz:**

Bei der arbeitsmedizinischen Vorsorge wird im Wesentlichen überprüft, ob aus der Tätigkeit selber Erkrankungen resultieren (arbeitsbedingte Erkrankungen).

---

**Beispiel:**

A ist Altenpfleger und arbeitet in einer Wohn- und Pflegeeinrichtung für Senioren. Sie geht regelmäßig zur Untersuchung beim Betriebsarzt. Der Betriebsarzt berät und untersucht A regelmäßig in Bezug auf eine Hepatitis-Infektion. Auch bietet er B entsprechende Schutzimpfungen gegen Hepatitis an.

Hier geht es darum, Erkrankungen, die aus der Tätigkeit selber resultieren können (bei der Pflegetätigkeit besteht die Gefährdung einer Hepatitis-Infektion), zu verhüten bzw. frühzeitig zu erkennen.

Hierbei handelt es sich dann um arbeitsmedizinische Vorsorge (hier: nach der ArbMedVV).

631    Die arbeitsmedizinische Vorsorge nach der ArbMedVV umfasst ausdrücklich **nicht** den Nachweis der Eignung für bestimmte Tätigkeiten (vgl. § 2 Abs. 1 Nr. 5 ArbMedVV).

### 3. Eignungsuntersuchungen

632    Die Eignungsuntersuchungen dienen dagegen primär der Selektion von Beschäftigten. Hier wird ein gewünschtes gesundheitliches Profil mit den tatsächlichen gesundheitlichen Eigenschaften einer Person abgeglichen. Bei den Eignungsuntersuchungen wird in erster Linie nicht danach geschaut, ob aus der Tätigkeit selber Erkrankungen resultieren können. Vielmehr wird abgeglichen, ob bereits Erkrankungen bzw. gesundheitliche Beeinträchtigungen vorliegen, welche die Eignung für eine bestimmte Tätigkeit beeinträchtigen.

> **Beispiel:**
> A arbeitet als Kranführer. Er geht regelmäßig zur Untersuchung beim Betriebsarzt. Der Arzt überprüft hier ua ob A über eine ausreichende Sehfähigkeit verfügt, um seine Arbeiten sicher durchführen zu können.
> Hier geht es in erster Linie darum Erkrankungen/gesundheitliche Beeinträchtigungen festzustellen, welche die Durchführung der Tätigkeit beeinträchtigen können.
> Es handelt es sich hierbei um Eignungsuntersuchungen.

**Im Gegensatz zur arbeitsmedizinischen Vorsorge nach der Arb-** **633** **MedVV haben „gesundheitliche Bedenken" bei Eignungsuntersuchungen immer entsprechende Folgen für die konkret durchzuführende Beschäftigung.** Die gesundheitliche Nichteignung führt hier regelmäßig dazu, dass die zugrunde liegenden Tätigkeiten dann nicht mehr durchgeführt werden können, was durchaus auch zu arbeitsrechtlichen Konsequenzen führen kann.

Primärziel von Eignungsuntersuchungen ist nicht der Gesundheits- **634** schutz des Beschäftigten, sie dient vielmehr Interessen, welche sich der Sphäre des Arbeitgebers zuordnen lassen (zB Gefährdung der anderen Beschäftigten, Gefährdung von Fahrgästen bei Busunternehmen etc.). Dies gilt selbst dann, wenn der Arbeitgeber aus Fürsorgegründen verpflichtet ist, den Beschäftigten davor zu bewahren, sich eigenen Gefährdungen (zB Unfallgefahren) auszusetzen. Im Gegensatz zur arbeitsmedizinischen Vorsorge nach der ArbMedVV ist es bei Eignungsuntersuchungen dem Beschäftigten nicht freigestellt, selbst zu entscheiden, ob er zB trotz gesundheitlicher Bedenken gegen eine bestimmte Tätigkeit weiterarbeiten will.

### 4. Abgrenzungshilfen

In der nicht immer leichten Abgrenzung kann regelmäßig immer dann **635** von einer Eignungsuntersuchung ausgegangen werden, wenn Zielrichtung die Verhinderung von Arbeitsunfällen ist.

#### Praxistipp

Die arbeitsmedizinische Vorsorge hat den Hintergrund, Erkrankungen, welche aus der Tätigkeit selber resultieren, zu verhindern und zu verhüten.

#### Eignungsuntersuchungen

Die Eignungsuntersuchungen (insbesondere mit der Zielrichtung: Verhinderung von Arbeitsunfällen) bezwecken dagegen die Feststellung von gesundheitlichen Beeinträchtigungen (gleichgültig ob durch die Arbeit entstanden oder nicht), welche die Fähigkeit beeinträchtigen, die übertragenen Aufgaben ordnungsgemäß durchführen zu können.

## 5. Trennungsgebot

**636**  Den unterschiedlichen Zielsetzungen entsprechend, unterliegen arbeitsmedizinische Vorsorgemaßnahmen und Eignungsuntersuchungen einem **Trennungsgebot**. Arbeitsmedizinische Vorsorgemaßnahmen nach der ArbMedVV soll nicht zusammen mit Untersuchungen, die dem Nachweis der gesundheitlichen Eignung für berufliche Anforderungen dienen, durchgeführt werden (§ 3 Abs. 3 S. 3 ArbMedVV).

> **Leitsatz:**
> Arbeitsmedizinische Vorsorgemaßnahmen nach der ArbMedVV und Eignungsuntersuchungen dürfen grundsätzlich nicht zusammen durchgeführt werden.

**637**  Dieses Trennungsgebot stellt eine verfahrensrechtliche Absicherung der Persönlichkeitsrechte der Beschäftigten dar, da die arbeitsmedizinische Vorsorge keinerlei Nachweispflichten enthält, die übertragenen Aufgaben auch tatsächlich in gesundheitlicher Hinsicht durchführen zu können. Es soll weiterhin vor Interessenkonflikten schützen. Dies gilt auch für den Arzt. Während der Untersuchungsumfang bei Eignungsuntersuchungen begrenzt ist, so bestehen hinsichtlich arbeitsmedizinischer Vorsorgemaßnahmen diesbezüglich weniger Einschränkungen. Für den Arzt kann es hier insofern zu Interessenkonflikten kommen, als dass er bei der Durchführung von Eignungsuntersuchungen eventuell bereits weitgehende Erkenntnisse aus arbeitsmedizinischen Vorsorgemaßnahmen verfügt, die er bei alleiniger Durchführung von Eignungsuntersuchungen nicht hätte.

**638**  So müssen prinzipiell auch die personalärztlichen Maßnahmen von arbeitsmedizinischen Vorsorgemaßnahmen getrennt werden.

**639**  Allerdings sind **Ausnahmen** vom Trennungsgebot möglich. Arbeitsmedizinische Vorsorgemaßnahmen nach der ArbMedVV dürfen dann zusammen mit Eignungsuntersuchungen durchgeführt werden, wenn betriebliche Gründe dies erfordern (§ 3 Abs. 3 S. 3 ArbMedVV). Mit dieser Ausnahmeregelung soll vermieden werden, dass an den Arbeitgeber bei berechtigter Interessenlage unzumutbare Anforderungen gestellt werden.[1]

**640**  „Betriebliche Gründe" liegen zB dann vor, wenn das Trennungsgebot zu einer wesentlichen Beeinträchtigung der Arbeitsorganisation führen oder aber die Trennung von Eignungsuntersuchungen und arbeitsmedizinischen Vorsorgemaßnahmen zu unverhältnismäßigen Kosten führen würde.

**641**  Wird der Ausnahmetatbestand („betriebliche Gründe") in Anspruch genommen, so muss in diesen Fällen der Arbeitgeber den Arzt verpflichten, die unterschiedlichen Zwecke von arbeitsmedizinischer Vorsorge und Eig-

---

[1] *Aligbe* Arbeitsmedizinische Vorsorge-HdB 86 f.

nungsuntersuchungen gegenüber dem Beschäftigten offenzulegen (§ 3 Abs. 3 S. 3 ArbMedVV).

---

**Leitsatz:**
Werden ausnahmsweise ärztliche Vorsorgemaßnahmen nach der Arb-MedVV zusammen mit Eignungsuntersuchungen durchgeführt, so müssen dem Beschäftigen die unterschiedlichen Zwecke offengelegt werden.

---

Werden allerdings genetische Untersuchungen oder Analysen nach § 20 **642** GenDG im Rahmen von Vorsorgemaßnahmen nach der ArbMedVV durchgeführt, so kann die Ausnahmeregelung nicht zum Tragen kommen. In diesen Fällen ist das Trennungsgebot strikt einzuhalten. Hintergrund ist hier das strikte Verbot, im Rahmen von Eignungsuntersuchungen genetische Untersuchungen und Analysen zu verlangen, solche Ergebnisse entgegenzunehmen oder gar bereits vorhandene Ergebnisse zu verwenden (§ 19 GenDG).

## IX. Mitbestimmungsrechte der Personalvertretungen bei Eignungsuntersuchungen

Auch in Bezug auf Eignungsuntersuchungen sind die entsprechenden **643** Beteiligungsrechte der Personalvertretung zu beachten. Dies ist insofern von Bedeutung, als dass die hier zu beachtenden Mitbestimmungsrechte nach dem **„positiven Konsensprinzip**[1]**"** ausgestaltet sind. Im Ergebnis bedeutet dies, dass in den Fällen, in denen ein entsprechendes Mitbestimmungsrecht besteht, der Arbeitgeber einseitig keine verbindlichen Regelungen zu schaffen vermag. Kommt keine Einigung zustande, so entscheidet die Einigungsstelle (vgl. § 87 Abs. 2 BetrVG).

---

**Leitsatz:**
Bei Eignungsuntersuchungen sind die Mitbestimmungsrechte der Personalvertretungen zu beachten.

---

Mögliche Handlungsformen der diesbezüglichen Mitbestimmung sind **644** die Regelungsabrede oder die Betriebsvereinbarung (zur Betriebsvereinbarung → Rn. 497 ff.).

Auf eine eingehende Befassung mit der Thematik des Betriebsverfas- **645** sungsgesetzes und der Personalvertretungsregelungen soll an dieser Stelle verzichtet werden. Dies würde den Rahmen dieses Buches sprengen und

---

[1] *Fitting* BetrVG § 87 Rn. 1.

wäre auch angesichts der eigentlichen Thematik „Einstellungs- und Eignungsuntersuchungen" verfehlt. Diesbezüglich darf auf die entsprechende Literatur verwiesen werden. Nachfolgend sollen lediglich die sozialen und organisatorischen Mitbestimmungsrechte in Bezug auf Eignungsuntersuchungen dargestellt werden.

**646**     Im Wesentlichen wird auf die entsprechenden Regelungen im Betriebsverfassungsgesetz (BetrVG) Bezug genommen. Die Ausführungen sind allerdings auch für die entsprechenden Personalvertretungsgesetzte der öffentlichen Verwaltung anwendbar, da diese Gesetze inhaltlich gleiche Vorschriften enthalten (Synopse → Rn. 662).

## 1. Mitbestimmung in sozialen und organisatorischen Angelegenheiten

**647**     Bei den hier zu behandelnden routinemäßigen Eignungsuntersuchungen handelt es sich um Tatbestände, welche die Frage der Ordnung und des Verhaltens im Betrieb bzw. Regelungen über die Verhütung von Arbeitsunfällen betreffen. Diese unterfallen gem. § 87 Abs. 1 Nr. 1, Nr. 7 BetrVG der Mitbestimmungsrechte des Betriebsrates. Möchte der Arbeitgeber eine der in § 87 Abs. 1 BetrVG genannten Angelegenheiten regeln, so ist er zwingend auf die Zustimmung des Betriebsrates angewiesen. Handelt der Arbeitgeber in den betreffenden Angelegenheiten ohne die Beteiligung und Zustimmung des Betriebsrates, **so können die derart getroffenen Regelungen keine nachteilige rechtliche Verbindlichkeit für den Beschäftigten entfalten**. Eine einseitige Regelung über die in § 87 Abs. 1 BetrVG enthaltenen Tatbestände ist weder seitens des Arbeitgebers noch des Betriebsrates möglich.

**648**     Die Mitbestimmungsrechte setzen allerdings grundsätzlich voraus, dass keine gesetzliche oder tarifliche Regelung in den konkreten Angelegenheiten besteht (§ 87 Abs. 1 BetrVG). So kann von den Betriebsparteien zB nicht entschieden werden, „ob" die nach dem §§ 32, 33 JArbSchG erforderlichen Untersuchungen überhaupt durchgeführt werden.

**649**     Der Betriebsrat ist allerdings in Fragen der zwingenden Mitbestimmung nicht allein darauf angewiesen, dass der Arbeitgeber von sich aus die Regelung eines mitbestimmungsbedürftigen Sachverhaltes begehrt. **Dem Betriebsrat steht hier ein volles Initiativrecht zu.**[1] Dies bedeutet, dass auch der Betriebsrat eine mitbestimmungsbedürftige Fragestellung (zB routinemäßige Eignungsuntersuchungen für Führer von Gabelstaplern) einbringen kann. Kommt hier keine Einigung zustande (zB weil der Arbeitgeber die Frage in seinem Betrieb nicht behandeln will), so entscheidet die Einigungsstelle (§ 87 Abs. 2 BetrVG). Das Initiativrecht des Betriebsrates besteht selbst dann, wenn im Rahmen des § 87 BetrVG Regelungen getrof-

---

[1] ErfK/*Kania* BetrVG § 87 Rn. 9.

fen werden sollen, welche in die an sich bestehende unternehmerische Entscheidungsfreiheit eingreifen.[1]

Die Mitbestimmungsrechte sind zwingend und haben keinen dispositi- **650** ven Charakter. Dies bedeutet, dass der Betriebsrat nicht beschließen kann, auf die in § 87 BetrVG benannten Mitbestimmungsrechte zu verzichten. Dies würde eine Verletzung gesetzlicher Pflichten seitens des Betriebsrates bedeuten, was wiederum im Extremfall zu einer gerichtlichen Auflösung des Betriebsrates wegen grober Pflichtverletzung führen kann (vgl. § 23 BetrVG). **Unzulässig ist auch, die Mitbestimmungsrechte an sich nach § 87 BetrVG durch Tarifvertrag oder Betriebsvereinbarung einzuschränken.**[2]

In Bezug auf Eignungsuntersuchungen ist hinsichtlich des Mitbestim- **651** mungsrechtes die Fragestellung von großer Relevanz, woraus die Erforderlichkeit der entsprechenden ärztlichen Untersuchungen abgeleitet wird. Entscheidungsmerkmal ist hier, ob die Regelung der Verhütung von Arbeitsunfällen dient und eine rechtliche Handlungspflicht besteht oder ob die ärztlichen Untersuchungen anderen Zielrichtungen dienen.

## 2. Regelungen über die Verhütung von Arbeitsunfällen

### § 87 Abs. Nr. 7 BetrVG:

*„Der Betriebsrat hat, soweit eine gesetzliche oder tarifliche Regelung nicht besteht, in folgenden Angelegenheiten mitzubestimmen: (…) Regelungen über die Verhütung von Arbeitsunfällen und Berufskrankheiten sowie über den Gesundheitsschutz im Rahmen der gesetzlichen Vorschriften oder der Unfallverhütungsvorschriften (…)"*

Die Mitbestimmungspflicht in Bezug auf arbeitsschutzbedingte Sach- **652** verhalte ist von zwei Voraussetzungen abhängig. Die erste Voraussetzung ist, dass eine gesetzliche oder tarifliche Regelung nicht besteht. Hiermit ist der Umstand gemeint, dass nur dort ein Mitbestimmungsrecht des Betriebsrates zu tragen kommen kann, wo der Arbeitgeber auch einen entsprechenden Handlungsspielraum hat (er kann also unter mehreren Möglichkeiten wählen). Ist die zB die Frage, ob eine ärztliche Untersuchung erfolgen muss bereits rechtlich geregelt (zB nach § 32 JArbSchG, § 10 Druckluftverordnung, Vorsorgeregelungen nach der ArbMedVV), so besteht rechtlich über die Frage des **„ob"** keine Regelungskompetenz der Betriebsparteien mehr.

Die zweite Voraussetzung für eine zwingende Mitbestimmung im Be- **653** reich des Arbeitsschutzes ist, dass nur dort ein Mitbestimmungsrecht besteht, wo für den Arbeitgeber vom Grundsatz her eine Handlungspflicht zu

---

[1] BAG 31.8.1982 – 1 ABR 27/80.
[2] *Fitting* BetrVG § 87 Rn. 5.

etwas Bestimmten besteht (... *„im Rahmen der gesetzlichen Vorschriften oder der Unfallverhütungsvorschriften"* ...).

654 In Bezug auf Eignungsuntersuchungen bedeutet dies, dass ein rechtlicher bzw. aus dem Unfallversicherungsrecht resultierender Rechtssatz bestehen muss, der eine entsprechende Handlungspflicht gebietet.

655 Dies ist bei den **Eignungsvorbehalten** (siehe hierzu ausführlich → Rn. 206 ff.) der Fall, sofern sie aus dem Arbeitsschutzrecht abzuleiten sind. Sie übertragen dem Arbeitgeber die Verpflichtung, bestimmte Befähigungen und Eignungen zu berücksichtigen, wozu auch entsprechende gesundheitliche Faktoren zählen können. Weiterhin lassen sie aber offen, **wie** genau diese Befähigungsprüfungen abzulaufen haben. Der Arbeitgeber hat hier folglich mehrere Handlungsmöglichkeiten, in deren Auswahl ihm auch ein bestimmtes Ermessen zugestanden werden muss. Und genau dieser Handlungsspielraum unterliegt nach § 87 Abs. 1 Nr. 7 der Mitbestimmung des Betriebsrates.

656 Gleiches gilt für die aus der **Gefährdungsbeurteilung** nach § 5 ArbSchG abzuleitenden Maßnahmen (zur Gefährdungsbeurteilung → Rn. 493 ff.).[1] Sofern hier als „Arbeitsschutzmaßnahme" auch ärztliche Eignungsuntersuchungen in Frage kommen, so unterliegt auch dies der Mitbestimmung nach § 87 Abs. 1 Nr. 7 BetrVG. Genau wie bei den Eignungsvorbehalten enthält auch § 5 ArbSchG eine Verpflichtung (nämlich die mit der Arbeit verbundenen Gefährdungen zu ermitteln und entsprechende Arbeitsschutzmaßnahme abzuleiten), ohne jedoch näher zu umschreiben, wie genau die Gefährdungsbeurteilung erfolgen soll und welche genauen Maßnahmen abzuleiten sind. Auch hier unterliegt dieser Handlungsspielraum der Mitbestimmung des Betriebsrates nach § 87 Abs. 1 Nr. 7 BetrVG.

---

**Leitsatz:**

Wird die Erforderlichkeit von ärztlichen routinemäßigen Eignungsuntersuchungen aus bestehenden **Eignungsvorbehalten** oder der **Gefährdungsbeurteilung** abgeleitet, so unterliegt dies der Mitbestimmung nach § 87 Abs. 1 Nr. 7 BetrVG.

---

### 3. Fragen der Ordnung und des Verhaltens im Betrieb

657 Allerdings lässt sich das notwendige berechtigte Interesse des Arbeitgebers nicht immer aus arbeitsschutzrechtlichen Regelungen ableiten. Dies ist dann nicht der Fall, wenn lediglich Aspekte des Drittschutzes (zB Busfahrer), ein besonderer Pflichtenkreis (zB Verhinderung von Infektionen

---

[1] Zum Mitbestimmungsrecht bei der Gefährdungsbeurteilung siehe auch: *Aligbe* Arbeitsmedizinische Vorsorge-HdB 400 f.

nach § 23 Abs. 3 IfSG) oder reine Tätigkeitsinteressen (zB gutes Sehvermögen bei der zerstörungsfreien Materialprüfung) im Vordergrund stehen. Hier fehlt es an den für § 87 Abs. 1 Nr. 7 BetrVG geforderten arbeitsschutztechnischen gesetzlichen Vorschriften und Unfallverhütungsvorschriften.

Sollen verpflichtend diesbezügliche Eignungsuntersuchungen durchgeführt werden, so unterfällt dieser Regelungstatbestand den Fragen der **„Ordnung des Betriebes und das Verhalten der Arbeitnehmer"** nach § 87 Abs. 1 Nr. 1 BetrVG. Dies gilt auch dann, wenn die ärztlichen Eignungsuntersuchungen zwar auf Arbeitsschutzaspekten beruhen, es aber an entsprechenden Handlungspflichten (gesetzliche oder aus dem Unfallverhütungsrecht resultierend) fehlt. **658**

Auch hier ist allerdings wieder unabdingbare Voraussetzung, dass entsprechende gesetzliche oder tarifliche Regelungen nicht bestehen. Sofern beispielsweise die Fahrerlaubnisverordnung für bestimmte Fahrerlaubnisklassen eine ärztliche Untersuchung einfordert (vgl. § 11 Abs. 9 iVm Anlage 5 FeV), so ist die Fragestellung, „ob" eine derartige Untersuchung erfolgen muss, kein Mitbestimmungstatbestand. **659**

Bei den Regelungen zur Ordnung und des Verhaltens handelt es sich um eine Regelungsmaterie, welche allgemein verbindliche Verhaltensregeln aufstellt und um Maßnahmen, mit denen die Arbeitspflicht unmittelbar konkretisiert wird.[1] Von den verbindlichen Verhaltensvorschriften ist somit auch die Teilnahmeverpflichtung an arztlichen Eignungsuntersuchungen erfasst, da diese darauf gerichtet sind, die vorgegebene Ordnung des Betriebs zu gewährleisten und aufrechtzuerhalten. **660**

---

**Leitsatz:**
Wird die Erforderlichkeit ärztlicher routinemäßiger Eignungsuntersuchungen aus Interessengründen abgeleitet, welche nicht auf arbeitsschutzrechtlichen Handlungspflichten beruhen, so unterliegt dieser Umstand der Mitbestimmung des Betriebsrates nach § 87 Abs. 1 Nr. 1 BetrVG.

---

### 4. Untersuchungen aus besonderem Anlass

Nicht der Mitbestimmung des Betriebsrates unterliegt die individuelle Anordnung einer ärztlichen Untersuchung aus besonderem Anlass (→ Rn. 175 ff.). Hier fehlt der für die Mitbestimmung des Betriebsrates notwendige kollektive Bezug auf die Beschäftigten. Vielmehr stellen diese Untersuchungen eine Reaktion auf einen Einzelfall dar, auf welchen der Arbeitgeber individuell reagiert. **661**

---

[1] Siehe auch *Fitting* BetrVG § 87 Rn. 64 f.

> **Leitsatz:**
> Untersuchungen aus besonderem Anlass unterliegen nicht der Mitbe-
> stimmung des Betriebsrates.

### 5. Personalvertretungsgesetze des Bundes und der Länder

**662** Im Bereich der öffentlichen Verwaltung findet das BetrVG keine Anwendung. Allerdings enthalten die jeweiligen Personalvertretungsgesetze
in Bezug auf die „Ordnung und das Verhalten" und die Arbeitsschutzvorschriften Regelungen mit gleichem Inhalt, so dass diesbezüglich auf die
oben erfolgten Ausführungen inhaltlich Bezug genommen werden kann.

| Bundesland | Ordnung und Verhalten in der Dienststelle | Arbeitsschutz |
|---|---|---|
| Bund | § 75 Abs. 3 Nr. 15 BPersVG | § 75 Abs. 3 Nr. 11 BPersVG |
| Baden-Württemberg | § 70 Abs. 3 Nr. 1 LPVG | § 70 Abs. 2 Nr. 7 LPVG |
| Bayern | § 76 Abs. 1 Nr. 2 BayPVG | Art. 75 Abs. 4 Nr. 8 BayPVG |
| Berlin | § 85 Abs. 1 Nr. 6 PersVG | § 85 Abs. 1 Nr. 7 PersVG |
| Brandenburg | § 66 Nr. 9 PersVG | § 66 Nr. 7 PersVG |
| Bremen | §§ 52, 63 BremPVG | § 63 Abs. 1 d BremPVG |
| Hamburg | § 86 Abs. 1 Nr. 3 HmbPersVG | § 86 Abs. 1 Nr. 15 HmbPersVG |
| Hessen | § 74 Abs. 1 Nr. 7 HPVG | § 74 Abs. 1 Nr. 6 HPVG |
| Mecklenburg-Vorpommern | § 70 Abs. 1 Nr. 8 PersVG | § 69 Nr. 7 PersVG |
| Niedersachsen | § 66 Abs. 1 Nr. 10 NPersVG | § 66 Abs. 1 Nr. 11 NPersVG |
| Nordrhein-Westfalen | § 72 Abs. 4 Nr. 9 LPVG | § 72 Abs. 4 Nr. 7 LPVG |
| Rheinland-Pfalz | § 73 LPersVG | § 73 LPersVG |
| Saarland | § 78 Abs. 1 Nr. 14 SPersVG | § 78 Abs. 1 Nr. 8 SPersVG |

| Bundesland | Ordnung und Verhalten in der Dienststelle | Arbeitsschutz |
|---|---|---|
| Sachsen | § 81 Abs. 2 Nr. 10 SächsPersVG | § 81 Abs. 2 Nr. 7 SächsPersVG |
| Sachsen-Anhalt | § 65 Abs. 1 Nr. 12 PersVG LSA | § 65 Abs. 1 Nr. 13 PersVG LSA |
| Schleswig-Holstein | § 51 MBG Schl-H | § 51 MBG Schl-H |
| Thüringen | § 74 Abs. 2 Nr. 8 ThürPersVG | § 74 Abs. 2 Nr. 5 ThürPersVG |

# X. Eignungsuntersuchungen als Arbeitsschutzmaßnahme

Wie an anderer Stelle erörtert, können Inhalte von Eignungsuntersu-  **663** chungen auch in gesundheitlichen Aspekten bestehen, die in der Zielrichtung die Berücksichtigung bestehender arbeitsschutzrechtlicher Eignungsvorbehalte haben.

> **Beispiel:**
> Arbeitgeber A möchte vom Bewerber B wissen, ob dieser gesundheitlich in der Lage ist, das für seine Tätigkeit notwendige schwere Atemschutzgerät bei der Werksfeuerwehr zu tragen. Mit dem Betriebsarzt ist auf dessen Anraten hin vereinbart, dass insbesondere auch Erkrankungen der Atmungsorgane (zB Asthma) aufgrund des größeren Atemwiderstandes der Atemschutzmaske zu berücksichtigen sind.
> Hier kommt der Arbeitgeber A neben seinen arbeitsrechtlichen Interessen („kann B das überhaupt und ist er damit für mich brauchbar?") auch öffentlich-rechtlichen Verpflichtungen nach, da er hier berücksichtigt, ob der Beschäftigte befähigt ist, die für die Sicherheit und den Gesundheitsschutz zu beachtenden Maßnahmen (nämlich das Tragen von Atemschutz) einzuhalten (§ 7 ArbSchG).

Fraglich ist hier, ob es sich um hierbei dann um Arbeitsschutzmaßnah-  **664** men im Sinne des ArbSchG handelt. Grundsätzlich handelt es sich bei Arbeitsschutzmaßnahmen um alle Maßnahmen zur Verhütung von Unfällen bei der Arbeit und arbeitsbedingten Gesundheitsgefahren einschließlich Maßnahmen der menschengerechten Gestaltung der Arbeit (§ 2 Abs. 1 ArbSchG). Vom Grundsatz her wären folglich auch ärztliche Eignungsuntersuchungen (hier dann in Form der Einstellungsuntersuchung) umfasst.

**665**    Problematisch ist allerdings, dass das ArbSchG für viele Fallkonstellationen keine Untersuchungen vorsieht. Auch die Eignungsvorbehalte selber (zB Befähigungsberücksichtigung nach § 7 ArbSchG, Anhang 2 Nr. 2.5 S. 1 BetrSichV) stellen keine Rechtsgrundlage für Eignungsuntersuchungen dar (ausführlich zu dieser Thematik → Rn. 206 ff.).

**666**    Allerdings kann die Erforderlichkeit von ärztlichen Eignungsuntersuchungen in der Gesamtwürdigung auch Ergebnis einer Gefährdungsbeurteilung nach § 5 ArbSchG sein (→ Rn. 493 ff.). Die **Gefährdungsbeurteilung** selber ist zwar keine Rechtsgrundlage für Einstellungsuntersuchungen, kann aber entscheidend in die datenschutzrechtliche „Erforderlichkeit" einwirken. Ferner kann eine ordnungsgemäß durchgeführte Gefährdungsbeurteilung nach § 5 ArbSchG auch ein entsprechendes Indiz darstellen, dass eine ordnungsgemäße Interessenabwägung vorgenommen wurde.

**667**    Insofern ist es auch gerechtfertigt, in bestimmen Konstellationen eine Eignungsuntersuchung auch als „Arbeitsschutzmaßnahme" iSv § 3 ArbSchG zu sehen.

**668**    Sofern die diesbezüglichen Eignungsuntersuchungen aber für die Beschäftigten verpflichtenden Charakter aufweisen sollen, so ist selbstverständlich weiterhin erforderlich, dass dies entsprechend auf arbeitsrechtlicher Basis (zB Arbeitsvertrag oder Betriebsvereinbarung) abgesichert wird.

---

**Leitsatz:**
Eignungsuntersuchungen können in bestimmten Fallkonstellationen als „Maßnahme des Arbeitsschutzes" gesehen werden.

---

## XI. Überprüfung der krankheitsbedingten Arbeitsunfähigkeit

**669**    Erkrankt der Beschäftigte, so kann dies unter Umständen auch zugleich die Arbeitsunfähigkeit zur Folge haben (zur krankheitsbedingten Arbeitsunfähigkeit → Rn. 116 ff.). Hier stellt sich regelmäßig die Frage, inwieweit der Beschäftigte verpflichtet ist, einen entsprechenden Nachweis seiner krankheitsbedingten Arbeitsunfähigkeit zu erbringen. Der Beschäftigte ist verpflichtet, dem Arbeitgeber die krankheitsbedingte Arbeitsunfähigkeit und deren voraussichtliche Dauer unverzüglich mitzuteilen (§ 5 Abs. 1 S. 1 EFZG). Dauert die Arbeitsunfähigkeit länger als drei Kalendertage, so hat der Beschäftigte **eine ärztliche Bescheinigung über das Bestehen der Arbeitsunfähigkeit** sowie deren voraussichtliche Dauer spätestens am darauf folgenden Arbeitstag vorzulegen (§ 5 Abs. 1 S. 2 EFZG).[1]

**670**    Allerdings ist der Arbeitgeber berechtigt, die Vorlage der ärztlichen Bescheinigung schon vor Ablauf der drei Tage zu verlangen (§ 5 Abs. 1

---

[1] Zur Anzeige und Nachweispflicht im Ausland siehe: *Aligbe* ArbR 2013, 282–284.

S. 3 EFZG). So ist es rechtlich zulässig eine ärztliche Arbeitsunfähigkeitsbescheinigung schon vom ersten Tag an zu verlangen. Ein derartiges Verlangen des Arbeitgebers bedarf weder einer Begründung noch eines Sachverhaltes, der Anlass für ein rechtsmissbräuchliches Verhalten des Arbeitnehmers gibt.[1] Die Weisung des Arbeitgebers, eine ärztliches Attest auch schon früher vorzulegen, hat den Grundsätzen des billigen Ermessens zu folgen (§ 106 GewO, § 315 BGB). Befolgt der Beschäftigte die Weisung, ein vorzeitiges ärztliches Attest vorzulegen, trotz Abmahnung nicht, so kann dies eine Kündigung rechtfertigen.[2] Es kann auch im Arbeitsvertrag vereinbart werden, dass bereits für den ersten Tag krankheitsbedingter Arbeitsunfähigkeit eine entsprechende Arbeitsunfähigkeitsbescheinigung beigebracht werden muss.[3] Wird dies generell im Betrieb/ Unternehmen so festgelegt, betrifft dies allerdings eine Frage der „betrieblichen Ordnung" und ist gem. 87 Abs. 1 Nr. 1 BetrVG durch den Betriebsrat **mitbestimmungspflichtig.**[4]

Ferner ist der Arbeitgeber berechtigt, die Fortzahlung des Arbeitsentgeltes zu verweigern, solange ihm eine vorzulegende Bescheinigung nicht vorliegt (§ 7 Abs. 1 Nr. 1 EFZG). Dies gilt natürlich nur dann, wenn der Beschäftigte die Nichtvorlage auch zu vertreten hat (also natürlich dann nicht, wenn er zB auf der Intensivstation liegt und ihm ein entsprechendes Handeln nicht möglich ist).   **671**

Dauert die Arbeitsunfähigkeit länger als in der Bescheinigung angegeben, so ist der Beschäftigte verpflichtet, dem Arbeitgeber eine neue ärztliche Bescheinigung vorzulegen (§ 5 Abs. 1 S. 4 EFZG).   **672**

---

**Leitsatz:**
Der Nachweis einer arbeitsbedingten Arbeitsunfähigkeit wird von Rechts wegen durch eine ärztliche Arbeitsunfähigkeitsbescheinigung erbracht.

---

Im Ergebnis ist also festzustellen, dass vom Grundsatz her der Beschäftigte seine krankheitsbedingte Arbeitsunfähigkeit durch eine **Arbeitsunfähigkeitsbescheinigung** nach § 5 EFZG nachweist. Dies entspricht somit der gesetzlich vorgesehenen Vorgehensweise. Somit hat die ärztliche Arbeitsunfähigkeitsbescheinigung einen **hohen Beweiswert.** Der Beschäftigte genügt somit seiner Beweis- und Darlegungspflicht (er hat darzulegen und zu beweisen, dass er arbeitsunfähig krank ist[5]), indem er dem Arbeitgeber eine entsprechende ärztliche Bescheinigung vorlegt.   **673**

---

[1] *Aligbe* ArbR 2013, 282–284.
[2] LAG Schleswig-Holstein 13.10.2009 – 2 Sa 130/09, BeckRs 2011, 66401.
[3] BAG 1.10.1997 – 5 AZR 726/96.
[4] BAG 25.1.2000 – 1 ABR 3/99.
[5] BAG 1.10.1997 – 5 AZR 726/96.

**674**     Aufgrund der Wahrung der Rechtspositionen des Beschäftigten (allgemeines Persönlichkeitsrecht nach Art. 2 Abs. 1 iVm Art. 1 Abs. 1 GG) hat sich die Arbeitsunfähigkeitsbescheinigung lediglich auf den Umstand zu beziehen, dass eine Arbeitsunfähigkeit vorliegt. Ferner ist die Dauer der Arbeitsunfähigkeit anzugeben. Keinesfalls sind hier die der Beurteilung zugrunde liegenden Umstände (Art der Erkrankung) zu benennen. Auch braucht der Beschäftigte diesbezügliche Fragen des Arbeitgebers grundsätzlich nicht zu beantworten.[1]

---

**Leitsatz:**
Die ärztliche Arbeitsunfähigkeitsbescheinigung hat vom Grundsatz her einen hohen Beweiswert, den der Arbeitgeber zuerst einmal anerkennen muss.

---

**675**     Die Vorlage der Arbeitsunfähigkeitsbescheinigung löst unmittelbar die Rechtsfolge aus, dass der Beschäftigte seine Arbeitsleistung während der Dauer der bescheinigten Arbeitsunfähigkeit nicht erbringen muss. Ferner hat der Beschäftigte dem Arbeitgeber gegenüber einen Anspruch auf Entgeltfortzahlung für die Dauer von sechs Wochen (§ 3 Abs. 1 EFZG).[2]

**676**     Der **hohe Beweiswert** der ärztlichen Arbeitsunfähigkeitsbescheinigung bedeutet aber nicht, dass es dem Arbeitgeber gänzlich verwehrt wäre, Einwendungen dagegen zu erheben. Rechtlich bildet die ärztliche Arbeitsunfähigkeitsbescheinigung einen Beweis für das Vorliegen der Arbeitsunfähigkeit. Besteht ein Beweis, so ist auch der Beweis des Gegenteils zulässig (Rechtsgedanke aus § 292 ZPO). Im Ergebnis kann somit der Arbeitgeber den Beweiswert der ärztlichen Arbeitsunfähigkeitsbescheinigung „erschüttern", sofern er in der Lage ist, objektiv nachvollziehbare Gründe vorzutragen, welche gegen die vom Arzt getroffenen Feststellungen sprechen. Er muss also darlegen und auch beweisen können, dass Gründe vorliegen, die zu ernsthaften Zweifeln an einer Arbeitsunfähigkeit des Beschäftigten Anlass geben.[3]

**677**     Ist der Beweiswert „erschüttert", so führt dies in der Regel dazu, dass der Arbeitgeber nicht mehr mit der gebotenen Sicherheit davon ausgehen kann, dass eine Arbeitsunfähigkeit vorliegt, bei der er zB nach § 3 Abs. 1 EFZG verpflichtet ist, weiter Entgelt trotz fehlender Arbeitsleistung zu zahlen. In der Praxis ist hierbei allerdings zu bedenken, dass es durchaus risikobehaftet ist, dann die Zahlung des Entgeltes beispielsweise einzustellen. **Der Arbeitgeber trägt hier die Beweislast für die Unrichtigkeit**

---

[1] Zu mögliche Offenbarungspflichten bei ansteckenden Erkrankungen bei Gefährdung anderer Beschäftigter oder der Frage der Entgeltfortzahlung bei Fortsetzungserkrankungen siehe: ArbG Mannheim 12.1.2000 – 11 Ca 310/99.
[2] Dieser Anspruch entsteht aber erst nach vier Wochen ununterbrochener Dauer des Arbeitsverhältnisses.
[3] BAG 15.7.1992 – 5 AZR 312/91.

**der ärztlichen Bescheinigung.** Weiterhin wird der Arbeitgeber in aller Regel auch gar nicht wissen, welche Erkrankung genau der Arbeitsunfähigkeitsbescheinigung zugrunde liegt. Sieht der Arbeitgeber beispielsweise einen Beschäftigten trotz „Krankmeldung" private Tätigkeiten betreiben (zB Sport, Kino etc.), so kann dies zwar ein Indiz für eine falsch attestierte Arbeitsunfähigkeit darstellen. Dennoch existieren durchaus Krankheitsbilder, die auch mit derartigen Tätigkeiten vereinbar sind (zB Depressionen).

Die Einforderung einer zusätzlichen Arbeitsunfähigkeitsuntersuchung **678** bei einem anderen Arzt wird hier aber regelmäßig außergerichtlich nicht möglich sein, da Zweifel an der Arbeitsunfähigkeit keinen „besonderen Anlass" darstellen, aus welchem sich unter Berufung auf die Treuepflicht ergibt, sich erneut untersuchen zu lassen.[1] Insbesondere ist es nicht Aufgabe des Betriebsarztes, Krankmeldungen der Beschäftigten auf ihre Berechtigung zu überprüfen (vgl. § 3 Abs. 3 ASiG).

Bei gesetzlich versicherten Beschäftigten (Gesetzliche Krankenversi- **679** cherung gem. SGB V) kann allerdings der Arbeitgeber verlangen, dass die Krankenkasse eine gutachterliche Stellungnahme des Medizinischen Dienstes zur Überprüfung der Arbeitsunfähigkeit einholt (§ 275 Abs. 1a S. 3 SGB V). Diesbezüglich unterliegt der Arbeitgeber keiner gesonderten Darlegungsverpflichtung hinsichtlich seiner bestehenden Zweifel.

Die Krankenkasse ist allerdings berechtigt, von einer Beauftragung des **680** Medizinischen Dienstes abzusehen, wenn sich die medizinischen Voraussetzungen der Arbeitsunfähigkeit eindeutig aus den der Krankenkasse vorliegenden Unterlagen ergeben (§ 275 Abs. 1a S. 4 SGB V). Ferner besteht auch keine gesetzliche Verpflichtung für die Krankenkasse, dem Arbeitgeber die Gründe einer eventuellen Ablehnung seines Verlangens auf Überprüfung der Arbeitsunfähigkeit mitzuteilen.

Dem Beschäftigten steht es frei, welchen Arzt er bei Erkrankungen auf- **681** sucht. Dieser Sachverhalt ist der privaten Lebensführung des Beschäftigten zuzuordnen, die sich außerhalb der Regelungskompetenz des Arbeitgebers befindet. Insbesondere erfolgt der Arztbesuch auch nicht im Interesse des Arbeitgebers, so dass auch eine analoge Anwendung der Kriterien wie bei Eignungsuntersuchungen nicht in Frage kommt.

---

**Leitsatz:**
Der Beschäftigte hat die freie Arztwahl.

---

Gleiches gilt auch in der Auswahl des Arztes, welcher eine erkran- **682** kungsbedingte Arbeitsunfähigkeit bescheinigt. Zwar hat der Arbeitgeber einen Anspruch auf eine ärztliche Arbeitsunfähigkeitsbescheinigung (vgl.

---

[1] Vgl. in Bezug auf den TVöD: *Burger*, TVÖD/TV-L, Handkommentar, 4. Aufl. 2020, § 3 Rn. 42.

§ 5 EFZG), das Recht, die freie Arztwahl (welche in Art. 2 Abs. 1 iVm Art. 1 Abs. 1 GG auch eine verfassungsrechtliche Basis findet) kann dadurch allerdings nicht eingeschränkt werden. Hierdurch würde der Arbeitgeber die Entgeltfortzahlung im Krankheitsfall (zu welcher er nach § 3 Abs. 1 S. 1 EFZG verpflichtet ist[1]) von Voraussetzungen abhängig machen, die das EFZG überhaupt nicht kennt.[2]

---

[1] Der Anspruch besteht allerdings erst nach vier Wochen ununterbrochener Dauer des Arbeitsverhältnisses (§ 3 Abs. 3 EFZG).
[2] ArbG Frankfurt a.M. 9.11.2011 – 7 Ca 1549/11.

# J. Ergebnismitteilung an den Arbeitgeber/ Ärztliche Schweigepflicht

Neben der Klärung der Rechtmäßigkeit von ärztlichen Eignungsunter- **683** suchungen ist für den Arbeitgeber aber auch die Fragestellung von großer Relevanz, ob der Arzt berechtigt ist, **ihm das Ergebnis der Eignungsuntersuchung** (und als Unterfall hiervon der Einstellungsuntersuchung) mitzuteilen.

Grundsätzlich und unabhängig von Eignungsuntersuchungen ist dem **684** Arzt dort die Weitergabe bestimmter Gesundheitsdaten erlaubt, wo eine explizite und der Normklarheit entsprechende Rechtspflicht besteht, dritten Stellen entsprechende Angaben mitzuteilen.

**Rechtsvorschriften, die eine Datenweitergabe vom Arzt einfordern (Beispiele):**

*§ 7 IfSG: namentliche Meldung des Patienten/Beschäftigten an das Gesundheitsamt bei bestimmten Krankheitserregern (z. B Hepatitis-A-Virus, Bordetella pertussis, Masernvirus, Mumpsvirus)*

*§ 202 SGB VII. Anzeige des begründeten Verdachtes auf eine Berufskrankheit an den Unfallversicherungsträger oder den für den medizinischen Arbeitsschutz zuständige Stelle*

*§ 79 Abs. 4 StrlSchV: Mitteilung des Untersuchungsergebnisses (zB „tauglich" oder „bedingt tauglich") in Form der Bescheinigung an den Strahlenschutzverantwortlichen und ggf. auch an die zuständige Behörde*

*§ 6 Abs. 3 Nr. 3 ArbMedVV: Mitteilung über die Teilnahme an einer arbeitsmedizinischen Vorsorge nach der ArbMedVV (Pflicht-, Angebots- oder Wunschvorsorge) in Form der Vorsorgebescheinigung*

Zu den meisten der hier beispielhaft aufgeführten Rechtsvorschriften ist **685** allerdings anzumerken, dass hier der Arzt teilweise einer bestimmte Behörde bzw. einer bestimmten Stelle (zB Unfallversicherungsträger) verpflichtet ist, entsprechend zu berichten und nicht dem Arbeitgeber.

Anders als zB bei der arbeitsmedizinischen Vorsorge nach der Arb- **686** MedVV[1] hat der Arbeitgeber bei ärztlichen Eignungsuntersuchungen in aller Regel auch ein Interesse daran, das Ergebnis dieser Untersuchung zu erfahren. Dies wird vor allem dort deutlich, wo der Arbeitgeber die Eignungsuntersuchung als ein Mittel der Personalauswahl heranzieht (zB bei der Einstellungsuntersuchung).

Einschränkend auf das Interesse des Arbeitgebers wirkt hier der Sach- **687** verhalt, dass die Beziehung zwischen Arzt und Beschäftigten bei Durch-

---

[1] Ausführlich hierzu: *Aligbe* Arbeitsmedizinische Vorsorge-HdB.

führung einer ärztlichen Untersuchung einem besonderen Vertrauensverhältnis unterliegt. Das Verhältnis Arzt-untersuchte Person ist dadurch
geprägt, dass sich die untersuchte Person in der Regel dem Arzt frei offenbaren und auch Details besprechen kann, die er ansonsten nicht preisgeben
würde. Wer sich zu einer Untersuchung bei einem Arzt begibt, darf grundsätzlich erwarten, dass alles, was der Arzt im Rahmen dieser Untersuchung erfährt, geheim bleibt und nicht zur Kenntnis anderer Personen gelangt.[1] Nur so kann zwischen Patient und Arzt jenes Vertrauen entstehen,
das zu den Grundvoraussetzungen ärztlichen Wirkens zählt.[2]

**688**     In Anerkennung dieser Gegebenheiten unterliegt der Arzt einer besonderen „**Schweigepflicht**".

> **Leitsatz:**
> Auch bei Eignungsuntersuchungen (einschl. Einstellungsuntersuchun-
> gen) unterliegt der Arzt der „**ärztlichen Schweigepflicht**".

# I. Die Schweigepflicht des Arztes

**689**     Die ärztliche Schweigepflicht hat geschichtlich eine lange Tradition
und ist wohl auf den griechischen Arzt Hippokrates (ca. 460 v. Chr. – ca.
370 v. Chr.) zurückzuführen. Als Grundlage bekannt ist der „**Eid des Hippokrates**".

### Eid des Hippokrates (Auszug):

*„Was immer ich sehe und höre bei der Behandlung oder außerhalb der
Behandlung im Leben der Menschen, so werde ich von dem, was niemals
nach draußen geplaudert werden soll, schweigen, indem ich alles Derartige als solches betrachte, das nicht ausgesprochen werden darf."*

**690**     Während es sich in der Antike vor allem um ein ethisches Pflichtgebot
handelte, so ist die ärztliche Schweigepflicht heutzutage auch kodifiziert
wiederzufinden.[3] Im Wesentlichen ist die ärztliche Schweigepflicht in den
Berufsordnungen der Ärzte (zB § 9 Berufsordnung für die Ärzte Bayerns)
und im Strafgesetzbuch (§§ 203, 204 StGB) niedergelegt. Die Bedeutung
der ärztlichen Schweigepflicht im Rechtssystem wird auch noch dadurch
unterstrichen, dass sie unberührt bleibt von den Vorschriften des Bundesdatenschutzgesetzes (§ 1 Abs. 3 S. 2 BDSG). Die verfassungsrechtliche
Grundlage der ärztlichen Schweigepflicht findet sich im allgemeinen Persönlichkeitsrecht nach Art. 2 Abb. 1 iVm Art. 1 Abs. 1 GG.

---

[1] Vgl. zu der grundsätzlichen Thematik: BVerfG 8.3.1972 – 2 BvR 28/71.
[2] BVerfG 8.3.1972 – 2 BvR 28/71.
[3] Zu den geschichtlichen Hintergründen siehe auch: *Laufs/Kern*, Handbuch des Arztrechts, 4. Aufl. 2010, 762 f.

## § 9 Abs. 1 S. 1 Berufsordnung für die Ärzte Bayerns:[1]

*„Der Arzt hat über das, was ihm in seiner Eigenschaft als Arzt anvertraut oder bekannt geworden ist, – auch über den Tod des Patienten hinaus – zu schweigen (…). "*

## § 203 Abs. 1 Nr. 1 StGB (Verletzung von Privatgeheimnissen):

*„Wer unbefugt ein fremdes Geheimnis, namentlich ein zum persönlichen Lebensbereich gehörendes Geheimnis (…)* **offenbart,** *das ihm als Arzt (…) anvertraut worden oder sonst bekanntgeworden ist, wird mit Freiheitsstrafe bis zu einem Jahr oder mit Geldstrafe bestraft"*

## § 204 Abs. 1 StGB (Verwertung fremder Geheimnisse):

*„Wer unbefugt ein fremdes Geheimnis (…), zu dessen Geheimhaltung er nach § 203 verpflichtet ist,* **verwertet,** *wird mit Freiheitsstrafe bis zu zwei Jahren oder mit Geldstrafe bestraft"*

Die strafrechtliche Tathandlung liegt hier ua in der **Offenbarung** eines fremden **Geheimnisses.** Bei einem „Geheimnis" in diesem Sinne handelt es sich um einen Sachverhalt, der nur der untersuchten Person bzw. einem beschränkten Personenkreis bekannt ist. Da der Tatbestand nach § 203 Abs. 1 Nr. 1 StGB nicht nur dann erfüllt ist, wenn die untersuchende Person dem Arzt gesundheitliche Belange anvertraut sondern auch dann, wenn diese dem Arzt „sonst bekanntgeworden" sind, erfasst ein Geheimnis auch Sachverhalte, die der untersuchten Person selber noch nicht bekannt sind. Auch diese nicht bekannten Sachverhalte gehören somit zu seinem „persönlichen Lebensbereich". Vom Grundsatz her darf man sich ohne Furcht vor Ausforschung zu einem Arzt begeben.[2] **691**

---

**Beispiele:**

Der Bewerber B teilt anlässlich einer Einstellungsuntersuchung (geplante Tätigkeit: Staplerfahrer) dem Arzt mit, dass er über ein sehr eingeschränktes räumliches Sehvermögen verfügt. Hier wurde dem Arzt ein „Geheimnis" **anvertraut.**

Der Bewerber B geht anlässlich einer Einstellungsuntersuchung (geplante Tätigkeit: Staplerfahrer) zum Arzt. Seit Geburt leidet er an einer Fehlsichtigkeit, die ihm nur ein eingeschränktes räumliches Sehvermögen ermöglicht. B ist dieser Umstand aber nicht bewusst. Im Rahmen seiner Untersuchungen stellt der Arzt die Fehlsichtigkeit fest. Hier ist dem Arzt das „Geheimnis" **bekanntgeworden".**

In beiden Fällen handelt es sich um ein „Geheimnis" im Sinne des § 203 StGB, welches nicht **unbefugt** dem Arbeitgeber mitgeteilt werden darf.

---

[1] Die gleiche Regelung findet sich auch in den Berufsordnungen für Ärzte der anderen Bundesländer.
[2] Vgl. hierzu auch: BVerfG 8.3.1972 – 2 BvR 28/71.

223

**692**     Ein „**Geheimnis**" liegt allerdings nur dann vor, wenn es sich bei den gesundheitlichen Umständen um keine **offenkundigen** Tatsachen handelt.[1] Eine Tatsache ist dann offenkundig, wenn sie allgemein bekannt ist oder jedermann ohne weiteres zugänglich ist.[2] Ein Geheimnis bedarf weiterhin eines Interesses, bestimmte Umstände auch geheim halten zu wollen. Dieses **Geheimhaltungsinteresse** muss die untersuchte Person allerdings gegenüber dem Arzt nicht erklären, es reicht aus, dass sie das Interesse einfach nur hat.[3] Das Interesse, bestimmte Sachverhalte zB gegenüber dem Arbeitgeber geheim zu halten ist nicht nach ethischen oder moralischen Maßstäben zu messen. Ausschlaggebend ist, **ob aus Sicht des Beschäftigten/Bewerbers** ein objektiv anzuerkennendes Motiv besteht, bestimmte Sachverhalte bestimmten Leuten nicht preisgeben zu wollen. Diese liegen auch dann vor, wenn der Bewerber/Beschäftigte dem Arzt von strafbaren Handlungen (zB Trunkenheitsfahrten nach § 315c StGB) erzählt.[4] Als „Geheimnis" geschützt sind auch Sachverhalte, die keine medizinische Relevanz haben, aber dem Arzt im Rahmen **seiner Tätigkeit als Arzt** bekannt werden. Auch diese zählen zum „persönlichen Lebensbereich" der betroffenen Person.

> **Beispiel:**
> Der Beschäftigte B befindet sich anlässlich einer Eignungsuntersuchung beim Arzt A. Bei der Blutentnahme erzählt B dem A, dass er seinen Arbeitgeber regelmäßig beklaue, da es sich bei diesem Menschen um einen „alten Deppen" und „Sklaventreiber" handeln würde.
> Auch dies stellt ein „Geheimnis" im Sinne von § 203 Abs. 1 StGB dar, welches der Arzt dem Arbeitgeber unbefugt nicht mitteilen darf.

**693**     Die ärztliche Schweigepflicht gilt auch dann, wenn der Arzt bei dem Arbeitgeber selber angestellt ist und so gewissermaßen einen „Teil" des Betriebes darstellt (zB Arzt bei einem werksärztlichen Dienst bzw. „Betriebsarzt"). Hier kann auch nicht argumentiert werden, dass der Arzt einen „Teil des Arbeitgebers" darstellt und dieser daher sämtliche Daten erheben und weitergeben darf. Die in den Berufsordnungen (zB § 9 Abs. 1 Berufsordnung für die Ärzte Bayerns) und § 203 StGB kodifizierte ärztliche Schweigepflicht gilt uneingeschränkt auch in diesen Bereichen (siehe unten). Auch das Datenschutzrecht lässt die ärztliche Schweigepflicht unberührt (vgl. zB § 1 Abs. 2 S. 2 BDSG).

**694**     Die ärztliche Schweigepflicht gilt auch für Personen, die im Wirkungsbereich des Arztes arbeiten, wie zB Verwaltungsangestellt oder medizini-

---

[1] *Fischer* StGB § 203 Rn. 5; MüKoStGB/*Cierniak* § 203 Rn. 15, 16.
[2] MüKoStGB/*Cierniak* § 203 Rn. 16.
[3] MüKoStGB/*Cierniak* § 203 Rn. 17.
[4] Hier bedürfte es zur Weitergabe der Erkenntnisse eines Erlaubnistatbestandes wie zB §§ 34, 138 StGB.

sche Fachangestellte (§ 203 Abs. 4 S. 2 StGB). So hat der Arzt seine Mitarbeiter diesbezüglich entsprechend zu belehren und dies auch schriftlich festzuhalten (vgl. zB § 9 Abs. 3 Berufsordnung für die Ärzte Bayerns).

> **Leitsatz:**
> Die ärztliche Schweigepflicht gilt auch für Personen im Wirkungskreis des Arztes (zB medizinische Fachangestellte, Verwaltungsangestellte etc.).

Nicht unter die ärztliche Schweigepflicht unterfällt dagegen die bloße **695** Tatsache, **dass** der Beschäftigte an einer durch den Arbeitgeber veranlassten Eignungsuntersuchung teilgenommen hat. Grundsätzlich erfasst zwar die Schweigepflicht auch den bloßen Umstand einer ärztlichen Behandlung,[1] bei vom Arbeitgeber veranlassten Eignungsuntersuchungen stellt allerdings der „Umstand" dass hier ein bestimmter Arzt aufgesucht wurde, kein „Geheimnis" dar. Zumal hier der Arbeitgeber den Grund der Untersuchung kennt und aufgrund des in der Regel von ihm bestimmten Arztes auch weiß, welcher Arzt diese Untersuchung durchführt. Dies gilt auf alle Fälle dann, wenn der Arbeitgeber den Termin bei dem Arzt selber ausgemacht hat.[2]

Kriminalpolitisch sind allerdings die strafbewehrten Verstöße nach **696** §§ 203, 204 StGB eher unbedeutend. Weiterhin können diese Straftaten auch nur dann bestraft werden, wenn ein entsprechender Strafantrag der betroffenen Person vorliegt (§ 205 StGB).

## II. „Geeignet" „nicht geeignet" als Geheimnis

Während bereits aus arbeitsrechtlichen und datenschutzrechtlichen **697** Gründen sich eine Mitteilung des Arztes an den Arbeitgeber (nach entsprechender Einwilligung) zB auf „geeignet" zu beschränken hat, so stellt sich aber weiterhin die Frage, ob es sich bei einer derartigen Aussage (zB Bescheinigung mit dem Vermerk: „geeignet") um ein „Geheimnis" im Sinne des § 203 Abs. 1 StGB handelt. Konkret geht es um die Fragestellung, ob die Aussagen „geeignet", „nicht geeignet" oder „geeignet unter bestimmten Auflagen" (bzw. ähnliche Angaben wie „tauglich" etc.) unter die ärztliche Schweigepflicht fallen. Hierzu könnte man anführen, dass es sich bei derartigen Aussagen um keine medizinischen Daten bzw. „Geheimnisse" handeln würde, da hier ja keine Befund- oder Diagnosedaten übermittelt werden würden.

Zu beachten ist allerdings der Zweck einer **ärztlichen** Eignungsuntersu- **698** chung (einschl. Einstellungsuntersuchung). Hier geht es dem Arbeitgeber

---

[1] *Laufs/Kern/Rehborn* ArztR-HdB 768 mit weiteren Nachweisen.
[2] Vgl. hierzu auch: LAG Köln 12.12.2013 – 7 Sa 537/13.

zielgerichtet um die Erhebung gesundheitlicher Daten des Bewerbers/Beschäftigten. Folglich um Daten, die ihm selber nicht bekannt sind bzw. die er in Ermangelung eigenen medizinischen Fachverstandes nicht beurteilen kann. Würde er hier nicht auf medizinische Aspekte abstellen, so müsste er keinen Arzt mit einer Untersuchung beauftragen. Aus Verhältnismäßigkeitsgründen (→ Rn. 54 ff.) wäre es ihm hier sogar verwehrt, ärztliche Eignungsuntersuchungen zu verlangen, wenn ihm gar nicht daran gelegen ist, gesundheitliche Aspekte zu erheben. **Im Ergebnis geht es also um Gesundheitsdaten des Beschäftigten/Bewerbers, die in sein Recht auf informationelle Selbstbestimmung eingreifen.** Hieran ändert auch der Umstand nichts, dass dem Arbeitgeber lediglich das Ergebnis (zB „geeignet") mitgeteilt wird, da dem Arbeitgeber bewusst ist, dass dieses Ergebnis nur nach Auswertung medizinischer Daten durch einen Arzt zustande gekommen ist. Gerade beim Ergebnis „nicht geeignet" handelt es sich um ein spezielles Wissen des Arztes.

---

**Leitsatz:**

Bei der ärztlichen Aussage „geeignet", „nicht geeignet" etc. im Rahmen von Eignungsuntersuchungen (einschl. Einstellungsuntersuchungen) handelt es sich um ein medizinisches Datum und somit um ein „Geheimnis" im Sinne der ärztlichen Schweigepflicht.[1]

---

**699**    Fraglich ist allerdings, ob bezüglich derartiger Aussagen auch ein Sachverhalt erkennen lässt, der als geheimhaltungswürdig im Sinne der ärztlichen Schweigepflicht anzuerkennen ist, da die zu untersuchende Person hier ein grundsätzliches Interesse an der Geheimhaltung haben muss.[2] Anerkannt ist, dass die geheim zuhaltenden Umstände nicht dem engsten und intimsten Kernbereich der Persönlichkeit zugerechnet werden müssen.[3] Weiterhin ist zu berücksichtigen, dass § 203 Abs. 1 StGB ua auch das Rechtsgut „informationelle Selbstbestimmung" schützt[4] und damit die Möglichkeit des Beschäftigten/Bewerbers, selbst über den Umgang mit seinen Daten zu bestimmen.

**700**    Es handelt sich um Daten, die nur durch Auswertung intimer Details entstehen können (zB Sehfähigkeit, Hörfähigkeit, Bestimmung von Blutwerten). Unter Umständen kann der Arzt daher auch nur dann zu einem Ergebnis kommen, wenn er in Form der Anamnese Details erfragt, die der Beschäftigte/Bewerber den Arbeitgeber so nie offenbaren würde. Seinen Gesundheitszustand (auch wenn die Bewertung hier nur in Bezug auf eine ganz konkrete Tätigkeit erfolgt) muss vom Grundsatz her niemand offen-

---

[1] Eine andere Frage ist, ob es sich hierbei dann noch um sensitive Daten im Sinne von Art. 9 DSGVO handelt.
[2] *Fischer* StGB § 203 Rn. 6.
[3] MüKoStGB/*Cierniak* § 203 Rn. 2.
[4] *Fischer* StGB § 203 Rn. 2.

legen. Bei Einstellungs- und Eignungsuntersuchungen geht es aber gerade um die Fragestellung, ob der Bewerber von seinem Gesundheitszustand her gesehen die vorgesehenen Tätigkeiten verrichten kann. Für das Geheimhaltungsinteresse ist es auch nicht relevant, ob die Offenbarung des überprüften Gesundheitszustandes dem Beschäftigten/Bewerber unangenehm ist oder nicht.[1] So stellt grundsätzlich auch das unbefugte Offenbaren seitens des Arztes von Daten der untersuchten Person über den Gesundheitszustand einen rechtswidrigen Eingriff in das allgemeine Persönlichkeitsrecht (Art. 2 Abs. 1 iVm Art. 1 Abs. 1 GG) dar.[2] Im Ergebnis handelt es sich somit um ein „Geheimnis" im Sinne von § 203 Abs. 1 StGB, welches der Arzt nicht unbefugt offenbaren darf. **Dass der Beschäftigte/Bewerber im Falle der Beurteilung „geeignet" (für eine konkrete Tätigkeit) mit der Weitergabe an den Arbeitgeber in der Regel immer einverstanden sein wird, vermag an dieser Bewertung nichts zu ändern. Hier erteilt er ja dann seine Einwilligung zumindest in konkludenter Weise.**

In Bezug auf die Geheimhaltungsbedürftigkeit ist in strenger Bezugsetzung zu dem durch § 203 StGB geschützten allgemeinen Persönlichkeitsrecht (Art. 2 Abs. 1 iVm Art. 1 Abs. 1 GG) auch der Hintergrund zu betrachten, dass es zur Wahrung dieses Grundrechtes nicht darauf ankommt, ob die durch den Arzt im Rahmen der Untersuchungen gewonnenen Erkenntnisse gesundheitliche Beeinträchtigungen verraten, deren Offenbarung dem Betroffenen peinlich sind oder welche seiner sozialen Geltung abträglich sind.[3] **701**

> **Leitsatz:**
> Aus verfassungsrechtlichen Gründen muss allgemein der Wille des Einzelnen berücksichtigt werden, so höchstpersönliche Dinge wie die Beurteilung seines Gesundheitszustandes durch einen Arzt vor fremden Einblick zu bewahren.[4]

Weiterhin ist diesbezüglich auch die Fragestellung unbeachtlich, ob es sich bei diesen Angaben („geeignet" etc.) um besondere Kategorien personenbezogener Daten iSv Art. 9 DSGVO (hier: Gesundheitsdaten) handelt. Diese Konsequenz hat aber der Arbeitgeber hinzunehmen, wenn er sich als Mittel der Eignungsprüfung für eine ärztliche Eignungsuntersuchung entscheidet und somit bewusst einen Berufsstand beauftragt, welcher einer strafbewehrten Schweigepflicht unterliegt. **702**

---

[1] Vgl. auch MüKoStGB/*Cierniak* § 203 Rn. 13.
[2] OLG Brandenburg 21.6.2000 – 1 U 16/99.
[3] BVerfG 8.3.1972 – 2 BvR 28/71.
[4] BVerfG 8.3.1972 – 2 BvR 28/71.

**Leitsatz:**

Die ärztliche Aussage „geeignet", „nicht geeignet" oder „geeignet unter bestimmten Auflagen" anlässlich von ärztlichen Eignungsuntersuchungen unterliegt der ärztlichen Schweigepflicht.

Sofern die Aussage „geeignet" getätigt wird, kann aber in aller Regel von einer konkludenten Einwilligung des Beschäftigten/Bewerbers ausgegangen werden.

**703** Unschädlich ist hier auch, dass das Untersuchungsergebnis Einwirkung auf entsprechende Rechtspositionen des Beschäftigten hat und zum Beispiel die Weitergabe des Ergebnisses darüber entscheidet, ob jemand bestimmte Tätigkeiten durchführen kann oder nicht. Hier steht es dem Beschäftigten gerade frei zu entscheiden ob er die entsprechenden Nachteile auf sich nehmen will.

## III. Zustimmung des Bewerbers/Beschäftigten in die Datenweitergabe

**704** Der Arzt ist dann zur Offenbarung von „Geheimnissen" befugt, wenn die betroffene Person der Datenweitergabe zustimmt. Im Standesrecht ergibt sich dies unmittelbar aus der für die Ärzte geltenden Berufsordnung (vgl. zB § 9 Abs. 2 Berufsordnung für die Ärzte Bayerns). Auch im strafrechtlichen Bereich scheidet eine Bestrafung des Arztes dann aus, wenn der Bewerber/Beschäftigte der Datenweitergabe seiner Gesundheitsdaten zustimmt, da nur die **unbefugte** Offenbarung (siehe Wortlaut § 203 Abs. 1 StGB) von Geheimnissen strafbar ist. Eine solche Befugnis ist gegeben, wenn eine entsprechende Zustimmung vorliegt.

**Juristischer Exkurs (Einwilligung versus Einverständnis):**
Strittig ist die Frage, ob die Zustimmung der betroffenen Person eine **Einwilligung** (als Rechtfertigungtatbestand) oder ein **tatbestandsausschließendes Einverständnis** darstellt. Im ersten Fall würde der objektive Tatbestand des § 203 StGB bestehen bleiben, lediglich auf Prüfebene der „Rechtswidrigkeit" würde ein Ausschluss einer Strafbarkeit entstehen. Geht man dagegen von einem tatbestandsausschließenden Einverständnis aus, so entfällt bei vorliegender Zustimmung bereits der Tatbestand des § 203 StGB.

Relevanz hätte eine derartige Einteilung vor allem im Bereich des Irrtums (zB wenn der Täter die Schweigepflicht vorsätzlich brechen will aber in Wirklichkeit und ohne sein Wissen eine Zustimmung des Betroffenen vorliegt oder wenn oder in Bezug auf die Strafbarkeit des Anstifters, wenn der Haupttäter irrtümlich von einer Zustimmung des Betroffenen ausgeht, weil der Anstifter ihm dies fälschlicherweise versichert hat). An dieser Stelle in die Tiefen des Strafrechts einzusteigen wäre aber angesichts der Thematik „Eignungsuntersuchungen" verfehlt. Interessierte dürfen an dieser Stelle an die entsprechende strafrechtliche Literatur verwiesen werden.

Da die ärztliche Schweigepflicht aber in erster Linie die Vertraulichkeit zugunsten des „Patienten" schützen soll und dem spezifischen Schutz des Rechts auf informationelle Selbstbestimmung dient, ist auch anzuerkennen, dass er über seine Daten entsprechend verfügen kann und auch darf. In Anbetracht des Umstandes, dass im Falle von Eignungsuntersuchungen der Arbeitgeber entsprechend die Verhältnismäßigkeit zu wahren hat und in seinem „Fragerecht" beschränkt ist, ist in diesen Fällen (also in Fällen der rechtskonformen Durchführung von Eignungsuntersuchungen) auch dem Umstand gerecht geworden, dass zwischen Arbeitgeber und Bewerber/Beschäftigten ein ungleiches Kräfteverhältnis besteht. Insofern spricht hier bei erfolgter Zustimmung des Betroffenen mehr für das Vorliegen eines tatbestandlichen Einverständnisses, welches bereits den objektiven Tatbestand des § 203 StGB entfallen lässt.

Für die Thematik der Eignungsuntersuchungen dürfte die dargestellte Problematik allerdings so gut wie keine praktische Bedeutung haben.

Nachfolgend, auch zum besseren Verständnis der Leser, welche nicht über vertiefende juristische Kenntnisse verfügen, soll daher lediglich der Begriff „**Einwilligung**" verwendet werden. Gemeint ist hiermit nicht der strenge strafrechtliche Begriff (im Sinne eines Rechtfertigungstatbestandes), vielmehr soll hier die **vorherige Zustimmung** im Sinne von § 183 BGB verdeutlicht werden. Auch entspricht der Begriff der „Einwilligung" den datenschutzrechtlichen Belangen (vgl. zB Art. 6 Abs. 1 lit. a DSGVO, welcher die Einwilligung als gleichwertigen Tatbestand neben bestehenden Rechtsvorschriften zulässt und somit bei vorliegender rechtskonformer Einwilligung nicht gegen einen diesbezüglichen Tatbestand des Datenschutzrechtes verstoßen werden kann).

## 1. Einwilligung in die Datenweitergabe

Wie bereits erwähnt, bewirkt die Einwilligung, dass der Arzt von seiner **705** ihm obliegenden ärztlichen Schweigepflicht entbunden ist und somit sein Tun weder berufsrechtlich noch strafrechtlich geahndet werden kann. Der Arzt ist in diesen Fällen **von der Schweigepflicht entbunden**.

> **Leitsatz:**
> Die Einwilligung des Betroffenen in die Datenweitergabe (zB „geeignet" für eine bestimmte Tätigkeit) entbindet den Arzt diesbezüglich von seiner ärztlichen Schweigepflicht.

**706**  Einwilligungsfähig ist vom Grundsatz her nur der Inhaber des Rechtsgutes des § 203 StGB. Da es im Kern bei § 203 StGB um einen Teilaspekt des allgemeinen Persönlichkeitsrechts geht, so ist Rechtsgutträger fallbezogen die untersuchte bzw. zu untersuchende Person. Die Einwilligung muss **vor** der Mitteilung der Ergebnisse an den Arbeitgeber vorgelegen haben.

**707**  Bei der Einwilligung handelt es sich um kein Rechtsgeschäft im Sinne des Zivilrechts, so dass eine Geschäftsfähigkeit im Sinne des BGB (§§ 104 ff. BGB) **nicht** vorliegen muss. Entscheidend ist die Verstandesreife der betreffenden Person. Kann die untersuchte bzw. zu untersuchende Person die Tragweite und die Auswirkungen ihrer Entscheidung erkennen und auch danach handeln, so ist sie auch berechtigt, eine entsprechende Einwilligung zur Ergebnisweitergabe zu erteilen. Im Ergebnis bedeutet dies, dass auch Minderjährige dem Arzt eine entsprechende Einwilligung erteilen können. Bei 16- und 17-jährigen, welche in das Arbeitsleben eintreten kann eine derartige Verstandesreife **regelmäßig unterstellt werden**. Der jeweilige Entwicklungsstand bei Jugendlichen ist bereits auch in der verpflichtenden Untersuchung nach dem Jugendarbeitsschutzgesetz zu berücksichtigen (§ 37 Abs. 1 JArbSchG). Liegt eine entsprechende Verstandesreife bei den Jugendlichen **erkennbar** nicht vor, so müssen die Personensorgeberechtigten[1] eine entsprechende Einwilligung erteilen.

> **Leitsatz:**
> Auch Minderjährige können bei entsprechender Verstandesreife den Arzt von der ärztlichen Schweigepflicht bei standardmäßigen Einstellungs- und Eignungsuntersuchungen befreien.

**708**  Eine Einwilligung in Form der „Entbindung von der ärztlichen Schweigepflicht" kann allerdings nur dann wirksam erteilt werden, wenn die betroffene Person Bedeutung und Tragweite überblicken kann. Hiermit ist nicht nur die oben bereits erwähnte Verstandesreife umfasst, welche auch bei Jugendlichen fallbezogen regelmäßig vorliegt. Auch der entscheidungsfähige Mensch muss wissen, in welchem Umfang er den Arzt von der Schweigepflicht anlässlich einer Eignungsuntersuchung (einschl. Einstellungsuntersuchung) befreit. Der Arbeitgeber, spätestens aber der Arzt, müssen den Beschäftigten/Bewerber daher auch aufklären, dass dem Arbeitgeber lediglich das Ergebnis (zB „geeignet", „nicht geeignet" oder „geeignet unter bestimmten Auflagen") mitgeteilt wird und nicht bezüglich der Eignungsuntersuchung anfallende Diagnosen und Befunde.

**709**  Die Einwilligung ist **nicht formgebunden**. Sie kann folglich durch den Bewerber/Beschäftigten sowohl mündlich als auch schriftlich erklärt werden. Sie muss allerdings erkennbar vorliegen. Ist sich der Arzt unsicher, ob

---

[1] Zu den Personenberechtigten → Rn. 397 ff.

er nun von der ärztlichen Schweigepflicht entbunden ist oder nicht, so hat er sich entsprechend durch aktives Nachfragen zu vergewissern. Unschädlich ist hier auch, dass für die datenschutzrechtliche Einwilligung ggf. gesonderte Voraussetzungen gelten (vgl. Art. 4 Nr. 11 DSGVO). Dies ist strafrechtlich und standesrechtlich ohne Bedeutung. Im Ergebnis bedeutet dies, dass der Arzt selbst dann von der ärztlichen Schweigepflicht entbunden ist, wenn die Einwilligung datenschutzrechtlich fehlerhaft wäre. Die bloße Nichtbeachtung entsprechender Formvorschriften ist weder straf- noch bußgeldbewehrt.[1] Straf- und standesrechtlich ist allein der Umstand relevant, dass eine entsprechende Einwilligung vorliegt und diese für den Arzt auch erkennbar ist.

> **Leitsatz:**
> Aus strafrechtlicher Sicht ist die Einwilligung in die Datenweitergabe („Entbindung von der ärztlichen Schweigepflicht") nicht formgebunden und kann somit zB auch mündlich erklärt werden.

Die Einwilligung kann widerrufen werden, allerdings nur solange, wie der Arzt dem Arbeitgeber das Ergebnis noch nicht mitgeteilt hat. Der Widerruf wirkt somit „ex nunc", was letztendlich auch dem Vertrauensschutz dient. **710**

Auch wenn dem Arbeitgeber in der Regel daran gelegen ist, das Ergebnis der ärztlichen Untersuchung unmittelbar durch den Arzt zu erfahren, muss er hinnehmen, dass dies der Einwilligung des Beschäftigten/Bewerbers bedarf. Ggf. muss er auch hinnehmen, dass der Arzt dem Beschäftigten das Ergebnis lediglich zur Weitergabe an den Arbeitgeber mitgibt. Der Arbeitgeber muss sich dieser Problematik bewusst sein, wenn er (anstatt einer bloßen eigenen Befragung des Bewerbers/Beschäftigten) das Mittel der ärztlichen Untersuchung wählt, folglich also eine Person einbindet, die von Berufs wegen der ärztlichen Schweigepflicht unterliegt. Verlangt der Arbeitgeber dagegen eine generelle Entbindung für alle möglichen arbeitsrechtlich relevanten Belange, so dürfte dies aufgrund Ausnutzung seiner Machtstellung nach § 138 BGB nichtig sein.[2] **711**

## 2. Problem konkludente Einwilligung

Da, wie bereits Erwähnung gefunden hat, die Einwilligung des Bewerbers/Beschäftigten aus strafrechtlicher Sicht keinem Formzwang unterliegt, stellt sich auch die Frage, ob diese Erklärung auch konkludent (also durch schlüssiges Handeln) abgegeben werden kann. Gerade in Bezug auf Einstellungsuntersuchungen findet sich immer wieder die Auffassung, **712**

---

[1] So auch MüKoStGB/*Cierniak* § 203 Rn. 60.
[2] *Laufs/Kern/Rehborn* ArztR-HdB 8.

dass ein Beschäftigter (bzw. Bewerber) durch sein Erscheinen bei einer Eignungsuntersuchung (einschl. Einstellungsuntersuchung) seine Einwilligung mit der Weitergabe des Ergebnisses (zB „geeignet") erklärt.[1]

**713**　Während aus datenschutzrechtlicher Sicht (vgl. Art. 4 Nr. 11 DSGVO) eine eindeutig bestätigende Handlung verlangt wird, stellt sich strafrechtlich die Fragestellung, ob hier eine konkludente Einwilligung (zB durch bloßes Erscheinen zur Eignungsuntersuchung) ausreicht.

**714**　Dies ist regelmäßig in den Fällen zu bejahen, in denen das Ergebnis der ärztlichen Untersuchung „geeignet" lautet. Bei einer Einstellungsuntersuchung begibt sich der Bewerber (bzw. beim Vorliegen auflösender Bedingungen der Beschäftigte) mit genau diesem Ziel (nämlich Ergebnis: „geeignet") zum Arzt. Gleiches gilt auch, wenn er anlässlich routinemäßiger Eignungsuntersuchungen den Arzt aufsucht. Allerdings muss hier dem Beschäftigten auch klar sein, dass es sich bei der Untersuchung um eine Maßnahme der Personalselektion handelt und die Ergebnismitteilung („geeignet") genau hierzu dient.[2]

**715**　Lautet das Ergebnis allerdings **„nicht geeignet"**, so kann von einer automatischen konkludenten Einwilligung hier nicht die Rede sein, da dies in aller Regel entsprechende negative Folgen für den Beschäftigten/Bewerber haben wird (zB Nichteinstellung, keine Weiterbeschäftigung mit bestimmten Tätigkeiten etc.). Es kann nicht einfach unterstellt werden, dass ein Beschäftigter/Bewerber einen Arzt aufsucht und sich damit automatisch einverstanden erklärt, dass dieser die Nichteignung dem Arbeitgeber offenbart. Oft dürfte der Beschäftigte bei Untersuchungsteilnahme der Meinung sein, dass er geeignet sei. Relevant ist diese Fragestellung vor allem dann, wenn der Arzt am Untersuchungstag selber noch nicht zu einem Ergebnis kommen kann, zB weil er noch Befunde abwartet oder aber die Ergebnisse der Blutentnahme noch nicht vorliegen. Kommt der Arzt folglich nach Auswertung aller notwendigen Untersuchungen zu dem Ergebnis, dass eine Nichteignung vorliegt, so muss er sich noch aktiv davon überzeugen, dass der Beschäftigte/Bewerber hier bei Datenweitergabe an den Arbeitgeber seine Einwilligung erteilt hat. Die sowohl straf-, standesrechtlich als auch datenschutzrechtliche beste Lösung liegt allerdings darin, dem Beschäftigten/Bewerber das entsprechende Untersuchungsergebnis mitzugeben bzw. zu übersenden, damit dieser es an seinen Arbeitgeber weiterleiten kann.

**716**　Generell sollte bei der Anwendung der konkludenten Einwilligung entsprechende Zurückhaltung gelebt werden.[3] Weiterhin ist zu berücksichtigen, dass sich, sofern man eine derartige Einwilligungen bei Eignungsuntersuchungen anerkennt, die konkludente Einwilligung lediglich auf den Beurteilungsvermerk (zB „geeignet") an sich beschränkt und auf gar keine Fälle die zugrundeliegenden Diagnosen und Befunde mit umfasst. Bezüg-

---

[1] MüKoStGB/*Cierniak* § 203 Rn. 74; *Fischer* StGB § 203 Rn. 33.
[2] Vgl. auch *Burger* Beschäftigtendaten 153.
[3] MüKoStGB/*Cierniak* § 203 Rn. 61.

lich dieser Diagnosen und Befunde gilt weiterhin uneingeschränkt die ärztliche Schweigepflicht. Arbeits- und auch datenschutzrechtlich hat der Arbeitgeber auch gar nicht das Recht, mehr als diese Beurteilungsvermerke zu erfahren.

Ferner ist bei der Annahme einer konkludenten Einwilligung zu berück-  **717** sichtigen, dass hier Voraussetzung ist, dass der Beschäftigte den Grund der ärztlichen Untersuchung auch kennt und sichere Kenntnis hat, was mit dem Ergebnissen passieren soll. Glaubt der Beschäftige zB es handelt sich um eine Vorsorgemaßnahme nach der ArbMedVV, so kann in der reinen Untersuchungsteilnahme nicht auf eine konkludente Einwilligung geschlossen werden, da in diesen Fällen der Arbeitgeber kein Ergebnis erhält (vgl. § 6 Abs. 3 Nr. 3 ArbMedVV).

**Praxistipp:**

Der Arzt sollte dem Beschäftigten/Bewerber das Untersuchungsergebnis („geeignet", „nicht geeignet" etc.) immer **mitgeben bzw. übersenden**, damit dieser es an seinen Arbeitgeber weiterleiten kann.

Möchte der Arzt dem Arbeitgeber direkt das Ergebnis übersenden, so sollte hier aus Beweisgründen immer eine **schriftliche Einwilligung** des Beschäftigten/Bewerbers eingeholt werden. Gerade wenn das Ergebnis „nicht geeignet" ist bzw. die Eignung nur unter bestimmten Voraussetzungen gegeben ist, kann nicht automatisch von einer konkludenten Einwilligung ausgegangen werden.

### 3. Die datenschutzrechtliche Einwilligung in die Datenweitergabe

Von der oben umschriebenen Einwilligung im Rahmen der ärztlichen  **718** Schweigepflicht ist die Einwilligung zu unterscheiden, die sich aus dem Datenschutzrecht ergibt. Während erstere einen die Strafbarkeit verhindernden Rechtfertigungsgrund (bzw., je nach Rechtsauffassung, ein tatbestandsausschließendes Einverständnis) im Sinne des Strafrechtes darstellt, handelt es sich bei der datenschutzrechtlichen Einwilligung um einen formellen eigenständigen Tatbestand, welcher den Umgang mit personenbezogenen Daten zulässt (vgl. zB Art. 6 Abs. 1 lit. a DSGVO).

Beim Datenschutzrecht handelt es sich um ein sog. **„Verbot mit Er-**  **719** **laubnisvorbehalt"**. Erlaubt ist der Umgang mit fremden Daten grundsätzlich nur dann, wenn das Datenschutzrecht dies ausdrücklich zulässt (Art. 5, 6 DSGVO).

Somit verbleiben drei Erlaubnistatbestände, die grundsätzlich eine Ver-  **720** arbeitung von personenbezogenen Daten erlauben. Ein Erlaubnistatbestand kann sich somit aus den datenschutzrechtlich Vorschriften (zB DSGVO, BDSG) ergeben, aus anderen Rechtsvorschriften (zB Strahlenschutzverordnung, ArbMedVV etc.) oder aber aus der **Einwilligung** der betroffen Person.

**721**     Die datenschutzrechtliche Einwilligung ist (im Gegensatz zur strafrechtlich relevanten Einwilligung) formeller akzentuiert, so dass bestimmte Voraussetzungen vorliegen müssen, damit sie rechtswirksam ist. Sofern es sich um Gesundheitsdaten iSv Art. 4 Nr. 15 DSGVO handelt (personenbezogene Daten, die sich auf die körperliche oder geistige Gesundheit einer natürlichen Person beziehen und aus denen Informationen über deren Gesundheitszustand hervorgehen), so muss sich die Einwilligung auch ausdrücklich auf diese Daten beziehen (vgl. § 26 Abs. 3 S. 2 BDSG).

### Art. 4 Nr. 11 DSGVO:

*„Im Sinne dieser Verordnung bezeichnet der Ausdruck: Einwilligung" der betroffenen Person jede freiwillig für den bestimmten Fall, in informierter Weise und unmissverständlich abgegebene Willenserklärung in Form einer Erklärung oder einer sonstigen eindeutigen bestätigenden Handlung, mit der die betroffene Person zu verstehen gibt, dass sie mit der Verarbeitung der sie betreffenden personenbezogenen Daten einverstanden ist"*

**Leitsatz:**
Die datenschutzrechtliche Einwilligung ist nur wirksam, wenn sie folgende Voraussetzungen erfüllt:
– Freiwilligkeit der Entscheidung
– Sie muss in informierter Weise erfolgen
– Sie muss unmissverständlich sein
– Sie muss in Form einer eindeutigen Handlung erfolgen

**722**     Die datenschutzrechtliche Einwilligung **im Arbeitsvertrag** festzulegen, ist problematisch zu sehen. Hier steht die Einwilligung faktisch nur sehr begrenzt zur Disposition des entsprechenden Grundrechtsträger. Ein informationeller Selbstschutz muss auch in tatsächlicher Hinsicht möglich sein. Auch wenn grundsätzlich anzuerkennen ist, dass auch in vertraglicher Hinsicht frei über bestimmte Grundrechtspositionen verfügt werden kann, so darf nicht unberücksichtigt bleiben, dass der Arbeitgeber in aller Regel sozial der stärkere Vertragspartner im Hinblick auf die Leistungsbestimmung ist. Gerade im Arbeitsleben (insbesondere, wenn die betroffene Person den Arbeitsplatz benötigt) ist hier die denkbare Alternative, nämlich zum Schutz des informationellen Selbstbestimmungsrechts auf die Eingehung in den Arbeitsvertrag zu verzichten, nicht zumutbar.

**723**     Der Beschäftigte könnte hier seine entsprechenden Grundrechtspositionen nur dann geltend machen, wenn er sich wieder aus dem Arbeitsvertrag löst. Da dies aber in der Regel nur unter Wahrung bestimmter Fristen möglich ist, müsste man hier über ein spezielles Vertragsauflösungsrecht diskutieren.[1] Dies ist aber mit der in Art. 4 Nr. 11 DSGVO benannten „Freiwilligkeit" nicht vereinbar, so dass nach hiesiger Auffassung eine datenschutzrechtliche Einwilligung im Rahmen eines Arbeitsvertrages nicht erfolgen kann. Dies wäre auch dann nach § 307 BGB unangemessen (insbesondere, wenn die „Einwilligung" pauschal erfolgt und der Beschäftigte gar nicht genau absehen kann, in welchen Situationen dies dann auch für ihn negative Folgen haben kann).

Die datenschutzrechtliche Einwilligung muss somit immer fallbezogen **724** und individuell erfolgen. Zu den Folgen einer verweigerten Einwilligung bei einer rechtmäßigen ärztlichen Untersuchung → Rn. 958 ff.

Das Verarbeitungsinteresse nach § 26 BDSG wirkt sich allerdings auch **725** trotz Einwilligung insofern auf den Umfang der Datenübermittlung durch den Arzt an den Arbeitgeber aus, als dass er nur mitzuteilen hat, ob eine bestimmte Eignung besteht oder nicht (ggf. unter welchen Auflagen die Eignung besteht). Insbesondere darf das Fragerecht des Arbeitgebers nicht durch das Instrumentarium der datenschutzrechtlichen Einwilligung erweitert werden.

**a) Freiwilligkeit.** Bei der Einwilligung, mit der in die Verarbeitung **726** der personenbezogenen Daten zugestimmt wird, muss es sich um eine Entscheidung handeln, welche die betroffene Person aus freien Stücken trifft (Freiwilligkeit iSv Art. 4 Nr. 11 DSGVO). Zu Recht könnte man hier einwenden, dass im Beschäftigungsverhältnis der Bewerber bzw. der Beschäftigte in der Regel keinen freien Willen äußern könne, da er hier gewissen Zwängen unterliegt. Freiwillig ist eine Einwilligung regelmäßig nur dann, wenn der Betroffene eine echte oder freie Wahl hat und somit in der Lage ist, die Einwilligung zu verweigern, ohne Nachteile zu erleiden (vgl. Erwgr. 42 DSGVO). Gerade wenn ein klares Ungleichgewicht zwischen dem Beschäftigten und dem Arbeitgeber besteht, ist davon auszugehen, dass die Einwilligung freiwillig erfolgt (vgl. Erwgr. 43 DSGVO). In Bezug auf die Ergebnisweitergabe im Rahmen von Eignungsuntersuchungen (einschl. Einstellungsuntersuchungen) ist dieser Aspekt allerdings dann unkritisch zu sehen, wenn der betroffenen Person die Wahl verbleibt, ob sie die Einwilligung erteilt, oder aber die entsprechende Bescheinigung durch den Arzt erhält, um diese selber dem Arbeitgeber zu übergeben. Sofern der Arbeitgeber allerdings den Beschäftigten verpflichten will, dass die Einwilligung verbindlich zu erteilen ist, so ist dies kritisch zu sehen, da bei der Beurteilung, ob die Einwilligung freiwillig erteilt wurde, dem Umstand in größtmöglichen Umfang Rechnung getragen werden muss, ob unter anderem die Erfüllung eines Vertrages von der Einwilligung abhängig ist, die für die Erfüllung des Vertrages nicht erforderlich sind (vgl. Art. 7 Abs. 4 DSGVO). Die einer Eignungsuntersuchung zugrunde liegende Verpflichtung lässt sich aber auch dann uneingeschränkt erfüllen, wenn der Beschäftigte das Ergebnis selber dem Arbeitgeber übergibt (zB weil er die

---

[1] Vgl. hierzu: *Rogosch* Die Einwilligung im Datenschutzrecht 138.

Bescheinigung sich erst selber noch anschauen will). Sofern folglich der Beschäftigte die freie Wahl hat, zwischen einer Einwilligung und der selbständigen Weitergabe der Bescheinigung zu entscheiden, so steht auf eine gewisse soziale Abhängigkeit (zwischen Beschäftigten und Arbeitgeber) einer freiwillig erteilten Einwilligung nicht entgegen. Bei Täuschung oder Drohung ist dagegen die in Art. 4 Nr. 11 DSGVO geforderte Freiwilligkeit nicht mehr gegeben.

**727**     **b) Informierter Weise.** Weiterhin ist der Betroffene auf den vorgesehenen Zweck der Datenverarbeitung hinzuweisen. Der Betroffene muss die Reichweite seiner Einwilligung auch verstehen können. Ihm muss folglich klar sein, was genau mit den Daten passiert und welche Folgen dies haben kann. Die in Art. 4 Nr. 11 DSGVO benannte „Informiertheit" setzt weiterhin voraus, dass die betroffene Person entsprechend aufgeklärt wurde. Der Arzt muss folglich den Beschäftigten diesbezüglich aufklären. Hierbei sind dem Betroffenen die Informationen zu geben, welche ihn in die Lage versetzen, eine selbstbestimmte Entscheidung zu treffen. Durch die Aufklärung versetzt somit im Ergebnis der Arzt den Betroffenen erst in die Lage, wirksam eine Einwilligung zu erteilen (informed consent). Die betroffene Person ist auch davon in Kenntnis zu setzen, dass sie ihre erteilte Einwilligung jederzeit mit Wirkung für die Zukunft widerrufen kann (vgl. Art. 7 Abs. 3 S. 3 DSGVO). Der betroffenen Person muss somit auch klar sein, was genau dem Arbeitgeber übermittelt wird (zB genauer Text der Eignungsaussage).

**728**     **c) Unmissverständlich.** Die Einwilligung muss unmissverständlich erfolgen (Art. 4 Nr. 11 DSGVO). Es muss folglich aus der Einwilligungserklärung klar hervorgehen, dass hier eine Datenübermittlung an den Arbeitgeber (zB in Form der Aussage: „geeignet", „nicht geeignet") erfolgen soll.

**729**     **d) Eindeutige Handlung.** Von einer wirksamen datenschutzrechtlichen Einwilligung kann weiterhin nur dann gesprochen werden, wenn es sich um eine eindeutig bestätigende Handlung handelt (vgl. Art. 4 Nr. 11 DSGVO). Die durch die betroffene Person vorgenommene Einwilligungshandlung muss klar zum Ausdruck bringen, dass eine entsprechende Einwilligung erteilt wird. Bloßes konkludentes Handeln (zB das bloße Erscheinen beim Arzt) kann daher nicht als Einwilligung gedeutet werden, dass das Ergebnis der ärztlichen Untersuchung auch an den Arbeitgeber geht. Dies begründet sich weiterhin aus dem Umstand, dass die betroffene Person zum Zeitpunkt des Erscheinens beim Arzt das Untersuchungsergebnis noch nicht kennt. Auch ist vielen Beschäftigten nicht bewusst, welche konkreten Folgen ärztlich attestierte Bedenken für eine bestimmte Tätigkeit arbeits- bzw. dienstrechtlich bedeuten. Der Arzt sollte daher reines Stillschweigen oder Dulden daher niemals als Grundlage eines datenschutzrechtlichen Erlaubnistatbestandes hernehmen. Auch stellen bereits angekreuzte Kästchen keine rechtswirksame Einwilligung dar (vgl. Erwgr.

32 DSGVO). Weiterhin ist zu beachten, dass die Einwilligung „für einen bestimmten Fall" erteilt werden muss (Art. 4 Nr. 11 DSGVO). Regelmäßig ist daher davon auszugehen, dass für jede erneute Eignungsuntersuchung eine neue Einwilligung eingeholt werden muss.

**e) Form der Einwilligung.** Anders als der vor der unmittelbaren Gel- **730** tung der DSGVO ehemalige § 4a BDSG, ist für die Einwilligung keine Schriftform mehr erforderlich, so dass vom Grundsatz her auch eine mündliche Erklärung der betroffenen Person möglich ist. Hier sollte aber der Arzt immer bedenken, dass er für die rechtmäßig erteilte Einwilligung in der Nachweispflicht ist (vgl. Art. 7 Abs. 1 DSGVO). Er muss folglich ggf. nachweisen können, dass überhaupt eine wirksame Einwilligung der betroffenen Person vorliegt. Aus diesen Gründen empfiehlt es sich, sich die datenschutzrechtliche Einwilligung in Schrift- oder Textform geben zu lassen.

**f) Einwilligung nicht geschäftsfähiger Personen.** Hinsichtlich der **731** Einwilligung nicht geschäftsfähiger Personen (zB Minderjährige) gelten die diesbezüglichen Ausführungen zur ärztlichen Schweigepflicht entsprechend (→ Rn. 683 ff.), so dass an dieser Stelle auf die dortigen Ausführungen verwiesen werden darf.

**g) Besondere Hervorhebung.** Dem Betroffenen muss klar sein, dass **731a** er mit Abgabe der Einwilligungserklärung eine datenschutzrechtliche Einwilligung abgibt. Erfolgt die Einwilligung durch schriftliche Erklärung und soll die Einwilligung in diesen Fällen mit anderen Erklärungen erteilt werden (zB mit dem Anamnesebogen), so ist die Einwilligung besonders hervorzuheben. Sie muss also so erfolgen, dass sie von den anderen Sachverhalten klar zu unterscheiden ist (vgl. Art. 7 Abs. 2 DSGVO). Hierdurch soll sichergestellt werden, dass die Einwilligungsklausel nicht überlesen wird oder an Stellen „versteckt" wird, an denen die betroffene Person sie nicht erwartet. Wird die Einwilligung zB auf einem Gesundheitsfragebogen oder Aufklärungsbogen erteilt, so muss der Aspekt der datenschutzrechtlichen Einwilligung zB durch Fettdruck und entsprechender Schriftgröße besonders kenntlich gemacht werden. Es empfiehlt sich allerdings, sich die datenschutzrechtliche Einwilligung immer auf einem gesonderten Formblatt erteilen zu lassen.

**h) Widerrufbarkeit.** Letztendlich muss auch Berücksichtigung fin- **731b** den, dass die datenschutzrechtliche Einwilligung iSv Art. 4 Nr. 11 DS-GVO widerrufbar ist. Die betroffene Person hat das Recht, die Einwilligung jederzeit zu widerrufen (Art. 7 Abs. 3 S. 1 DSGVO). Dieser Umstand muss folglich bei der Planung entsprechender Prozesse (zB Versand der Bescheinigungen) berücksichtigt werden. Der Widerruf kann im Ergebnis allerdings nur mit Wirkung für die Zukunft erfolgen. Die bis zum Widerruf bereits erfolgte Datenverarbeitung bleibt rechtmäßig (Art. 7 Abs. 3 S. 2 DSGVO). Wurde die Eignungsbescheinigung zB bereits an den Arbeitgeber übersandt, so führt dies dann nicht zu einer unrechtmäßigen Datenübermittlung seitens des Arztes, wenn der Widerruf erst nach dem Versand der Bescheinigung erfolgte.

## IV. Inhalt der Mitteilung nach Entbindung der Schweigepflicht

**732**  Wie oben bereits dargestellt, bedarf es im Rahmen einer ärztlichen Eignungsuntersuchung (einschl. Einstellungsuntersuchung) zur Ergebnisweitergabe an den Arbeitgeber der Einwilligung des Beschäftigten. Das allgemeine Persönlichkeitsrecht des Beschäftigten (Art. 2 Abs. 1 iVm Art. 1 Abs. 1 GG), welches durch § 26 BDSG bereichsspezifisch kodifiziert wurde, fordert allerding, dass die Mitteilung des Arztes auf die Faktoren beschränkt wird, an denen der Arbeitgeber ein berechtigtes, schutzwürdiges und billigenswertes Interesse hat. Insofern hat sich die Mitteilung des Arztes (nach entsprechender Einwilligung des Beschäftigten) in ihrem Umfang an den Regelungen des Beschäftigtendatenschutzes im BDSG zu orientieren.[1] Relevant ist hier lediglich die Kurzbeantwortung der Fragestellung, ob ein Beschäftigter auch in gesundheitlicher Hinsicht in der Lage ist, die ihm übertragenen Aufgaben ordnungsgemäß zu erfüllen. Keine Relevanz haben in diesem Zusammenhang die Einzelbefunde, welche den Arzt zu seiner endgültigen „Beurteilung" bewogen haben. So lässt sich das für den Arbeitgeber zusammengefasste Ergebnis der ärztlichen Eignungsuntersuchung (bzw. Einstellungsuntersuchung) in aller Regel mit „geeignet", „nicht geeignet" oder „geeignet unter bestimmten Auflagen" bescheinigen.

---

**Leitsatz:**

Die Ergebnismitteilung anlässlich von Eignungsuntersuchungen an den Arbeitgeber ist in aller Regel auf die bloße Mitteilung der Eignung (zB „geeignet", „geeignet unter Auflagen" bzw. „nicht geeignet") zu beschränken.

---

**733**  An weiteren Informationen hat der Arbeitgeber kein berechtigtes, billigenswertes und schutzwürdiges Interesse. Sofern der Arbeitgeber versucht, über die „Einwilligung" sein Fragerecht zu erweitern um mehr zu erfahren, als ihm rechtlich zusteht, so stellt dies einen Rechtsmissbrauch (abgeleitet aus § 242 BGB) dar.

**734**  Für den Arbeitgeber ist somit lediglich das Ergebnis der Untersuchung (zB „geeignet") erforderlich zur Begründung bzw. Durchführung des Beschäftigungsverhältnisses, die dem Ergebnis zugrunde liegenden Befunde haben dagegen in aller Regel keine Relevanz für ihn.[2]

---

[1] So auch *Burger* Beschäftigtendaten 153.
[2] Vgl. auch Rechtsgedanken in § 15 Abs. 2 Nr. 9 SGB VII.

In manchen Fällen wird der Arzt allerdings auch zu Ergebnissen kom- **735** men, die zwar in keinem Verhältnis zu der durch den Beschäftigten/den Bewerber durchzuführenden Tätigkeiten stehen, welche aber gesundheitlich von Relevanz sind. Hier ist der Arzt zwar im Rahmen seiner therapeutischen Aufklärungspflichten verpflichtet, dies der untersuchten Person mitzuteilen (ggf. mit dem Hinweis, sich in hausärztliche/fachärztliche Behandlung zu begeben), diese Erkenntnisse dürfen aber dann nicht in die Beurteilung einfließen und folglich auch dem Arbeitgeber nicht mitgeteilt werden. Hier muss sich der Arzt bewusst sein, dass diese Daten für das Beschäftigungsverhältnis selber nicht erforderlich sind.

## V. Sonderstellung Betriebsarzt/Arbeitsmediziner?

In bestimmten Fallkonstellationen müssen Arbeitgeber für ihren Be- **736** trieb/ihr Unternehmen zur Wahrnehmung bestimmter Aufgaben Betriebsärzte bestellen (§ 2 Abs. 1 ASiG). Weiterhin muss ein Arbeitgeber mit der Durchführung der Pflicht-, Angebots- und Wunschvorsorge nach der ArbMedVV einen arbeitsmedizinisch fachkundigen Arzt beauftragen (§ 3 Abs. 2 ArbMedVV).[1] Diese Ärzte sind folglich in das Betriebsgeschehen aus rechtlichen Gründen eingebunden. Die nach dem ASiG bestellten Betriebsärzte (bzw. Ärzte eines nach § 19 ASiG verpflichteten überbetrieblichen Dienstes) haben den Arbeitgeber in Fragen des Arbeitsschutzes und der Unfallverhütung im Betrieb zu beraten (§ 3 Abs. 1 ASiG). Ergeben sich zB anlässlich einer ärztlichen Untersuchung Anhaltspunkte für unzureichende objektive Arbeitsschutzmaßnahmen (zB wenn der Arzt im Rahmen der Untersuchung oder Betriebsbegehung erfährt, dass eine notwendige Absauganlage bei Umgang mit Gefahrstoffen nicht vorhanden ist), so muss der Arzt dies dem Arbeitgeber (in anonymer Form) mitteilen und entsprechende Arbeitsschutzmaßnahmen vorschlagen (§ 6 Abs. 4 S. 2 ArbMedVV). Insofern stellt sich folglich auch die Frage, ob ein Betriebsarzt bzw. ein über die ArbMedVV in den Betrieb eingebundener arbeitsmedizinisch fachkundiger Arzt nicht insofern eine Sonderstellung genießt, die ihn zur Offenbarung entsprechender Gesundheitsdaten berechtigen.

Dies ist aber entscheidend **zu verneinen**. Wurde in der Historie des Ar- **737** beitsschutzrechtes diese Fragestellung auch teilweise mit anderem Ergebnis diskutiert,[2] so ist aber festzustellen, dass die Einhaltung der ärztlichen Schweigepflicht uneingeschränkt auch für den nach den nach § 2 ASiG bestellten Betriebsarzt (bzw. Arzt des nach § 19 ASiG verpflichteten überbetrieblichen Dienstes) gilt. Gleiches gilt für den Arzt, welcher anlässlich der arbeitsmedizinischen Vorsorge nach der ArbMedVV in den Betrieb eingebunden ist (vgl. § 8 Abs. 1 S. 3 ASiG, § 6 Abs. 1 S. 6 ArbMedVV).

---

[1] Ausführlich hierzu: *Aligbe* Arbeitsmedizinische Vorsorge-HdB 80 ff.
[2] Vgl. hierzu auch: HK-ArbSchR/*Kohte/Kiesche* ASiG § 8 Rn. 10.

Durch diese kodifizierten Regelungen ist somit unmissverständlich klargestellt, dass auch in diesem Bereich die ärztliche Schweigepflicht uneingeschränkt greift.[1]

---

**Leitsatz:**
**Die ärztliche Schweigepflicht gilt auch für den Betriebsarzt** bzw. den Arzt, welcher die Vorsorgemaßnahmen nach der ArbMedVV durchführt.

---

# VI. Offenbarungspflicht bei Berufskrankheiten

**738**     Ergibt sich anlässlich einer Eignungsuntersuchung der begründete Verdacht, dass bei der untersuchten Person eine Berufskrankheit vorliegt, so muss der Arzt diesen Verdacht dem zuständigen Unfallversicherungsträger oder der für den medizinischen Arbeitsschutz zuständigen Stelle **unverzüglich anzeigen** (§ 202 S. 1 SGB VII). In diesen Fällen ist folglich der Arzt nicht nur berechtigt, sondern auch verpflichtet, Umstände, die der ärztlichen Schweigepflicht unterfallen, zu offenbaren.

**739**     Diese Offenbarungspflicht bezieht sich aber lediglich auf die zuständigen Unfallversicherungsträger bzw. die zuständigen Arbeitsschutzstellen. § 202 S. 1 SGB VII gibt dem Arzt dagegen nicht das Recht, auch dem Arbeitgeber von dem Verdacht einer Berufskrankheit zu berichten. Auch die aus der ArbMedVV resultierende Verpflichtung, dem Arbeitgeber über Anhaltspunkte über unzureichende Schutzmaßnahmen zu informieren (§ 6 Abs. 4 S. 2 ArbMedVV[2]) vermag nichts an diesem Ergebnis zu ändern. Stellt folglich der Arzt anlässlich einer Eignungsuntersuchung fest, dass eine Berufskrankheit wahrscheinlich vorliegt und diese wohl auf unzureichenden objektiven Arbeitsschutzmaßnahmen besteht (weil zB durch den Arbeitgeber im Lärmbereich überhaupt kein Gehörschutz zur Verfügung gestellt wird), so hat er dies zwar mitzuteilen (also, dass Gehörschutz an bestimmten Arbeitsstellen erforderlich ist), er darf aber mit dieser Mitteilung nicht die ärztliche Schweigepflicht verletzten.[3] Er hat (fallbezogen) im Ergebnis also nur dem Arbeitgeber mitzuteilen, dass auf den Arbeitsplatz X als Arbeitsschutzmaßnahme Gehörschutz zu tragen ist und nicht, dass sich diese Erkenntnis aus der Untersuchung des Beschäftigten B ergeben hat. Dass seitens des Beschäftigten hier entsprechende (straf- und zivilrechtliche) Schritte gegen den Arbeitgeber eingeleitet werden können, vermag an dieser Einschätzung nichts zu ändern. Die Tatsache der Berufskrankheit bleibt somit erstmal in Beziehung zum Arbeitgeber ein **„Geheimnis"**, welches der Arzt nicht offenbaren darf.

---

[1] Vorbehaltlich der oben kurz skizzierten Rechtsvorschriften wie zB § 61 Abs. 3 StrlSchV.

[2] Siehe hierzu auch: *Aligbe* Arbeitsmedizinische Vorsorge-HdB 150 ff.

[3] *Nöthlichs* Arbeitsschutz und Arbeitssicherheit ASiG § 8 Nr. 5.

**Leitsatz:**
Ergibt sich im Rahmen einer Eignungsuntersuchung der begründete Verdacht auf eine Berufskrankheit, so muss der Arzt diesen Verdacht dem zuständigen Unfallversicherungträger bzw. der zuständigen Arbeitsschutzstelle anzeigen.

Bei Berufskrankheiten handelt es sich um solche arbeitsbedingten Erkrankungen, die der Berufskrankheitenverordnung (BKV) unterliegen (zB Lärmschwerhörigkeit nach Anlage 1 Nr. 2301 BKV). Erkrankungen, die zwar durch die Arbeit bedingt sind, aber nicht dem Regelungsbereich der BKV unterfallen, sind dagegen nicht meldepflichtig. **740**

## VII. Offenbarungspflichten bei Infektionskrankheiten/ meldepflichtigen Krankheiten

Offenbarungspflichten, welche die ärztliche Schweigepflicht durchbrechen, ergeben sich auch beim Vorliegen bestimmter übertragbarer Erkrankungen. Das Infektionsschutzgesetz, welches die Zielrichtung bezweckt, übertragbare Krankheiten beim Menschen vorzubeugen, Infektionen frühzeitig zu erkennen und ihre Weiterverbreitung zu verhindern (§ 1 Abs. 1 IfSG), enthält derartige Offenbarungsverpflichtungen. Das Infektionsschutzgesetz unterscheidet diesbezüglich zwischen „meldepflichtigen Krankheiten" und „meldepflichtigen Nachweisen von Krankheitserregern". Die dort enthaltenen Meldepflichten rechtfertigen eine Weiterleitung von Gesundheitsdaten allerdings nur in Bezug auf das Gesundheitsamt. Das IfSG bildet daher keine Rechtsgrundlage, auch den Arbeitgeber von dem Vorliegen einer entsprechenden Erkrankung eines Beschäftigten zu unterrichten. Verweigert der Beschäftigte die Einwilligung in die Datenweitergabe an den Arbeitgeber bzw. ist er hier nicht bereit, dies ihm selber mitzuteilen, so ist eine diesem gegenüber zu erfolgende Offenbarung seitens des Arztes nur nach Maßgabe des rechtfertigenden Notstandes möglich. **741**

### 1. Meldepflichtige Krankheiten

Stellt der Arzt im Rahmen der von ihm durchgeführten Eignungsuntersuchungen (einschl. Einstellungsuntersuchungen) den Krankheitsverdacht oder die Erkrankung an bestimmten definierten Krankheiten fest, so ist er gem. § 6 IfSG als feststellender Arzt zur namentlichen Meldung des Beschäftigten/Bewerbers an das Gesundheitsamt verpflichtet (§ 8 Abs. 1 Nr. 1 IfSG). Welche Angaben genau diese Meldung enthalten muss, ergibt sich aus § 9 IfSG. **742**

> **Beispiele für meldepflichtige Krankheiten nach § 6 IfSG:**
> - Cholera
> - Diphtherie
> - Akuter Virushepatitis
> - Masern
> - Mumps
> - Pertussis
> - Röteln
> - Tollwut
> - Varizellen
> - Coronavirus-Krankheit-2019 (COVID-19)

## 2. Meldepflichtige Nachweise von Krankheitserregern

**743**    Meldepflichtig sind weiterhin bestimmte Nachweise definierter Krankheitserreger, soweit die Nachweise auf eine akute Infektion hinweisen (§ 7 IfSG). In diesen Fällen ist allerdings nicht der die Untersuchung durchführende Arzt meldepflichtig, sondern der Leiter der entsprechenden Einrichtung (§ 8 Abs. 1 Nr. 2 IfSG, zB Inhaber der Praxis, Leiter des werksärztlichen Dienstes, Leitender Betriebsarzt etc.). Der genaue Umfang der Meldepflicht ergibt sich hier aus § 8 Abs. 2 IfSG.

> **Beispiele für die Nachweise von Krankheitserregern nach § 7 IfSG:**
> - Bordetella pertussis
> - Ebolavirus
> - FSME-Virus
> - Gelbfiebervirus
> - Hepatitis-A-Virus
> - Hepatitis-B-Virus
> - Hepatitis-C-Virus
> - Masernvirus
> - Mumpsvirus
> - Poliovirus
> - Varizella-Zoster-Virus

## VIII. Amtsarzt/Arzt bei Dienstunfähigkeitsuntersuchungen

**744**    Bei Beamten auf Lebenszeit ergeben sich in Bezug auf die ärztliche Schweigepflicht Besonderheiten, sofern es um die Beurteilung der Dienstunfähigkeit geht. Beamte auf Lebenszeit sind dann in den Ruhestand zu versetzen, wenn sie wegen ihres körperlichen Zustandes oder aus gesundheitlichen Gründen zur Erfüllung ihrer Dienstpflichten dauernd unfähig

**(dienstunfähig)** sind (§ 26 Abs. 1 S. 1 BeamtStG). Als dienstunfähig kann auch angesehen werden, wer infolge Erkrankung innerhalb eines Zeitraums von sechs Monaten mehr als drei Monate keinen Dienst getan hat und keine Aussicht besteht, dass innerhalb einer Frist die Dienstfähigkeit wieder voll hergestellt ist (§ 26 Abs. 1 S. 2 BeamtStG).

Ist zweifelhaft, ob eine Dienstunfähigkeit im beamtenrechtlichen Sinne **745** besteht, so ist der Beamte nach den entsprechenden Beamtengesetzen (Bundesbeamtengesetz bzw. Beamtengesetze der Länder) **verpflichtet, sich auf Weisung des Dienstvorgesetzten ärztlich untersuchen zu lassen** und, falls ein Amtsarzt dies für erforderlich hält, beobachten zu lassen (vgl. zB Art. 65 Abs. 2 S. 1 BayBG).

Sofern derartige Untersuchungen zur Klärung der Dienstunfähigkeit **746** nach dem Beamtenrecht durchgeführt werden, so besteht auch eine rechtliche Pflicht und Befugnis, das Ergebnis der Untersuchung der entsprechenden Behörde mitzuteilen (zB Art. 67 Abs. 1 BayBG).

---

**Leitsatz:**

Bei Untersuchungen zur Klärung der Dienstunfähigkeit (Beamte) ist der untersuchende Arzt berechtigt und verpflichtet, das Ergebnis der Untersuchung der Behörde mitzuteilen.

---

Aufgrund der rechtlichen Grundlagen für die Ergebnisweitergabe **747** liegt ein Verstoß gegen die ärztliche Schweigepflicht nicht vor, da der Arzt in diesen Fällen nicht „unbefugt" handelt (vgl. § 9 Abs. 2 S. 2 Berufsordnung für die Ärzte Bayerns, § 203 Abs. 1 StGB). Die Achtung des informationellen Selbstbestimmungsrechtes als Bestandteil des allgemeinen Persönlichkeitsrechts nach Art. 2 Abs. 1 iVm Art. 1 Abs. 1 GG der zu untersuchenden Person gebührt es aber, diese davon zu unterrichten, dass eine entsprechende Weitergabe von Gesundheitsdaten an die entsprechende Behörde erfolgt (vgl. auch § 9 Abs. 2 S. 3 Berufsordnung für die Ärzte Bayerns, Art. 67 Abs. 3 S. 1 BayBG). Die Wahrung der Verhältnismäßigkeit erfordert außerdem, die Ergebnisweitergabe lediglich auf die Umstände zu beschränken, welche für die zu treffende Entscheidung seitens der Behörde erforderlich sind (vgl. Art. 67 Abs. 1 BayBG).

## IX. Der Arzt als Zeuge vor Gericht

Fraglich ist die ärztliche Schweigepflicht, wenn der untersuchende Arzt **748** als Zeuge vor Gericht auftreten muss. Hier gilt allerdings ebenfalls uneingeschränkt die ärztliche Schweigepflicht (zum Auftreten als „Gutachter" → Rn. 752 ff.).

> **Leitsatz:**
> Auch vor Gericht gilt uneingeschränkt die ärztliche Schweigepflicht.

**749**  Während vom Grundsatz her das Auftreten als Zeuge vor den Gerichten verpflichtend ist und sowohl das Nichterscheinen als auch die Verweigerung der Aussage mit Ordnungsgeld und Ordnungshaft erzwungen werden kann (vgl. § 70 Abs. 1 StPO, § 390 ZPO), so gelten allerdings für bestimmte Berufe hier entsprechende Ausnahmen. Für bestimmte Berufszweige ist die Wahrung eines Vertrauensverhältnisses wesentlicher Bestandteil der Berufsausübung. Ohne einen gewissen geschützten Rahmen wäre eine ordnungsgemäße Ausübung dieser Berufe nicht möglich. Vor diesem Hintergrund (und nicht zuletzt auch aufgrund verfassungsrechtlicher Erwägungen) besteht für einen Arzt vor Gericht das Recht, eine Aussage zu verweigern, sofern die Aussage Belange der ärztlichen Schweigepflicht berührt (§ 53 Abs. 1 Nr. 3 StPO, § 383 Abs. 1 Nr. 6 ZPO, **„Zeugnisverweigerungsrecht"**).

> **Leitsatz:**
> Dem Arzt steht vor Gericht ein Recht zu, die Aussage zu verweigern (Zeugnisverweigerungsrecht).

**750**  Somit ist die strafbewehrte Verpflichtung zur Achtung der Schweigepflicht nach § 203 StGB auch formell durch entsprechende Vorschriften in der StPO und ZPO abgesichert, die Aussage auch verweigern zu dürfen.

**751**  Allerdings ist die Fallgestaltung gesondert zu betrachten, wenn die betroffene Person den Arzt von der Schweigepflicht entbunden hat. In diesen Fällen lebt die Verpflichtung wieder auf, vor Gericht ein entsprechendes Zeugnis abzulegen (also eine entsprechende Aussage zu tätigen). Das Zeugnis darf folglich dann durch den Arzt nicht verweigert werden, wenn er von der Verpflichtung zur Verschwiegenheit entbunden wurde (§ 53 Abs. 2 S. 1 StPO, § 385 Abs. 2 ZPO).

> **Leitsatz:**
> Der Arzt muss allerdings dann vor Gericht aussagen, wenn er von der betroffenen Person von der ärztlichen Schweigepflicht entbunden wurde.

# X. Der Arzt als Sachverständiger vor Gericht

Einer gesonderten Betrachtung bedarf auch die Fallkonstellation, bei **752** denen der Arzt als Sachverständiger vor Gericht auftritt. Auch hier gelten in Bezug auf die ärztliche Schweigepflicht entsprechende Besonderheiten.

Bei „Sachverständigen" im hier verstandenen Sinne handelt es sich um **753** eine Form der gerichtlichen Beweismittel (§§ 402 ff. ZPO, §§ 72 ff. StPO). Für die hier abzuhandelnde Thematik des Umgangs mit der ärztlichen Schweigepflicht ist weiterhin unerheblich, ob es sich hierbei um öffentlich bestellte Sachverständige, ihnen gleichgestellte Personen, Sachverständige mit hoheitlichen Funktionen oder freie Sachverständige handelt.

## 1. Die ärztliche Schweigepflicht

Ist der Arzt vom Gericht als Sachverständiger bestellt, so gilt im Rah- **754** men dieses Auftrages grundsätzlich **nicht** die ärztliche Schweigepflicht (Ausnahmen → unten). Dies gilt aber nur, soweit der konkrete Auftrag des Gerichtes reicht.

> **Leitsatz:**
> Tritt der Arzt als bestellter Sachverständiger vor Gericht auf, so darf und muss er auch das entsprechende Gutachten erstatten.

Hat der Arzt folglich lediglich Unterlagen auszuwerten, so kann er seine **755** Ergebnisse ohne Einwilligung dem Gericht mitteilen.

Dies gilt auch für eventuelle ärztliche Untersuchungen **im Rahmen** des **756** durch das Gericht erteilten Auftrages[1] einschließlich der an die untersuchte Person gestellten Fragestellungen. In dieser Beziehung ist der untersuchten Person bewusst, dass hier ein Tätigwerden für ein Gericht erfolgt und der ansonsten geschützte Rahmen hier nicht vorliegt.

**Praxistipp:**
Sofern ärztliche Untersuchungen im Rahmen eines gerichtlichen Sachverständigenauftrages erfolgen, so sollte die untersuchte Person ausdrücklich darauf hingewiesen werden, dass die ärztliche Schweigepflicht hier nicht gilt.

---

[1] Vgl. auch *Laufs/Kern/Rehborn* ArztR-HdB 795.

## 2. Pflicht zur Erstattung eines Gutachtens

**757**    Allgemein und unabhängig vom Arztberuf betrachtet besteht grundsätzlich keine Verpflichtung, einer gerichtlichen Ernennung zum Sachverständigen Folge zu leisten. Ausnahmen ergeben sich allerdings dann, wenn ein Arzt den Arztberuf öffentlich zum Erwerb ausübt (in der Regel also der praktizierende Arzt). In diesen Fällen hat der Arzt der Ernennung Folge zu leisten und das entsprechende Gutachten auszuführen (§ 407 ZPO, § 75 StPO).

> **Leitsatz:**
> Übt der Arzt den Arztberuf öffentlich zum Erwerb aus, so ist er verpflichtet, einer gerichtlichen Ernennung als Sachverständiger Folge zu leisten.

## 3. Gutachtenweigerungsrecht

**758**    Da ein öffentlich praktizierender Arzt in der Regel zur Erstattung eines Gutachtens verpflichtet ist, kann es dann zu Konfliktfällen kommen, wenn er als Sachverständiger in Bezug auf eine Person auftreten muss, die ihm aus seiner normalen Tätigkeit bekannt ist. Hier stellt sich dann die Frage, inwieweit auch hier die Schweigepflicht gilt, da ggf. der Arzt ja hier auch Aspekte berücksichtigen muss, die ihm außerhalb des eigentlichen Gutachtenauftrages bekannt geworden bzw. anvertraut worden sind.

> **Beispiel:**
> Der Betriebsarzt A wird anlässlich einer arbeitsrechtlichen Rechtsstreitigkeit durch das Arbeitsgericht zum Sachverständigen ernannt. Er soll ein Gutachten erstellen, um die Arbeitsfähigkeit von B zu beurteilen.
> A ist der allerdings der auch für B zuständige Betriebsarzt. B war anlässlich von Vorsorgemaßnahmen und Eignungsuntersuchungen schon regelmäßig bei A.

**759**    Unproblematisch (zumindest aus rechtlicher Sicht) sind für einen ärztlichen Sachverständigen vor Gericht die Fälle, in denen vor dem Gutachterauftrag noch keinerlei Beziehungen zu der untersuchten Person bestanden haben. Befand sich die untersuchte/zu untersuchende Person allerdings bereits in Behandlung bei dem Sachverständigen (bzw. anlässlich von Einstellungs- bzw. Eignungsuntersuchungen), so unterliegen diese Aspekte dem oben beschriebenen **Zeugnisverweigerungsrecht** (→ Rn. 749). Besteht ein derartiges Zeugnisverweigerungsrecht, so ist der Arzt berechtigt das Gutachten zu verweigern (**Gutachtenverweigerungsrecht des Sachverständigen**, § 408 Abs. 1 S. 1 ZPO, § 76 Abs. 1 S. 1 StPO).

**Leitsatz:**

Besteht hinsichtlich eines Sachverhaltes ein Zeugnisverweigerungs-recht, so darf aus denselben Gründen auch das Gutachten verweigert werden **(Gutachtenverweigerungsrecht).**

Dies bezieht sich allerdings nur auf Sachverhalte, die dem Arzt (zumin- **760** dest teilweise) außerhalb des Gutachtenauftrages bekannt geworden bzw. anvertraut worden sind. Das Gutachtenverweigerungsrecht nach den §§ § 408 Abs. 1 S. 1 ZPO, § 76 Abs. 1 S. 1 StPO schützt den Arzt also da-vor, in die Gutachtenbewertung medizinische Aspekte mit einbeziehen zu müssen, die ihm bereits vor der Ernennung zum Sachverständigen bekannt waren.

Allerdings ist das geschützte Vertrauensverhältnis zwischen Arzt und **761** untersuchten Person dann auch massiv gestört, wenn sich der Auftrag auf Sachverhalte außerhalb erfolgter Behandlungen/Untersuchungen bezieht, die im Rahmen des Sachverständigenauftrages untersuchte Person aber unabhängig davon bei dem sachverständigen Arzt in Behandlung/betriebs-ärztlicher Betreuung ist. In diesen Fällen kann der sachverständige Arzt von der Verpflichtung zur Erstattung des Gutachtens ebenfalls entbunden werden (hierbei handelt es sich um „andere Gründe" gem. § 408 Abs. 1 S. 2 ZPO, § 76 Abs. 1 S. 2 StPO[1]).

**Beispiel 1:**

Der Arzt A wird vom Gericht als Sachverständiger bestellt. Die zu un-tersuchende Person B war davor noch nie bei A. A lernt B ausschließlich im Rahmen des gerichtlichen Auftrages kennen.

Hier besteht grundsätzlich[2] **kein** Gutachtenverweigerungsrecht.

**Beispiel 2:**

Der Arzt A wird vom Gericht als Sachverständiger bestellt. A soll ein Gutachten erstellen, über eine Person, die bei ihm zu einer Eignungsun-tersuchung vorstellig war. Das Gericht möchte, dass er ein Gutachten an-hand der bei ihm bereits vorhandenen Befunde erstellt.

Hier **besteht ein Gutachtenverweigerungsrecht** gem. §§ 408 Abs. 1 S. 1 ZPO, 76 Abs. 1 S. 1 StPO.

**Beispiel 3:**

Der Arzt A wird vom Gericht als Sachverständiger bestellt. Er soll ein Gutachten über die Arbeitsfähigkeit von B erstellen und ihn diesbezüglich auch untersuchen. B ist regelmäßig anlässlich von Vorsorgemaßnahmen

---

[1] *Laufs/Kern/Rehborn* ArztR-HdB 1350.
[2] „Grundsätzlich" daher, da ein Gutachtenverweigerungsrecht zB auch bei Arbeitsü-berlastung des Gutachters bestehen kann.

nach der ArbMedVV bei A. Diese Vorsorgemaßnahmen haben allerdings nichts mit der Arbeitsfähigkeit zu tun.

Abwandlung: A ist der Hausarzt von B. B ist regelmäßig bei A in Behandlung wegen einer anderen (und von der Arbeitsfähigkeit) unabhängigen Erkrankung.

Hier **besteht in beiden Fällen ein Gutachtenverweigerungsrecht** gem. §§ 408 Abs. 1 S. 2 ZPO, 76 Abs. 1 S. 2 StPO.

# K. Besondere Fallgruppen

## I. Problematik Schwangerschaft und Behinderung als Eignungskriterien (Allgemeines Gleichbehandlungsgesetz)

Im Rahmen von Eignungs- und Einstellungsuntersuchungen bedürfen **762** die Aspekte der Schwangerschaft und der Behinderung einer gesonderten Betrachtung, da diese zwei Fallkonstellationen zusätzlich auch unter das staatliche Diskriminierungsrecht fallen.

> **Leitsatz:**
> Bei einer Schwangerschaft oder einer Behinderung muss zusätzlich auch das staatliche Diskriminierungsrecht beachtet werden.

Die zusammenfassende Behandlung ist allein dem Umstand der diskri- **763** minierungsrechtlichen Thematik geschuldet und hat auf gar keinen Fall damit zu tun, dass hier eine Behinderung mit einer Schwangerschaft gleichgesetzt wird oder auch andersrum.

### 1. Allgemeines Gleichbehandlungsgesetz

Das deutsche Allgemeine Gleichbehandlungsgesetz (AGG) erfolgte in **764** Umsetzung verbindlicher europarechtlicher Vorgaben. Verschiedene Richtlinien wurden hier in einem nationalen Gesetz (dem AGG) zusammengefasst.

**Europarechtliche Richtlinien zum Anti-Diskriminierungsrecht:**
– RL 2000/43/EG des Rates vom 29.6.2000 zur Anwendung des Gleichbehandlungsgrundsatzes ohne Unterschied der Rasse oder der ethnischen Herkunft
– RL 2000/78/EG des Rates vom 27.11.2000 zur Festlegung eines allgemeinen Rahmens für die Verwirklichung der Gleichbehandlung in Beschäftigung und Beruf
– RL 2004/113/EG des Rates vom 13.12.2004 zur Verwirklichung des Grundsatzes der Gleichbehandlung von Männern und Frauen beim Zugang zu und bei der Versorgung mit Gütern und Dienstleistungen
– RL 2006/54/EG des Europäischen Parlaments und des Rates vom 5.7.2006 zur Verwirklichung des Grundsatzes der Chancengleichheit und Gleichbehandlung von Männern und Frauen in Arbeits- und Beschäftigungsfragen (Neufassung)

**765**     Das Allgemeine Gleichbehandlungsgesetz (AGG) verbietet vom Grundsatz her die Diskriminierung aufgrund festgelegter Merkmale. Nicht jegliche Diskriminierung ist dem Arbeitgeber durch das AGG untersagt. Diesbezüglich relevant sind lediglich die Merkmale, welche im AGG abschließend benannt sind. Für die Thematik der Eignungsuntersuchungen (einschl. Einstellungsuntersuchungen) sind allerdings lediglich die Merkmale **„Geschlecht"** und **„Behinderung"** von Relevanz.

**Diskriminierungsmerkmale nach dem Allgemeinen Gleichbehandlungsgesetz (§ 1 AGG):**
– Rasse
– Ethnische Herkunft
– Geschlecht
– Religion
– Weltanschauung
– Behinderung
– Alter
– Sexuelle Identität

**766**     Von einer **Benachteiligung** und damit „Diskriminierung" im Sinne des AGG ist immer dann zu sprechen, wenn eine Person wegen eines der benannten Merkmale eine weniger günstige Behandlung erfährt, als eine andere Person in einer vergleichbaren Situation erfährt, erfahren hat oder erfahren würde (§ 3 Abs. 1 S. 1 AGG).

> **Beispiel:**
> Arbeitgeber A stellt nur Männer ein, da er keine Frauen in seiner Firma haben will. Dies hat keinen sachlichen Grund, aber er empfindet seine Frau und seine zwei Töchter als anstrengend genug.
> Bewirbt sich nun eine Frau auf eine von A ausgeschriebene Stelle und wird sie nicht genommen, so ist offenkundig, dass sie in Bezug auf männliche Bewerber eine „weniger günstige Behandlung" erfährt.

**767**     Entsprechend den europarechtlichen Vorgaben zum Diskriminierungsschutz ist der persönliche Anwendungsbereich des AGG weit gefasst. Es gilt für Arbeitnehmer, zur Berufsbildung Beschäftigte, Bewerber, Beamten und Richter (§§ 6, 24 AGG). Für Soldaten gilt das SGleiG.

### 2. Schwangerschaft

**768**     In Bezug auf die „Schwangerschaft" als Eignungskriterium muss verstanden werden, dass es sich hier in der rechtlichen Lösung um ein **aufgestelltes ethisches Gebot** handelt, nach dem zu handeln ist. Wesentlicher Anknüpfungspunkt ist aus rechtlicher Sicht nicht die Frage, ob eine schwangere Bewerberin/Beschäftigte eine bestimmte Tätigkeit schwangerschaftsbedingt vielleicht gerade gar nicht ausführen kann. Wesentliches Wertungskriterium bleibt hier, ob die Frau nur deswegen eine schlechtere Behandlung (zB Nichteinstellung, keine Beförderung, keine Berücksichtigung für bestimmte Posten etc.) erfährt, weil sie eben gerade schwanger ist. Genau an dieser Stelle greift das staatliche Antidiskriminierungsrecht.

> **Leitsatz:**
> Der Aspekt der Schwangerschaft darf weder bei einer Einstellung noch während dem Beschäftigungsverhältnis (zB in Bezug auf eine Beförderung etc.) als Auswahlkriterium herangezogen werden.

So ganz klar erscheint dies aber unmittelbar nicht. Das AGG verbietet **769** vom Wortlaut her diesbezüglich nur die Diskriminierung aufgrund des Geschlechts (vgl. § 1 AGG). Hier könnte man entgegenhalten, dass der Arbeitgeber sich hier nur auf die „Schwangerschaft" bezieht und ja ansonsten Frauen gleichberechtigt behandeln würde.[1] Dies verkennt aber einen wesentlichen Punkt. Es können nur Frauen schwanger werden. Ungeachtet medizinischer Würdigungen stellt die Schwangerschaft keine Krankheit oder Behinderung im rechtlichen Sinne dar sondern ist als dem Lebenszyklus einer Frau zugehörig zu bewerten. Die menschliche Gesellschaft ist ohne Zweifel nur dann bestandsfähig, wenn auch neue Menschen geboren werden. Gleichzeitig entspricht es aber auch heutigem Wertverständnis, dass Frauen selbstbestimmt und trotz Kinder ihr Arbeitsleben bestimmen können. Da nur Frauen schwanger werden können wäre eine unterschiedliche Behandlung aufgrund Schwangerschaft hier diskriminierend. Diesen Gedanken aufgreifend ist auch im AGG festgelegt, dass eine unmittelbare Benachteiligung aufgrund des Geschlechts auch im Falle einer ungünstigeren Behandlung einer Frau wegen Schwangerschaft oder Mutterschaft vorliegt (§ 3 Abs. 1 S. 2 AGG).

Vor diesen Hintergründen kann ein mit einer schwangeren Person ein- **770** gegangener Arbeitsvertrag auch nicht nach § 119 BGB angefochten werden, da es sich aufgrund der diesbezüglichen ethischen Wertentscheidungen bei einer Schwangerschaft um keine verkehrswesentliche Eigenschaft handeln kann.

**a) Auswirkungen der Schwangerschaft auf den Arbeitsvertrag.** **771**
Eine bestehende Schwangerschaft hat als solche keine unmittelbaren negativen Folgen für das Bestehen des Arbeitsvertrages. Er bleibt folglich in seinem Bestand unberührt. Dies gilt uneingeschränkt auch dann, wenn gleich zu Beginn des Beschäftigungsverhältnisses für die arbeitsvertrag-

---

[1] Siehe hierzu ausführlicher: *Thüsing* Diskriminierungsschutz 106.

lich geschuldete Arbeitsleistung ein Beschäftigungsverbot nach dem Mutterschutzrecht greift (zB § 3 MuSchG).

**772** Die Beschäftigungsverbote bewirken rechtlich keine Vertragsstörung. Vielmehr sind sie als Nebenpflicht des Arbeitgebers selber Teil des Vertrages, da sich in den mutterschutzrechtlichen Regelungen die dem Arbeitgeber obliegenden **Fürsorgepflichten** (ua § 618 BGB) seinen Beschäftigten gegenüber konkretisieren. So hat der Arbeitgeber vorrangig die Arbeitsumgebung so zu gestalten, dass werdende und stillende Mütter nicht gefährdet sind (§ 9 Abs. 2 S. 1 MuSchG).

**773** **b) Schwangerschaftsaspekt bei der Einstellungsuntersuchung.** Problematisch ist aber auch die Fragestellung, wie anlässlich einer Einstellungsuntersuchung die Frage einer bestehenden Schwangerschaft beurteilt werden muss. Hier könnte man die Interessen des Arbeitgebers in die Waagschale legen, nicht gleich wieder auf eine soeben eingestellt Arbeitskraft verzichten zu müssen. Gerade wenn sich aus der Schwangerschaft dann auch noch rechtliche Beschäftigungsverbote ergeben (→ Rn. 349), stellt sich die Frage, ob (ähnlich einer bestehenden Erkrankung) der Arbeitgeber nicht auch ein berechtigtes Interesse daran hat, von einer bestehenden Schwangerschaft Kenntnis zu erhalten. Zu Beantwortung dieser Fragestellung ist aber wieder darauf abzustellen, dass es sich bei diesem Diskriminierungsaspekt um eine ethische Wertentscheidung handelt.

---

**Leitsatz:**

Der Arbeitgeber darf anlässlich einer Einstellung nicht nach der Schwangerschaft fragen.

Auch darf er den die Einstellungsuntersuchung durchführenden Arzt nicht beauftragen, den Aspekt der Schwangerschaft bei seiner Beurteilung zu berücksichtigen.

---

**774** **Der Umstand, ob eine Bewerberin schwanger ist, ist folglich für das Arbeitsverhältnis irrelevant**, so dass seitens des Arbeitgebers diesbezüglich kein berechtigtes oder gar schutzwürdiges Interesse anerkannt werden kann. Der Arbeitgeber hat aufgrund der europarechtlichen Vorgaben und der nationalen Umsetzungsvorschriften schlicht und ergreifend nicht das Recht, die Schwangerschaft bei der Einstellung negativ zu berücksichtigen. Missachtet der Arbeitgeber diese Gegebenheiten, so verstößt er gegen das AGG (§ 7 Abs. 1 AGG).

**775** Schwangerschaft und Geburt gehören (anders als zB Erkrankungen, an deren Bekämpfung auch dem Staat gelegen sein muss) zum natürlichen Lebenszyklus einer Frau und sind nach wie vor unerlässlich für das Fortbestehen einer Gesellschaft. Durch die entsprechenden rechtlichen Vorgaben, welche diese Erwägungen mit einbeziehen, hat ein Arbeitgeber auch die entsprechenden „Nachteile", welche sich für ihn selber ergeben können, zu tragen.

> **Leitsatz:**
> Ein Arbeitgeber hat das Risiko der wirtschaftlichen und organisatorischen Konsequenzen der Schwangerschaft seiner Beschäftigten auf sich zu nehmen.[1]

Diese Vorgaben bestehen auch bei **nur befristeten** Beschäftigungsverhältnissen. Auch in diesen Fällen ist es dem Arbeitgeber aus rechtlichen Gründen verwehrt, den Aspekt der Schwangerschaft bei einer Einstellung in Erfahrung zu bringen. Der diskriminierende Aspekt bleibt ja auch in diesen Fällen bestehen, so dass es unerheblich ist, ob ein Arbeitsvertrag auf bestimmte oder unbestimmte Zeit geschlossen wurde. Dies gilt uneingeschränkt auch für kleine Betriebe/Unternehmen, für welche unter Umständen erhebliche finanzielle Belastungen damit verbunden sind.                                                  **776**

Dies gilt auch dann, wenn die werdende Mutter (zB aufgrund eines bestehenden Beschäftigungsverbotes nach dem Mutterschutzrecht) **ihre Tätigkeit zunächst gar nicht aufnehmen kann**.[1] Ferner darf selbst eine Mutterschaftsvertretung nicht nach einer bestehenden oder geplanten Schwangerschaft gefragt werden. Der Europäische Gerichtshof hat selbst dann eine Entlassung einer schwangeren Beschäftigten als unzulässig angesehen, als eine eingestellte Schwangerschaftsvertretung selbst schwanger wurde.[2] Letztlich verbietet sich die Fragestellung nach der Schwangerschaft auch dann, wenn die werdende Mutter einen wesentlichen Teil der vereinbarten Vertragszeit[3] schwangerschaftsbedingt (aufgrund der Beschäftigungsverbote nach dem Mutterschutzrecht) nicht arbeiten kann.[4]                                                  **777**

> **Leitsatz:**
> Die Frage nach einer Schwangerschaft ist ferner **auch dann unzulässig**, wenn mutterschutzrechtliche Beschäftigungsverbote vorliegen und folgende Konstellationen gegeben sind:
> – bei befristeten Arbeitsverträgen,
> – wenn sie die Arbeit zunächst aufgrund der mutterschutzrechtlichen Verbote nicht aufgenommen werden kann oder
> – wenn die werdende Mutter einen wesentlichen Teil der vereinbarten Vertragszeit nicht arbeiten kann.

---

[1] EuGH 4.10.2001 – C-109/00.
[1] BAG 6.2.2003 – 2 AZR 621/01.
[2] EuGH 14.7.1994 – C32/93.
[3] Bei Beamtinnen, Soldatinnen und Richterinnen: Dienstrecht.
[4] EuGH 4.10.2001 – C-109/00.

**778**   Für Beschäftigte in der unmittelbaren und mittelbaren Bundesverwaltung heißt es in § 7 Abs. 2 BGleiG: „In Vorstellungs- oder Auswahlgesprächen sind die Fragen nach dem Familienstand, einer bestehenden oder geplanten Schwangerschaft (…) unzulässig".

**779**   Europa- und obergerichtlich bislang nicht geklärt (Sachstand: September 2020) ist dagegen die Fragestellung, ob eine Frage nach einer Schwangerschaft auch dann eine unzulässige Diskriminierung darstellt, wenn es der werdenden Mutter aufgrund bestehender mutterschutzrechtlicher Beschäftigungsverbote **überhaupt nicht** möglich ist, die Tätigkeit aufzunehmen und durchzuführen.

> **Beispiel:**
> Arbeitgeber A benötigt zur Überbrückung eines Lieferengpasses eine Arbeitskraft vom 1. – 31. März (also für einen Monat). Der befristete Arbeitsvertrag (Vertrag nach § 14 Abs. 2 TzBfG) wird auf diesen Zeitraum ausgestellt. Die schwangere B bewirbt sich erfolgreich um die Stelle und unterzeichnet den Vertrag. B entbindet am 01. März, so dass ein Beschäftigungsverbot für die Dauer von 8 Wochen besteht (§ 6 Abs. 1 MuSchG).
> Hier ist es B überhaupt nicht möglich, die vereinbarte Arbeitsleistung aufzunehmen.

**780**   **c) Schwangerschaftsaspekt im bestehenden Beschäftigungsverhältnis.** Nach den gleichen Grundsätzen bemisst sich auch die Beurteilung einer bestehenden Schwangerschaft im bestehenden Beschäftigungsverhältnis, da auch der berufliche Aufstieg und die Arbeitsbedingungen an sich dem Diskriminierungsrecht unterfallen (§ 2 Abs. 1 AGG). Insofern ergeben sich hier keine diesbezüglichen Besonderheiten. Allerdings ist im Falle einer beabsichtigten Kündigung das mutterschutzrechtliche Kündigungsverbot (vgl. § 17 MuSchG) zu beachten.

**781**   Im bestehenden Beschäftigungsverhältnis ist allerdings die Frage nach einer Schwangerschaft insofern zulässig, wenn sie alleine darauf abzielt, die Arbeitsumgebung entsprechend zu gestalten und den mutterschutzrechtlichen Regelungen nachzukommen.

**782**   **d) Beurteilung der Schwangerschaft durch den Arzt.** Für den die Eignungs- bzw. Einstellungsuntersuchung durchführenden Arzt wird es in der Regel aber auch aus innerer Überzeugung heraus schwierig sein, wie er mit dem Aspekt der Schwangerschaft anlässlich einer Eignungsuntersuchung (einschl. Einstellungsuntersuchung) umzugehen hat. Er hat nicht nur den konkreten Arbeitsplatz und die konkret durchzuführende Tätigkeit vor Augen, vielmehr wird er sich auch ärztlich verpflichtet fühlen, mit zu berücksichtigen, ob sich aus der geplanten/durchgeführten Tätigkeit Gefährdungen für die werdende Mutter oder das entstehende Kind ergeben. Rechtlich müssen allerdings die Aspekte der Eignungsuntersuchung (bzw.

Einstellungsuntersuchung) und des Mutterschutzrechtes unterschieden werden. Wäre die werdende Mutter ohne die bestehende Schwangerschaft geeignet, so muss das Ergebnis der ärztlichen Untersuchung hier auch „geeignet" heißen.

**Fragestellung für den Arzt:**
Wie hätte ich beurteilt, wenn die untersuchte Person nicht schwanger wäre?

Dies gilt selbst dann, wenn die Mutter aufgrund gesetzlicher Beschäfti- **783** gungsverbote (zB § 3 Abs. 1 MuSchG) die konkrete Tätigkeit momentan gar nicht ausführen kann oder in absehbarer Zeit nicht aufnehmen könnte.

> **Leitsatz:**
> Auch wenn die an sich „geeignete" Bewerberin/Beschäftigte schwanger ist, so muss die ärztliche Beurteilung anlässlich einer **arbeitsrechtlichen** Eignungs- und Einstellungsuntersuchung *„geeignet"* lauten.

Insofern ist der Arzt hier an das entsprechende Korsett gebunden, sofern **784** er eine Einstellungsuntersuchung durchführen will. Sofern er persönlich die Eigenschaft der Schwangerschaft für sachdienlich erachtet, ist dies rechtlich irrelevant.[1]

### 3. Behinderung

Schon aus der Verfassung ergibt sich das Verbot, Behinderte aufgrund **785** dieser Eigenschaft zu benachteiligen (Art. 3 Abs. 3 S. 2 GG). Rechtshistorisch ergab sich die Behandlung von Menschen mit Behinderung aus dem Gedanken, „hilflose" Menschen mit dem zu versorgen, was zu einem Leben in der hiesigen Gemeinschaft benötigt wird. Neueren und auch durch das Europarecht gesteuerten Gedanken entsprechend,[2] ist allerdings nicht mehr allein der Aspekt der Versorgung und Fürsorge maßgeblich. Vielmehr muss Menschen mit Behinderung eine selbstbestimmte Teilhabe am gesellschaftlichen Leben (einschl. Arbeitsleben) ermöglicht werden.[3] Rechtliche Rahmensetzung in Bezug auf den Aspekt einer „Behinderung" enthält folglich heutzutage neben Versorgungsaspekten auch den Auftrag an den Gesetzgeber, bestehende Hindernisse (soweit möglich und zumutbar) zu beseitigen.

---

[1] Vgl. auch BAG 12.8.1999 – 2 AZR 55/99 in Bezug auf den Untersuchungsumfang.
[2] Vgl. zB Art. 5 RL 2000/78/EG.
[3] Vgl. BT-Drs. 14/2913, 3.

**786**   Dieser ethischen Wertentscheidung folgend, sind Arbeitgeber auch in gewissen Ausmaße und unter gewissen Umständen verpflichtet, Beeinträchtigungen hinzunehmen.[1]

### a) Begriff der Behinderung.

#### Begriffsbestimmung

Menschen sind behindert, wenn ihre körperliche Funktion, geistige Fähigkeit oder seelische Gesundheit mit hoher Wahrscheinlichkeit für einen nicht unerheblichen Zeitraum von dem für das Lebensalter typischen Zustand abweicht und daher die Teilhabe am Leben in der Gesellschaft (einschl. Arbeitsleben) beeinträchtigt ist

**787**   Interessant ist, dass weder im Grundgesetz (Art. 3 Abs. 3 S. 2 GG) oder im Allgemeinen Gleichbehandlungsgesetz (§ 1 AGG) der Begriff der Behinderung einer Legaldefinition unterzogen ist. Ausweislich der Gesetzesentstehungsmaterialien soll für das AGG der gleiche Behindertenbegriff gelten, wie er sich in § 2 Abs. 1 S. 1 SGB IX bzw. § 3 BGG[2] findet.[3] Europarechtlich kritisch zu beurteilen ist hier allerdings der dort benannte Beeinträchtigungszeitraum von mindestens sechs Monaten.[4] Hier ist allerdings auch zu berücksichtigen, dass die Regelungen im Sozialrecht auch etwas damit zu tun haben, ab wann bestimmte Rehabilitationsleistungen gezahlt werden. Insofern ist die Sechs-Monats-Frist im SGB eher gerechtfertigt als im AGG. Da allerdings die Behinderung von der „Krankheit" abgegrenzt werden muss, so wird sich ein gewisser zeitmäßiger Aspekt nicht gänzlich vermeiden lassen. **Daher sollte diesbezüglich eher von einem „nicht unerheblichen Zeitraum" gesprochen werden, welcher in der Regel anzunehmen ist, wenn er sechs Monate überschreitet.**

**788**   Weiterhin ist Voraussetzung, dass die körperlichen Funktionen, die geistigen Fähigkeiten oder die seelische Gesundheit von einem gewissen Normmaß abweicht. Der Umstand, dass dem „Normalsein" hier entsprechende Maßstäbe zugrunde gelegt werden, ist dem Umstand geschuldet, dem Anti-Diskriminierungsrecht einigermaßen scharfe Konturen zu verleihen. Die Wertigkeit des Menschen nach Art. 1 GG darf hierdurch jedoch in keinster Weise in Frage gestellt werden. Gemeint ist im Ergebnis der Verlust oder die Beeinträchtigung von normalerweise vorhandenen körperlichen Funktionen, geistigen Fähigkeiten oder der seelischen Gesundheit.[5] Allerdings sind auch die „Normalfunktionen" jeweils unter Berücksichtigung des Lebensalters zu berücksichtigen, so dass gewisse für

---

[1] Vgl. zB die Regelungen des § 164 SGB IX.
[2] Das BGG gilt hauptsächlich für Träger der öffentlichen Gewalt.
[3] BT-Drs. 329/06, 31.
[4] Ausführlicher hierzu: *Thüsing* Diskriminierungsschutz 86 ff.; *Wendeling-Schröder/Stein* AGG § 1 Rn. 48.
[5] BT-Drs. 14/5074, 98.

das Altern typische gesundheitliche Zustände (zB Sehfähigkeit) nicht als Behinderung einzustufen sind, sofern sie denn als „typisch" für ein gewisses Lebensalter anerkannt sind. Diesbezüglich ist allerdings zu berücksichtigen, dass auch das „Alter" grundsätzlich einen Diskriminierungstatbestand im Sinne des AGG darstellt (vgl. §§ 1, 10 AGG).

Weiterhin muss die **Teilhabe am Gemeinschaftsleben** beeinträchtigt 789 sein. Hier muss dann auch ein zwingender Kausalzusammenhang zwischen der gesundheitlichen Beeinträchtigung und der Beeinträchtigung im Alltagsleben (wozu auch das Arbeitsleben zu zählen ist) bestehen. Folglich muss die Alltagsbeeinträchtigung eben genau darauf beruhen, dass eine gesundheitliche Beeinträchtigung vorliegt. Der Begriff der „Behinderung" im Sinne von § 1 AGG umfasst folglich mehr als reine Funktionsstörungen. Wesentliches Merkmal ist die Beeinträchtigung der gesellschaftlichen Teilhabe. Er hat somit einen starken sozialen Aspekt.

---

**Leitsatz:**
„Behinderung" im Sinne des AGG ist das Zusammenwirken individueller Gesundheitsstörungen mit sozialen Barrieren.

---

Die gesellschaftliche Teilhabe kann auch dann beeinträchtigt sein, wenn 790 dies maßgeblich auf Verhalten anderer zurückzuführen ist. Wird eine Person aufgrund einer Erkrankung beispielsweise besonders stigmatisiert, so kann dies im Einzelfall dazu führen, dass von einer Behinderung im Sinne des AGG auszugehen ist.

---

**Leitsatz:**
Eine Beeinträchtigung an der sozialen Teilhabe liegt auch dann vor, wenn die zugrunde liegende Erkrankung zu einem sozialen Vermeidungsverhalten anderer und die darauf beruhende Stigmatisierung führt.

---

Ob die gesellschaftliche Teilhabe allerdings im Sinne des AGG einer 791 Beeinträchtigung widerfährt, ist jeweils im Einzelfall zu entscheiden, da die Regelungen des AGG ansonsten Gefahr laufen, uferlos zu werden und somit ihre Schutzwirkung gegenüber Menschen mit Behinderung relativieren würde. So kann zB bei einem „schlecht" einzustellenden Diabetiker eine Behinderung aufgrund gesellschaftlicher Beeinträchtigungen gegeben sein, bei einem „gut" eingestellten Diabetiker dagegen nicht.[1] Die Beurteilung, ob eine „Behinderung" im Sinne des AGG vorliegt ist also von der Fragestellung abhängig ob und in welchem Umfang gesellschaftliche Barrieren für die betroffene Person vorliegen. Im Umkehrschluss bedeutet dies aber auch, dass diejenige gesundheitlich beeinträchtigte Person, wel-

---

[1] Vgl. auch BAG 19.12.2013 – 6 AZR 190/12.

che die Möglichkeit hat, gleichberechtigt am Leben in der Gemeinschaft und im Beruf teilzuhaben, nicht als „behindert" zu bezeichnen ist.[1] Ist die Sachlage nicht in Bezug auf eine Beeinträchtigung gesellschaftlicher Teilhabe offenkundig (zB bei einem Rollstuhlfahrer), so ist die Einzelfallprüfung das notwendige Korrektiv, um den Begriff der Behinderung nicht zu verwässern.

> **Leitsatz:**
> Stigmatisierung und Vorurteile sind benachteiligende gesellschaftliche Kontextfaktoren.[2]

**792**    Ausdrücklich für den Anwendungsbereich des AGG nicht erforderlich ist das Vorliegen einer Schwerbehinderung im Sinne des § 2 Abs. 2 SGB IX. Als Behinderung nach dem AGG gilt folglich auch eine Behinderung, welche den dort umschriebenen Grad (Grad der Behinderung von wenigstens 50; § 2 Abs. 2 SGB IX) noch nicht erreicht hat. Unerheblich ist hierbei auch, dass § 164 Abs. 2 SGB IX nochmals ausdrücklich hervorhebt, dass schwerbehinderte Beschäftigte nicht wegen ihrer Behinderung benachteiligt werden dürfen. Dieser Paragraf ist eher rechtshistorisch zu verstehen.[3] Im Ergebnis bedeutet dies, dass das AGG auch dann schon greift, wenn eine „einfache" Behinderung vorliegt.[4]

**793**    Als unproblematisch können in der Regel die Fälle angenommen werden, in denen die Behinderung nach § 152 SGB IX behördlich festgestellt ist.

**Begriff der „Behinderung" nach dem EuGH (EuGH 11.4.2013 – C335/11 und C-337)**
„Behinderung" im Sinne der RL 2000/78/EG ist ein Zustand, der durch eine ärztlich diagnostizierte heilbare oder unheilbare Krankheit verursacht wird, wenn diese Krankheit eine Einschränkung mit sich bringt, die insbesondere auf physische, geistige oder psychische Beeinträchtigungen zurückzuführen ist, die in Wechselwirkung mit verschiedenen Barrieren den Betreffenden an der vollen und wirksamen Teilhabe am Berufsleben gleichberechtigte mit den anderen Arbeitnehmern, hindern kann und wenn diese Einschränkung von langer Dauer ist.

**794**    **b) Sonderfall Alkohol- und Drogensucht als Behinderung.** Wie bereits an anderer Stelle dargelegt (→ Rn. 825) ist die Alkohol- und/oder Drogensucht rechtlich als Krankheit anerkannt. Fraglich ist aber, ob sie

---

[1] BAG 19.12.2013 – 6 AZR 190/12.
[2] BAG 19.12.2013 – 6 AZR 190/12.
[3] BT-Drs. 14/5074, 113.
[4] BAG 27.1.2011 – 8 AZR 580/09.

auch eine Behinderung darstellt. Maßgeblich zur Beantwortung dieser Fragestellung ist im Wesentlichen, ob die Alkohol- bzw. Drogensucht auch zu einer entsprechenden Beeinträchtigung der gesellschaftlichen Teilhabe führt.

Dies ist in den Fällen zu bejahen, in denen der durch die Alkohol- bzw. **795** Drogensucht bedingte Kontrollverlust ein nicht nur unerhebliches Maß überschreitet. Wesentliches Merkmal der Sucht im rechtlich verstandenen Sinne ist der Verlust der Selbstkontrolle.

> **Leitsatz:**
> Führt der durch die Alkohol- bzw. Drogensucht bedingte Verlust der Selbstkontrolle dazu, dass wesentliche alltägliche Handlungen nicht mehr ordnungsgemäß ausgeführt werden können, so ist die Sucht regelmäßig auch als „Behinderung" im Sinne des AGG einzustufen.

Die „Beeinträchtigung" an der gesellschaftlichen Teilhabe ergibt sich **796** dann daraus, dass es den Süchtigen aufgrund der sozialen Kompetenzdefizite nicht mehr möglich ist, ihren Alltag in die Gesellschaft zu integrieren. Sie sind zB aufgrund ihrer Erkrankung („Sucht") nicht mehr in der Lage, regelmäßig und pünktlich an ihrem Arbeitsplatz zu erscheinen, bestimmten Terminen (zB beim Amt) nachzugehen oder sich ordnungsgemäß um ihre Kinder zu kümmern. Führt die Sucht folglich dazu, dass die erkrankten Personen in ihrer Fähigkeit eingeschränkt sind, an der Gesellschaft teilzuhaben, so liegt eine Behinderung vor.[1] Dies ist allerdings dann immer unter Beachtung des umschriebenen Begriffsverständnisses im Einzelfall zu entscheiden.

Der Nikotinsucht dagegen fehlt es allerdings in aller Regel an der not- **797** wendigen gesellschaftlichen Beeinträchtigung.

**c) HIV als Sonderfall der Behinderung.** Ein wesentliches Begriffs- **798** merkmal der „Behinderung" im Sinne des AGG ist neben dem Vorliegen einer gesundheitlichen Beeinträchtigung die Beeinträchtigung gesellschaftlicher Teilhabe. Diese kann, wie oben bereits dargestellt, auch in einem sozialen Vermeidungsverhalten anderer Personen begründet sein.

Unter diesem Aspekt ist auch die Fragestellung zu entscheiden, ob eine **799** symptomlose HIV-Infektion eine Behinderung im Sinne von § 1 AGG darstellt. Auch hier ist die Einzelfallprüfung entscheidend.

> **Leitsatz:**
> Hat eine HIV-Infektion zur Folge, dass es zu sozialem Vermeidungsverhalten, Stigmatisierung und Vorurteilen kommt, so ist eine „Behinderung" im Sinne des AGG anzunehmen.

---

[1] Vgl. BAG 14.1.2004 – 10 AZR 188/03.

**800**     Unerheblich ist hierbei, warum es zu einer Stigmatisierung und zu Vorurteilen kommt. Auch das auf bloße Unkenntnis beruhende Vorurteil ist in gelebter Form geeignet, die betroffene Person zu stigmatisieren. Gerade bei HIV-Infektionen dürfte sich das soziale Vermeidungsverhalten anderer Personen in der Regel aus dem Umstand ergeben, dass Unkenntnis über die überhaupt möglichen Übertragungswege vorherrscht.

**801**     Im Ergebnis bleibt also festzustellen, dass eine symptomlose HIV-Infektion bei Vorliegen der entsprechenden sozialen Beeinträchtigung eine Behinderung im Sinne des § 1 AGG darstellen kann.[1]

**802**     **d) Das Merkmal der Behinderung in der Einstellungs- und Eignungsuntersuchung.** Ist klargestellt, wann eine Behinderung im Sinne von § 1 AGG vorliegt, so verbleibt weiterhin die Fragestellung, ob die dort umschriebenen Eigenschaften den Entscheidungen in Bezug auf Einstellungs- und Eignungsuntersuchungen zugrunde gelegt werden dürfen.

**803**     In Bezug auf eine vorliegende „Behinderung" ist zur Beantwortung der Fragestellung auch wesentlich, dass sich hier der Sachverhalt anders darstellt, als bei dem Vorliegen einer Schwangerschaft. Regelmäßig ist davon auszugehen, dass eine Schwangerschaft keine Erkrankung im herkömmlichen Sinne darstellt. Weiterhin ist eine Schwangerschaft auch in der Regel ein zeitlich zu definierendes Lebensereignis. Eine Behinderung dagegen, kann auch sehr lange bzw. dauerhaft vorliegen. Während also zB ein ärztliches Beschäftigungsverbot nach § 16 Abs. 1 MuSchG der Natur nach schon zeitlich eingrenzbar ist, kann es bei dem Vorliegen einer Behinderung durchaus sein, dass die geforderte Arbeitsleistung dauerhaft gar nicht erbracht werden kann.

**804**     In diesen Fällen kann es durchaus unbillig sein, wenn der Arbeitgeber Personen beschäftigten müsste, welche aufgrund einer Behinderung gar nicht in der Lage sind, die ihnen übertragenen Arbeitsaufgaben wahrzunehmen. So kann es durchaus vorkommen, dass zwingende berufliche Anforderungen einer bestehenden Behinderung entgegenstehen. Hier ist es dann notwendig, die unterschiedlichen Interessenlagen zwischen Arbeitgeber und Beschäftigter/Bewerber sorgfältig gegeneinander abzuwägen.

**805**     Aufgrund des Schutzzweckes des AGG kann aber die Festlegung, welche Anforderungen an einen Arbeitsplatz zu stellen sind, nicht allein dem Arbeitgeber überlassen werden. Da es ihm vom Grundsatz her freisteht, ein entsprechendes Anforderungsprofil festzulegen (→ Rn. 33 ff.), bedarf es in Bezug auf eine in § 1 AGG geschützte „Behinderung" eines Regulatives, welches allein nach objektiven Maßgaben zu bemessen ist und sich somit der völlig freien Entscheidungsgewalt eines Arbeitgebers entzieht.

**806**     Um die Interessenabwägung und die geforderten Verhältnismäßigkeitserwägungen zu wahren, lässt das AGG eine Benachteiligung aufgrund einer Behinderung nur dann zu, wenn das Nichtvorliegen einer Behinderung wegen der Art der auszuübenden Tätigkeit oder der Bedingungen ihrer

---

[1] So BAG 19.12.2013 – 6 AZR 190/12.

Ausübung eine wesentliche und entscheidende berufliche Anforderung darstellt (§ 8 Abs. 1 AGG).

Eine (unmittelbare) Benachteiligung im Sinne des AGG liegt dann vor, **807** wenn einer Person wegen einer Behinderung eine weniger günstige Behandlung erfährt, als eine andere Person in einer vergleichbaren Situation (§ 3 Abs. 1 S. 1 AGG). Dies ist im Falle der Nichteinstellung zweifelsohne der Fall (auch Bewerber gelten als Beschäftigte im Sinn des AGG; § 6 Abs. 1 S. 2 AGG). Gleiches gilt dann, wenn im bestehenden Beschäftigungsverhältnis im Rahmen einer Eignungsuntersuchung das Vorliegen einer Behinderung in der Bewertung zur „Nichteignung" führt. Im Rahmen von ärztlichen Untersuchungen ist folglich auch der rechtliche Rechtfertigungsrahmen des § 8 Abs. 1 AGG zu wahren.

**Leitsatz:**
Eine bestehende Behinderung darf dann im Rahmen von Einstellungs- und Eignungsuntersuchungen berücksichtigt werden, wenn das Fehlen einer Behinderung wegen der Art der auszuübenden Tätigkeit oder der Bedingung ihrer Ausübung eine wesentliche und entscheidende berufliche Anforderung darstellt.

Im Ergebnis ist also zu bewerten, welche gesundheitliche Anforderun- **808** gen aus objektiver Sicht an den konkreten Arbeitsplatz zu stellen sind und welche genauen gesundheitlichen Beeinträchtigungen dazu führen, dass die durchzuführenden Tätigkeiten nicht oder nicht ordnungsgemäß ausgeübt werden können.

**Leitsatz:**
**„Entscheidend"** ist ein gesundheitlicher Aspekt für die konkrete Tätigkeit dann, wenn diese Tätigkeit ohne diesen Aspekt entweder gar nicht oder nicht ordnungsgemäß durchgeführt werden kann.[1]
**„Wesentlich"** ist ein gesundheitlicher Aspekt dann, wenn er für den konkreten Arbeitsplatz prägend ist.[2] Der gesundheitliche Aspekt darf nicht nur für unbedeutende, den Arbeitsplatz nicht charakterisierende Tätigkeiten erforderlich sein.[3]

*Thüsing* stellt hier folgende Testfrage:[4] *„Wäre die Stelle dauerhaft unbe-* **809** *setzt geblieben, wenn sich nur Arbeitnehmer ohne das geforderte Differen-* *zierungsmerkmal beworben hätten?"*.

---

[1] Vgl. BAG 28.5.2009 – 8 AZR 536/08.
[2] Vgl. *Thüsing* Diskriminierungsschutz 145.
[3] Vgl. BAG 28.5.2009 – 8 AZR 536/08.
[4] *Thüsing* Diskriminierungsschutz 146.

**810**  Die Beurteilungen haben aber immer streng tätigkeitsbezogen zu erfolgen. Weiterhin muss auch immer individuell geprüft werden, ob bestehende gesundheitliche Beeinträchtigungen dazu führen, dass die konkret durchzuführenden Arbeiten nicht bzw. nicht ordnungsgemäß möglich sind. **Es empfiehlt sich daher, unerwünschte gesundheitliche Beeinträchtigungen in Stellenausschreibungen nicht auf Krankheitsbilder zu beziehen**, sondern die verlangten Fähigkeiten abstrakter zu beschreiben. Ansonsten besteht die Gefahr, dass bei einer bestimmten Person das Krankheitsbild zwar vorliegt, sie aufgrund ihrer individuellen Konstitution aber in der Lage ist, die durchzuführenden Arbeiten vollumfänglich zu bewerkstelligen.

**811**  Weiterhin muss der Zweck der unterschiedlichen Behandlung rechtmäßig sein (§ 8 Abs. 1 AGG), so dass Handlungen, welche offensichtlich unsachlich oder willkürlich abgehandelt werden, nicht mehr zur Rechtfertigung beitragen können.[1]

> **Praxistipp:**
>
> Sollen beispielsweise schwere Lasten gehoben werden, so sollte in Stellenbeschreibungen nicht angegeben werden, dass Personen frei von Bandscheibenproblemen sein sollen.
>
> Vielmehr sollte abstrakt umschrieben werden, dass im Rahmen der Tätigkeit schwere Lasten gehoben werden müssen, weil teilweise eine klare Abgrenzung zwischen Behinderung und Erkrankung schwierig sein kann.
>
> Im Bewerbungsgespräch sollte auch lediglich gefragt werden, ob der Bewerber in der Lage ist, die vorgesehene Tätigkeit ohne Einschränkungen zu verrichten.[2]

**812**  Weiterhin muss der Zweck der Ungleichbehandlung (also die Berücksichtigung des Merkmals „Behinderung" im Gegensatz zu den nicht behinderten Personen) rechtmäßig sein (§ 8 Abs. 1 AGG). Dies lässt sich im Wesentlichen schon an den bereits behandelten Merkmalen „wesentlich" und „entscheidend" ableiten. Ein Zweck ist regelmäßig dann nicht rechtmäßig im Sinne des AGG, wenn die Entscheidung des Arbeitgebers unsachlich, unvernünftig oder willkürlich ist.

**813**  Die ebenfalls in § 8 Abs. 1 AGG geforderte Angemessenheit der Anforderungen bedeutet für den Arbeitgeber, dass die an den behinderten Beschäftigten/Bewerber gestellten Anforderungen dem Grundsatz der Verhältnismäßigkeit zwischen beruflichem Zweck und Schutz vor Benachteiligung zugänglich sein muss.[3] Insbesondere kann sich hieraus die Verpflichtung für den Arbeitgeber ergeben, dass dieser erstmal prüfen muss, ob er die Anfor-

---

[1] *Wendeling-Schröder/Stein* AGG § 8 Rn. 11.
[2] *v. Stein/Rothe/Schlegel* Gesundheitsmanagement Kap. 1 § 2 Rn. 14.
[3] Vgl. BT-Drs. 329/06, 36.

derungshindernisse dadurch beseitigen kann, dass er angemessene Vorkehrungen am Arbeitsplatz trifft.[1]

In Bezug auf die Fragestellung, wann eine Behinderung eigeninitiativ **814** offenbart werden muss, → Rn. 128 ff.

**e) Die Frage nach der Schwerbehinderung im laufenden Beschäfti-** **815** **gungsverhältnis.** Völlig unabhängig von Eignungsfragen ist die Fragestellung nach einer Schwerbehinderung des Beschäftigten im laufenden Beschäftigungsverhältnis für den Arbeitgeber von entsprechender Relevanz. Hier darf nicht unberücksichtigt bleiben, dass auch Arbeitgeber ihren Anteil daran zu tragen haben, dass behinderte Menschen gleichberechtigt am Gesellschaftsleben teilhaben können (vgl. SGB IX).

So hat ein Arbeitgeber beispielsweise zu prüfen, ob freie Arbeitsplätze **816** mit schwerbehinderten Menschen besetzt werden können (§ 164 Abs. 1 S. 1 SGB IX). Zu erwähnen ist hier auch die Ausgleichsabgabe nach § 160 SGB IX und die Gewährung von Zusatzurlaub nach § 208 SGB IX. Ferner ist der Arbeitgeber in den meisten Fallkonstellationen verpflichtet, bei der Kündigung schwerbehinderter Menschen die vorherige Zustimmung des Integrationsamtes einzuholen (§ 168 SGB IX).

Während die Fragestellung der Schwerbehinderung im Vorvertragsver- **817** fahren (bzw. im Rahmen der Einstellungsuntersuchung) strengen Einschränkungen unterliegt, so ist die Fragestellung im bestehenden Beschäftigungsverhältnis je nach Fragehintergrund als „erforderlich" im Sinne des Datenschutzrechtes zu sehen.[2]

Dies bezieht sich allerdings lediglich auf die reine Sachstandserhebung **818** (folglich den alleinigen Umstand der „Schwerbehinderung") ohne weitere Benachteiligungen der betroffenen Person. Nur diese Fallkonstellation ist mit dem AGG vereinbar.[3] Weiterhin ist die Fragestellung nach einer Schwerbehinderung nur dann zulässig, wenn der Arbeitgeber beabsichtigt, mit dieser Fragestellung seinen sich aus dem Sozialrecht (vor allem SGB IX) ergebenen Verpflichtungen nachzukommen. Sind diese Voraussetzungen gegeben, so muss der Beschäftigte aufgrund seiner Rücksichtnahmepflichten nach § 241 Abs. 2 BGB auch wahrheitsgemäß antworten.[4]

---

**Leitsatz:**

Die Fragestellung nach einer Schwerbehinderung im Sinne des SGB IX ist im bestehenden Beschäftigungsverhältnis zulässig, wenn sie den Zwecken dient, den Anforderungen des SGB IX nachzukommen.

Eine diesbezügliche ärztliche Untersuchung ist allerdings unzulässig, so dass es bei einer Befragung sein Bewenden hat.

---

[1] Vgl. *Burger* Beschäftigtendaten 136.
[2] Vgl. NK-BDSG/*Simitis* BDSG § 32 Rn 30.
[3] Vgl. auch *Burger* Beschäftigtendaten 203.
[4] Vgl. auch BAG 16.2.2012 – 6 AZR 553/10.

> **Beispiel:**
> Arbeitgeber A beabsichtigt den Beschäftigten B zu kündigen. Er fragt ihn deshalb, ob dieser schwerbehindert im Sinne des SGB IX sei.
> Dies stellt eine zulässige Fragestellung dar.

**819**  Zulässig ist allerdings lediglich die bloße Fragestellung nach einer Schwerbehinderung. Eine diesbezügliche ärztliche Untersuchung hält einer hierfür erforderlichen Verhältnismäßigkeitsprüfung (→ Rn. 54 ff.) nicht stand, da sie regelmäßig nicht „erforderlich" ist, da ja ein milderes, gleich wirksames Mittel (nämlich die bloße Befragung) zur Verfügung steht. Eine ärztliche Untersuchung ist hier ferner auch regelmäßig nicht angemessen.

**820**  Gibt hier der Beschäftigte wahrheitswidrig an, er sei nicht schwerbehindert im Sinne von § 2 Abs. 2 SGB IX, so verschlechtert er in bestimmten Fallkonstellationen seine Rechtspositionen. Zwar gilt zB der **Sonderkündigungsschutz** des schwerbehinderten Beschäftigten nach §§ 168 ff. SGB IX auch dann, wenn der Arbeitgeber von der Schwerbehinderteneigenschaft nichts weiß. Lügt der Beschäftigten den Arbeitgeber hier an, so unterliegt sein Recht, die Zustimmungsbedürftigkeit der Kündigung nach § 168 SGB IX geltend zu machen, der „Verwirkung". Hierbei handelt es sich um einen Sonderfall der unzulässigen Rechtsausübung im Sinne von § 242 BGB.[1]

**821**  Möchte der aber ein Bewerber schon in der Vorvertragsphase seine Rechte aus dem SGB IX wahrnehmen, so muss er in geeigneter Form (zB bereits im Bewerbungsschreiben) den Arbeitgeber darauf hinweisen.[2]

> **Beispiel:**
> Der schwerbehinderte Bewerber B bewirbt sich auf eine Sachbearbeiterstelle im öffentlichen Dienst. Er weiß, dass er hier als schwerbehinderter Mensch bei vorliegender fachlicher Eignung zu einem Vorstellungsgespräch eingeladen werden muss (§ 165 S. 2 SGB IX).
> Möchte er dieses Recht auch geltend machen, so muss er zB schon im Bewerbungsschreiben auf seine Schwerbehinderung hinweisen.

### 4. Die bloße Annahme einer Schwangerschaft oder Behinderung

**822**  Durch das Anti-Diskriminierungsrecht ist auch der Aspekt geschützt, dass der Arbeitgeber eine in § 1 AGG benannte Eigenschaft (zB Behinderung) lediglich annimmt (vgl. § 7 Abs. 1 AGG) und dadurch der betroffe-

---

[1] BAG 23.2.2010 – 2 AZR 659/08.
[2] Vgl. BAG 18.9.2014 – 8 AZR 759/13.

nen Person eine für sie nachteilige Behandlung zukommen lässt. Hierbei ist folglich also nicht entscheiden, ob der Grund für die Diskriminierung (Behinderung, Schwangerschaft etc.) also tatsächlich auch vorliegt.

> **Beispiel:**
> Arbeitgeber A glaubt, dass die Bewerberin B schwanger ist. Er gelangt zu dieser Überzeugung, da er im Vorstellungsgespräch Verhaltensweisen bemerkt hat, welche seine Frau auch gezeigt hat, während sie schwanger war. A beschließt, B nicht einzustellen, da er keine schwangeren Mitarbeiterinnen haben will. Er teilt B dies auch entsprechend mit.
> B ist aber in Wirklichkeit gar nicht schwanger.
> A nimmt in diesem Beispiel den Diskriminierungsgrund „Schwangerschaft" (§ 1, 3 Abs. 1 S. 2 AGG) lediglich an. Rechtlich gilt dies aber als Benachteiligung aufgrund eines im AGG benannten Merkmales (§ 7 Abs. 1 AGG). Dies kann dann zu entsprechenden Rechtsfolgen führen (zB Entschädigung und Schadensersatz nach § 15 AGG).

Insofern ist auch Vorsicht bei Krankheiten geboten, welche oft zu einer **823** Behinderung führen können. An die Diskriminierungsvermutung nach § 22 AGG sind keine allzu strengen Maßstäbe anzulegen. Hier reicht es aus, wenn nach allgemeiner Lebenserfahrung eine überwiegende Wahrscheinlichkeit besteht.[1] Oft wird dann der Arbeitgeber wieder beweisen müssen, dass er nicht gegen das AGG verstoßen hat (§ 22 AGG).

> **Leitsatz:**
> Aus der Frage nach bestimmten Erkrankungen oder Leiden kann je nach den Umständen des Einzelfalls auch auf eine Erkundigung nach einer Behinderung geschlossen werden.[2]

## 5. Recht auf Einstellung

Erfolgt seitens des Arbeitgebers eine unzulässige Benachteiligung auf- **824** grund des Geschlechtes oder einer Behinderung, so löst dies zwar nach § 15 AGG ggf. Entschädigungs- und Schadensersatzansprüche aus, ein Anspruch auf Einstellung wird dadurch allerdings regelmäßig nicht begründet (§ 15 Abs. 6 AGG).

---

[1] BAG 17.12.2009 – 8 AZR 670/08.
[2] BAG 17.12.2009 – 8 AZR 670/08.

## II. Drogen und Alkohol

825 Kritisch zu beurteilen ist die Fragestellung, ob anlässlich von Eignungsuntersuchungen (einschl. Einstellungsuntersuchungen) auch ärztliche
Testverfahren zur Feststellung der Einnahme von Drogen und Alkohol erfolgen dürfen. Die (medizinisch nicht ganz richtige) unterschiedliche Behandlung im Wortlaut von „Drogen" und „Alkohol" ist hier lediglich der
besseren Lesbarkeit geschuldet und soll verdeutlichen, dass auch der Alkohol als „etablierte Droge" in der Diskussion nicht vernachlässigt werden
darf. Hierzu ist auch anzumerken, dass die Wirkungsweise von Alkohol im
Körper wesentlich eingehender medizinischen Untersuchungen unterlag
als die „sonstigen" Drogen. Dies bedingt leider auch, dass es bis auf den
Alkohol für die sonstigen entsprechend wirkenden Substanzen weniger
verlässliche Grenzwerte zB in Bezug auf die Fahrtüchtigkeit gibt. Dies gilt
vor allem dort, wo es sich um „illegale" Drogen handelt.

826 Die Problematik um Alkohol ist insofern schwierig, als dass Alkoholkonsum in der hiesigen Gesellschaft allgemein Anerkennung findet und an
sich nicht geächtet wird. Er bildet einen festen Bestandteil des gesellschaftlichen Lebens. Auch bildet das „Betrunkensein" in nur gelegentlichen Ausmaße kein Tabu, sondern findet in bestimmten Zusammenhän-
gen (zB „Oktoberfest in München") durchaus auch gesellschaftliche
Anerkennung.

827 Ein Tabu bildet allerdings die Abhängigkeit von Alkohol, auch wenn
vermehrt die auch gesellschaftliche Anerkennung hier als „Krankheit" zu
beobachten ist. Alkoholabhängigkeit wird, selbst wenn diese durch den
Abhängigen selber erkannt wird, versucht zu verheimlichen. Niemand
möchte als Alkoholiker gelten. **Sie führt, in objektiver Betrachtungsweise, aber auch regelmäßig zur Arbeitsunfähigkeit,** und dies in der
schweren Verlaufsform für fast alle denkbaren Tätigkeiten. Vor diesem
Hintergrund ist auch ein Interesse des Arbeitgebers anzuerkennen, keine
alkoholabhängigen Beschäftigten zu beschäftigen. Da hier die arbeitsrechtlich geschuldete Arbeitsleistung nicht erbracht werden kann, ist dieses Interesse vom Grundsatz her auch berechtigt, billigens- und schützenswert.

828 Ähnlich verhält es sich mit Drogen. Hier erfolgt allerdings (zumindest
formell) eine Ächtung dieser Substanzen. Im Gegensatz zum Wort „Alkohol" wird mit dem Wort „Drogen" etwas Verbotenes assoziiert. Dies wird
der Realität allerdings nur teilweise gerecht, da es neben den verbotenen
auch legale Drogen geben kann. Strafbar im Sinne des Strafrechts ist im
Wesentlichen nur der bestimmte Umgang mit Substanzen, welche im Betäubungsmittelgesetz (BtMG) benannt sind. Auch finden sich entsprechende Reglementierungen im Arzneimittelgesetz (AMG). Allerdings
führt (wie zB bei Cannabis) der Konsum dieser Substanzen nicht immer
zwingend zu einer Abhängigkeit. Liegt allerdings eine medizinisch mani-
festierte Abhängigkeit von diesen Substanzen vor, so führt dies (wie auch
beim Alkohol) regelmäßig zur Arbeitsunfähigkeit, so dass dem Arbeitge-

ber ein berechtigtes und schützenswertes Interesse zuzugestehen ist, keine Abhängigen zu beschäftigen.

Hierbei ist auch zu berücksichtigen, dass sämtliche psychotrop (auf die **829** Psyche einwirkend) wirkenden Substanzen auch normale Arbeitsabläufe stören können, zB durch veränderte Farbwahrnehmung, verändertes räumliches Sehen, Konzentrationsstörungen und sonstige Wahrnehmungsveränderungen. Insofern darf ein Arbeitgeber auch bei nicht gefährdend wirkenden Tätigkeiten verlangen, dass die durchzuführenden Arbeiten ohne Einfluss von Drogen und Alkohol durchgeführt werden (zum Alkohol- und Drogenverbot im Betrieb/Unternehmen → Rn. 896 ff.).

> **Leitsatz:**
> Vom Grundsatz her ist dem Arbeitgeber ein berechtigtes, billigenswertes und schutzwürdiges Interesse zuzugestehen, keine alkohol- oder drogenabhängigen Mitarbeiter zu beschäftigen.

Auf die gesellschaftlich-ethischen Aspekte des Umgangs mit alkohol- **830** und drogenabhängigen Menschen kann an dieser Stelle nicht vertiefend eingegangen werden, dieser Problematik ist arbeitsrechtlich nicht mit der Thematik Eignungsuntersuchungen beizukommen.

Bci Alkohol und Drogen stellt sich auch weiterhin das Problem, dass **831** selbst ohne Vorliegen einer Abhängigkeit ab einer bestimmten Wirkdosis brauchbare Arbeitsleistung regelmäßig nicht abgeleistet werden kann. Gerade im Umgang mit Land-, Wasser- und Luftfahrzeugen und beim Bedienen von Maschinen treten auch weiterhin Gefährdungen für Dritte und den Mitarbeiter selbst auf. Insofern ist auch hier ein berechtigtes Interesse des Arbeitgebers anzuerkennen, nur solche Beschäftigten einzusetzen, die nicht infolge Alkohol- oder Drogenkonsums im Betrieb eine Gefahr für sich und andere darstellen.[1]

Problematisch zu bewerten ist auch die Fallgestaltung, dass bestimmte **832** Nachweisverfahren in Bezug auf Drogen auch einen länger zurückliegenden Konsum nachweisen und so keinen reellen Bezugswert zur aktuellen und konkreten Arbeitsunfähigkeit darstellen können.

> **Leitsatz:**
> Der Arbeitgeber hat ein berechtigtes Interesse daran, nur solche Personen zu beschäftigen, die nicht infolge von Alkohol oder Drogen eine Gefahr für sich und/oder andere darstellen.

---

[1] Vgl. (allerdings unter dem Aspekt des „Missbrauchs") BAG 12.8.1999 – 2 AZR 55/99.

833    Letztlich fordert auch die DGUV V1, dass sich die Beschäftigten nicht durch den Konsum von Alkohol, Drogen und anderen berauschenden Mitteln in einen Zustand versetzen dürfen, durch den sie sich selbst oder andere gefährden können (§ 15 Abs. 2 DGUV V1). Da der Arbeitgeber auch hier für die Durchführung entsprechender Schutzmaßnahmen verantwortlich bleibt (vgl. zB § 21 Abs. 1 SGB VII), so muss ihm auch ein entsprechendes Interesse zugestanden werden, auch in Bezug auf Alkohol- und Drogen diesbezügliche Regelungen treffen zu können.

834    Problematisch ist dagegen die Einzelfallfrage, ob bestimmte ärztliche Untersuchungen in Bezug auf Drogen und Alkohol vorgenommen werden sollen. Hier ist auch erwähnenswert, dass die öffentlich-rechtlichen Vorschriften im Wesentlichen nur dann eine Überprüfung in Bezug auf Alkohol und Drogen vorsehen, wenn entsprechende Anhaltspunkte für einen diesbezüglichen Missbrauch vorliegen (vgl. zB § 13 FeV, § 6 Abs. 1 Nr. 2 WaffG). Auch die Triebfahrzeugführerscheinverordnung benennt für die regelmäßigen ärztlichen Untersuchungen die Untersuchung auf Drogen als Mindestinhalt nur dann, sofern dies klinisch angezeigt ist.[1]

835    Die Frage der Zulässigkeit verpflichtender Drogen- und Alkoholscreenings im laufenden Beschäftigungsverhältnis kann mittels **Feststellungsklage** nach § 256 ZPO arbeitsgerichtlich geklärt werden. Das hierzu nach § 256 Abs. 1 ZPO erforderliche rechtliche Interesse ergibt sich daraus, dass einem Beschäftigten nicht zugemutet werden kann, zunächst einen Pflichtverstoß (hier: Verweigerung der Teilnahme an entsprechenden Untersuchungen) zu begehen und dann im Rahmen etwaiger Arbeitgebersanktionen den Inhalt des Beschäftigungsverhältnisses klären zu lassen.[2]

## 1. Drogen- und Alkoholscreening im Einstellungsverfahren

836    Das Vorliegen einer Alkohol- und/oder Drogensucht führt in aller Regel dazu, dass die arbeitsvertraglich geschuldete Leistung zumindest nicht ordnungsgemäß erbracht werden kann. Insofern liegt hier eine Krankheit vor, durch die die Eignung für die vorgesehene Tätigkeit auf Dauer oder in periodisch wiederkehrenden Abständen eingeschränkt ist. Die „Eignung" ist diesbezüglich auch so zu verstehen, dass diese Personen alkohol- bzw. drogenbedingt keine Gefahr für sich oder andere darstellen. Diese Konstellation ist vom sog. **„Fragerecht des Arbeitgebers"** (hierzu auch → Rn. 87) erfasst. Insofern ist die Fragestellung nach einem alkohol- oder drogenbedingten Suchtverhalten im Rahmen der Einstellungsuntersuchung zulässig. Weiterhin kann eine Alkohol- bzw. Drogensucht auch dazu führen, dass der Bewerber zum Zeitpunkt des Dienstantritts bzw. in absehbarer Zeit aufgrund Arbeitsunfähigkeit ausfällt (zB bedingt durch eine Entziehungskur).

---

[1] Nr. 3d Anlage 4 TfV.
[2] Vgl. ArbG Hamburg 1.9.2006 – 2 Ca 136/06.

Kein rechtliches Interesse hat ein Arbeitgeber dagegen in aller Regel an **837** der Fragestellung nach einem gelegentlichen Alkoholkonsum, da hier kein Bezug zu der konkreten Tätigkeit geschaffen werden kann. Gleiches gilt im Prinzip auf in Bezug auf gelegentlichen Konsum von Drogen. Hier kann nur dann etwas andere gelten, wenn bestimmte Drogen bereits bei gelegentlicher Einnahme zu Auswirkungen führen, welche sich konkret auf das Beschäftigungsverhältnis auswirken können.

Auf alle Fälle sind aber dort ärztliche Untersuchungen in Beziehung auf **838** Drogen- und Alkohol statthaft, wo dem Arbeitgeber bereits ein kritischer Umgang mit den entsprechenden Substanzen bekannt ist. Dies kann zB dann der Fall sein, wenn sich der Bewerber hier entsprechend selbstinitiativ offenbart. Hier hat der Arbeitgeber dann ein berechtigtes, billigenswertes und schutzwürdiges arbeitsrechtliches Interesse an Klärung der Frage, ob die betroffene Person trotz des kritischen Umganges mit den Substanzen (Drogen/Alkohol) zur Leistung der geforderten Arbeiten in der Lage ist. Diese Daten sind auch dann datenschutzrechtlich zur Begründung des Beschäftigungsverhältnisses „erforderlich".

Auch der Arzt kann seine ärztlichen Untersuchungen auf entsprechende **839** Drogen- und Alkoholtests erweitern, wenn er in Ausübung seiner ärztlichen Fachkunde feststellt, dass ein kritischer Alkohol- bzw. Drogenkonsum vorliegt und hier die ernste Besorgnis besteht, dies könne sich negativ auf das Beschäftigungsverhältnis und die konkrete Tätigkeit auswirken. Negativ wird sich ein Bewerber im Rahmen ärztlicher Einstellungsuntersuchungen auf alle Fälle anrechnen lassen müssen, wenn er im Bewusstsein der Einstellungsuntersuchung als Voraussetzung für ein Beschäftigungsverhältnis unter dem Einfluss von Drogen bzw. Alkohol bei dem untersuchenden Arzt erscheint.[1]

## 2. Frage nach Alkohol- oder Drogensucht

**Leitsatz:**
Die Frage nach einer Alkohol- und/oder Drogensucht ist im Rahmen der Einstellungsuntersuchung vom Grundsatz her zulässig.

Bei schweren Suchtverhalten liegen die Merkmale einer „Behinderung" **840** vor (→ Rn. 794 f.), so dass diesbezügliche entsprechende Alkohol- und Drogenscreenings nach § 8 AGG in der Rechtfertigung zu beurteilen sind. Aufgrund der Verhältnismäßigkeitserwägungen (→ Rn. 54 ff.) ergeben sich diesbezüglich allerdings bei Einstellungs- und sonstigen Eignungsuntersuchungen keine abweichenden Besonderheiten.

So lange der Status einer „Behinderung" nicht erreicht ist, ist zwar auch **841** hier erforderlich, dass dargelegt werden kann, dass eine Alkohol- und/oder

---

[1] Vgl. hierzu auch: *Gola/Wronka* Arbeitnehmerdatenschutz-HdB 152.

Drogensucht die Eignung für den konkreten Arbeitsplatz entfallen lässt.[1] Eine ausgeprägte Alkohol- und/oder Drogensucht führt allerdings regelmäßig dazu, dass der Bewerber/Beschäftigte aufgrund seiner hieraus resultierenden sozialen Kompetenzdefiziten nicht mehr in der Lage ist, seinen persönlichen Alltag in das berufliche Leben zu integrieren. Weiterhin kann man hier in der Regel davon ausgehen, dass zumindest in absehbarer Zeit nach Arbeitsbeginn mit einer Arbeitsunfähigkeit zu rechnen ist (beispielsweise aufgrund einer Entziehungskur).

842    Vor diesen Hintergründen dürfte eine Alkohol- und/oder Drogensucht in den meisten Fällen zu einer „Nichteignung" im Sinne einer Einstellungsuntersuchung führen.

### 3. Vorbemerkung zu Untersuchungen in Bezug auf Alkohol- oder Drogensucht

843    Von der bloßen mündlichen oder schriftlichen Fragestellung, ob ein Suchtverhalten vorliegt, welches die Eignung für die vorgesehene Tätigkeit in Frage stellt, ist die Frage zu unterscheiden, ob auch diesbezügliche ärztliche Untersuchungen vorgenommen werden dürfen.

844    Das allgemeine Persönlichkeitsrecht und vor diesem Hintergrund auch das Selbstbestimmungsrecht (Art. 2 Abs. 1 iVm Art. 1 Abs. 1 GG) des Bewerbers/Beschäftigten schützt diesen vom Grundsatz her vor ärztlichen Untersuchungen, welche er selber nicht will. Dies beinhaltet grundsätzlich auch das Recht, solche Untersuchungen zu verweigern, welche für ihn Nachteile bringen könnten. Sofern im Rahmen von Einstellungsuntersuchungen folglich **Drogentests** vorgenommen werden sollen, so müssen die diesbezüglichen Interessen des Arbeitgebers die Interessen des Bewerbers/Beschäftigten überwiegen.

845    Die bloße Möglichkeit, der alkohol- bzw. drogensüchtige Bewerber/Beschäftigte könne eine schlechte Arbeitsleistung erbringen, reicht zur Rechtfertigung von diesbezüglichen ärztlichen Untersuchungen nicht aus. Die Gefahr unbefriedigender Arbeitsleistung ist so ziemlich allen Beschäftigungsverhältnissen immanent.[2]

---

**Leitsatz:**
Einstellungsuntersuchungen mit Einbeziehung von Untersuchungen, welche eine Alkohol- bzw. Drogensucht nachweisen sollen, sind nur dann zulässig, wenn sich aus der möglichen Schlechtleistung auch Gefahren für andere Personen oder hohen Sachwerten ergeben.

---

[1] *Diller/Powietzka* NZA 2001, 1227.
[2] Siehe hierzu auch: *Diller/Powietzka* NZA 2001, 1227.

Die Interessen des Bewerbers/Beschäftigten an Wahrung seiner Intimsphäre müssen aber dann regelmäßig zurückstehen, wenn aus der alkohol- bzw. drogenbedingten Schlechtleistung weiterhin Gefährdungen für Dritte oder hohen Sachwerten resultieren. Gefährdet folglich die „Schlechtleistung" das Leben oder die Gesundheit von Dritten (Kollegen, Passanten, Besucher, andere Verkehrsteilnehmer etc.), dann ist auch eine entsprechende ärztliche Untersuchung gerechtfertigt. Die Untersuchungsmethoden selber sind selbstverständlich aber immer am Grundsatz der Verhältnismäßigkeit zu messen. Gleiches gilt auch für Aspekte der Eigengefährdung. **846**

Problematisch ist auch, dass bestimmte Testverfahren lediglich das Vorhandensein von Substanzen im Körper anzeigen, ohne weitere Rückschlüsse auf das konkrete Konsumverhalten zu geben. Nachweiszeit und „Wirkung" im Sinne einer Beeinträchtigung der Arbeitsfähigkeit, müssen hier nicht identisch sein. Hier muss sich dann der untersuchende Arzt durch weitere ärztliche Maßnahmen davon überzeugen, ob tatsächlich ein Suchtverhalten oder ein bloßer Konsum vorliegt. **847**

---

**Beispiele für suchtbedingte Schlechtleistung mit Gefährdungen**
- Kraftfahrzeugführer (Land-, Luft- und Wasserfahrzeuge)
- Tätigkeiten in der Leitwarte eines Atomkraftwerkes
- Tätigkeiten in der Leitwarte der Bahn mit Eingriffen in den Transportablauf
- Chirurgen
- Selbstgefährdung Arbeiten in Höhen
- Führer von Schienenfahrzeugen[1]
- Gefährdung hoher Sachwerte[2]

---

### 4. Urinproben zur Klärung einer Drogensucht

Vom Prinzip her sind Proben des Urins das im Rahmen der Verhältnismäßigkeitsprüfung (→ Rn. 54 ff.) erforderliche Mittel der Wahl. Bei Urin handelt es sich um eine Substanz, die sowieso vom Körper ausgeschieden wird und nicht (zB wie bei der Blutentnahme) durch invasive und mit Schmerz verbundenen Maßnahmen entnommen werden muss. Problematisch ist allerdings, dass bei vielen Tests lediglich vorhandene Substanzen im Körper angezeigt werden, ohne jedoch einen verlässlichen Rückschluss auf das konkrete Konsumverhalten zu geben. **848**

Allerdings wird der Arzt in der Regel einen positiven Urintests zum Anlass nehmen können, hier weitere ärztliche Maßnahmen zur Abklärung eines Suchtverhaltens vorzunehmen. Dies ist auch der Richtigkeitsgewähr (→ Rn. 892 ff.) geschuldet. **849**

---

[1] Eine ärztliche Untersuchung auf psychotrope Stoffe ist Bestandteil der „Einstellungsuntersuchung" gem. § 5 Abs. 1 iVm Anlage 4 Nr. 2.1e TfV.
[2] Anerkennung hoher Sachwerte als Grund: *Bengelsdorf* NZA-RR 2004, 113.

## 5. Blutentnahme zur Klärung einer Alkohol- oder Drogensucht

850     Blutentnahmen dagegen bedürfen einer besonderen Würdigung im Rahmen der Verhältnismäßigkeitsprüfung (→ Rn. 54 ff.). Die Blutentnahme und die Bestimmung bestimmter Parameter hieraus (zB „CDT-Wert", einem Marker für chronischen Alkoholismus) ist daher in der Regel nur dann gerechtfertigt, wenn sich aus der durchzuführenden Tätigkeit Gefährdungen für Dritte ergeben können. Dies ist zB bei Busfahrern, Gefahrguttransport oder Führen von schweren Baumaschinen der Fall. Gleiches gilt auch für Tätigkeiten in Leitwarten (zB Kernkraftwerken oder Leitstellen der Bahn).

851     Im Rahmen der Verhältnismäßigkeitsprüfung (besonders: „Erforderlichkeit", → Rn. 61 ff.) ist auch zugunsten der Interessenlage des Arbeitgebers zu berücksichtigen, dass sich ein Suchtkranker des Öfteren gerade in der Anfangsphase seiner Erkrankung nicht wirklich bewusst ist bzw. diese aktiv verdrängt. Insofern wäre bei entsprechender Drittgefährdung eine bloße Befragung kein „gleich wirksames Mittel" zu einer Blutentnahme.

> **Leitsatz:**
> Blutentnahmen anlässlich der Feststellung einer Alkohol- und/oder Drogensucht sind im Rahmen einer Einstellungsuntersuchung nur dann zulässig, wenn es sich bei den (geplanten) Tätigkeiten um sensible Bereiche mit entsprechenden Gefährdungen handelt („gefährdungssensible Tätigkeiten").

852     Führt der Beschäftigte dagegen Tätigkeiten durch, bei denen eine suchtbedingte Drittgefährdung nicht vorliegt (zB Verwaltungsangestellter Büro), so sind Blutentnahmen nur dann gerechtfertigt, wenn der Arbeitgeber begründete Anhaltspunkte vorbringen kann, dass er Zweifel daran hat, es würde eine Freiheit von Alkohol- bzw. Drogensucht vorliegen.

## 6. Fragestellung nach reinem Drogen- bzw. Alkoholkonsum

853     Von der Fragestellung nach einer Suchterkrankung in Bezug auf Alkohol und Drogen ist die Frage zu unterscheiden, ob diese Substanzen konsumiert werden.

854     Der bloße Konsum Alkohol und Drogen (auch von „illegalen" Substanzen) ist für das Beschäftigungsverhältnis nur dann von rechtlicher Relevanz, wenn sie sich auf die konkrete Tätigkeit negativ auswirken können. Werden folglich lediglich im privaten Bereich derartige Substanzen konsumiert, schafft es aber der Beschäftigte zu den vereinbarten Arbeitszeiten, dass er bei Arbeitsbeginn nicht mehr unter dem Einfluss von Alkohol und Drogen steht, so ist dies für das Beschäftigungsverhältnis nicht mehr von Bedeutung.

Insofern kann auch kein Fragerecht nach gelegentlichem Konsum von **855** Alkohol und Drogen bestehen.

---

**Leitsatz:**

An der Fragestellung nach einem gelegentlichen Konsum von Drogen oder Alkohol kann der Arbeitgeber kein berechtigtes, billigenswertes und schutzwürdiges Interesse geltend machen.

---

Gleichwohl ist aber ein Arbeitgeber berechtigt, ein entsprechendes Al- **856** koholverbot für seinen Betrieb/sein Unternehmen festzulegen. Aufgrund der Wirkungsweise im Körper ist dies regelmäßig ein berechtigtes Anliegen jedes Arbeitgebers.

## 7. Drogen- und Alkoholscreening im laufenden Beschäftigungsverhältnis

Schwieriger ist die Frage zu beantworten, ob ein Alkohol- und Drogen- **857** screening auch im bereits laufenden Beschäftigungsverhältnis möglich ist. Die oben benannten berechtigten Interessen des Arbeitgebers sind im Prinzip auch hier anzuerkennen. Zu unterscheiden wird allerdings sein, ob die Drogen- und Alkoholtests im laufenden Beschäftigungsverhältnis der Frage dienen, ob eine Abhängigkeit vorliegt, oder ob lediglich die aktuelle Arbeitsfähigkeit beurteilt werden soll.

---

**Leitsatz:**

Im laufenden Beschäftigungsverhältnis muss die Frage geklärt werden, ob es sich bei den Drogen- und Alkoholtests um die Überprüfung einer Abhängigkeit von diesen Stoffen oder um die Klärung der Frage handelt, ob aktuell eine Arbeitsunfähigkeit für eine konkrete Tätigkeit besteht.

---

**a) Alkohol- und Drogenabhängigkeit.** Die Frage der Alkohol- und **858** Drogenabhängigkeit zielt zwar mittelbar auch auf die Arbeitsfähigkeit ab, die Klärung dieser Fragestellung beinhaltet aber auch Aspekte, welche außerhalb des für den Arbeitgeber rechtlich reglementierbaren Rahmens bestehen. Die Frage der Abhängigkeit von den zugrundeliegenden Substanzen zielt zwangsläufig oft auch auf die Fragestellung ab, ob der Beschäftigte auch außerhalb seiner Arbeit Drogen- und Alkohol missbräuchlich zu sich nimmt.

Von einer Sucht ist im arbeitsrechtlichen Kontext dann zu sprechen, wenn **859** der gewohnheitsmäßige und übermäßige Konsum von Drogen und Alkohol trotz besserer Einsicht nicht aufgegeben oder reduziert werden kann.[1] Durch

---

[1] BAG 1.6.1983 – 5 AZR 536/80 (allerdings in Bezug auf Alkohol).

den bedingten Kontrollverlust, welcher zur zwanghaften Abhängigkeit führt, ist eine Drogen- und Alkoholsucht somit als „Krankheit" anzuerkennen,[1] was gerade in Bezug auf Kündigungen besonders zu beachten ist, da dies zu einer personenbedingten Kündigung aus Krankheitsgründen führt, für welche das Bundesarbeitsgericht[2] besondere Voraussetzungen fordert (negative Gesundheitsprognose, Beeinträchtigung der betrieblichen oder wirtschaftlichen Interessen des Arbeitgeber und eine entsprechende Interessenabwägung, wobei alle der drei benannten Faktoren zusammen vorliegen müssen).

**860**  Werden zur Prüfung einer Alkohol- und Drogenabhängigkeit ärztliche Untersuchungen verlangt, so stellen diese (wie allgemein Untersuchungen) einen Eingriff in das allgemeine Persönlichkeitsrecht (Art. 2 Abs. 1 iVm Art. 1 Abs. 1 GG) dar. Wurde dieser Aspekt bei der Einstellungsuntersuchung bereits überprüft, so stellt sich die Frage, ob in regemäßigen Abständen hier erneut eine diesbezügliche Untersuchung erfolgen darf. Unter Berücksichtigung der verfassungsrechtlich geschützten Interessen des Beschäftigten und unter Berücksichtigung des Aspektes, dass mit der Feststellung einer Sucht auch für den Arbeitgeber rechtlich eigentlich nicht zugängliche private Lebensbereiche berührt werden, ist davon auszugehen, dass Routineuntersuchungen im laufenden Beschäftigungsverhältnis, die vorbeugend klären sollen, ob der Beschäftigte alkohol- oder drogenabhängig ist, unzulässig sind.[3]

> **Leitsatz:**
> Anlasslose Routineuntersuchungen im laufenden Beschäftigungsverhältnis, die vorbeugend klären sollen, ob der Beschäftigte alkohol- oder drogenabhängig ist, sind unzulässig.

**861**  Entsprechende Verdachtsmomente auf eine bestehende Alkohol- oder Drogensucht braucht der Arbeitgeber aber natürlich nicht einfach hinzunehmen. In diesen Fällen überwiegt das Interesse des Arbeitgebers, nur solche Personen zu beschäftigen, die im Betrieb/Unternehmen keine Gefahr für sich oder andere darstellen. Das allgemeine Persönlichkeitsrecht (Art. 2 Abs. 1 iVm Art. 1 Abs. 1 GG) ist dadurch ausreichend Rechnung getragen, dass sich eine diesbezügliche Untersuchung nur auf solche Umstände beziehen darf, die bei vernünftiger, lebensnaher Einschätzung die ernsthafte Besorgnis begründet, bei dem betroffenen Beschäftigten könne eine Alkohol- bzw. Drogenabhängigkeit vorliegen.[4] Beschäftigte dürfen nicht unter Generalverdacht gestellt werden.[5] In diesen Fällen handelt es

---

[1] Vgl. (allerdings in Bezug auf Alkohol) BSG 15.2.1978 – 3 RK 29/77.
[2] Vgl. zB BAG 12.7.2007 – 2 AZR 716/06.
[3] Vgl. auch BAG 12.8.1999 – 2 AZR 55/99.
[4] Vgl. auch BAG 12.8.1999 – 2 AZR 55/99.
[5] HK-ArbSchR/*Feldhoff/Weber* ArbSchG § 7 Rn. 10.

sich dann nicht um „anlasslose" Untersuchungen, vielmehr liegen hier entsprechende Verdachtsmomente vor, die der Arbeitgeber allerdings dann auch detailliert darlegen können muss.

> **Leitsatz:**
> Eine ärztliche Untersuchung in Bezug auf Alkohol- oder Drogenabhängigkeit kann der Arbeitgeber dann einfordern, wenn bei vernünftiger, lebensnaher Einschätzung die ernsthafte Besorgnis besteht, bei dem betreffenden Beschäftigten könne eine Alkohol- bzw. Drogenabhängigkeit vorliegen.

**b) Prüfung der Arbeitsfähigkeit.** Etwas anders kann die Sachlage **862** beurteilt werden, wenn die aktuelle Arbeitsfähigkeit überprüft werden soll. In diesen Fallkonstellationen ist Bezugspunkt keine vorbeugende Überprüfung von Suchtverhalten, vielmehr wird auf die Fähigkeit Bezug genommen, eine bestimmte, konkret zu benennende Aufgabe wahrzunehmen.

Auch hier greift die ärztliche Untersuchung selbstverständlich in das **863** allgemeine Persönlichkeitsrecht (Art. 2 Abs. 1 iVm Art. 1 Abs. 1 GG) ein, so dass auch bei bloßer Prüfung der Arbeitsfähigkeit selbstverständlich eine entsprechende Interessenabwägung zu treffen ist. Weiterhin ist natürlich auch hier die Verhältnismäßigkeit (hierzu genauer → Rn. 54 ff.) zu wahren.

Entsprechende Regelungen zur Klärung einer aufgrund Drogen- und/ **864** oder Alkoholkonsum bedingten Arbeitsunfähigkeit können dann gerechtfertigt sein, wenn es um eine aktuelle Überprüfung der momentanen Arbeitsfähigkeit geht, folglich die körperliche Möglichkeit des Beschäftigte überprüft werden soll, seinen arbeitsvertraglichen Pflichten sowie Neben- und Schutzpflichten nachzukommen.[1] Daten, welche sich nicht mehr auf die aktuelle Arbeitsfähigkeit beziehen, dürfen hier aber nicht erhoben werden.

> **Leitsatz:**
> Verdachtsunabhängige Suchtmittelkontrollen zur Überprüfung der aktuellen Arbeitsfähigkeit können zulässig sein.

Zulässig ist dies vor allem dort, wo der Gesetzgeber entsprechende Re- **865** glementierungen für bestimmte Tätigkeit kodifiziert hat. So darf zB im öffentlichen Straßenverkehr nach dem Strafgesetzbuch (StGB) ein Fahrzeug nicht geführt werden, wenn infolge des Genusses alkoholischer Getränke oder anderer berauschender Mittel der Fahrzeugführer nicht in der Lage

---

[1] Vgl. hierzu ArbG Hamburg 1.9.2006 – 27 Ca 136/06.

ist, das Fahrzeug sicher zu führen (§ 316 StGB). Da es sich hierbei um ein sog. „eigenhändiges" Delikt handelt, kann zwar der Arbeitgeber als Fahrzeughalter nicht aufgrund mittelbarer Täterschaft oder Nebentäterschaft belangt werden,[1] allerdings kommt Anstiftung (§ 26 StGB) oder Beihilfe (§ 27 StGB) in Betracht, wenn er von der Fahruntüchtigkeit seines Mitarbeiters weiß und diesen dann auch fahren lässt.[2]

**866** Auch das Ordnungswidrigkeitenrecht enthält entsprechende Regelungen für den öffentlichen Straßenverkehr. Gem. § 24a StVG handelt derjenige ordnungswidrig, wer im Straßenverkehr ein Kraftfahrzeug führt, obwohl er 0,25 mg/l oder mehr Alkohol in der Atemluft oder 0,5 Promille oder mehr Alkohol im Blut oder eine Alkoholmenge im Körper hat, die zu einer solchen Atem- oder Blutalkoholkonzentration führt bzw. unter Wirkung eines in der Anlage zum StVG genannten berauschenden Mittels im Straßenverkehr ein Kraftfahrzeug führt.

**867** Im Rahmen der Verhältnismäßigkeitsprüfung (→ Rn. 54 ff.) sind aber im Rahmen der „Erforderlichkeit" der Untersuchung derartige „Tests" nach Drogen und Alkohol auf Urin-, Speichel-, Schweiß und Atemalkoholtests zu beschränken. Eine Blutentnahme ist danach abzulehnen, weil hierfür in Form der eben umschriebenen Testmöglichkeiten ein anderes, gleich wirksames und das Persönlichkeitsrecht weniger einschränkendes Mittel zur Verfügung steht. Auch Testverfahren, welche zwar einen zurückliegenden Konsum, aber keine aktuelle Arbeitsfähigkeit feststellen können (zB Haarproben bei Drogen), mögen zwar im weiteren Sinne geeignet sein, allerdings halten diese Testverfahren dem Prüfungspunkt „Erforderlichkeit" nicht stand. Sollte der Arzt aus derartigen Testverfahren überhaupt keine Schlüsse auf eine aktuelle Arbeitsfähigkeit ziehen können, so fehlt es allerdings schon an der „Geeignetheit" der Maßnahme. Eine Blutentnahme ist allerdings dann zulässig, wenn sich der Beschäftigte nach durchgeführtem positiven Atemalkoholtest, Urin-, Speichel- oder Schweißtest entsprechend entlasten will (Richtigkeitsgewähr, siehe unten).

**868** Weiterhin haben sich derartige Tests im Wesentlichen auf Stichproben zu beziehen, da ein entsprechender Test vor jedem einzelnen Arbeitsbeginn im Rahmen der Verhältnismäßigkeitsprüfung nicht mehr „angemessen" ist. Die Prüfung der Angemessenheit erfordert eine Gesamtabwägung der Intensität des Eingriffs gegen das Gewicht der ihn rechtfertigenden Gründe, bei der die Grenze der Zumutbarkeit nicht überschritten werden darf.[3] Hierbei ist auch entscheidend, wie viele Beschäftigte in welcher Form Beeinträchtigungen ihrer Rechte ausgesetzt sind, ohne dass sie hierfür konkret einen Anlass geben, welcher in ihrem Verhalten bzw. ihrer Person liegt.

---

[1] BGH 27.7.1962 – 4 StR 215/62, BGHSt 18, 6.
[2] Wobei es natürlich eine rein fahrlässige Anstiftung oder Beihilfe nicht geben kann.
[3] BAG 29.6.2004 – 1 ABR 21/03.

Urin-, Speichel- und Atemalkoholtestungen halten der Verhältnismä- **869**
ßigkeitsprüfung auch insofern stand, als dass es sich hierbei um Stoffe
handelt, die durch natürlichen Vorgang durch den Menschen abgesondert
werden.[1]

## 8. Schwierigkeit des Nachweises

Wie an anderer Stelle bereits erwähnt, ist gerade bei Drogen aber der **870**
Nachweis schwierig, ob aufgrund im Körper festgestellter Substanzen ein
Nachweis der Arbeitsunfähigkeit überhaupt geführt werden kann, da hier
in der Regel keine entsprechenden Grenzwerte vorliegen. Dies wird in der
Regel nur mit in Verbindung mit anderen Auffälligkeiten zu beurteilen
sein (zB euphorische Stimmung, Schweißausbrüche etc.), was aber oft
eher zur Veranlassung einer auffälligkeitsbedingten Überprüfung führen
dürfte.

Mit den neueren Blutanalysemethoden können zwischenzeitlich sogar **871**
im Blut auch noch Substanzen von Drogen nachgewiesen werden, obwohl
eine Beeinflussung des Nervensystems gar nicht mehr vorliegt. Nachweis
und Wirkung (Wirkung im Sinne einer Beeinträchtigung der Arbeitsunfähigkeit) lassen sich also hier nicht immer trennen. So wird sich zwar auch
ein länger zurückliegender Konsum der entsprechenden Substanzen nachweisen lassen, ein automatischer Rückschluss auf die Arbeitsunfähigkeit
lässt sich hier aber nicht ohne Weiteres schließen.

Unabhängig von dem Umstand, dass es bei Drogen (im Gegensatz zu **872**
Alkohol) in vielen Fällen noch keine zuverlässigen Grenzwerte gibt, würden sich solche auch nicht ohne Weiteres in das Arbeitsleben übertragen
lassen. Dies müsste immer unter Würdigung der genauen Tätigkeit erfolgen. So kann bei einem Herzchirurgen schon eine geringe Menge Alkohol
zu einer Beeinträchtigung führen, was zB aber bei einem Bürosachbearbeiter nicht der Fall sein muss.

Arbeitsrechtlich wird man daher die Nachweisanforderungen an einen **873**
Substanzmissbrauch durch den Arbeitgeber an weniger schneidige Beweise knüpfen müssen. Eine Gleichsetzung mit bußgeld- und strafrechtlichen Maßstäben (hier herrscht der Grundsatz: „in dubio pro reo") ist hier
unangemessen.[2] Eine solche Auffassung, welche die Gleichsetzung befür-
wortet, berücksichtigt nämlich nicht, dass dem Arbeitgeber bei fehlender
Mitwirkung des Beschäftigten aus verfassungsrechtlichen Gründen (allgemeines Persönlichkeitsrecht nach Art. 2 Abs. 1 iVm Art. 1 Abs. 1 GG;
körperliche Unversehrtheit nach Art. 2 Abs. 2 S. 1 GG) keine Möglichkeiten verbleiben, Beweise von höherer Wertigkeit (zB Blutproben) zu erlangen. Insbesondere stehen einem Arbeitgeber nicht die Möglichkeiten der
zwangsweisen körperlichen Untersuchung zu, auf die der Staat in Buß-

---

[1] Vgl. auch ArbG Hamburg 21.9.2006 – 27 Ca 136/06.
[2] BAG 26.1.1995 – 2 AZR 649/94.

geld- und Strafverfahren zurückgreifen kann (vgl. § 46 Abs. 4 OWiG, § 81a StPO). Dem Arbeitgeber wäre es hier gar nicht möglich, seine ihm obliegenden Fürsorgeverpflichtungen nachzukommen.

**874**  **a) Alkohol.** Bei Alkoholkonsum ist es folglich ausreichend, wenn der Beschäftigte mit typischen Ausfallerscheinungen auffällig wird (zB lallende Sprache, schwankender Gang).[1] Bei Fahrzeugführern ist es ferner ausreichend, dass diese zB anlässlich eines Atemalkoholtests Alkoholwerte aufweisen, welche im öffentlichen Straßenverkehrsrecht zu entsprechenden Sanktionen führen. Dies wäre zB der Fall bei 0,25 mg oder mehr Alkohol in der Atemluft. Bei betrieblichen Alkoholverboten (bzw. Verboten, die sich aus der gefahrgeneigten Tätigkeit ergeben) rechtfertigt jeder Wert entsprechende Maßnahmen, der den Nullwert überschreitet. Hier ist (auch bei fehlenden Ausfallerscheinungen) die jeweilige Atemalkoholmessung ausreichend, sofern es sich um ein verlässliches Gerät handelt.[2] Aufgrund der oben benannten Gründe ist der arbeitsrechtlich relevante Beweisanspruch damit erfüllt. Selbstverständlich steht es aber dem Beschäftigten im Rahmen der Richtigkeitsgewähr frei, freiwillig in entsprechende weitere Maßnahmen (hier dann auch in eine Blutentnahme) einzuwilligen.

**875**  **b) Drogen.** Ähnliches gilt bei der Einnahme bestimmter Substanzen. Sofern zB der Urintest positiv auf „Amphetamine" reagiert, so stehen dem Arbeitgeber bei fehlender Mitwirkung des Beschäftigten keine Möglichkeiten zur Verfügung, die tatsächliche die Arbeit beeinflussende Wirkung zu bestimmen. Aber auch bei entsprechender Mitwirkung, wäre einem Arbeitgeber nicht zumutbar, hier die entsprechenden ärztlichen Gutachten einzuholen auf die u. U. ein Strafgericht angewiesen wäre.

**876**  Bei bestimmten (besonders gefährlichen) Substanzen ist es folglich im Rahmen der Beweislastverteilung arbeitsrechtlich zulässig, allein das Vorhandensein der entsprechenden Substanzen im Körper (zB festgestellt durch Urintest, Schweißtest) zum Anlass zu nehmen, von einer momentanen Nichteignung für bestimmte Tätigkeiten (zB Fahrtätigkeiten, Leitwarte im Kernkraftwerk) auszugehen. Dem Beschäftigten ist hier aber jeweils **die Möglichkeit der Richtigkeitsgewähr** (→ Rn. 892 ff.) zu geben. Dies gilt vor allem für diejenigen Substanzen, welche sich in der Anlage zu § 24a StVG finden. Aufgrund der unterschiedlichen Beweisqualitäten im Arbeitsrecht und Strafrecht (siehe hierzu oben) ist es diesbezüglich auch nicht von großer Relevanz, dass das Bundesverfassungsgericht § 24a StVG Abs. 2 S. 2 StVG nur mit der Maßgabe anerkennt, dass nur dann eine Verurteilung nach § 24a Abs. 2 StVG erfolgen kann, wenn eine Konzentration festgestellt wird, die es möglich erscheinen lässt, dass die Fahr-

---

[1] BAG 26.1.1995 – 2 AZR 649/94.
[2] Dies ist in der Regel dann der Fall, wenn es entsprechend regelmäßig amtlich geeicht wird.

tüchtigkeit eingeschränkt war.[1] Dies ist verfassungsrechtlich im Buß-
geldrecht angemessen (hier steht regelmäßig ein Fahrverbot nach § 25
Abs. 1 StVG und eine nicht unerhebliche Geldbuße im Raum), lässt sich
aber aus den oben bereits genannten Gründen nicht in das Arbeitsrecht
übertragen. Unschädlich ist hier auch, dass sich die dort benannten Substanzen in Zusammenhang mit dem Führen eines Kraftfahrzeuges messen
lassen müssen. Die Anforderungen an Konzentration, Wahrnehmungsfä-
higkeit und Reaktionsvermögen an andere gefährdungssensible Bereiche
(zB in der Leitwarte eines Kernkraftwerkes) sind durchaus vergleichbar.[2]

**Substanzen, bei denen beim bloßen Nachweis von einer Arbeitsun-** 877
**fähigkeit für bestimmte sicherheitssensiblen Bereiche ausgegangen**
**werden kann (in Anlehnung an die Anlage zum StVG):**

– Morphin
– Cocain
– Benzylecgonin
– Amfetamin
– Methylendioxyamfetamin (MDA)
– Methylendioxyethylamfetamin (MDE)
– Methylendioxymetamfetamin (MDMA)
– Metamfetamin

Schwieriger ist der Umgang mit **Cannabis**, da selbst bei „Busführer- 878
scheinen" (Klasse D) die gelegentliche Einnahme von Cannabis dann
nicht zur Nichteignung führt, sofern eine Trennung von Konsum und Fahren erfolgt und kein zusätzlicher Gebrauch von anderen psychoaktiven
Stoffen erfolgt (vgl. Nr. 9.2.2 Anlage 4 FeV). Hier kann nicht ausgeschlossen werde, dass die Arbeitsgerichte dieser Einschränkung folgen werden.
Im verwaltungsrechtlichen Bereich hat das VG Arnsberg in Bezug auf die
Zuverlässigkeit eines Krankenpflegers entsprechenden Bezug zu den Begutachtungsleitlinien zur Kraftfahreignung genommen. In diesen Leitli-
nien[3] heißt es (Auszug):

*„Wer regemäßig (täglich oder gewohnheitsmäßig) Cannabis konsu-* 879
*miert, ist in der Regel nicht in der Lage, den gestellten Anforderungen*
*zum Führen von Kraftfahrzeugen beider Gruppen gerecht zu werden.*
*Ausnahmen sind nur in seltenen Fällen möglich, wenn eine hohe Wahr-*
*scheinlichkeit gegeben ist, dass Konsum und Fahren getrennt werden*
*und keine Leistungsmängel vorliegen.*

*Wer gelegentlich Cannabis konsumiert, ist in der Lage, den gestellten* 880
*Anforderungen zum Führen von Kraftfahrzeugen beider Gruppen ge-*
*recht zu werden, wenn er Konsum und Fahren trennen kann, wenn kein*

---

[1] Vgl. BVerfG 21.12.2004 – 1 BvR 2652/03.
[2] Diesbezüglich zur Zuverlässigkeit eines Krankenpflegers: VG Arnsberg 3.6.2013 –
7 K 1597/12.
[3] Nr. 3.14.1 Begutachtungsleitlinien zur Kraftfahreignung, Stand 1.5.2014.

*zeitlicher Gebrauch von Alkohol oder anderen psychoaktiv wirkenden Stoffen und wenn keine Störung der Persönlichkeit und kein Kontrollverlust vorliegen. "*

**881**     In bestimmten Fällen wird allerdings der untersuchende Arzt rechtsfehlerfrei von einem nicht mehr gelegentlichen Konsum ausgehen dürfen. Dies dürfte regelmäßig dann der Fall sein, wenn es sich zB um eine alle drei Jahre stattfindende Routineuntersuchung (zB anlässlich von Steuertätigkeiten im Zusammenhang mit sehr gefährlichen Stoffen) handelt, der Termin und der Umstand des Drogenscreenings dem Beschäftigten schon seit Wochen bekannt ist und er dann dennoch positiv getestet wird. Allerdings ist auch hier dem Beschäftigten die Möglichkeit der Richtigkeitsgewähr (→ Rn. 892 ff.) zB durch entsprechende Einlassungen und Richtigstellungen zu geben.

### 9. Auffälligkeiten

**882**     Bei festgestellten Auffälligkeiten in Bezug auf Alkohol- oder Drogenkonsum, welche sich auf die arbeitsvertraglich zu erbringenden Leistungen negativ auswirken, kann es für den Arbeitgeber dann schwierig werden, wenn in diesen Fällen der Beschäftigte einen aktuellen Drogen- bzw. Alkoholtest verweigert. Ferner ist bei einigen Drogentest der Nachweis, dass jemand aktuell unter dem Einfluss der entsprechenden Substanzen steht, nicht möglich (hier wird lediglich angezeigt, dass sich entsprechende Substanzteile im Körper befinden).

**883**     Ein Zwangsmäßiger Drogen- bzw. Alkoholtest ist in diesen Fällen aus verfassungsrechtlichen Erwägungen (allgemeines Persönlichkeitsrecht nach Art. 2 Abs. 1 iVm Art. 1 Abs. 1 GG, Recht auf körperliche Unversehrtheit nach Art. 2 Abs. 2 S. 1 GG) nicht möglich.

**884**     Auf der anderen Seite muss dem Arbeitgeber aber auch zugestanden werden, dass er ein berechtigtes Interesse daran hat, dass Alkohol- und Drogen während der Arbeitszeit nicht konsumiert werden. Ferner auch, dass die Beschäftigten während der Arbeitszeit nicht unter dem Einfluss der entsprechenden Substanzen stehen. Schließlich muss der Arbeitgeber aus den sich aus §§ 618, 242 BGB ergebenen Fürsorgegründen entsprechend reagieren, wenn er Sachverhalte feststellt, die bei lebensnaher und vernünftiger Einschätzung nahe liegen lassen, dass sich ein Beschäftigter unter dem Einfluss von Drogen oder Alkohol befindet.

**885**     Um den Arbeitgeber hier handlungsfähig zu halten (zB Ermahnung, Abmahnung und im Wiederholungsfall auch Kündigung) ist es daher ausreichend, wenn er darlegen kann, aufgrund welcher Indizien er subjektiv den Eindruck einer Alkoholisierung bzw. Drogenbeeinflussung gewonnen hat. Mögliche Beobachtungen könnten hier eine Alkoholfahne, lallende Sprache, schwankender Gang oder aggressives Verhalten sein.[1]

---

[1] BAG 26.1.1995 – 2 AZR 649/94.

Willigt der Beschäftigte in diesen Fällen zB in einen Alkomatentest ein, **886** so kann dies sowohl zu seiner Be- als auch Entlastung beitragen.

## 10. Ergebnismitteilung bei Prüfung der Arbeitsfähigkeit

Der Arbeitgeber hat in den umschriebenen Fallkonstellationen ledig- **887** lich das Recht zu erfahren, ob unter dem Gesichtspunkt des Drogen- oder Alkoholkonsums eine Arbeitsfähigkeit vorliegt. Sollte folglich der Arzt im Rahmen der Testverfahren auf Drogen- oder Alkohol feststellen, dass zwar ein Konsum vorgelegen hat, dieser aber die konkrete aktuelle Arbeitsfähigkeit nicht mehr tangiert, so muss der Arzt trotz positivem Testergebnis die Arbeitsfähigkeit feststellen.[1] Da dies aber bei manchen Testverfahren gar nicht möglich ist, ist aus diesem Gesichtspunkt heraus schon eine entsprechende Zurückhaltung bei Drogen- und Alkoholtests auszuüben.

**Leitsatz:**
Ergibt die Untersuchung, dass zwar ein Alkohol- oder Drogenkonsum vorgelegen hat, jener aber bereits die aktuelle Arbeitsfähigkeit nicht mehr tangiert, so muss der Arzt trotz positivem Ergebnis die Arbeitsfähigkeit feststellen.

Die konkreten Testergebnisse selber sind für den Arbeitgeber Daten, **888** welche für ihn nicht erforderlich sind. Ausschlaggebend bleibt ein konkretes Urteil zur Arbeitsfähigkeit. Sofern der Beschäftigte seine Einwilligung zur Datenweitergabe gegeben hat, so ist dem Arbeitgeber grundsätzlich lediglich zu übermitteln, ob eine aktuelle Arbeitsfähigkeit für eine bestimmte Tätigkeit vorliegt. Das konkrete Ergebnis unterliegt weiterhin der ärztlichen Schweigepflicht. Es steht dem Beschäftigten allerdings selbstverständlich frei, dem Arbeitgeber von sich aus mitzuteilen, dass zB ein Test auf bestimmte Drogen negativ verlaufen ist, auch kann er diesbezüglich den Arzt von der Schweigepflicht befreien. Verlangen kann dies der Arbeitgeber aber nicht, da es sich in diesen Fällen um Daten handelt, welche für ihn nicht erforderlich sind und die er aufgrund dessen auch nicht erheben darf. Aus den gleichen Gründen ist es dem Arbeitgeber auch verwehrt, einen Bewerber/Beschäftigten zu fragen, ob dieser irgendwann einmal Drogen genommen habe. In diesen Fällen ist der Bewerber/Beschäftigte auch berechtigt zu lügen.

---

[1] Vgl. auch ArbG Hamburg 21.9.2006 – 27 Ca 136/06.

## 11. Einwilligung in die Alkohol- und Drogentests

889    Faktisch setzen Alkohol- und Drogentests auch immer die tatsächliche Mitwirkung des Bewerbers/Beschäftigten voraus. Ferner stellt die Entnahme von Haar- und Blutproben tatbestandlich eine Körperverletzung nach § 223 StGB dar, welche im Rahmen von arbeitsrechtlichen Eignungsuntersuchungen nur durch die Einwilligung der betroffenen Person gerechtfertigt werden kann.

890    Sofern zB Blut entnommen oder Urintests durchgeführt werden und aus diesen Proben heimlich und ohne Wissen auch Alkohol- und Drogentests stattfinden, so stellt dies eine Verletzung des Persönlichkeitsrechts des Bewerbers/Beschäftigten dar. Weiterhin lebt nach hiesiger Auffassung der Tatbestand der Körperverletzung wieder auf, wenn sich zB die Einwilligung zur Blutentnahme nur auf andere zu prüfende Parameter bezog. Lässt der Arzt folglich bei vorliegender Einwilligung (zB anlässlich eines „Blutbildes") auch ohne bzw. gegen den Willen des Beschäftigten/Bewerbers Parameter bestimmen, die unmittelbar auf Alkohol oder Drogen deuten, so verstößt die „Tat" (Blutabnahme) gegen die guten Sitten (§ 228 StGB), was wiederum die Rechtswidrigkeit trotz grundsätzlicher Einwilligung wieder aufleben lässt.

891    Im Ergebnis ist also immer erforderlich, dass die von den Tests betroffene Person in diese Feststellungen einwilligt. Eine wirksame Einwilligung setzt aber immer voraus, dass der betroffenen Person der Einwilligungsgegenstand hinreichend bekannt ist. Insofern ist der Bewerber/Beschäftigte vor Durchführung von Alkohol- und Drogentests ärztlich entsprechend über Art und Umfang der Untersuchung aufzuklären.

## 12. Richtigkeitsgewähr

892    Gerade Drogentests stellen einen empfindlichen Eingriff in den Lebensbereich des Beschäftigten/Bewerbers dar, da sie bei positivem Testergebnis eine entsprechende Stigmatisierung beinhalten. Hier darf auch nicht unberücksichtigt bleiben, dass die „Schnelltests" des Öfteren lediglich Hinweise auf einen Konsum geben können, ohne jedoch konkrete Aussagen zu der aktuellen Arbeitsfähigkeit liefern zu können. Unabhängig von der Arbeitsfähigkeit ist die positive Testung auf Drogen aber in aller Regel mit einem Unwerturteil seitens der Personen verbunden, die von dem positiven Test Kenntnis erlangen.

893    In diesen Fällen gebietet das allgemeine Persönlichkeitsrecht nach Art. 2 Abs. 1 iVm Art. 1 Abs. 1 GG eine entsprechende **Richtigkeitsgewähr**. Die grundrechtlich gebotenen verfahrensrechtlichen Schutzvorkehrungen verlangen hier, dass der Vorgang der Datenerhebung und Verwendung mit der inhaltlichen Richtigkeit des erhobenen Datums (positive Reaktion auf Drogen) sichergestellt wird.[1]

---

[1] Vgl. BVerfG 14.1.2005 – 2 BvR 488/04.

Insofern ist dem Beschäftigten/Bewerber die Möglichkeit zu geben, zB **894** durch entsprechende Anhörungsrechte etwaige Fehlinformationen richtig stellen zu können. Der Richtigkeitsgewähr kann auch dadurch Rechnung getragen werden, dass bei positivem Testergebnis eine weitere Probe mit zuverlässigeren Laboranalysen durchgeführt wird („B-Probe").

> **Leitsatz:**
> Beim Erheben so empfindlicher Daten wie bei einem Drogentest ist ein Eingriff in das allgemeine Persönlichkeitsrecht nach Art. 2 Abs. 1 iVm Art. 1 Abs. 1 GG nur gerechtfertigt, wenn ein die Richtigkeitsgewähr sicherndes Verfahren eingehalten wird.

Im Rahmen der Richtigkeitsgewähr kann der Beschuldigte auch in inva- **895** sive Maßnahmen zustimmen (zB Blutentnahme), sofern die entsprechenden Eingriffe nach den Regeln der ärztlichen Kunst durchgeführt werden und keine Nachteile für seine Gesundheit zu befürchten sind.

### 13. Alkohol- und Drogenverbot im Betrieb

Das Arbeiten unter Einfluss von Alkohol und/oder Drogen wird mit den **896** allermeisten Tätigkeiten nicht vereinbar sein, da sich alle Substanzen in irgendeiner Weise negativ auf das Leistungsvermögen auswirken können. Zwar unterliegt der private und außerhalb der Arbeit stattfindende Konsum derartiger Substanzen nicht mehr den Regelungsmöglichkeiten eines Arbeitgebers. Dennoch kann er verlangen, dass die arbeitsvertraglich[1] geschuldeten Tätigkeiten nicht unter Einfluss entsprechender Substanzen durchgeführt werden.

> **Leitsatz:**
> Der Arbeitgeber kann ein Alkohol- bzw. Drogenverbot für das Unternehmen/den Betrieb erlassen.

Vor diesem Hintergrund ist ein Alkohol- bzw. Drogenverbot für den Be- **897** trieb/das Unternehmen auch dann gerechtfertigt, wenn es sich bei den Tätigkeiten um solche handelt, bei denen die alkohol- bzw. drogenbedingte Schlechtleistung keine Gefährdungen für den Beschäftigten selber oder andere mit sich bringt (zB Bürosachbearbeiter).

Gerade im Bereich der Drogen fehlt es an verlässlichen und anerkann- **898** ten Grenzwerten. Die konkrete Dosis-Wirkungs-Beziehung ist oft nicht

---

[1] Bei Beamten die nach dem Recht des öffentlichen Dienstes geschuldeten Tätigkeiten.

bekannt. Entsprechende hier auftretende Gefährdungen für andere Personen dürfen hier aber nicht zu Lasten des Arbeitgebers gehen. Auch aus diesen Gesichtspunkten heraus ist es gerechtfertigt, ein absolutes Verbot von Drogen bei der Arbeit festzulegen, da hier dann Grenzwertschwierigkeiten gar nicht erst auftreten.

**899** Aber auch bei Alkohol, wo entsprechende Grenzwerte anerkannt sind (zB 0,5 Promille im Blut nach § 24a Abs. 1 StVG beim Führen von Kraftfahrzeugen) ist ein Arbeitgeber berechtigt, ein absolutes Alkoholverbot zu erlassen.

**900** Hierbei sollte auch beachtet werden, dass der Konsum von Alkohol- und Drogen nicht immer einen Grund zur Kündigung darstellt. Eine Verletzung arbeitsvertraglicher Pflichten wird hier nur dann zu begründen sein, wenn der Konsum der Drogen bzw. des Alkohols die Arbeitsleistung beeinträchtigt oder hierdurch eine den Betrieb belastende Gefahrquelle geschaffen wird.[1]

**901** Auch der Umstand, dass beim Umgang mit entsprechenden Drogen ggf. auch eine Straftat nach dem Betäubungsmittelgesetz (BtMG) vorliegt, führt nicht automatisch zu rechtlich anerkannten Kündigungsgründen. Zum einen ist der bloße Konsum verbotener Substanzen nach dem BtMG nicht strafbar. Weiterhin rechtfertigt eine Straftat nur dann eine Kündigung, wenn sie sich auch entsprechend auf das Arbeitsverhältnis auswirken kann, beispielsweise durch Erschütterung der erforderlichen Vertrauensgrundlage, durch Beeinträchtigung des Betriebsfriedens oder der betrieblichen Ordnung, durch Schädigung der Kundenbeziehungen oder wegen der sich daraus ergebenen fehlenden Eignung zur Erbringung der geschuldeten Arbeitsleistung.[2]

**902** Besteht allerdings ein entsprechendes Alkohol- bzw. Drogenverbot im Betrieb/Unternehmen, so ist ein Drogen- und Alkoholkonsum schon allein deshalb mit arbeitsrechtlichen (bzw. dienstrechtlichen) Mitteln zu greifen, als dass hier gegen eine bestehende Regelung (zB in Form einer Betriebsvereinbarung) verstoßen wird.

**Praxistipp:**

Sofern ein Arbeitgeber überhaupt keinen Konsum von Alkohol oder Drogen am Arbeitsplatz wünscht, so sollte er ein komplettes Drogen- und Alkoholverbot für den Betrieb festlegen.

Hierbei ist zu beachten, dass es sich bei einem Alkohol- und Drogenverbot um eine Frage der „Ordnung des Betriebes und des Verhaltens der Arbeitnehmer" handelt und das Verbot somit der Mitbestimmung des Betriebsrates unterliegt (§ 87 Abs. 1 Nr. 1 BetrVG[3]).

---

[1] Vgl. LAG Baden-Württemberg 19.10.1993 – 11 Ta BV 9/93.
[2] LAG Baden-Württemberg 19.10.1993 – 11 Ta BV 9/93.
[3] Bzw. Personalvertretungsgesetze der Länder, zB § 86 Abs. 1 Nr. 3 HmbPersVG.

Verstößt der Beschäftigte gegen ein im Betrieb/Unternehmen bestehenden Drogen- und Alkoholverbot, so kann hier auf Grund des Verhaltens („verhaltensbedingt") entsprechend arbeitsrechtlich (bzw. nach
den Vorschriften des öffentlichen Dienstes) reagiert werden.

Ohne ein für den Betrieb/das Unternehmen festgelegte Drogen-
bzw. Alkoholverbot führt ein Konsum der entsprechenden Substanzen
nicht automatisch zu einem Kündigungsgrund (→ Rn. 908 ff.).

Zu beachten ist allerdings, dass ein Drogen- und Alkoholverbot auf den **903**
Betrieb/das Unternehmen zu beschränken ist. Es kann lediglich verlangt
werden, dass der Beschäftigte während seiner Arbeitszeit keine Drogen-
bzw. Alkohol konsumiert bzw. in dieser Zeit nicht unter dem Einfluss derartiger Substanzen steht (zB 0 Promille bei Arbeitsantritt). Unter letzterem
Aspekt ist es auch nicht zu beanstanden, dass hier ggf. auch regulierend in
ein Verhalten eingegriffen wird, welches sich im Privatleben des Beschäftigten abspielt, da es hier ein Verhalten betrifft, welches sich in seiner unmittelbaren Wirkung direkt im Beschäftigtenverhältnis auswirkt. Der Beschäftigte hat nämlich die Pflicht, seine Arbeitsfähigkeit auch nicht durch
privaten Drogen- bzw. Alkoholgenuss zu beeinträchtigen.[1] Der Umstand,
dass ein Beschäftigter außerhalb der Arbeit Drogen- bzw. Alkohol konsumiert, bei Dienstantritt aber nicht mehr unter dem Einfluss der entsprechenden Substanzen steht, befindet sich allerdings außerhalb der Regelungskompetenz des Arbeitgebers und der Personalvertretung.

Ist zB ein komplettes Alkoholverbot nicht erwünscht (zB in der Gastro- **904**
nomie, Brauerei, Weinkellerei), so kann ein Alkoholverbot auch auf bestimmte Betriebs- oder Tätigkeitsbereiche (Fahrer) oder Zeiten beschränkt
werden. Auch kann festgelegt werden, dass ein Alkoholverbot nur dann
gilt, so lange noch bestimmte Tätigkeiten ausgeführt werden müssen (dies
ermöglicht zB auch einem Kraftfahrzeugführer anlässlich besonderer Fei-
erlichkeiten ein Glas Sekt, wenn er an dem Tag nicht mehr fahren muss).

## 14. Gefährdungsbeurteilung

Auch aus der nach § 5 ArbSchG durchzuführenden Gefährdungsbeur- **905**
teilung kann sich ergeben, dass für bestimmte Tätigkeiten ein absolutes
Alkohol- bzw. Drogenverbot festzulegen ist. Dies ist aber nur dort möglich, wo die durch den Alkohol bzw. den Drogen hervorgerufene Schlechtleistung auch zu Gefahren für die Sicherheit und die Gesundheit der Beschäftigten führen kann.

Hieraus ergibt sich dann für die Beschäftigten auch aus dem Arbeits- **906**
schutzrecht die Verpflichtung, dieses tätigkeitsbezogene Alkoholverbot zu
beachten (abgeleitet aus § 15 Abs. 1 ArbSchG).

---

[1] BAG 26.1.1995 – 2 AZR 649/94.

## 15. Überprüfung des betrieblichen Alkohol- bzw. Drogenverbotes

**907** In Bezug auf die Fragestellung, inwieweit der Arbeitgeber berechtigt ist, ein für den Betrieb/das Unternehmen festgelegte Drogen- und Alkoholverbot zu kontrollieren, gilt das unter → Rn. 896 ff. Gesagte. Ein Test kommt somit nur dann bei Auffälligkeiten oder dann in Betracht, wenn in sicherheitssensiblen Bereichen Stichproben zur Feststellung der aktuellen Arbeitsfähigkeit vorgenommen werden.

## 16. Arbeitsrechtliche Konsequenzen

**908** Ist der Alkohol- bzw. Drogenkonsum mit den arbeitsvertraglich übertragenen Aufgaben nicht vereinbar bzw. besteht ein entsprechendes Verbot im Betrieb/Unternehmen, so ist in Bezug auf alkoholbedingtes/drogenbedingtes Fehlerhalten zu differenzieren, ob dies arbeitsrechtlich mit verhaltensbedingten oder mit personenbedingten Gründen zu bewerten ist.

**909** Konkret auf **Kündigungen** bezogen bedeutet dies, dass der Arbeitgeber hier prüfen muss, ob die Kündigung aus verhaltensbedingten Gründen erfolgen soll oder ober er die strengen Maßstäbe einer personenbedingten Kündigung aus Krankheitsgründen zugrunde legen muss.

**910** Alkohol- und Drogensucht sind im arbeitsrechtlichen Kontext immer als „Krankheiten" zu werten. Bei Vorliegen einer entsprechenden Sucht ist zu beachten, dass eine Kündigung aufgrund von Pflichtverletzungen (alkohol- bzw. drogenbedingtes Fehlverhalten) in der Regel als sozialwidrig anzusehen sein wird, da dem Beschäftigten im Zeitpunkt der Pflichtverletzung kein Schuldvorwurf zu machen ist.[1] Diese Fallkonstellationen sind folglich nach den Gesichtspunkten einer personenbedingte Kündigung aufgrund Erkrankung abzuhandeln (negative Gesundheitsprognose, Beeinträchtigung betrieblicher Interessen, Interessenabwägung[2]).

**911** Hierbei ist aber jeweils zu beachten, dass auch bei der personenbedingten Kündigung das Abmahnerfordernis zu prüfen sein kann.[3] Das Tatbestandsmerkmal „bedingt" in § 1 Abs. 2 KSchG erfordert eine entsprechende Verhältnismäßigkeitsprüfung, welche wiederum voraussetzt, dass entsprechende in Bezug auf die Kündigung milderen Maßnahmen geprüft werden müssen, wo zu auch die Abmahnung zu zählen ist. Entscheidungskriterium ist hier immer, ob es sich hier um einen Umstand handelt, den der Beschäftigte durch steuerbares Verhalten beseitigen kann.

**912** Liegt dagegen ein Suchtverhalten nicht vor, so können entsprechende Pflichtverletzungen seitens des Beschäftigten nach erfolgloser Abmahnung auch die (verhaltensbedingte) Kündigung des Beschäftigungsverhältnisses zur Folge haben.

---

[1] ZB BAG 26.1.1995 – 2 AZR 649/94.
[2] Vgl. zB BAG 12.7.2007 – 2 AZR 716/06.
[3] LAG Berlin-Brandenburg 28.8.2012 – 19 Sa 306/12.

# III. Gendiagnostik bei Einstellungs- und Eignungsuntersuchungen

Die wachsenden Möglichkeiten der Gendiagnostik führen zwangsläufig 913
auch zu politischen Fragestellungen. Neben den (nicht abzustreitenden)
medizinischen Möglichkeiten können aber auch die Missbrauchsmöglichkeiten gendiagnostischer Methoden nicht unberücksichtigt bleiben. Brisanz erlangt die Thematik auch dahingehend, dass die Erkenntnisse aus
der Gendiagnostik weit über die eigentlich notwendigen Erkenntnisse hinausreichen. Weiterhin können beim Beschäftigten gewonnene Erkenntnisse auch Rückschlüsse auf gesundheitliche Dispositionen in der Verwandtschaft des Beschäftigten geben.

Weiterhin darf nicht unberücksichtigt bleiben, dass eine genetische Dis- 914
position nicht immer zwingend bedeutet, dass die entsprechende Erkrankung bei dem Beschäftigten in Zukunft auch tatsächlich ausbrechen wird.

Aufgrund der politischen Brisanz dieser Thematik hat der Gesetzgeber 915
das Gendiagnostikgesetz (GenDG) erlassen, welches am 1.2.2010 in Kraft
getreten ist.[1] Ziel des GenDG ist es ua, eine Benachteiligung auf Grund genetischer Eigenschaften zu verhindern, um insbesondere die staatliche
Verpflichtung zur Achtung und zum Schutz der Würde des Menschen und
des Rechts auf informationelle Selbstbestimmung zu wahren (§ 1
GenDG).

## 1. Benachteiligungsverbot

Vor dem Hintergrund der Wahrung des Allgemeinen Persönlichkeits- 916
rechts und in Erkenntnis der Tatsache, dass gendiagnostische Analysen
und Untersuchungen in der Regel lediglich ein bestimmtes Erkrankungsrisiko aufzeigen können, besteht in Deutschland ein rechtlich festgelegtes
**Benachteiligungsverbot**. Niemand darf wegen seiner oder der genetischen Eigenschaften einer genetisch verwandten Person oder aufgrund der
Vornahme oder Nichtvornahme einer genetischen Untersuchung oder
Analyse benachteiligt werden (§ 4 Abs. 1 GenDG). Das Benachteiligungsverbot gilt unabhängig davon, ob von ihm verlangt wird, die genetische Untersuchung oder Analyse bei sich oder bei einer genetisch verwandten Person vorzunehmen.

Dieses Benachteiligungsverbot wird im Bereich des Arbeitslebens 917
durch § 21 GenDG noch weiter konkretisiert. Das Verbot erstreckt sich auf
alle Auswahlmaßnahmen des Arbeitgebers, wie zB Begründung des Beschäftigungsverhältnisses, Übernahme anderer Tätigkeiten, Beförderungen, im Rahmen von Weisungen etc.

---

[1] Gesetz vom 1.7.2009 BGBl. I S. 2529 (Nr. 50).

## 2. Verbot genetischer Untersuchungen und Analysen

**918**    Im Bereich des Arbeitslebens ist das Benachteiligungsverbot nach § 4 GenDG noch weiter konkretisiert. Dem Arbeitgeber ist es rechtlich verwehrt, im Rahmen des Beschäftigungsverhältnisses bei Einstellungs- und Eignungsuntersuchungen die Vornahme genetischer Untersuchungen oder Analysen zu verlangen (§ 19 Nr. 1 GenDG).

### § 19 Nr. 1 GenDG:

*„Der Arbeitgeber darf von Beschäftigten weder vor noch nach Begründung des Beschäftigungsverhältnisses (…) die Vornahme genetischer Untersuchungen oder Analysen verlangen (…)"*

**919**    Hierbei handelt es sich um ein **absolutes Verbot**.[1] Es ist einem Arbeitgeber folglich absolut und ohne Ausnahme verwehrt, im Rahmen der Einstellungsuntersuchung genetische Untersuchungen und/oder Analysen zu verlangen.

**920**    Gleiches gilt auch während dem Beschäftigungsverhältnis. Auch in diesen Fällen ist es verboten, genetische Untersuchungen und/Analysen im Rahmen von Eignungsuntersuchungen zu verlangen. Da § 19 GenDG keinen Erlaubnisvorbehalt kennt, bleibt das Verbot auch dann bestehen, wenn es sich bei den durch den Beschäftigten durchzuführenden Tätigkeiten um solche mit einem besonders hohen Gefährdungspotential handelt.

## 3. Bereits vorhandene Erkenntnisse

**921**    Ein umfassender Schutz des Beschäftigten bedingt aber auch, dass ein Arbeitgeber nicht auf Erkenntnisse bereits vorgenommener genetischer Untersuchungen und Analysen zurückgreifen darf.

### § 19 Nr. 2 GenDG:

*„Der Arbeitgeber darf von Beschäftigten weder vor noch nach Begründung des Beschäftigungsverhältnisses (…) die Mitteilung von Ergebnissen bereits vorgenommener genetischer Untersuchungen oder Analysen verlangen, solche Ergebnisse entgegennehmen oder verwenden."*

**922**    Das Verbot hinsichtlich genetischer Untersuchungen und Analysen erstreckt sich folglich auch auf die Umstände, in denen der Arbeitgeber zwar die Untersuchung bzw. Analyse selber nicht verlangt, aber darauf hinzuwirken versucht, an bereits vorhandene Ergebnisse heranzukommen. Er darf folglich nicht verlangen, dass ihm (bzw. dem die Einstellungs-/Eignungsuntersuchung durchführenden Arzt) die Ergebnisse bereits anderweitig vorgenommener genetischer Untersuchungen mitgeteilt werden.

---

[1] ErfK/*Franzen* GenDG § 19 Rn. 4.

Dies ist dem Arbeitgeber selbst dann verwehrt, wenn der Beschäftigte **923** freiwillig die Ergebnisse weitergeben will. Eine diesbezügliche Einwilligung des Beschäftigten ist hier unerheblich. Er muss in diesen Fällen das Angebot des Beschäftigten ablehnen, da er die Ergebnisse weder entgegennehmen noch verwenden darf (§ 19 Nr. 2 GenDG).

## 4. Rechtsfolgen

**a) Entschädigung und Schadensersatz.** Verstößt der Arbeitgeber ge- **924** gen das Benachteiligungsverbot, so ist er verpflichtet, den hierdurch entstandenen Schaden zu ersetzen (§ 21 Abs. 1 GenDG iVm § 15 Abs. 1 AGG). Auch für den Nichtvermögensschaden kann der Beschäftigte eine angemessene Entschädigung in Geld verlangen (§ 21 Abs. 2 GenDG iVm § 15 Abs. 2 AGG).

**b) Nichtigkeit einer Weisung.** Verlangt der Arbeitgeber im Rahmen **925** bestehender Beschäftigungsverhältnisse die Vornahme entsprechender genetischer Untersuchungen und/oder Analysen oder die Vorlage entsprechender Ergebnisse bereits vorhandener Analysen/Untersuchungen, so ist diese Weisung nichtig (§ 19 GenDG iVm § 134 BGB) und muss nicht befolgt werden.

**c) Ordnungswidrigkeit.** Seit der unmittelbaren Anwendbarkeit der **926** DSGVO bestehen in Bezug auf § 19 GenDG keine Ordnungswidrigkeiten im GenDG mehr. Hintergrund hierfür ist, dass mangels entsprechender Öffnungsklauseln in der DSGVO bereichsspezifische Bußgeldvorschriften bei Verstößen gegen rein datenschutzrechtliche Vorschriften nicht aufrechterhalten bleiben können[1].

Die ehemaligen Vorschriften des § 26 Abs. 1 Nr. 8 und Nr. 9 GenDG **927** können somit nicht mehr zur Anwendung kommen.

**d) Straftat.** Verwendet[2] der Arbeitgeber die Ergebnisse bereits durch- **928** geführter genetischer Untersuchungen und Analysen, so begeht er eine **Straftat** nach dem GenDG. Hier qualifiziert sich ein Verstoß gegen § 19 GenDG somit zu einer echten Kriminalstraftat. Auch hier ist unerheblich, ob der Beschäftigte der Verwendung der diesbezüglichen Daten zugestimmt hat oder nicht. Die Verwendung bleibt dem Arbeitgeber unter Strafandrohung verwehrt. Dies gilt selbst dann, wenn der Arbeitgeber die Daten von Dritten (also nicht vom Beschäftigten selber) erlangt und dann für seine Entscheidungen verwendet.

Die Notwendigkeit strafbewehrter Sanktionierung ergibt sich aus der **929** besonderen Bedeutung des Verbotes, die Ergebnisse genetischer Analysen und/oder Untersuchungen zu verwenden. Diese Vorgaben werden als besonders Bedeutungsvoll für die künftige Einhaltung des Verbotes ange-

---

[1] Vgl. BT-Drs. 430/18, 280.
[2] Ausführlich zum Begriff des „Verwendens": *Fischinger* NZA 2010, 65.

sehen, Menschen allein wegen ihrer genetischen Eigenschaften zu benachteiligen.[1]

| Straftat § 25 Abs. 1 Nr. 5 GenDG: | |
|---|---|
| Tatbestand: | Verwendung eines Ergebnisses, welches durch eine genetische Untersuchung und/oder Analyse erlangt wurde |
| Begehungsform: | Vorsatz (§ 15 StGB) |
| Geldstrafe: | 5–360 Tagessätze. Ein Tagessatz beträgt mindestens 1 und höchstens 30 000 EUR (§ 40 StGB) |
| Freiheitsstrafe: | 1 Monat bis 1 Jahr (§ 25 Abs. 1 Nr. 5 GenDG, 38 Abs. 2 StGB) Handelt der Arbeitgeber gegen Entgelt oder in der Absicht, sich oder einen Andern zu bereichern oder zu schädigen so beträgt die Strafe Geldstrafe oder Freiheitsstrafe zwischen 1 Monat und zwei Jahren (§ 25 Abs. 2 GenDG, § 38 Abs. 2 StGB) |
| Antragsdelikt: | Die Tat wird nur auf Antrag des Beschäftigten verfolgt (§ 25 Abs. 3 GenDG) |

## 5. Begriffsbestimmungen

930   Bei **genetischen Untersuchungen** handelt es sich um eine auf den Untersuchungszweck gerichtete genetische Analyse zur Feststellung genetischer Eigenschaften einschließlich der Beurteilung der jeweiligen Ergebnisse (§ 3 Nr. 1 GenDG). Im Ergebnis sollen damit im Rahmen der genetischen Untersuchungen Eigenschaften festgestellt werden, die ererbt oder während der Befruchtung oder bis zur Geburt erworben wurden.

931   Bei der **genetischen Analyse** handelt es sich um eine auf die Feststellung genetischer Eigenschaften gerichtete Analyse (§ 3 Nr. 2 GenDG). Hierbei wird zwischen zytogenetischer Analyse, molekulargenetischer Analyse und Genproduktanalyse unterschieden.

932   Nicht erfasst vom GenDG sind allerdings konventionelle Untersuchungen, die auf Eigenschaften abzielen, die auch ererbt sein können. So bleibt auch im Rahmen einer Einstellungs-/Eignungsuntersuchung durchgeführter Farbsehtest (mit Farbtafeln) rechtmäßig und erlaubt, da es sich hierbei weder um eine genetische Untersuchung noch um eine genetische Analyse im Sinne des GenDG handelt.[2]

---

[1] BT-Drs. 16/10532, 41.
[2] Vgl. auch BT-Drs. 16/10532, 37.

## 6. Ausnahmen bei arbeitsmedizinischen Vorsorgeuntersuchungen/ Vorsorgemaßnahmen

In gewissen engen Grenzen sind genetische Untersuchungen und Ana- **933** lysen zum Zwecke des Arbeitsschutzes zulässig. Die arbeitsmedizinischen Vorsorgeuntersuchungen/Vorsorgemaßnahmen zB nach der ArbMedVV sind allerdings grundsätzlich von Untersuchungen zur Feststellung der Eignung getrennt zu halten (sog. **„Trennungsgebot"**).

Da es sich bei diesem Themenfeld allerdings um Maßnahmen der ar- **934** beitsmedizinischen Vorsorge handelt, wird auf eine eingehende Darstellung der Problematik an dieser Stelle verzichtet. Ausführliche Informationen können diesbezüglich dem „Rechtshandbuch Arbeitsmedizinische Vorsorge[1]" entnommen werden.

## IV. Besonderheiten bei Beamten

### 1. Einstellungsuntersuchungen bei Beamten

In Bezug auf Einstellungsuntersuchungen bei Beamten ergeben sich in **935** Bezug auf die Zukunftsprognose bereichsspezifische Besonderheiten. Dies ist im Wesentlichen darin begründet, dass das Beamtenverhältnis (verfassungsbedingt, siehe Art. 33 GG) sonderrechtlich ausgestaltet ist. So kommt das „Beschäftigungsverhältnis" bei Beamten nicht durch einen Arbeitsvertrag zustande. Die Begründung des Beamtenverhältnisses erfolgt durch Verwaltungsakt, der sog. „Ernennung" (§ 8 BeamtStG).

Wesensmerkmal des Beamtenverhältnisses ist es, dass wesentliche Be- **936** reiche des „Beschäftigungsdaseins" durch Gesetze geregelt sind. Angefangen vom Grundgesetz (Art. 33 GG) bestimmen auch das Beamtenstatusgesetz und die Beamtengesetze der Länder (zB das Bayerische Beamtengesetz) das Arbeitsleben der Beamten.

Entscheidend ist der Aspekt, dass Beamte dem sog. **Lebenszeit- und** **937** **Alimentationsprinzip** unterliegen. Hierbei handelt es sich um einen verfassungsrechtlichen Aspekt (bei dem Lebenszeit- und Alimentationsprinzip handelt es ich um sog. „hergebrachte Grundsätze" des Berufsbeamtentums im Sinne von Art. 33 Abs. 5 GG). Somit hat der Staat während der gesamten Lebensdauer des Beamten ihn angemessen zu alimentieren.

Und genau hieraus ergeben sich in Bezug auf „Einstellungsuntersu- **938** chungen" Besonderheiten, die von denen abweichen, wie sie für die Eingehung eines Arbeitsvertrages umschrieben wurden.

Die Verpflichtung des Staates (genauer des „Dienstherrn") zur lebens- **939** langen Versorgung der Beamten (nach dem Ausscheiden aus dem aktiven Dienst bei Erreichung der gesetzlich festgelegten Altersgrenzen: Ruhe-

---

[1] *Aligbe* Arbeitsmedizinische Vorsorge-HdB.

standsbeamte) lässt hier eine andere Interessenabwägung zu. Während bei Arbeitnehmern eine Prognoseentscheidung für bis zu sechs Monaten gestellt werden darf (→ Rn. 122), so darf bei Beamten überprüft werden, ob sie die gesetzliche Altersgrenze aktiv im Dienst erreichen können, ohne im erheblichen Umfange gesundheitlich auszufallen.

---

**Leitsatz:**

Die ärztliche „Einstellungsuntersuchung" bei Beamten hat sich auf den Umstand zu erstrecken, ob die Beamten mit überwiegender Wahrscheinlichkeit bis zum Erreichen der gesetzlichen Altersgrenze arbeiten können.

---

**940** Die Ernennung von Beamten hat sich u.a. nach der „Eignung" zu orientieren (Art. 33 Abs. 2 GG, § 9 BeamtStG). Unter diesen Aspekt ist auch die gesundheitliche Eignung zu zählen. Bei der von Art. 33 Abs. 2 GG geforderten Eignungsbeurteilung hat der Dienstherr daher immer auch eine Entscheidung darüber zu treffen, ob der Bewerber den Anforderungen des jeweiligen Amtes in gesundheitlicher Hinsicht entspricht.[1] Der Bewerber auf eine Beamtenstelle muss dem angestrebten Amt in körperlicher, psychischer und charakterlicher Hinsicht gewachsen sein.[2]

**941** Aus dem oben bereits erwähnten lebenslangen Alimentationsprinzip ergibt sich auch das berechtigte Interesse eines „Dienstherrn",[3] dass der Beamte eine gewisse Zeit lang auch arbeiten kann. Es muss sich um ein ausgewogenes zeitliches Verhältnis von Lebensdienstzeit und Ruhestandszeit des Beamten handeln. Das Verhältnis von Lebensdienstzeit und Ruhestandszeit ist dann voraussichtlich spürbar gestört, wenn der Beamte vor Erreichen der gesetzlichen Altersgrenze wegen dauernder Dienstunfähigkeit in den Ruhestand versetzt wird. Gleiches gilt auch dann, wenn zwar die gesetzliche Altersgrenze erreicht wird, es aber absehbar ist, dass er wegen einer chronischen Erkrankung voraussichtlich regelmäßig erhebliche Ausfallzeiten aufweisen wird. Summiert muss der Schluss gerechtfertigt sein, dass die Lebensdienstzeit insgesamt erheblich verkürzt wird.

**942** Die Möglichkeit, dass die Lebensdienstzeit aufgrund einer vorhandenen Erkrankung mit überwiegender Wahrscheinlichkeit erheblich verkürzt ist, muss sich aber medizinisch fundiert und nachvollziehbar feststellen lassen. Lässt sich dieser Aspekt weder gesichert feststellen noch ausschließen, so geht dies zu Lasten des Dienstherrn.[4]

**943** Bei schwerbehinderten Bewerbern (und den ihnen Gleichgestellten) nach § 2 SGB IX ist es aber auch zulässig, die Zeit des aktiven Dienstes kürzer zu bemessen (zB 10 Jahre).[5]

---

[1] BVerwG 25.7.2013 – 2 C 12.11.
[2] BVerfG 21.2.1995 – 1 BvR 1397/93.
[3] Zur „Dienstherrnfähigkeit" siehe § 2 BeamtStG.
[4] BVerwG 30.10.2013 – 2 C 16.12.
[5] Siehe hierzu: *v. Roetteken* jurisPR-ArbR 9/2014 Anm. 6.

Dabei kann die gesundheitliche Eignung aber nur im Hinblick auf Er-  **944**
krankungen (insbesondere chronische Erkrankungen) verneint werden.[1]
Die Berufung auf gesundheitliche Folgen, die dem allgemeinen Lebensri-
siko angehören (zB Unfälle beim Sport oder im Haushalt) ist dagegen
nicht statthaft.

Der Beamtenbewerber hat einen klagbaren Anspruch auf eine ermes-  **945**
sensfehlerfreie Entscheidung der entsprechenden Behörde in Bezug auf
seine gesundheitliche Eignung.

Aufgrund der oben geschilderten Voraussetzungen ist bei Beamten auch  **946**
ein **HIV-Test** bei der Einstellung regelmäßig zulässig. Verbessern sich aber
die medizinischen Möglichkeiten und lassen sie in Zukunft die Möglichkeit
zu, dass die Person ohne erhebliche Ausfälle die gesetzliche Altersgrenze
für Beamte erreicht, so wird diese Position erneut zu überdenken sein.

Gleiches gilt für den **Body-Mass-Index** (BMI). Während er bei Ange-  **947**
stellten in der Regel keine ausreichende Aussage über die tatsächlich geschuldete Arbeitsleistung ermöglicht (→ Rn. 96), erscheint die maßvolle
Berücksichtigung des BMI in Zusammenhang mit den Schwierigkeiten,
die sich bei Auflösung eines Beamtenverhältnisses ergeben, rechtmäßig.

Aufgrund der zweifelhaften Validität bei alleiniger Berücksichtigung  **948**
des BMI kann der BMI aber lediglich einen Aspekt bilden, der erst bei
Zusammenwirken mit anderen medizinisch festgestellten Umständen
(zB Adipositas) zur gesundheitlichen Nichteignung eines Beamtenbe-
werbers führt. Insbesondere ist zu berücksichtigen, ob es sich um Fett-
oder Muskelmasse handelt (der BMI selber unterscheidet diesbezüglich
nicht).[2]

## 2. Gesundheitliche Untersuchung bei Beamten auf Lebenszeit

Eine Ernennung zum Beamten auf Lebenszeit ist rechtlich nur möglich,  **949**
wenn sich der Beamte innerhalb einer Probezeit bewährt hat (§ 10 Beamt-
StG). In diese „Bewährungsprüfung" sind auch die § 9 BeamtStG Kriterien (ua auch die „Eignung") zu berücksichtigen. Wie bereits erwähnt gehört zur „Eignung" nach § 9 BeamStG auch die gesundheitliche Eignung
des Beamten. Sofern hier eine ärztliche Untersuchung erfolgt, gilt das →
Rn. 935 ff. Gesagte.

## 3. Mutterschutzrechtliche Regelungen

Bei Beamtinnen findet das Mutterschutzgesetz keine Anwendung.[3] Al-  **950**
lerdings gelten für schwangere Beamtinnen die entsprechenden Mutterschutzverordnungen (bzw. Beamtengesetze). Das in → Rn. 293 ff. be-

---

[1] BVerwG 30.10.2013 – 2 C 16.12.
[2] Ausführlich hierzu: *v. Roetteken* jurisPR-ArbR 6/2012 Anm. 4.
[3] Vgl. Anwendungsbereich § 1 Abs. 3 S. 1 MuSchG.

schriebene ärztliche Beschäftigungsverbot findet sich in allen diesen Verordnungen/Rechtsvorschriften.

### 4. Dienstunfähigkeit

**951**   Beamte auf Lebenszeit sind von Rechts wegen in den Ruhestand zu versetzen, wenn sie wegen ihres körperlichen Zustandes oder aus gesundheitlichen Gründen zur Erfüllung ihrer Dienstpflichten dauernd unfähig (dienstunfähig) sind (§ 26 Abs. 1 S. 1 BeamtStG). Die Voraussetzungen der Dienstunfähigkeit sind teilweise in den Beamtengesetzen der Länder (bereichs-)spezifisch konkretisiert (zB „Polizeidienstunfähigkeit" Art. 128 BayBG). Ebenfalls landesrechtlich geregelt sind auch die Verfahren bei Ruhestandsversetzungen wegen Dienstunfähigkeit (vgl. Art. 65 BayBG). Bei Zweifel über die Dienstunfähigkeit ist der Beamte regelmäßig verpflichtet, sich ärztlich untersuchen zu lassen (vgl. Art. 65 Abs. 2 S. 1 BayBG).

### 5. Anwendungsbereich Allgemeines Gleichbehandlungsgesetz

**952**   Das Allgemeine Gleichbehandlungsgesetz (→ Rn. 762 ff.) gilt auch entsprechend für Beamte **unter Berücksichtigung ihrer besonderen Rechtsstellung** (§ 24 Nr. 1 AGG).

### 6. Gendiagnostikgesetz

**953**   Das Gendiagnostikgesetz (→ Rn. 913 ff.) gilt auch entsprechend für Beamte (§ 22 Nr. 1 GenDG).

# L. Die genauen Verpflichtungen des Beschäftigten im Rahmen von Eignungsuntersuchungen

Steht fest, dass Eignungsuntersuchungen sowohl datenschutzrechtlich **954** als auch arbeitsrechtlich zulässig sind, so stellt sich weiterhin die Frage, zu was genau die Beschäftigten überhaupt verpflichtet werden können. Bei ärztlichen Untersuchungen ergibt sich nämlich die Problematik, dass es an gerichtlich **vollstreckbaren** Möglichkeiten fehlt, die ärztliche Eignungs-untersuchung an sich durchführen zu lassen.

Wie bereits erwähnt, berühren ärztliche Untersuchungen das allgemeine **955** Persönlichkeitsrecht (Art. 2 Abs. 1 iVm Art. 1 Abs. 1 GG). Wird durch einzelne Untersuchungsbestandteile auch noch die körperliche Integrität verletzt (zB bei einer Blutentnahme oder Röntgenaufnahmen), so stellt dies weiterhin einen Eingriff in das Recht auf körperliche Unversehrtheit (Art. 2 Abs. 2 S. 1 GG) dar.

## I. Pflichten in Bezug auf die Untersuchungsteilnahme

Unter Berufung auf die **Treuepflichten** des Beschäftigten ist der Be- **956** schäftigte somit verpflichtet, nicht nur an der Untersuchung an sich teilzu-nehmen, sondern auch so mitzuwirken, wie Treu und Glauben mit Rück-sicht auf die Verkehrssitte es erfordern (§ 242 BGB). Der Beschäftigte hat sich somit so zu verhalten, wie man es anlässlich von Arztbesuchen er-wartet.

Pflichten in Bezug auf die Untersuchungsteilnahme:
- Verpflichtung zum Erscheinen beim Arzt
- Verpflichtung, dem Arzt die erforderliche Einwilligung in ärztli-che Maßnahmen (zB Blutentnahmen etc.) zu erteilen
- Verpflichtung bestimmte Untersuchungsmaßnahmen zu dulden (zB Blutentnahme, Blutdruckmessung etc.) bzw. bei entsprechen-den Untersuchungsmaßnahmen aktiv mitzuwirken (zB Hörtest, Sehtest)
- Verpflichtung, einen anderen Arzt (zB Hausarzt, Facharzt) von der Schweigepflicht gegenüber dem die Eignungsuntersuchung durchführenden Arzt zu entbinden, sofern diese entsprechende Fachbefunde zur Beurteilung benötigt (alternativ: Vorlage ent-sprechender vorhandener Befunde)

Mangelnde Mitwirkungspflichten, welche der Beschäftigte zu vertreten **957** hat, stellen verhaltensbedingte Störungen des rechtlichen Beschäftigungsverhältnisses dar, worauf der Arbeitgeber entsprechend arbeitsrechtliche reagieren kann (zB durch Abmahnung und Kündigung).

## II. Entbindung von der ärztlichen Schweigepflicht

**958**  Ärztliche Eignungsuntersuchungen im Rahmen von Beschäftigungsverhältnissen machen regelmäßig nur dann Sinn, wenn dem Arbeitgeber ein entsprechendes Untersuchungsergebnis (zB „geeignet" oder „geeignet unter Auflagen") zugeht. Wie in → Rn. 683 ff. ausführlich erläutert, unterliegen diese Sachverhalte aber der **ärztlichen Schweigepflicht** und können nur mit einer tatsächlich-faktischen Einwilligung des Beschäftigten an den Arbeitgeber übermittelt werden. Bei berechtigten Eignungsuntersuchungen ergibt sich aus der Treuepflicht somit auch, dass der Beschäftigte dem Arbeitgeber das Ergebnis der Untersuchung zugänglich machen muss. Dies kann durch eine Entbindung des untersuchenden Arztes von der Schweigepflicht oder aber auch dadurch geschehen, dass der Beschäftigte seinem Arbeitgeber selber die entsprechende Bescheinigung übergibt.

---

**Leitsatz:**

Der Beschäftigte ist verpflichtet, den Arzt insoweit von der Schweigepflicht zu entbinden, als dass dem Arbeitgeber die Eignung (bzw. eingeschränkte Eignung oder Nichteignung) bescheinigt werden kann.

Alternativ ist der Beschäftigte verpflichtet, dem Arbeitgeber selber die entsprechende Bescheinigung zu übermitteln.

---

**959**  Die Grundsätze der Verhältnismäßigkeit in Bezug auf das allgemeine Persönlichkeitsrecht nach Art. 2 Abs. 1 iVm Art. 1 Abs. 1 GG sind hier insofern gewahrt, als dass dem Arbeitgeber lediglich das Endergebnis zu übermitteln ist, ohne die der Beurteilung zugrunde liegenden Befunde mitzuteilen. Im Wesentlichen wird sich somit das Ergebnis mit „geeignet", „nicht geeignet" bzw. „geeignet unter bestimmten Auflagen" benennen lassen.

## III. Fiktion der Nichteignung

**960**  Unabhängig von eventuellen arbeitsrechtlichen Maßnahmen bei Nichtteilnahme an den geforderten Eignungsuntersuchungen (bzw. mangelnder Mitwirkung) entsteht (solange dem Arbeitgeber kein entsprechendes Ergebnis zugeht) die Fiktion der „Nichteignung".[1] Der Arbeitgeber kann hier

---

[1] Vgl. in Bezug auf Betriebsvereinbarungen: *Beckschulze* BB 2014, 1079.

folglich den Beschäftigten so behandeln, als hätte der Arzt „nicht geeignet" für die konkrete Tätigkeit attestiert.

---

**Leitsatz:**

Mangelnde durch den Beschäftigten zu vertretende Mitwirkungspflichten in Bezug auf ärztliche Eignungsuntersuchungen führen dann zu einer Fiktion der „Nichteignung", wenn es dem Arbeitgeber nicht möglich gemacht wird, an ein entsprechendes Ergebnis zu kommen.

---

Im übertragenen Sinne verstößt hier der Beschäftigte gegen den Beibringungsgrundsatz. Die Unaufklärbarkeit der tatsächlichen gesundheitlichen Eignung geht bei Verstoß gegen die Mitwirkungsobliegenheiten zu Lasten des Beschäftigten. Diesbezügliche Verstöße gegen die Mitwirkungspflichten führen dem Rechtsgedanken des § 444 ZPO folgend zu einer Beweisvereitelung,[1] so dass er sich auch prozessrechtlich so behandeln lassen muss, als würde er die Beweisführung bzw. Beweiserschütterung unmöglich machen.[2]  **961**

## IV. Probleme der arbeitsgerichtlichen Durchsetzbarkeit von Eignungsuntersuchungen

Arbeitsrechtliche Streitigkeiten werden in Deutschland vor den Arbeitsgerichten (Arbeitsgerichte, Landesarbeitsgerichte und das Bundesarbeitsgericht) behandelt (§ 1 ArbGG). Auch die arbeitsgerichtlichen Urteile unterliegen der **Zwangsvollstreckung**. Die Parteien von arbeitsrechtlichen Streitigkeiten können somit bei Urteilen mit Hilfe des Staates auch deren Vollstreckung bewirken. Die Vollstreckungsorgane sind hier entweder das Amtsgericht (§ 764 ZPO) oder der Gerichtsvollzieher (§ 753 Abs. 1 ZPO). Hinsichtlich der Zwangsvollstreckung (einschließlich Arrest und der einstweiligen Verfügung) finden bei arbeitsgerichtlichen Urteilen die Vorschriften der ZPO[3] Anwendung (§ 62 Abs. 2 ArbGG).  **962**

Bei der „Verpflichtung" sich ärztlich untersuchen zu lassen, handelt es sich um eine sog. **„unvertretbare Handlung"**. Hierbei handelt es sich um Handlungen, die nur höchstpersönlich erbracht werden können. Bei „unvertretbaren" Handlungen handelt es sich um solche, die ausschließlich vom Willen des „Schuldners" (dies wäre hier fallbezogen der Beschäftigte) abhängen (vgl. § 888 Abs. 1 ZPO). Die Teilnahme an ärztlichen Eignungsuntersuchungen ist als „unvertretbare Handlung" einzustufen, da diese nur durch den entsprechenden selber Beschäftigten erfolgen kann.  **963**

---

[1] Vgl. VG Düsseldorf 26.10.2012 – 13 K 7393/11.
[2] Vgl. LAG Berlin 27.11.1989 – 9 Sa 82/89.
[3] Achtes Buch der ZPO §§ 704–945.

**964**     Grundsätzlich kann auch die Vornahme einer unvertretbaren Handlung mit Zwangsmitteln durchgesetzt werden (§ 888 ZPO). Die Verpflichtung zur Teilnahme an einer ärztlichen Eignungsuntersuchung ist allerdings immer als Teilleistung der dem Beschäftigten obliegenden Dienstleistungsverpflichtung zu verstehen. Sie ist somit ein „Dienst" im Sinne des § 888 Abs. 3 ZPO. Die Zwangsvollstreckung im Falle der Verurteilung zur Leistung von Diensten aus einem Dienstvertrag ist **nicht** möglich (§ 888 Abs. 3 ZPO). Insofern ist es rechtlich nicht möglich, in Bezug auf die Teilnahme einer ärztlichen (arbeitsrechtlichen) Eignungsuntersuchung in Zwangsvollstreckung zu gehen.

**965**     Weiterhin bleibt festzuhalten, dass es im Kontext „ärztliche Eignungsuntersuchungen" **keinerlei rechtliche Duldungsverpflichtungen** für den Beschäftigten gibt. Im Bereich des Arbeitsschutzrechtes besteht lediglich bei der ärztlichen Überwachung nach §§ 77 ff. StrlSchV eine Duldungspflicht (§ 176 StrlSchV). Diesbezüglich enthält das Strahlenschutzrecht auch die in Art. 19 Abs. 1 S. 2 GG geforderte Zitierklausel, in welcher das Grundrecht auf körperliche Unversehrtheit (Art. 2 Abs. 2 S. 1 GG) eingeschränkt wird (vgl. § 76 Abs. 3 StrlSchG).

---

**Leitsatz:**

In Bezug auf Einstellungs- und Eignungsuntersuchungen besteht **keine** gerichtlich vollstreckbare Duldungspflicht.

---

**966**     Eine Duldungsverpflichtung, ärztliche Untersuchungen an sich vornehmen zu lassen, besteht aufgrund der hier berührten Grundrechte (Allgemeines Persönlichkeitsrecht nach Art. 2 Abs. 1 iVm Art. 1 Abs. 1 GG und Grundrecht auf körperliche Unversehrtheit nach Art. 2 Abs. 2 S. 1 GG) nur dann, wenn ein Gesetz (bzw. eine auf einem Gesetz beruhende Rechtsverordnung) dies festlegt. Dies liegt zuletzt auch darin begründet, dass Eingriffe in die körperliche Integrität (zB Blutentnahme, Röntgenaufnahmen) ohne die Einwilligung der untersuchten Person grundsätzlich eine tatbestandliche und rechtswidrige Körperverletzung darstellen.

**967**     Um die Teilnahme an einer ärztlichen Eignungsuntersuchung einer durchsetzbaren Duldungspflicht zu unterziehen, müsste folglich ein Gesetz oder eine Rechtsverordnung dies anordnen. Zugleich müsste das Gesetz dem **Zitiergebot** entsprechen. Dies bedeutet, dass das entsprechende Gesetz das einzuschränkende Grundrecht (zB „Recht auf körperliche Unversehrtheit") ausdrücklich benennen müsste (Art. 19 Abs. 1 GG).[1] Derartige Regelungen fehlen aber für die arbeitsrechtlichen Eignungsuntersuchungen.

---

[1] So heißt es zB in Bezug auf die StrlSchV und RöV in § 12 Abs. 2 Atomgesetz: „Das Grundrecht auf körperliche Unversehrtheit (Art. 2 Abs. 2 S. 1 des Grundgesetzes) wird nach Maßgabe des Absatzes 1 S. 1 Nr. 4 eingeschränkt".

Im Ergebnis bleibt somit festzustellen, dass eine konkrete und durchsetz- **968**
bare Duldungspflicht für ärztliche Eignungsuntersuchungen nicht besteht.
Von diesem Prinzip gehen im Übrigen auch (abgesehen ärztlichen Überwachung nach §§ 77 ff. StrlSchV) auch die staatlichen Vorschriften in Bezug
auf arbeitsmedizinische Untersuchungen/Vorsorgemaßnahmen aus.

So ist auch die Teilnahme an einer Pflichtvorsorge nach der ArbMedVV **969**
(zB bei Tätigkeiten mit extremer Kältebelastung[1]) eine Tätigkeitsvoraussetzung, ohne die ein Arbeitgeber den Beschäftigten die entsprechenden
Tätigkeiten nicht ausführen lassen darf (§ 4 Abs. 2 ArbMedVV). Auch die
ärztlichen Untersuchungen nach der Druckluftverordnung (§§ 10, 11 Druckluftverordnung) und die arbeitsmedizinischen Vorsorgeuntersuchungen
nach dem Bergrecht (zB § 2 GesBergV) stellen insoweit eine Tätigkeitsvoraussetzung dar, als dass hier die Vorlage einer gesundheitlichen Unbedenklichkeitsbescheinigung eingefordert wird, ohne diese der Arbeitgeber
die betroffenen Personen mit den entsprechenden Tätigkeiten nicht beschäftigen darf. Ein Verstoß gegen die rechtlich definierten Beschäftigungsverbote hat für den Arbeitgeber in der Regel auch bußgeld- und
strafrechtliche Folgen (vgl. zB § 10 Abs. 1 Nr. 2 ArbMedVV).

All diesen Regelungen ist aber gemeinsam, dass sich die hier enthalte- **970**
nen Tätigkeitsverbote nicht an die Beschäftigten selber richten. Diese können in diesen Fällen weder eine Ordnungswidrigkeit noch eine Straftat begehen. Vielmehr besteht ein **an den Arbeitgeber** gerichtetes Verbot, seine
Beschäftigten bestimmte Tätigkeiten ausführen zu lassen. Die Beschäftigten selber sind allerdings von staatlicher diesbezüglich unmittelbar zu
nichts gezwungen. Sie müssen allerdings mit den arbeitsrechtlichen Konsequenzen leben, sofern sie vom Arbeitgeber für bestimmte Tätigkeiten allein deswegen nicht eingesetzt werden können, weil sie die Teilnahme an
einer (für den Arbeitgeber verbindlichen) ärztlichen Untersuchung verweigern.

Dieses Prinzip ist auch auf die arbeitsrechtlichen Eignungsuntersu- **971**
chungen zu übertragen. Dies gilt unabhängig davon, ob der „Anlass" der
Untersuchung zB in einer vorhandenen Erkrankung liegt oder es sich um
routinemäßige Eignungsuntersuchungen handelt. Sofern der Arbeitgeber
berechtigt (→ hierzu die entsprechenden Kapitel) für bestimmte Tätigkeiten eine bestimmte gesundheitliche Eignung fordert, so kann er die entsprechende Durchführung der Tätigkeit von einer diesbezüglichen ärztlichen Bestätigung (zB „geeignet") abhängig machen. Auch in diesen
Fällen muss der Beschäftigte dann die arbeitsrechtlichen Konsequenzen
tragen, wenn er die Bescheinigung nicht beibringt und der Arbeitgeber ihn
dann für die entsprechenden Tätigkeiten nicht mehr einsetzen kann.

Auch hier muss sich der Beschäftigte dann zurechnen lassen, dass er die **972**
Voraussetzungen zu schaffen hat, die ihm die Durchführung der ihm ar-

---

[1] Pflichtvorsorge nach § 4 Abs. 1 ArbMedVV iVm Teil 3 Abs. 1 Nr. 2 Anhang Arb-
MedVV.

beitsvertraglich übertragenen Aufgaben möglich machen. Ist zB in einer Betriebsvereinbarung rechtskonform geregelt, dass zB die Tätigkeit als Kranführer nur dann ausgeführt werden darf, wenn routinemäßige Eignungsuntersuchung zur Feststellung der gesundheitlichen Eignung hinsichtlich des Steuerns von Kränen erfolgen, so muss er durch Teilnahme an der Eignungsuntersuchung diese „Tätigkeitsvoraussetzungen" schaffen.

973 Unterlässt er dies, so setzt er ein selbstverschuldetes Verhalten, welches mit entsprechenden arbeitsrechtlichen Konsequenzen „geahndet" werden kann.

# M. Rechtsfolgen

Nachfolgend sollen in Kurzform einige Rechtsfolgen dargestellt werden, welche sich im Rahmen der Einstellungs- und Eignungsuntersuchungen ergeben können. Gerade in Bezug auf Kündigungen muss aber zur vertiefenden Befassung mit der Thematik auf die Literatur zum Kündigungsrecht verwiesen werden. Bei Unklarheiten ist es immer ratsam, **sich fachanwaltlich beraten zu lassen.** **974**

## I. Verweigerung der rechtmäßigen Eignungsuntersuchungen

Verweigert der Beschäftigte seine Teilnahme an einer rechtmäßigen Eignungsuntersuchung aus von ihm vertretbaren Gründen, so setzt er verhaltensbedingt einen Grund, auf welchen mit einer Abmahnung reagiert werden kann. Im Wiederholungsfalle ist auch eine Kündigung gerechtfertigt. **975**

Gleiches gilt, wenn der Beschäftigte nicht ordnungsgemäß mitwirkt (zB Verweigerung bestimmter Untersuchungsparameter, Arzt wird nicht von Schweigepflicht entbunden etc.). **976**

## II. Unrechtmäßige Untersuchung (datenschutzrechtlicher Aspekt)

Eine unrechtmäßige Eignungsuntersuchung stellt aus datenschutzrechtlicher Sicht eine unbefugte Datenverarbeitung und somit eine Ordnungswidrigkeit nach Art. 83 DSGVO dar. **977**

## III. Arbeitsunfall bei missachteten Eignungsvorbehalten

Kommt es zu einem Arbeitsunfall, der durch Beachtung bestehender Eignungsvorbehalte verhindert hätte werden können, so handelt es sich dennoch um einen Arbeitsunfall im Sinne von § 8 SGB VII, da auch verbotswidriges Handeln einen Versicherungsfall nicht ausschließt (§ 7 Abs. 2 SGB VII). Hier kann aber Regress in Frage kommen (§§ 110 ff. SGB VII). **978**

## IV. Kündigung bei falscher Diagnose bei der Eignungsuntersuchungen

**979**    Hat die Fehldiagnose des Arztes eine unberechtigte Kündigung zur Folge, so hat der Beschäftigte einen Schadensersatzanspruch aus positiver Vertragsverletzung. Strittig ist, gegen wen sich der Schadensersatzanspruch richtet. Nach einem Urteil des Landgerichtes Paderborn besteht zwischen Betriebsarzt und einem von diesem untersuchten Beschäftigten weder ein Vertrag noch ein vertragsähnliches Rechtsverhältnis. Nach dieser Auffassung kann sich der Schadensersatzanspruch nur gegen den Arbeitgeber richten (§§ 278, 328 BGB).

## V. Unrechtmäßige ärztliche Untersuchung im Kündigungsprozess

**980**    Veranlasst der Arbeitgeber unrechtmäßige Eignungsuntersuchungen, um den Beschäftigten dann zu kündigen, so unterliegt diese unrechtmäßige Eignungsuntersuchung im Kündigungsschutzprozess einem **Verwertungsverbot**.[1]

## VI. Negatives Untersuchungsergebnis

**981**    Verläuft eine rechtmäßige Einstellungsuntersuchung negativ, so hat dies regelmäßig zur Folge, dass der untersuchte Bewerber nicht eingestellt wird.

**982**    Im laufenden Beschäftigungsverhältnis kann ein negatives Untersuchungsergebnis („nicht geeignet" in gesundheitlicher Hinsicht) eine personenbedingte Kündigung rechtfertigen.

**983**    Allerdings ist hierbei zu beachten, dass bei gesundheitlichen Defiziten die Kündigungsmaßstäbe bei Erkrankungen maßgeblich sind. Dies führt dazu, dass immer auch geprüft werden muss, wie lange die gesundheitliche Beeinträchtigung anhält und ob der Beschäftigte im Betrieb/Unternehmen noch auf leidensgerechte Arbeitsplätze umgesetzt werden kann.

**Prüfmaßstab krankheitsbedingte Kündigung:**[2]
– Es muss eine negative Prognose hinsichtlich des Gesundheitszustandes sein

---

[1] Zum Verwertungsverbot in Bezug auf den Beschäftigtendatenschutz: BAG 20.6.2013 – 2 AZR 546/12.
[2] Vgl. zB BAG 12.7.2007 – 2 AZR 716/06.

- Die betrieblichen Interessen müssen erheblich beeinträchtigt sein
- Interessenabwägung: die erheblichen Beeinträchtigungen müssen zu einer nicht mehr hinzunehmenden Belastung für den Arbeitgeber führen

## VII. Verstöße gegen das allgemeine Gleichbehandlungsgesetz (AGG)

Verstößt der Arbeitgeber gegen die Vorschriften des AGG (zB lehnt er **984** eine an sich geeignete Schwanger ab, weil er grundsätzlich keine Frauen mag), so hat der Bewerber/die Bewerberin einen Anspruch auf Entschädigung und Schadensersatz (§ 15 AGG). Ein Anspruch auf Einstellung gibt es dagegen in der Regel nicht (§ 15 Abs. 6 AGG).

## VIII. Unzulässige Eignungsuntersuchungen – Schadensersatz

Unzulässige Eignungsuntersuchungen lösen vom Grundsatz her einen **985** Schadensersatzanspruch aus. Der immaterielle Schaden wird dagegen nur zum Tragen kommen, wenn eine schwerwiegende Verletzung des Persönlichkeitsrechts vorliegt.

**Mögliche Schadensersatzpflichten:**
- § 83 BDSG
- Bewerber: § 280 BGB iVm §§ 241, Abs. 2, 311 Abs. 2 BGB
- § 280 BGB iVm §§ 26 BDSG
- § 823 Abs. 1 BGB (allgemeines Persönlichkeitsrecht)

## IX. Untersuchungsergebnis

Generell muss ein Beschäftigter das Ergebnis einer ärztlichen Eig- **986** nungsuntersuchung nicht hinnehmen, die Ergebnisse sind vielmehr in einem gerichtlichen Verfahren vollumfänglich nachprüfbar.[1]

---

[1] BAG 27.9.2012 – 2 AZR 811/11.

# N. Stufenmodell Eignungsuntersuchungen

**987**  Im „Stufenmodell" Eignungsuntersuchungen werden mögliche Prüfschritte aufgezeigt, mit denen eine Tätigkeit auf eine mögliche Rechtsgrundlage abgeprüft werden kann. **Ist eine Frage beantwortet, so kann der nächste Prüfschritt in der Regel entfallen.** Ist eine der Fragen positiv beantwortet, so ist dies ein Indiz für eine datenschutzrechtliche „Erforderlichkeit". Zugleich hat der Arbeitgeber an der Klärung der (gesundheitlichen) Eignungsfrage regelmäßig dann auch ein berechtigtes, billigenswertes und schutzwürdiges Interesse.

**Stufenmodell Eignungsuntersuchungen:**

| | |
|---|---|
| **Frage 1:** Existieren Gesetze oder Rechtsverordnungen*, welche eine Eignungsuntersuchung in Bezug auf die bestimmte Tätigkeit einfordern? | → Rn. 275 |
| **Frage 2:** Ist die abzuklärende gesundheitliche Eigenschaft entscheidend für das Einhalten der erforderlichen Arbeitsschutzmaßnahmen (§ 7 ArbSchG)? | → Rn. 210 ff. |
| **Frage 3:** Existieren (abgesehen von § 7 ArbSchG) Gesetze oder Rechtsverordnungen*, welche zwar im Wortlaut keine Eignungsuntersuchungen fordern, aber eine Eignungs-/Befähigungsprüfung vorsehen in welcher auch gesundheitliche Aspekte zu berücksichtigen sind? | → Rn. 206 ff. |
| **Frage 4:** Sind die Fragen 1–3 negativ beantwortet worden, sind aber gesundheitliche Eigenschaften wesentlich für den Eigen- oder Drittschutz oder für einen bestimmten Pflichtenkreis des Arbeitgebers | Stichworte: Einstellungsuntersuchung, routinemäßige Eignungsuntersuchung |
| **Frage 5:** Sind die Fragen 1–4 negativ beantwortet worden, sind aber die zu prüfenden gesundheitlichen Eigenschaften wesentlich für die Durchführung der übertragenen Aufgaben? | Stichworte: Einstellungsuntersuchung, routinemäßige Eignungsuntersuchung |

\* erfasst sind von der Fragestellung vom Sachzusammenhang her auch die Unfallverhütungsvorschriften

# O. Exkurs: Masernschutzgesetz

## I. Allgemeines

Seit dem **1.3.2020** ist das Masernschutzgesetz in Kraft[1], welches ua bestimmte tätige Personen verpflichtet, über einen ausreichenden Impfschutz gegenüber Masern zu verfügen. Masern gehören zu den anste-
ckendsten Infektionskrankheiten des Menschen und können zu schweren
Komplikationen und Folgeerkrankungen führen. Der Gesetzgeber sah die
bis dahin durchgeführten Maßnahmen zur Stärkung der Impfbereitschaft
(zB Aufklärung) als nicht ausreichend an und sah sich bewogen, entsprechende rechtliche Regelungen zu schaffen[2]. Beim Masernschutzgesetz
handelt es sich um ein Artikelgesetz, welches diesbezüglich in wesentlichen Punkten das IfSG änderte. So finden sich seit dem 1.3.2020 in § 20
IfSG entsprechende Regelungen (in den Absätzen 8–13). Nachfolgend
werden die Regelungen zum Masernschutzgesetz lediglich anhand der Beschäftigten dargestellt ohne weiter auf weitere betroffene Gruppen (zB be-
treute Kinder, Schüler etc.) einzugehen[3]. **989**

Bei Masern handelt es sich um eine übertragbare Infektionserkrankung,
welche aber aufgrund vorhandener Impfmöglichkeiten als impfpräven-
table Erkrankung einzustufen ist. Eine erfolgte Impfung schützt hier folglich nicht nur die geimpfte Person selber, sondern schützt auch andere Personen. Das Ziel der Maserneliminaton kann nur bei einer ausreichenden
**Bevölkerungsimmunität von 95 %** erreicht werden[4]. Ist dieser Immuni-
tätsgrad erreicht, so sind aufgrund der dann vorhandenen „Herdenimmuni-
tät" auch Personenkreise geschützt, welche aus individuellen Gründen (zB
bestimmter Immunerkrankungen) nicht gegen Masern geimpft werden
können. **990**

## II. Öffentlich-rechtliche Impfverpflichtung

In Deutschland besteht derzeit (Stand September 2020) keine Impfpflicht. Hiermit wäre die Verpflichtung gefasst, sich gegen einen bestimmten Krankheitserreger impfen zu lassen. Einer Impfverpflichtung wäre
weiterhin immanent, dass sie der Staat auch mit Mitteln des Verwaltungs- **991**

---

[1] Gesetz für den Schutz vor Masern und zur Stärkung der Impfprävention (BGBl.
2020 I 148).
[2] Vgl. BT-Drs. 19/13452, 1.
[3] Hierzu ausführlich: BeckOK InfSchR/*Aligbe* IfSG § 20 Rn. 73 ff.
[4] Vgl. BT-Drs. 19/13452, 26.

zwangs gegen den Willen der betroffenen Person durchsetzen kann. Vom Grundsatz her ist das Bundesministerium für Gesundheit ermächtigt, eine entsprechende Rechtsverordnung mit einer Impfpflicht zu erlassen. Mittels einer entsprechenden Rechtsverordnung könnte folglich mit Zustimmung des Bundesrates angeordnet werden, dass bedrohte Teile der Bevölkerung an Schutzimpfungen teilzunehmen haben, wenn eine übertragbare Krankheit mit klinisch schweren Verlaufsformen auftritt und mit ihrer epidemischen Verbreitung zu rechnen ist (§ 20 Abs. 6 S. 1 IfSG). Aber auch die Landesregierungen sind ermächtigt, eine entsprechende Rechtsverordnung zu erlassen, wenn das Bundesministerium für Gesundheit von der diesem zustehenden Ermächtigung keinen Gebrauch gemacht hat (§ 20 Abs. 7 IfSG). Die hierfür gem. Art. 19 Abs. 1 S. 2 GG erforderliche Zitierklausel findet sich in § 20 Abs. 14 IfSG. Momentan (Stand September 2020) fehlt es aber an einer entsprechenden Rechtsverordnung des Bundes bzw. der Bundesländer.

992 Auch die Regelungen zum Masernschutzgesetz enthalten diesbezüglich **keinen Impfzwang**, da die betroffenen Personen sich nicht impfen lassen müssen. Allerdings entfalten die Regelungen (so darf man ja ggf. in bestimmten Bereichen nicht tätig werden → Rn. 998 ff.) mittelbar einen Grundrechtseingriff in das Grundrecht der körperlichen Unversehrtheit (Art. 2 Abs. 2 S. 1 GG), so dass auch hier Grundrechtspositionen beeinträchtigt werden. Eine klassische „Impfverpflichtung" enthalten die Regelungen dennoch nicht, da es sich bei den Regelungen des Masernschutzgesetzes um keine durch unmittelbaren Zwang durchsetzbare Pflicht handelt. Die Konsequenzen eines nicht ausreichenden Impfschutzes ergeben sich vielmehr aus den Umständen, dass man in bestimmten Bereichen ggf. nicht tätig werden darf.

## III. Arbeitsvertragliche Impfverpflichtung

993 Aufgrund der durch Art. 2 Abs. 2 S. 1 GG gesicherten Grundrechtspositionen (Grundrecht auf körperliche Unversehrtheit) kann auch auf arbeitsrechtlicher Basis keine Impfverpflichtung erfolgen, da Impfungen regelmäßig eine Verletzung der körperlichen Integrität darstellen (vgl. → Rn. 992). Sofern sich Beschäftigte folglich einer Impfung iSv § 20 Abs. 8 IfSG verweigern, so kann dies ggf. einen Verstoß gegen arbeitsrechtliche Verpflichtungen (Verpflichtung aus §§ 241 Abs. 2, 242 BGB die rechtlichen Voraussetzungen zu schaffen, die Tätigkeit wahrnehmen zu können; sog. leistungssichernde Nebenpflichten) darstellen, eine zwangsweise Impfung kann aber auch hier nicht erfolgen. Der Beschäftigte kann hier folglich sein Grundrecht auf körperliche Unversehrtheit wahrnehmen, muss aber ggf. dann auch die arbeitsrechtlichen Nachteile in Kauf nehmen.

## IV. Impfungen

Bei Schutzimpfungen handelt es sich um die Gabe eines Impfstoffes mit **994** dem Ziel, vor übertragbaren Krankheiten zu schützen (§ 2 Nr. 9 IfSG). Regelmäßig werden hierbei „Stoffe" in den Organismus der betroffenen Person gespritzt. Impfstoffe können ua als **„Lebendimpfstoffe"** abgeschwächte Viren enthalten. Lebendimpfstoffe enthalten somit vermehrungsfähige Krankheitserreger, welche allerdings so abgeschwächt („attenuiert") sind, dass sie die Erkrankung selber nicht auslösen können. **Totimpfstoffe** enthalten dagegen nicht vermehrungsfähige abgetötete Krankheitserreger bzw. Bestandteile dieser Erreger. In beiden Fällen stellt eine Impfung allerdings tatbestandlich eine Verletzung der körperlichen Integrität dar, welche vom Grundsatz her nur durch eine Einwilligung der betroffenen Person gerechtfertigt sein kann (zum Impfzwang: → Rn. 991 f.).

## V. Betroffener Personenkreis

Nachfolgend wird der vom Masernschutzgesetz betroffene Personen- **995** kreis dargestellt, wobei (im Kontext der „Einstellungs- und Eignungsuntersuchungen") lediglich beschäftigte Personen (und nicht etwa die Betreuten) hier abgehandelt werden.

### 1. Lebensalter

Von den Regelungen betroffen sind lediglich Personen, **die nach dem** **996** **31.12.1970 geboren wurden** (§ 20 Abs. 8 S. 1 IfSG). Ältere Personen sind folglich nicht verpflichtet, einen entsprechenden Nachweis über eine Masernimmunität (→ Rn. 1006 ff.) zu erbringen. Bei vor 1971 geborenen Personen besteht regelmäßig eine hohe Wahrscheinlichkeit einer erworbenen Immunität, so dass der Gesetzgeber davon abgesehen hat, auch diesen Personenkreis mit einzubeziehen.

### 2. In der Einrichtung tätige Personen

Das IfSG erfasst in Bezug auf die Nachweisverpflichtung in Bezug auf **997** einen ausreichenden Immunschutz gegen Masern die in den benannten Einrichtungen (→ Rn. 998 ff.) „**tätige**" Personen. Dieser Begriff ist nicht zwingend gleichzusetzen mit dem Beschäftigtenbegriff iSv § 2 Abs. 2 ArbSchG oder mit der Arbeitnehmereigenschaft nach § 611a BGB, so dass es sich nicht zwingend um Personen handeln muss, welche bei dem Einrichtungsträger auch angestellt bzw. fest beschäftigt sind. „Tätig" iSd § 20 Abs. 8 S. 1 Nr. 3 IfSG sind Personen, wenn sie **regelmäßig** (nicht nur für wenige Tage) und **nicht nur zeitlich vorübergehend** (nicht nur jeweils wenige Minuten, sondern über einen längeren Zeitraum) in der entsprechenden Einrichtung tätig sind. Weiterhin ist Voraussetzung, dass die Tätigkeit jeweils mit Wissen und Wollen der Einrichtungsleitung erfolgt. Die jeweilige Art der Beschäftigung (zB Arbeitsvertrag nach § 611a BGB, Werkvertrag gem. §§ 631 ff. BGB, Leiharbeitsverhältnis, Beamtenverhältnis etc.) ist dagegen für den Begriff des „Tätigwerdens" von keiner Relevanz. Entscheidend ist allein, ob unter den benannten Voraussetzungen eine Tätigkeit erfolgt. Erfasst sind somit auch Ehrenamtliche oder Personen, welche ihren Freiwilligendienst (nach dem BFDG oder JFDG) ableisten oder Praktikanten. Auch Hausmeister fallen darunter[1].

# VI. Betroffene Einrichtungen

**998**    Sofern Personen folglich nach dem 31.12.1970 geboren wurden, ist weiterhin Voraussetzung für die Nachweisverpflichtung in Bezug auf eine Masernimmunität (→ Rn. 1006 ff.), dass sie in einer der in § 20 Abs. 8 S. 1 Nr. 4 IfSG genannten Einrichtung tätig (zum Tätigwerden:?→ Rn. 997) sind.

## 1. Medizinische Einrichtungen iSv § 23 Abs. 3 IfSG

**999**    Erfasst sind medizinische Einrichtungen nach § 23 Abs. 3 IfSG. Im Einzelnen handelt es sich hierbei um:

- Krankenhäuser
- Einrichtungen für ambulantes Operieren
- Vorsorge- oder Rehabilitationseinrichtungen, in denen eine den Krankenhäusern vergleichbare medizinische Versorgung erfolgt
- Dialyseeinrichtungen
- Tageskliniken
- Entbindungseinrichtungen
- Behandlungs- oder Versorgungseinrichtungen, die mit den vorbenannten Einrichtungen vergleichbar sind
- Arztpraxen, Zahnarztpraxen
- Praxen sonstiger humanmedizinischer Heilberufe
- Einrichtungen des öffentlichen Gesundheitsdienstes, in denen medizinische Untersuchungen, Präventionsmaßnahmen oder ambulante Behandlungen durchgeführt werden
- Ambulante Pflegedienste, die ambulant Intensivpflege in Einrichtungen, Wohngruppen oder sonstigen gemeinschaftlichen Wohnformen erbringen
- Rettungsdienste

---

[1] BT-Drs. 19/13452, 28.

## 2. Gemeinschaftseinrichtungen

Erfasst sind weiterhin bestimmte Gemeinschaftseinrichtungen. Grundsätzlich handelt es sich bei einer Gemeinschaftseinrichtung iSd IfSG um eine Einrichtung, in denen überwiegend minderjährige Personen betreut werden (§ 33 IfSG). Als minderjährig idS gelten alle Personen, welche noch nicht das 18. Lebensjahr vollendet haben (vgl. § 2 BGB). Entscheidend ist weiterhin, dass dort **überwiegend** Minderjährige betreut werden. Dies ist dann der Fall, wenn die Anzahl der Minderjährigen über 50 % liegt[1]. Konkret erfasst von der Nachweispflicht (→ Rn. 1006 ff.) sind allerdings lediglich die in § 33 Nr. 1–4 IfSG benannten Einrichtungen. **1000**

**a) Kindertageseinrichtungen und Kinderhorte (§ 33 Nr. 1 IfSG).** Hierbei handelt es sich um Einrichtungen, die gezielt der Betreuung von Kindern dienen. Hierbei ist unerheblich, ob es sich dabei um Kinder im Vorschulalter (zB Kindergarten) oder um bereits schulpflichtige Kinder (zB Kinderhorte) handelt. Auch Offene Ganztagsschulen gehören zu den Einrichtungen nach § 33 Nr. 1 IfSG[2]. **1001**

**b) Erlaubnispflichtige Kindertagespflege (§ 33 Nr. 2 IfSG).** Bei der erlaubnispflichtigen Kindertagespflege handelt es sich um Einrichtungen iSv § 43 Abs. 1 SGB VIII. Regelmäßig handelt es sich hierbei um Personen, die ein Kinder oder mehrere Kinder außerhalb des Haushalts des Erziehungsberechtigten während eines Teils des Tages um mehr als 15 Stunden wöchentlich gegen Entgelt länger als drei Monate betreuen. Tageseinrichtungen sind solche, in denen sich Kinder für einen Teil des Tages oder ganztätig aufhalten und in Gruppen gefördert werden (vgl. § 22 Abs. 1 S. 1 SGB VIII). **1002**

**c) Schulen und Ausbildungseinrichtungen (§ 33 Nr. 3 IfSG).** Auch Schulen und sonstige Ausbildungseinrichtungen zählen zu den Einrichtungen, in denen ein entsprechender Nachweis in Bezug auf die Masernimmunität beigebracht werden muss. Erfasst sind alle Formen der Schulausbildung oder der sonstigen Ausbildungseinrichtungen und somit der allgemeinbildende und berufsbildende Unterricht[3]. Allerdings ist auch hier Voraussetzung, dass dort überwiegend Minderjährige (→ Rn. 1000) betreut werden, so dass Abendschulen, Volkshochschulen oder Universitäten regelmäßig nicht unter den Anwendungsbereich des § 20 Abs. 8 IfSG fallen. **1003**

**d) Heime (§ 33 Nr. 4 IfSG).** Weiterhin unterfallen auch Heime iSv § 33 Nr. 4 IfSG dem Anwendungsbereich des § 20 Abs. 8 IfSG. Auch hier ist aber wesentlich, dass es sich um solche Heime handelt, in denen überwiegend Minderjährige (→ Rn. 1000) betreut werden, so dass zB ein Obdach- **1004**

---

[1] BeckOK InfSchR/*Aligbe* IfSG § 33 Rn. 9.
[2] BeckOK InfSchR/*Aligbe* IfSG § 33 Rn. 12.
[3] BT-Drs. 14/2530, 76.

losenheim nicht hierzu zählt. Heime unterscheiden sich von anderen Formen der Gemeinschaftseinrichtung dadurch, dass sie auch (zeitweilig oder dauerhaft) die eigentliche „Heimstätte" der betreuten Person bilden. Der Begriff des „Heims" umfasst auch Einrichtungen, in denen Kinder und Jugendliche nach Inobhutnahme durch das Jugendamt in einem akuten Kinderschutzfall bzw. bis zur Klärung der Gefährdungslage untergebracht werden. Ebenso sind Einrichtungen der Heimerziehung und anderer stationärer Erziehungshilfen umfasst, die Kinder und Jugendliche aufnehmen, wenn eine dem Kindeswohl entsprechende Erziehung nicht gewährleistet ist und auch nicht durch ambulante Hilfeleistungen sichergestellt werden kann[1].

**1005** **e) Einrichtungen zur gemeinschaftlichen Unterbringung (§ 36 Abs. 1 Nr. 4 IfSG).** Letztendlich sind auch Einrichtungen zur gemeinschaftlichen Unterbringung von Asylbewerbern, vollziehbar Ausreisepflichtigen, Flüchtlingen und Spätaussiedler erfasst.

# VII. Nachweisverpflichtung

**1006** Sofern die entsprechenden Personen (siehe: → Rn. 995 ff.) in der entsprechenden Einrichtung (siehe: → Rn. 998 ff.) tätig sind (hierzu: → Rn. 997), so müssen sie vor Beginn ihrer Tätigkeit der Einrichtungsleitung einen der nachfolgend benannten Nachweise vorlegen (§ 20 Abs. 9 S. 1 IfSG). Die Wahl, welcher der Nachweise vorgelegt wird, trifft regelmäßig allein die Tätige Person. Als Einrichtungsleitung zählt regelmäßig die Person, die mit den Leitungsaufgaben in der jeweiligen Einrichtung beauftragt ist (vgl. § 2 Nr. 15 IfSG).

## 1. Impfdokumentation

**1007** Der Nachweis über eine ausreichende Immunität gegenüber Masern kann regelmäßig durch eine Impfdokumentation iSv § 22 IfSG erfolgen. Hierbei handelt es sich um den Impfausweis[2] oder eine Impfbescheinigung.

## 2. Ärztliches Zeugnis über den Impfschutz

**1008** Weiterhin kann der Nachweis auch mittels eines ärztlichen Zeugnisses erfolgen, welches bestätigt, dass ein ausreichender Impfschutz (siehe hierzu: → Rn. 1012) vorliegt. Als ein solches ärztliches Zeugnis gilt von Rechts wegen auch eine Dokumentation iSv § 26 Abs. 2 S. 4 SGB V (§ 20

---

[1] BT-Drs. 19/1345, 27.
[2] Kritisch zum Impfausweis: BeckOK InfSchR/*Aligbe* IfSG § 20 Rn. 109.1.

Abs. 9 S. 1 Nr. 1 IfSG). Hierbei handelt es sich um die Dokumentation in Bezug auf die Gesundheitsuntersuchungen für Kinder und Jugendliche, in welcher auch der Impfstatus in Bezug auf Masern enthalten sein muss.

### 3. Ärztliches Zeugnis über die Immunität

Eine weitere Form des ausreichenden Nachweises ist die Vorlage eines **1009** ärztlichen Zeugnisses aus welchem hervorgeht, dass eine ausreichende Immunität gegen Masern vorliegt. Regelmäßig wird sich der Arzt diese Gewissheit auf Grundlage einer serologischen Titerbestimmung des Blutes auf Masern-Antikörper verschaffen. Allerdings kann der Arzt eine ausreichende Immunität zB auch dann bestätigen, wenn ihm eine frühere Masernerkrankung der betroffenen Person bekannt ist[1].

### 4. Vorlagennachweis

Letztendlich kann ein Nachweis auch dadurch erfolgen, dass eine Be- **1010** stätigung einer staatlichen Stelle oder einer Einrichtungsleitung vorgelegt wird, aus der hervorgeht, dass ein entsprechender Nachweis bereits dort vorgelegt wurde (§ 20 Abs. 9 S. 1 Nr. 3 IfSG). Durch diese Möglichkeit sollen die Leitungen von Einrichtungen entlastet werden, wenn zB bereits eine andere Einrichtung, in der die betroffene Person vorher tätig war, den Nachweis entsprechend der Verpflichtungen bereits kontrolliert hat[2].

### 5. Nachweis der Kontraindikation

Aus verfassungsrechtlichen Gründen kann der Nachweis eines ausrei- **1011** chenden Masernimpfschutzes dann nicht abverlangt werden, wenn medizinische Kontraindikationen in Bezug auf eine Masernimpfung vorliegen. In diesen Fällen ist es daher ausreichend, dass ein ärztliches Zeugnis darüber vorgelegt wird, dass aufgrund einer medizinischen Kontraindikation eine Impfung gegen Masern nicht erfolgen kann (§ 20 Abs. 9 S. 1 Nr. 2 IfSG). Diese Personen dürfen folglich auch dann in den entsprechenden Einrichtungen tätig werden, wenn sie über keine ausreichende Immunität gegenüber Masern verfügen.

## VIII. Ausreichender Impfschutz

Was als ausreichender Impfschutz in Bezug auf Masern gilt, ist im IfSG **1012** von Rechts wegen festgelegt. Ein ausreichender Impfschutz gegen Masern besteht dann, wenn mindestens **zwei Schutzimpfungen gegen Masern**

---

[1] BT-Drs. 19/13452, 29.
[2] BT-Drs. 19/15164, 57.

bei der betroffenen Person durchgeführt wurden (§ 20 Abs. 8 S. 2 IfSG). Nach einer zweifachen Impfung gegen Masern ist dem Stand der Medizin entsprechend grundsätzlich von einer lebenslangen Immunität gegenüber Masern auszugehen.

## IX. Problematik der Kombinationsimpfstoffe

1013    Die Nachweisverpflichtung in Bezug auf einen ausreichenden Impfschutz besteht auch dann, wenn zur Erlangung von Impfschutz gegen Masern ausschließlich Kombinationsimpfstoffe zur Verfügung stehen, die auch Impfstoffkomponenten gegen andere Krankheiten enthalten (§ 20 Abs. 8 S. 3 IfSG). Bei Kombinationsimpfstoffen handelt es sich um Impfstoffe, die zwei oder mehr Impfantigene enthalten. Diese Regelung sah der Gesetzgeber als erforderlich an, da gegenwärtig in Bezug auf Masern ausschließlich Kombinationsimpfstoffe (Masern-Mumps-Röteln bzw. Masern-Mumps-Röteln-Windpocken) zur Verfügung stehen.

1014    Verfassungsrechtlich ist dies allerdings kritisch zu sehen, da es hinsichtlich der Komponenten, welche sich nicht auf Masern beziehen, am legitimen Zweck fehlt, welcher aber für entsprechende Grundrechtseingriffe (siehe hierzu: → Rn. 991 f.) vorliegen muss[1].

## X. Rechtsfolgen fehlender Nachweise

1015    Die benannten Nachweise sind **vor Beginn der Tätigkeit** der Einrichtungsleitung vorzulegen (§ 20 Abs. 9 S. 1 IfSG). Eine Person, welche einen entsprechenden Nachweis nicht vorlegt, darf in diesen Einrichtungen nicht beschäftigt werden (§ 20 Abs. 9 S. 6 IfSG). Dies bedeutet, dass die Einrichtungsleitung diese Person nicht tätig werden lassen darf. Hält sich die Einrichtungsleitung nicht an diese Regelungen, so begeht sie eine Ordnungswidrigkeit gem. § 73 Abs. 1a Nr. 7b IfSG.

1016    Das IfSG enthält weiterhin auch ein an die betroffene Person gerichtetes Verbot, in den entsprechenden Einrichtungen tätig zu werden (§ 20 Abs. 9 S. 7 IfSG). Auch diese Person begeht eine Ordnungswidrigkeit, wenn sie in der Einrichtung tätig wird (§ 73 Abs. 1a Nr. 7b IfSG).

1017    Der Einrichtungsleitung ist es folglich von Rechts wegen nicht möglich, die betroffene Person zu beschäftigen bzw. tätig werden zu lassen, sofern ein entsprechender Nachweis nicht vorgelegt wird (rechtliche Unmöglichkeit nach § 275 BGB). Die hierzu erforderliche Datenverarbeitung ist gem. § 26 Abs. 1, Abs. 3 BDSG zulässig (bzw. bei Personen, welche nicht als Beschäftigte iSv § 26 Abs. 8 BDSG zählen: Art. 9 Abs. 2 lit. b DSGVO).

---

[1] Ausführlich hierzu: Kießling/*Gebhard*, Infektionsschutzgesetz, 2020, IfSG § 20 Rn. 47.

## XI. Bestandsmitarbeiter zum 1.3.2020

Sofern allerdings iSv § 20 Abs. 8 IfSG „tätige" Personen bereits zum **1018** 1.3.2020 ihre Tätigkeit in der entsprechenden Einrichtung ausgeübt haben, gilt eine Übergangsregelung. Diese Personen haben ihren Nachweis über eine ausreichende Immunität, einen ausreichenden Impfschutz oder über das Bestehen einer medizinischen Kontraindikation **bis zum Ablauf des 31.7.2021** vorzulegen (§ 20 Abs. 10 S. 1 IfSG).

# Stichwortverzeichnis

Die Zahlen verweisen auf die jeweiligen Randnummern.

318